BIBLIOTHEK DER PHILOSOPHIE

PHAIDON

BIBLIOTHEK
DER PHILOSOPHIE

Herausgegeben von
Alexander Heine

Band 12

Benedict de Spinoza
Ethik
nach geometrischer Methode dargestellt

PHAIDON

BENEDICT DE SPINOZA

Ethik
nach geometrischer Methode dargestellt

Nach der Übersetzung von
Johann Hermann von Kirchmann
neu herausgegeben von Alexander Heine

PHAIDON

Gesamtherstellung: Millium Media Management
Printed in Germany

ISBN 3-88851-193-3

INHALTSVERZEICHNIS

ERLÄUTERUNGEN

VORWORT

Spinozas Ethik bietet dem Übersetzer mehr Schwierigkeiten, als irgendein anderes philosophisches Werk alter oder neuer Zeit. Zunächst sind es die Grundbegriffe seiner Philosophie, welche der Vorstellung und selbst der Sprache der heutigen Zeit so fern liegen, daß die entsprechenden Worte dafür in letzterer kaum gefunden werden können. Sodann besteht bei Spinoza selbst vielfach ein Schwanken in der Schärfe seiner Begriffe und ein Wechsel in ihrer Bezeichnung, welcher die Deutlichkeit der Übersetzung außerordentlich erschwert und leicht den Leser glauben lassen kann, daß der Fehler nur an dem Übersetzer liege. Ferner gebraucht Spinoza viele lateinische Worte in einem von dem gewöhnlichen völlig abweichenden Sinn, und der Übersetzer kommt in Zweifel, ob er auch im Deutschen dem folgen oder das passendere Wort wählen soll. Endlich ist die geometrische Beweisführung, deren sich Spinoza im Geiste seiner Zeit bedient und auf die er großen Wert legt, weit entfernt, die Klarheit des Gedankenganges zu erhöhen, vielmehr ein Hindernis für die natürliche und bündige Weise des Ausdrucks und damit eine neue Erschwerung des Verständnisses.

Der Übersetzer ist deshalb fortwährend der Versuchung ausgesetzt, diese Mängel, die zum Teil nur in der Form liegen, bei der Übertragung zu mildern, Undeutlichkeiten durch deutlichere Fassung zu klären, und die schwerfällige Breite der Beweise zu kürzen. Unzweifelhaft würde die Übersetzung weit lesbarer und verständlicher sein, wenn man dieser Versuchung nachgeben würde.

Eine gute Übersetzung muß nicht bloß das Gute, sondern auch das Mangelhafte des Originals möglichst getreu wiedergeben, insbesondere gilt dies für ein Werk von so hoher Bedeutung wie Spinozas Ethik. Spinoza hat die Hälfte seines Lebens daran gearbeitet, und selbst, nachdem sie vollendet war, die letzten zehn Jahre seines Lebens an ihr verbessert. Unter solchen Umständen ist kein Übersetzer berechtigt, seine eigene bessernde Hand an das

Werk zu legen, vielmehr ist seine erste Pflicht, dem Werk bei der Übertragung in das Deutsche seine volle Eigentümlichkeit im guten wie im schlimmen Sinne zu erhalten, so weit es der Geist der deutschen Sprache überhaupt gestattet.

Der Übersetzung ist der lateinische Text nach der Rezension von Bruder zugrunde gelegt worden, welcher als der korrekteste gelten kann. Nur bei der Interpunktion ist manches geändert worden, da eine dem Sinn entsprechende Interpunktion für das Verständnis wichtiger ist, als man gewöhnlich meint. Die Vorrede von Jellis und Meyer welche sich in der ersten Ausgabe der *Opera posthuma* befindet, ist nicht mit übersetzt worden, da sie für die Entstehung oder das Verständnis der Ethik ohne Wert ist und sich lediglich damit beschäftigt, die Übereinstimmung der Ethik mit der Lehre der Bibel nachzuweisen.

SPINOZAS LEBEN UND SCHRIFTEN

Baruch oder Benedict von Spinoza wurde am 24. November 1632 in Amsterdam geboren, während der Dreißigjährige Krieg in Deutschland wütete. Seine Familie war mit anderen jüdischen Familien aus Spanien und Portugal im Anfang des Jahrhunderts nach den Niederlanden ausgewandert, um dem Druck der Inquisition zu entgehen. Sein Vater war angesehen, nicht unbemittelt und von gesundem Verstand; er ließ seinem Sohn eine freie Erziehung geben; indes beschränkte sich der Unterricht in der jüdischen Schule ausschließlich auf Religion und Kultus. Spinozas Lehrer, Morteira, preist den Scharfsinn und die ausgebreiteten Kenntnisse seines Schülers, und schon in seinem fünfzehnten Jahr galt Spinoza als ein ausgezeichneter Talmudist.

Spinoza war zu dem Studium der Theologie bestimmt. Die Anfangsgründe des Lateinischen lernte er bei einem Deutschen; in den klassischen Sprachen vervollkommnete er sich später bei einem Arzt, Namens van dem Ende, der öffentlichen Unterricht gab. Während seiner Studien verliebte sich Spinoza in die Tochter seines Lehrers; ein Nebenbuhler stach ihn aber durch einen reichen Perlenschmuck aus. Die Spuren dieser unglücklichen Liebe sind noch in der Ethik des Spinoza zu erkennen; vielleicht war sie auch der Anlaß, daß Spinoza sich nie verheiratete.

Spinoza äußerte schon als Jüngling sehr freie Ansichten über Religion, und infolge von Denunziationen kam die Sache bei den Richtern der Synagoge zur Sprache. Da Spinoza zu keinem Widerruf zu bewegen war, wurde über ihn in seinem 23. Jahre der große Bann ausgesprochen und er aus der jüdischen Synagoge ausgestoßen. Spinoza nahm dies ziemlich ruhig hin und schloß sich infolgedessen auch keiner christlichen Konfession an. Er fand zunächst Zuflucht in dem Hause seines Lehrers van dem Ende. Er erlernte das Schleifen optischer Gläser und erwarb sich damit seinen Unterhalt. 1660 begab sich Spinoza nach Rhynsburg und überließ sich dort ganz den philosophischen Studien. Die Philosophie des

Cartesius stand damals in der Blüte; Spinoza studierte sie mit Eifer, gab auch einem jungen Mann darin Unterricht und daraus ging sein erstes Werk hervor unter dem Titel: *„Die Grundsätze der Philosophie des Descartes, geometrisch bewiesen von B. v. Spinoza mit einem Anhang metaphysischer Untersuchungen."* Obgleich es nur eine Darstellung der Philosophie des Descartes sein soll, so leuchten doch die eigenen Auffassungen des Spinoza schon hindurch; das Werk ist deshalb als Quelle nur mit Vorsicht zu gebrauchen. Diese Schrift hatte nicht den Erfolg, den Spinoza erwartet hatte; auch hatte er in dieser Zeit viel mit äußeren Mühseligkeiten und Unruhen zu kämpfen. 1664 zog Spinoza nach Voorburg, eine Meile von Den Haag, und 1670 zog er auf Zureden seiner Freunde ganz nach Den Haag. Hier wohnte Spinoza anfangs bei der Witwe van Velden in großer Zurückgezogenheit; er saß auf seinem Zimmer, arbeitete und brachte oft zwei bis drei Tage zu, ohne jemand zu sehen. Später mietete er sich der Ersparnis wegen eine billigere Wohnung bei dem Maler van der Spyk, bei dem er bis zu seinem Lebensende blieb.

Zwischen 1665 und 1670 verfaßte Spinoza seine zweite Schrift, den *„Tractatus theologico-politicus"*, in dem zuerst die Grundgedanken des späteren Rationalismus über die Bedeutung der Bibel ausgesprochen sind. Die Bibel stellt nach Spinoza nur Sittengesetze auf; sie zielt auf Gehorsam, aber nicht auf Erkenntnis der Wahrheit.

Diese Schrift erregte großes Aufsehen und erweckte Spinoza eine Menge Feinde. Es entspann sich eine heftige literarische Fehde, und Spinoza geriet selbst persönlich dadurch in Gefahren. Dies bestimmte ihn, von jeder weiteren Veröffentlichung seiner späteren Schriften abzusehen.

Zu diesen gehört zunächst der *Tractatus politicus*, der unvollendet blieb; dann der *Tractatus de Deo et homine* (nicht lange vor 1661 verfaßt), in welchem bereits die Grundzüge seiner Ethik niedergelegt sind; ferner um 1662 der *Tractatus de intellectus emendatione*, der unvollendet blieb; endlich verfaßte er von 1662 bis 1665 sein Hauptwerk, die *Ethik*, welche er indes bis zu seinem Tode fortwährend überarbeitet zu haben scheint. Das Manuskript teilte Spinoza seinen Freunden hier und da mit; allein der Druck dieser Werke ist auf die ausdrückliche Anordnung Spinozas erst nach seinem Tode erfolgt. Spinoza hatte verboten, ihn als Autor zu nennen; deshalb ist der Verfasser nur mit den Anfangsbuchstaben bezeichnet.

Zu seinen Freunden gehörte der Arzt Ludwig Meyer aus Amsterdam und Heinrich Oldenburg aus Bremen, Resident des niedersächsischen Kreises bei Cromwell in London. Spinoza stand mit beiden, so wie mit anderen bedeutenden Männern in lebhaftem Briefwechsel, und eine Anzahl dieser Briefe hat Meyer nach Spinozas Tode, freilich stark verstümmelt, herausgegeben. Obgleich darin meist über Spinozas Philosophie verhandelt wird, so bieten sie doch nicht die Aufklärung, welche man von ihnen erwarten sollte; Spinoza beschränkt sich meist auf Wiederholung der in seiner Ethik aufgestellten Sätze und zeigt sich für die von anderen beklagte Dunkelheit derselben wenig empfänglich.

Im Februar 1673 bot ihm der Kurfürst von der Pfalz die Professur der Philosophie in Heidelberg an. Der Kurfürst kannte die Schriften des Spinoza und erklärte ihm nur, daß er erwarte, Spinoza werde die Freiheit zu philosophieren nicht zum Umsturz der öffentlich feststehenden Religion mißbrauchen. Spinoza lehnte indes dies Anerbieten ab, indem er offen aussprach: „Weil ich nie Willens war, öffentlich zu lehren, so kann ich diese Gelegenheit nicht ergreifen. Erstlich bedenke ich, daß ich in der Fortbildung der Philosophie zurücktrete, wenn ich dem Unterricht der Jugend obliege; sodann, daß ich nicht weiß, innerhalb welcher Grenzen jene Freiheit gehalten werden müsse, damit ich die Religion nicht umstürze."

Spinoza hatte eine schwache Konstitution; er litt seit Jahren an der Auszehrung, und nur eine strenge Diät hatte ihn geistig frisch und kräftig erhalten können. Aus seinem Brief vom 15. Juli 1676 zur Übersetzung der Ethik ersieht man, daß er noch damals, 8 Monate vor seinem Tode, den lebendigsten Anteil an Wissenschaft und Philosophie nahm. Sein Tod erfolgte unerwartet und ohne Schmerzen am 21. Februar 1677. Spinoza hatte noch am Morgen mit seinen Wirtsleuten gesprochen und schon Freund Meyer rufen lassen, in dessen Beisein er verschied. Noch in seinem Todesjahr erschien seine Ethik mit den oben genannten Traktaten; sie sind das erhabenste Denkmal, was seine Freunde ihm setzen konnten.

Seine Werke wurden nach seinem Tod viel in Holland und Frankreich aufgelegt, auch ins Holländische und Französische übersetzt. Später, mit Ende des 17. Jahrhunderts, trat das Interesse an seiner Philosophie zurück; in Deutschland wurde sie von der Leibniz-Wolffschen Philosophie verdrängt, und selbst Kant und Fichte zeigen sich von Spinoza nicht beeinflußt. In Frankreich und England ließ die vorwiegende empirische Richtung die Philosophie Spinozas nicht aufkommen. Erst durch Lessing und Jacobi wurde in Deutschland das Andenken an Spinoza wieder wachgerufen, und erst 120 Jahre nach Spinozas Tode nahmen Schelling und Hegel seine Grundgedanken wieder auf und erbauten darauf das System des absoluten Idealismus. Hegel kann deshalb ohne das Studium des Spinoza wohl nicht verstanden werden. Seitdem ist die Philosophie Spinozas in Deutschland wieder zu hohem Ansehen gekommen.

ERSTER TEIL

Von Gott

Definition 1. Unter Ursache seiner selbst verstehe ich das, dessen Wesen die Existenz einschließt, oder das, dessen Natur nur als existierend vorgestellt werden kann.

Definition 2. Derjenige Gegenstand heißt in seiner Art endlich, welcher durch einen andern derselben Natur begrenzt werden kann. So heißt z. B. ein Körper endlich, weil man einen anderen, immer noch größeren, sich vorstellt. So wird ein Gedanke durch einen anderen Gedanken begrenzt. Aber ein Körper wird nicht durch einen Gedanken und ein Gedanke nicht durch einen Körper begrenzt.

Definition 3. Unter Substanz verstehe ich das, was in sich ist und durch sich vorgestellt wird, d. h. das, dessen Vorstellung nicht der Vorstellung eines anderen Gegenstandes bedarf, von welcher sie gebildet werden muß.

Definition 4. Unter Attribut verstehe ich das, was der Verstand von der Substanz als das erfaßt, was ihr Wesen ausmacht.

Definition 5. Unter Zustand verstehe ich die Erregungen der Substanz, oder das, was in einem andern ist, durch das es auch vorgestellt wird.

Definition 6. Unter Gott verstehe ich das unbedingt unendliche Wesen, d. h. die Substanz, welche aus unendlich vielen Attributen besteht, von denen jedes eine ewige und unendliche Wesenheit ausdrückt.

Erläuterung. Ich sage: unbedingt unendlich, nicht aber in seiner Art unendlich. Denn was nur in seiner Art unendlich ist, von dem können unendlich viele Attribute verneint werden; was aber unbedingt unendlich ist, zu dessen Wesen gehört alles, was eine Wesenheit ausdrückt und keine Verneinung enthält.

Definition 7. Derjenige Gegenstand heißt frei, der aus der bloßen Notwendigkeit seiner Natur existiert und von sich allein zum

Handeln bestimmt wird; notwendig aber oder vielmehr gezwungen, der von einem andern bestimmt wird zum Existieren und zum Wirken in fester und bestimmter Weise.

Definition 8. Unter Ewigkeit verstehe ich die Existenz selbst, soweit sie aufgefaßt wird, als notwendig folgend aus der bloßen Definition des ewigen Gegenstandes.

Erläuterung. Denn eine solche Existenz wird wie die ewige Wahrheit und wie das Wesen des Gegenstandes aufgefaßt; sie kann deshalb durch die Dauer oder die Zeit nicht erklärt werden, wenn man sich auch die Dauer als des Anfangs und des Endes entbehrend vorstellt.

Axiom 1. Alles, was ist, ist in sich oder in einem anderen.

Axiom 2. Das, was durch ein anderes nicht aufgefaßt werden kann, muß durch sich selbst aufgefaßt werden.

Axiom 3. Aus einer gegebenen bestimmten Ursache folgt notwendig eine Wirkung, und umgekehrt wenn keine bestimmte Ursache gegeben ist, so ist es unmöglich, daß eine Wirkung folgt.

Axiom 4. Die Kenntnis der Wirkung hängt von der Ursache ab und schließt sie ein.

Axiom 5. Gegenstände, die nichts miteinander gemein haben, können auch durch sich gegenseitig nicht erkannt werden, oder die Vorstellung des einen schließt nicht die Vorstellung des anderen ein.

Axiom 6. Eine wahre Vorstellung muß mit ihrem Vorgestellten übereinstimmen.

Axiom 7. Alles, was als nicht existierend vorgestellt werden kann, dessen Wesen schließt nicht die Existenz ein.

Lehrsatz 1. *Die Substanz ist der Natur nach vor ihren Zuständen.*

Beweis. Dies ergibt sich aus D. 3 u. 5.

Lehrsatz 2. *Zwei Substanzen, welche verschiedene Attribute haben, haben nichts unter sich gemein.*

Beweis. Auch dies ergibt sich aus D. 3; denn jede muß in sich sein und durch sich aufgefaßt werden oder die Vorstellung der einen schließt nicht die Vorstellung der anderen ein.

Lehrsatz 3. *Gegenstände, die nichts unter sich gemein haben, können der eine nicht die Ursache des anderen sein.*

Beweis. Wenn sie nichts unter sich gemein haben, so können sie auch nicht einer durch den anderen erkannt werden (A. 5), folglich kann der eine nicht die Ursache des anderen sein (A. 4).

Lehrsatz 4. *Zwei oder mehr verschiedene Dinge unterscheiden* *sich entweder durch den Unterschied der Attribute der Substanzen oder durch den Unterschied ihrer Zustände.*

Beweis. Alles was ist, ist in sich oder in einem anderen (A. 1), d. h. außer der Erkenntnis gibt es nichts als Substanzen und Zustände dieser (D. 3 u. 5). Es gibt deshalb außer der Erkenntnis nichts, wodurch mehrere Dinge sich unterscheiden können, als die Substanzen oder, was dasselbe ist (Art. 4), als die Attribute und die Zustände der Substanzen.

Lehrsatz 5. *In der Natur kann es nicht zwei oder mehr Substanzen von derselben Natur oder von demselben Attribut geben.*

Beweis. Gäbe es deren mehrere verschiedene, so müßten sie sich entweder durch den Unterschied der Attribute oder den der Zustände unterscheiden (L. 4). Wäre es nur durch den Unterschied der Attribute, so wäre damit zugestanden, daß es nur eine Substanz von demselben Attribut geben könne. Wäre es aber durch den Unterschied der Zustände, so ist doch die Substanz von Natur vor ihren Zuständen (L. 1); läßt man also diese Zustände beiseite und betrachtet die Substanzen in sich, d. h. wahrhaft (D. 3 u. 6), so kann man nicht vorstellen, daß sich die eine von der andern unterscheidet, d. h. es kann nicht mehrere Substanzen geben, sondern nur eine (L. 4).

Lehrsatz 6. *Eine Substanz kann nicht von einer anderen Substanz hervorgebracht werden.*

Beweis. Es kann in der Natur nicht zwei Substanzen mit demselben Attribut geben (L. 5), d. h. (L. 2) welche etwas miteinander gemein haben. Deshalb kann die eine nicht die Ursache der andern sein (L. 3), oder eine kann nicht von der anderen hervorgebracht werden.

Zusatz. Daraus ergibt sich, daß eine Substanz nicht von etwas anderem hervorgebracht werden kann. Denn außer Substanzen und deren Zuständen gibt es in der Natur nichts, wie sich aus A. 1 u. D. 3 u. 5 ergibt. Aber von einer Substanz kann sie nicht hervorgebracht werden (L. 5); also kann eine Substanz von etwas anderem unbedingt nicht hervorgebracht werden.

Ein anderer Beweis. Es läßt sich dies noch leichter aus dem Widersinnigen des Gegenteils erweisen. Denn wenn eine Substanz von etwas anderem hervorgebracht werden könnte, so müßte ihre Erkenntnis von der Erkenntnis ihrer Ursache abhängig sein (A. 4); folglich wäre sie keine Substanz (D. 3).

Lehrsatz 7. *Zur Natur der Substanz gehört das Existieren.*

Beweis. Die Substanz kann nicht von etwas anderem hervorgebracht werden (L. 6), sie wird deshalb die Ursache von sich sein; d. h. ihr Wesen enthält notwendig die Existenz (D. 1), oder die Existenz gehört zu ihrer Natur.

Lehrsatz 8. *Jede Substanz ist notwendig unendlich.*

Beweis. Die Substanz mit einem Attribut existiert nur in der Einzahl (L. 5), und zu ihrer Natur gehört das Existieren (L. 7). Es gehört deshalb zu ihrer Natur, daß sie notwendig als endliche oder als unendliche existiert. Aber das erste ist unmöglich, denn dann müßte sie durch eine andere Substanz derselben Natur begrenzt werden (D. 2), die ebenfalls notwendig existieren müßte (L. 7),: mithin gäbe es zwei Substanzen desselben Attributs, was widersinnig ist (L. 5). Die Substanz existiert daher als unendlich.

Erläuterung 1. Da das Endlich-Sein in Wahrheit eine teilweise Verneinung ist und das Unendliche die unbeschränkte Bejahung der Existenz irgendeiner Natur ist, so folgt aus dem bloßen Lehrsatz 7, daß jede Substanz unendlich sein muß.

Erläuterung 2. Ich zweifle nicht, daß es allen, welche über die Dinge verworren urteilen und nicht gewöhnt sind, die Dinge nach ihren ersten Gründen zu erforschen, schwerfallen wird, den Beweis des Lehrsatzes 7 zu fassen, weil sie nämlich nicht zwischen den Zuständen der Substanzen und diesen selbst unterscheiden und nicht wissen, wie die Dinge hervorgebracht werden. Daher kommt es, daß sie den Anfang, welchen sie bei den natürlichen Dingen sehen, den Substanzen andichten. Denn wer die wahren Ursachen der Dinge nicht kennt, vermischt alles und läßt ohne irgendein Widerstreben seiner Seele sowohl Bäume als auch Menschen sprechen und die Menschen sich ebenso aus Steinen wie aus Samen bilden und jede Gestalt in jede beliebige andere sich verwandeln. So legt auch der, welcher die göttliche Natur mit der menschlichen vermengt, Gott leicht menschliche Affekte bei; insbesondere so lange ihm unbekannt ist, wie die Affekte in der Seele hervorgebracht werden. Hätten dagegen die Menschen auf die Natur der Substanzen acht, so würden sie nicht im geringsten an der Wahrheit des Lehrsatzes 7 zweifeln; ja er würde allen als selbstverständlich gelten und zu den allgemeinen Begriffen gezählt werden. Denn dann würde man unter „Substanz“ nur das verstehen, was in sich besteht und in sich aufgefaßt wird, d. h. dessen Erkenntnis nicht der Erkenntnis eines anderen Gegenstandes bedarf; unter Zuständen aber das, was in einem anderen ist und deren Vorstellung von der Vorstellung des Gegenstandes, in dem sie sind, sich bildet. Deshalb kann man wahre Vorstellungen von Zuständen, die nicht existieren, haben, weil, wenn sie auch nicht wirklich außerhalb des Verstandes existieren, ihr Wesen doch in einem anderen so enthalten ist, daß sie durch dies andere erfaßt werden können. Aber die Wahrheit der Substanzen ist außerhalb des Verstandes nur in ihnen selbst, weil sie durch sich vorgestellt werden. Wenn daher jemand spräche, er habe die klare und deutliche, d. h. die wahre Vorstellung von einer Substanz, aber sei zweifelhaft, ob sie existiere, so wäre dies wahrhaftig eben so, als wenn er sagte, er habe eine wahre Vorstellung, aber er zweifle doch, ob sie nicht eine falsche sei (wie jedem Aufmerksamen klar ist); oder wenn jemand behauptete, daß eine Substanz erzeugt werden könne, so behauptete er zugleich, daß eine falsche Vorstellung zu einer wahren gemacht worden, und ein Verkehrteres kann man sich nicht vorstellen. Man muß deshalb notwendig zugestehen, daß die Existenz der Substanz ebenso wie ihr Wesen eine ewige Wahrheit ist.

Man kann von hier aus auch in anderer Weise darlegen, daß es nur eine Substanz gleicher Natur geben kann, und ich halte es der Mühe wert, dies hier zu zeigen. Um dies ordnungsmäßig zu tun, halte man fest 1), daß die wahre Definition jedes Gegenstandes nichts enthält noch ausspricht als die Natur des definierten Gegenstandes. Daraus ergibt sich 2), daß keine Definition eine bestimmte Zahl des einzelnen einschließt oder ausdrückt, da sie nur eben die Natur des definierten Gegenstandes ausdrückt. So drückt z. B. die Definition des Dreiecks nur die einfache Natur des Dreiecks aus, aber keine bestimmte Zahl von Dreiecken. 3) Es ist festzuhalten, daß es von jedem existierenden Gegenstand notwendig eine bestimmte Ursache geben muß, weshalb er existiert. 4) Endlich ist festzuhalten, daß die Ursache, weshalb ein Ding existiert, entweder in der Natur und Definition des existierenden Dinges enthalten sein muß (nämlich weil die Existenz zur Natur desselben gehört), oder daß es diese Ursache außerhalb des Dinges geben muß.

Aus diesen Sätzen folgt, daß wenn eine bestimmte Zahl von Einzelnen in der Natur existiert, notwendig eine Ursache da sein muß, weshalb gerade diese Zahl und nicht mehr oder weniger existieren. Wenn z. B. in der Natur zwanzig Menschen existieren (von denen ich des leichteren Verständnisses wegen annehme, daß sie zugleich existieren und keine anderen Menschen vorher in der Natur existiert hatten), so genügt es nicht (um nämlich den Grund anzugeben, weshalb zwanzig Menschen existieren), als Ursache die menschliche Natur im allgemeinen darzulegen, sondern es ist außerdem nötig, die Ursache aufzuweisen, weshalb gerade zwanzig oder nicht mehr oder weniger existieren; da es notwendig für jeden eine Ursache geben muß, weshalb er existiert. Diese Ursache kann aber nicht in der allgemeinen menschlichen Natur enthalten sein (Nr. 2, 3), da die wahre Definition des Menschen die Zahl zwanzig nicht enthält. Es muß also die Ursache, weshalb diese zwanzig existieren (Nr. 4), und folgeweise, weshalb jeder einzelne existiert, notwendig außerhalb eines jeden bestehen. Daraus folgt unbedingt, daß alles, von dessen Natur mehrere einzelne existieren können, notwendig eine äußere Ursache für seine Existenz haben muß. Da es aber zur Natur der Substanz, wie hier gezeigt wird, gehört, zu existieren, so muß ihre Definition die notwendige Existenz einschließen, und folglich kann man aus ihrer bloßen Definition ihre Existenz folgern. Aber aus ihrer Definition folgt nicht die Existenz von mehreren Substanzen (wie schon in Nr. 2 u. 3 oben gezeigt worden ist). Es folgt also aus ihr notwendig, daß nur eine einzige Substanz derselben Natur existiert, wie behauptet worden.

Lehrsatz 9. *Je mehr Realität oder Sein eine jede Sache hat, um so mehr Attribute kommen ihr zu.*

Beweis. Dies ergibt sich aus D. 4.

Lehrsatz 10. *Jedes Attribut einer Substanz muß durch sich aufgefaßt werden.*

Beweis. Denn das Attribut ist das, was der Verstand von der Substanz als das auffaßt, was ihr Wesen ausmacht (D. 4), folglich muß es durch sich selbst aufgefaßt werden (D. 3).

Erläuterung. Hieraus ergibt sich, daß wenngleich zwei Attribute als wirklich verschieden aufgefaßt werden, d. h. eines ohne die Hilfe des andern, man doch deshalb nicht schließen kann, daß sie zwei Dinge oder zwei verschiedene Substanzen ausmachen. Denn es gehört zur Natur der Substanz, daß jedes ihrer Attribute durch sich aufgefaßt wird; da ja alle Attribute, welche sie hat, immer zugleich in ihr gewesen sind und keines von den andern hat hervorgebracht werden können, sondern jedes die Realität oder das Sein der Substanz ausdrückt. Es ist also durchaus nicht widersinnig, einer Substanz mehrere Attribute beizulegen; im Gegenteil ist nichts in der Natur einleuchtender, als daß jedes Wesen unter irgendeinem Attribut aufgefaßt werden muß, und daß, je mehr Realität oder Sein es hat, es desto mehr Attribute geben muß, welche sowohl die Notwendigkeit oder Ewigkeit als die Unendlichkeit ausdrücken. Folglich ist auch nichts einleuchtender, als daß ein unbedingt unendliches Wesen notwendig als ein Wesen definiert werden muß (wie in D. 6 gezeigt worden), was aus unendlich vielen Attributen besteht, deren jedes eine gewisse und unendliche Wesenheit ausdrückt. Wenn man aber fragt, an welchem Zeichen man den Unterschied der Substanzen erkennen kann, so lese man die folgenden Lehrsätze, welche zeigen, daß in der Natur nur eine Substanz existiert und daß diese unbedingt unendlich ist Deshalb würde man nach solchem Zeichen vergeblich suchen.

Lehrsatz 11. *Gott oder die Substanz, welche aus unendlich vielen Attributen besteht, von denen jedes eine ewige und unendliche Wesenheit ausdrückt, existiert notwendig.*

Beweis. Wer dieses bestreitet, der stelle sich vor, wenn es ihm möglich ist, Gott existiere nicht. Also (A. 7) schließt sein Wesen, seine Existenz nicht ein. Aber dies ist (L. 7) widersinnig. Also existiert Gott notwendig.

Beweis 2. Ein anderer Beweis. Jedem Gegenstand muß eine Ursache oder ein Grund zugeteilt werden; sowohl weshalb er existiert als weshalb er nicht existiert. Wenn z. B. ein Dreieck da ist, so muß es einen Grund oder eine Ursache geben, weshalb es da ist; wenn es aber nicht da ist, so muß es auch einen Grund oder eine Ursache geben, welche sein Dasein verhindert oder welche sein Dasein aufhebt. Dieser Grund oder diese Ursache muß entweder in der Natur des Gegenstandes oder außerhalb desselben enthalten sein. So zeigt z. B. die eigene Natur des Kreises den Grund, weshalb ein viereckiger Kreis nicht besteht, nämlich weil er einen Widerspruch enthält. So folgt die Existenz der Substanz aus der bloßen Natur derselben, weil diese die Existenz einschließt (L. 7). Aber der Grund für das Dasein oder Nicht-Dasein eines einzelnen Kreises oder Dreiecks ergibt sich nicht aus ihrer Natur, sondern nur aus der Ordnung der ganzen körperlichen Natur. Denn aus ihr muß hervorgehen, daß dieses Dreieck jetzt notwendig existiert oder daß seine gegenwärtige Existenz unmöglich ist. Dies ist selbstverständlich. Hieraus folgt, daß dasjenige entsprechend existiert, bei dem kein Grund oder Ursache besteht, welche sein Existieren hindert. Wenn es also keinen Grund oder Ursache gibt, welcher das Dasein Gottes hindert oder aufhebt, so folgt, daß er notwendig da ist. Gäbe es einen solchen Grund oder Ursache, so müßte sie entweder in der eigenen Natur Gottes oder außerhalb derselben bestehen, d. h. in einer anderen Substanz von anderer Natur. Denn wäre sie von derselben Natur, so wäre damit eingeräumt, daß es Gott gäbe. Wäre die Substanz anderer Natur, so könnte sie mit Gott nichts gemein haben (L. 2), also auch sein Dasein weder setzen noch aufheben.

Da also ein Grund oder eine Ursache, welche die göttliche Existenz aufhöbe, es außerhalb der göttlichen Natur nicht geben kann, so wird notwendig in ihrer Natur selbst der Grund für ihre Nichtexistenz enthalten sein müssen, was mithin einen Widerspruch einschlösse. Es ist widersinnig, von dem unbedingt unendlichen und höchst vollkommenen Wesen dies zu behaupten. Also gibt es weder in Gott noch außerhalb Gottes eine Ursache oder einen Grund, welcher seine Existenz aufhöbe; Gott existiert also notwendig.

Beweis 3. Ein anderer Beweis. Das Nicht-Existieren-Können ist ein Unvermögen und dagegen das Existieren-Können ein Vermögen (wie sich von selbst ergibt). Wenn also das, was schon notwendig existiert, nur endliche Wesen sind, so sind diese mächtiger als das unbedingt unendliche Wesen, und dies ist widersinnig (wie sich von selbst ergibt).

Es existiert mithin überhaupt gar nichts, oder es existiert notwendig auch ein unbedingt unendliches Wesen. Aber wir selbst existieren entweder in uns selbst oder in einem anderen, welches notwendig existiert (A. 1 u. 7). Also existiert notwendig ein unbedingt unendliches Wesen, d. h. Gott (D. 6).

Erläuterung. In diesem letzten Beweis habe ich die Existenz Gottes von rückwärts aufgezeigt, damit der Beweis leichter gefaßt werde, nicht aber deshalb, weil Gottes Existenz aus demselben Grunde nicht auch gerade zu sich ergäbe. Denn da das Existierenkönnnen ein Vermögen ist, so folgt, daß je mehr Realität der Natur eines Gegenstandes zukommt, es um so mehr von sich selbst Kräfte hat, um zu existieren; folglich muß ein unbedingt unendliches Wesen oder Gott ein unbedingt unendliches Vermögen zu existieren von sich selbst haben und deshalb unbedingt existieren. Indes mag vielleicht mancher die Kraft dieses Beweises nicht leicht fassen, weil er gewohnt ist, nur die Gegenstände zu betrachten, welche von äußeren Ursachen abfließen, und weil er darunter das, was schnell entsteht, d. h. was leicht existiert, auch leicht vergehen sieht, und weil umgekehrt er die Gegenstände für schwieriger in ihrer Herstellung hält, d. h. nicht so leicht zur Existenz zu bringen, von welchen er annimmt, daß mehreres zu ihnen gehört. Um dergleichen Vorurteile zu beseitigen, brauche ich hier nicht zu zeigen, in welchem Sinne der Satz „Was schnell entsteht, vergeht schnell" wahr ist; auch nicht ob rücksichtlich der ganzen Natur alles gleich leicht ist oder nicht; es genügt die Bemerkung, daß ich hier nicht von Gegenständen spreche, welche durch äußere Ursachen entstehen, sondern nur von den Substanzen, welche von keiner äußeren Ursache hervorgebracht werden können (L. 6).

Denn alle Gegenstände, welche aus äußeren Ursachen entstehen, mögen sie aus vielen oder wenig Teilen bestehen, verdanken alles, was sie an Vollkommenheit oder Realität haben, der Kraft einer äußeren Ursache; ihre Existenz beruht daher nicht auf ihrer eigenen Vollkommenheit, sondern nur auf der der äußeren Ursachen. Dagegen verdankt die Substanz alles, was sie an Vollkommenheit hat, keiner äußeren Ursache; deshalb muß auch ihre Existenz aus ihrer eigenen Natur hervorgehen, die folglich nichts anderes ist als ihre eigene Wesenheit. Die Vollkommenheit eines Gegenstandes hebt daher dessen Existenz nicht auf, sondern setzt sie vielmehr; dagegen hebt die Unvollkommenheit sie auf, und wir können deshalb der Existenz keines Gegenstandes sicherer sein, als der Existenz eines unbedingt unendlichen oder vollkommenen Wesens, d. h. Gottes. Denn da sein Wesen alle Unvollkommenheit ausschließt und die unbedingte Vollkommenheit in sich faßt, so hebt es eben dadurch allen Grund an seiner Existenz zu zweifeln auf und gewährt die höchste Gewißheit von dessen Existenz, was hoffentlich auch einem nur mäßig aufmerksamen Leser einleuchten wird.

Lehrsatz 12. *Es kann kein Attribut einer Substanz wahrhaft vorgestellt werden, aus dem folgt, daß die Substanz geteilt werden könne.*

Beweis. Denn die Teile, in welche eine so vorgestellte Substanz sich teilte, behalten entweder die Natur der Substanz oder nicht. Ist ersteres der Fall, dann muß jeder Teil unendlich sein (L. 8) und die Ursache seiner selbst sein (L. 6) und aus einem anderen Attribut bestehen (L. 5). Mithin würden aus einer Substanz mehrere sich bilden, was widersinnig ist (L. 6). Überdem würden dann die Teile (L. 2) mit ihrem Ganzen nichts gemein haben, und das Ganze würde ohne seine Teile sein und vorgestellt werden können (D. 4 L. 10), was unzweifelhaft widersinnig ist. Im zweiten Falle, wenn die Teile nicht die Natur der Substanz behalten, würde, wenn die ganze Substanz in gleiche Teile geteilt würde, sie die Natur der Substanz verlieren und zu sein aufhören, was widersinnig ist (L. 7).

Lehrsatz 13. *Eine unbedingt unendliche Substanz ist unteilbar.*

Beweis. Wäre sie teilbar, so behielten die Teile, in welche sie geteilt würde, entweder die Natur einer unbedingt unendlichen Substanz oder nicht. Im ersten Fall würden sich mehrere Substanzen derselben Natur ergeben, was widersinnig ist (L. 5). Im zweiten Fall könnte die unbedingt unendliche Substanz aufhören zu sein, wie oben gezeigt worden, was ebenfalls widersinnig ist (L. 11).

Zusatz. Hieraus folgt, daß keine Substanz und folglich auch keine körperliche Substanz als Substanz teilbar ist.

Erläuterung. Die Unteilbarkeit der Substanz ergibt sich einfacher daraus, daß man sich die Natur der Substanz nicht anders als unendlich vorstellen kann, und daß in der Vorstellung eines Teiles der Substanz nur eine endliche Substanz vorgestellt wird, was einen offenbaren Widerspruch enthält (L. 8).

Lehrsatz 14. *Außer Gott kann es eine Substanz weder geben noch eine solche vorgestellt werden.*

Beweis. Da Gott ein unbedingt unendliches Wesen ist, von dem kein Attribut verneint werden kann, was die Wesenheit einer Substanz ausdrückt (D. 6), und da Gott notwendig existiert (L. 12), so müßte, wenn es eine Substanz außer Gott gäbe, dasselbe durch ein Attribut Gottes ausgedrückt werden, und es würden dann zwei Substanzen desselben Attributs existieren, was widersinnig ist (L. 5). Also kann es keine Substanz außer Gott geben, und folglich kann auch keine solche vorgestellt werden. Denn könnte sie vorgestellt werden, so müßte sie notwendig als existierend vorgestellt werden, dies ist aber nach dem ersten Teil dieses Beweises widersinnig. Es kann also außer Gott eine Substanz weder bestehen noch vorgestellt werden.

Zusatz 1. Hieraus folgt offenbar, 1) daß Gott nur ein einziger ist, d. h. daß es in der Natur nur eine Substanz gibt (L. 6) und daß diese unbedingt unendlich ist, wie ich schon in der E. zu L. 10 angedeutet habe.

Zusatz 2. Es folgt 2), daß das ausgedehnte Ding und das denkende Ding entweder Attribute Gottes sind (A. 1) oder Zustände von den Attributen Gottes.

Lehrsatz 15. *Alles, was ist, ist in Gott, und nichts kann ohne Gott sein oder vorgestellt werden.*

Beweis. Außer Gott gibt es keine Substanz und kann keine vorgestellt werden (L. 14), d. h. es gibt außer Gott keinen Gegenstand, der in sich ist und durch sich vorgestellt wird (D. 3). Die

Zustände aber können ohne Substanz weder sein noch vorgestellt werden (D. 5), deshalb können diese nur in der göttlichen Natur sein und durch sie allein vorgestellt werden. Außer den Substanzen und ihren Zuständen gibt es aber nichts (A. 1). Daher kann nichts ohne Gott sein oder vorgestellt werden.

Erläuterung. Es gibt Menschen, welche Gott sich vorstellen, als wenn er, wie ein Mensch, aus einem Leib und einer Seele bestände und als wenn er den Leidenschaften unterworfen wäre. Indes ergibt sich aus dem bisher Dargelegten zur Genüge, wie weit diese von der Kenntnis des wahren Gottes sich irrtümlich entfernen, und ich lasse diese Meinung beiseite. Denn alle, welche die göttliche Natur einigermaßen betrachtet haben, bestreiten, daß Gott körperlich sei; sie beweisen das am besten dadurch, daß man unter Körper irgendeine lange, breite, tiefe und in irgendeiner Gestalt begrenzte Größe sich vorstelle, und von Gott als einem unbedingt unendlichen Wesen nichts Widersinnigeres als dies aussagen könne. Indes ergibt sich aus anderen Gründen, womit sie dasselbe beweisen wollen, daß sie die körperliche oder ausgedehnte Substanz selbst von der göttlichen Natur überhaupt fernhalten und sie als von Gott erschaffen ansehen. Dabei können sie aber durchaus nicht angeben, aus welcher göttlichen Macht dieselbe hatte geschaffen werden können; was klar zeigt, daß sie das, was sie behaupten, selbst nicht verstehen. Ich glaube wenigstens klar bewiesen zu haben (L. 6 Z., L. 8 E. 2), daß keine Substanz von einer anderen hervorgebracht oder geschaffen werden kann; ferner, daß es außer Gott keine Substanz gibt und keine vorgestellt werden kann (L. 14). Daraus habe ich gefolgert, daß die ausgedehnte Substanz eines von den unendlich vielen Attributen Gottes sei.

Indes will ich zur mehreren Verdeutlichung die Gründe der Gegner widerlegen, welche sich sämtlich auf Nachfolgendes zurückführen lassen. Erstens meinen sie, daß die körperliche Substanz als Substanz aus Teilen bestehe, und deshalb bestreiten sie, daß sie unendlich sein oder Gott zukommen könne. Man erläutert dies durch eine Menge Beispiele, von denen ich eins und das andere auswählen will. Man sagt, daß, wenn die körperliche Substanz unendlich sei, so könne man sich vorstellen, daß sie in zwei Teile geteilt werde; jeder Teil müsse dann entweder endlich oder unendlich sein. Im ersten Falle würde das Unendliche aus zwei endlichen Teilen gebildet, was widersinnig sei; im letzten Falle gäbe es ein Unendliches, was doppelt so groß sei als ein anderes Unendliches; was auch widersinnig sei. Ferner sagt man, daß wenn man eine unendliche Größe mit einem Maße von der Größe eines Fußes messe, sie aus unendlich vielen solchen Teilen bestehen müsse; dasselbe gelte für ein Maß von der Größe eines Zolles. Somit wäre eine unendliche Zahl zwölfmal größer als eine andere unendliche Zahl. Endlich sagt man, daß wenn man sich zwei Linien, a–b und a–c vorstellt, die aus einem Punkt einer gewissen unendlichen Größe sich in einem festen und bestimmten anfänglichen Abstand ohne Ende forterstrecken, damit sicherlich der Abstand zwischen b und c sich fortwährend vergrößern und aus einem bestimmten zuletzt ein unbestimmbarer werden werde.

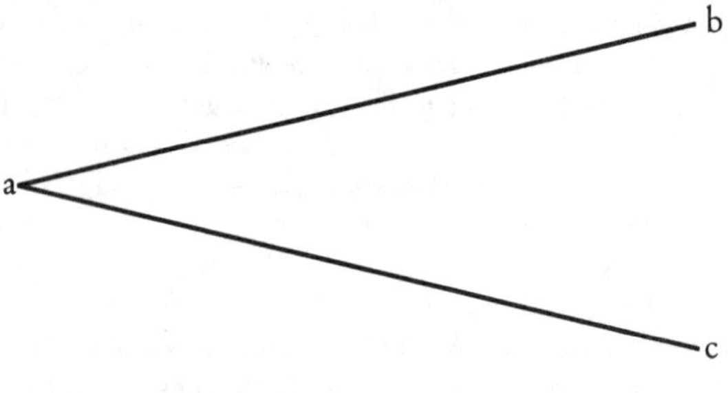

Da nun solche widersinnigen Folgen, wie man meint, hervorgehen, sobald man die Größe als unendlich annehme, so schließt man, daß die körperliche Substanz endlich sein müsse und deshalb nicht zum Wesen Gottes gehören könne. Einen zweiten Grund nimmt man ebenfalls von der höchsten Vollkommenheit Gottes her. Man sagt, Gott könne nicht leiden, da er ein höchst vollkommenes Wesen sei; die körperliche Substanz aber könne leiden, da sie teilbar sei; also folge, daß sie nicht zum Wesen Gottes gehören könne. Dies sind die Gründe, welche ich bei den Schriftstellern finde und durch welche sie zu zeigen suchen, daß die körperliche Substanz der göttlichen Natur unwürdig sei und ihr nicht zukommen könne.

Wer indessen recht Acht hat, wird bemerken, daß ich auf diese Gründe schon geantwortet habe. Sie laufen alle darauf hinaus, daß die körperliche Substanz aus Teilen bestehe, was ich schon als widersinnig dargelegt habe (L. 12 Z., L. 13). Wer die Frage richtig erwägt, wird finden, daß alle jene Widersinnigkeiten, die ich als solche anerkenne, aus denen jene den Schluß auf die Endlichkeit der ausgedehnten Substanz machen, nicht die Folge der vorausgesetzten Unendlichkeit der Größe sind, sondern daraus entspringen, daß man die unendliche Größe als meßbar annimmt und daß sie aus endlichen Teilen sich zusammensetze. Diese verkehrten Folgen beweisen also vielmehr, daß die unendliche Größe nicht meßbar ist und nicht aus endlichen Teilen besteht; ein Satz, den ich bereits oben bewiesen habe (L. 12). Der Pfeil, den jene gegen uns richten, trifft also in Wahrheit sie selbst. Wenn sie also selbst aus ihrer widersinnigen Folgerung doch darlegen wollen, daß die ausgedehnte Substanz endlich sei, so tun sie wahrhaftig dasselbe, als wenn jemand voraussetzt, ein Kreis habe die Eigenschaften eines Vierecks und nun folgert, daß der Kreis keinen Mittelpunkt habe, von dem alle zum Umring gezogenen Linien gleich waren. Sie nehmen an, daß die körperliche Substanz aus endlichen Teilen bestehe, vielfach und teilbar sei, um daraus ihre Endlichkeit zu folgern; obgleich sie doch nur unendlich, einzig und unteilbar vorgestellt werden kann (L. 8. 5. u. 12). Ganz ebenso nehmen andere an, daß die Linie aus Punkten zusammengesetzt ist und wissen dann eine Menge Gründe aufzufinden, aus denen sie zeigen, daß die Linie nicht unendlich teilbar sei. Gerade so widersinnig ist es, wenn man die körperliche Substanz aus Körpern oder Teilen zusammensetzt, als wenn man den Körper aus Oberflächen, die Oberflächen aus Linien, und die Linien endlich aus Punkten zusammensetzt. Dies müssen alle einräumen, welche wissen, daß die klare Vernunft untrüglich ist, besonders die, welche leugnen, daß es eine leere Stelle im Raum gebe. Denn könnte die körperliche Substanz so geteilt werden, daß ihre Teile wirklich unterschieden waren, weshalb sollte denn nicht ein Teil vernichtet werden können, während die übrigen so wie vorher miteinander verbunden blieben? Und warum sollten denn alle so aneinandergepaßt sein, daß keine leere Stelle dazwischen bleibe? Denn Dinge, welche wirklich voneinander unterschieden sind, können sicherlich eins ohne das andere sein und in ihrem Zustande verbleiben. Da es aber kein Leeres in der Wirklichkeit gibt (hierüber Näheres an anderer Stelle), sondern alle Teile so zusammentreffen müssen, daß kein Leeres bleibt, so folgt auch hieraus, daß sie nicht real voneinander unterschieden werden können, d. h. daß die körperliche Substanz als Substanz unteilbar ist Wenn man indes die Frage erhebt, weshalb der Mensch von Natur so geneigt ist, die Größe zu teilen, so antworte ich, daß die Größe von dem Menschen auf zweierlei Weise vorgestellt wird; einmal abstrakt oder oberflächlich, wie man sie in dem bildlichen Vorstellen auffaßt, und dann als Substanz, was bloß vom Verstand geschieht. Meint man die

Größe in der bloß bildlichen Vorstellung, was gemeinhin und am leichtesten geschieht, so erscheint sie endlich, teilbar und aus Teilen zusammengesetzt; stellt man sich aber die Größe so vor, wie sie im Verstande ist und so wie sie Substanz ist, was allerdings sehr schwer geschieht, da wird man finden, daß sie unendlich, einzig und unteilbar ist, wie bewiesen worden ist.

Dies wird für jeden klar sein, der zwischen bildlichem Vorstellen und Erkenntnis zu unterscheiden versteht. Insbesondere, wenn man noch bedenkt, daß die Materie überall dieselbe ist, und daß man nur dann Teile in ihr unterscheiden kann, wenn man sie sich in verschiedenen Zuständen vorstellt. Deshalb lassen sich die Teile ihr nur zuständlich, aber nicht wirklich unterscheiden. So nehmen wir z. B. von dem Wasser als Wasser an, daß es geteilt werde könne und seine Teile sich voneinander trennen lassen; dies gilt aber nicht, wenn das Wasser als körperliche Substanz aufgefaßt wird; da ist es weder trennbar noch teilbar. Ebenso entsteht und verdirbt das Wasser als Wasser, aber als Substanz wird es weder erzeugt noch verdorben. Hiermit glaube ich auch den zweiten Grund widerlegt zu haben, der ebenfalls darauf gestützt wird, daß die Materie als Substanz teilbar und aus Teilen zusammengesetzt sei.

Wäre dies aber auch nicht, so wüßte ich doch nicht, weshalb die Materie der göttlichen Natur unwürdig sein sollte, da es außer Gott keine Substanz gibt, von der sie leiden könnte (L. 14). Ich sage, alles ist in Gott und alles, was geschieht, geschieht nur durch die Gesetze der unendlichen Natur Gottes, und alles folgt aus der Notwendigkeit seines Wesens, wie ich bald zeigen werde. Man kann daher durchaus nicht behaupten, daß Gott von etwas anderem leide oder daß die ausgedehnte Substanz der göttlichen Natur unwürdig sei, selbst wenn man sie als teilbar annehme, sobald sie nur als ewig und unendlich anerkannt wird.

Doch genug hiervon für jetzt.

Lehrsatz 16. *Aus der Notwendigkeit der göttlichen Natur muß Unendliches auf unendlich viele Weise folgen, d. h. alles, was von einem unendlichen Verstand erfaßt werden kann.*

Beweis. 1. Dieser Lehrsatz muß jedem klarwerden, sobald er beleuchtet hat, daß der Verstand aus der gegebenen Definition irgendeines Gegenstandes verschiedene Eigenschaften ableitet, die in Wahrheit aus ihr (d. h. aus dem Wesen der Sache) notwendig folgen, und zwar um so mehrere, je mehr Realität die Definition der Sache ausdrückt und je mehr Realität das Wesen des definierten Gegenstandes enthält. Da nun die göttliche Natur unbedingt unendlich viele Attribute hat (D. 6) von denen jede eine unendliche Wesenheit in ihrer Art ausdrückt, so muß aus deren Notwendigkeit Unendliches auf unendlich viele Weise notwendig folgen (d. h. alles, was von einem unendlichen Verstand erfaßt werden kann).

Zusatz 1. Hieraus ergibt sich 1), daß Gott die wirksame Ursache von allen Dingen ist, welche von einem unendlichen Verstand erfaßt werden können.

Zusatz 2. Es ergibt sich 2), daß Gott diese Ursache durch sich ist und nicht durch ein Hinzutretendes.

Zusatz 3. Es ergibt sich 3), daß Gott unbedingt die erste Ursache ist.

Lehrsatz 17. *Gott handelt nur nach den Gesetzen einer Natur und nicht aus einem Zwang, den er von jemand erlitte.*

Beweis. Ich habe soeben in L. 16 gezeigt, daß aus der bloßen Notwendigkeit der göttlichen Natur, oder was dasselbe ist, aus den bloßen Gesetzen seiner Natur unendlich vieles unbedingt folge, und in L. 15 habe ich bewiesen, daß ohne Gott nichts sein oder vorgestellt werden könne; vielmehr alles in Gott sei. Daher kann es nichts außer ihm geben, was ihn zum Handeln bestimmen oder zwingen könnte, und Gott handelt daher nur nach den Gesetzen seiner Natur und ohne Zwang von jemand.

Zusatz 1. Hieraus folgt 1), daß es keine Ursache gibt, welche Gott von außen oder von innen, neben der Vollkommenheit seiner Natur zum Handeln bestimmte.

Zusatz 2. Es folgt 2), daß nur Gott eine freie Ursache ist. Denn nur Gott allein existiert aus der bloßen Notwendigkeit seiner Natur (L. 11 und Z. 1 zu L. 14), und er handelt aus der bloßen Notwendigkeit seiner Natur (L. 17); er ist daher allein eine freie Ursache (D. 7).

Erläuterung. Andere meinen, Gott sei deshalb eine freie Ursache, weil er, nach ihrer Ansicht, bewirken kann, daß das nicht geschieht oder von ihm nicht ausgeführt wird, was wie angegeben aus seiner Natur folgt oder in seiner Macht steht. Aber dies wäre gerade so, als wenn man behauptete, Gott könne bewirken, daß aus der Natur eines Dreiecks nicht folge, daß dessen drei Winkel zwei Winkeln gleich seien oder daß aus einer gegebenen Ursache keine Wirkung folge, was widersinnig ist. Ferner werde ich unten, ohne Hilfe dieses Lehrsatzes, zeigen, daß der Natur Gottes weder Verstand noch Wille zukommt. Ich weiß allerdings, daß viele meinen, sie könnten beweisen, der Natur Gottes komme der höchste Verstand und freier Wille zu; denn sie sagen, daß sie nichts Vollkommeneres kennen und Gott zuteilen können, als das, was in uns selbst die höchste Vollkommenheit ist. Obgleich sie nun Gott in Wirklichkeit mit dem höchsten Verstand begaben, so glauben sie doch nicht, daß er von allem, was er wirklich vorstellt, auch bewirken könne, daß es existiere; denn sie glauben auf diese Weise die Macht Gottes zu zerstören; hätte er nämlich nach ihrer Meinung alles, was in seinem Verstande wäre, erschaffen, so könnte er dann nichts weiter erschaffen, was nach ihrer Meinung der Allmacht Gottes widerstreite. Man zieht es deshalb vor, Gott als gleichgültig für alles anzunehmen, so daß er nichts schafft, als das, was er mit einem gewissen unbedingten Willen zu schaffen beschlossen hat. Ich glaube jedoch deutlich genug bewiesen zu haben (L. 16), daß von der höchsten Macht oder unendlichen Natur Gottes Unendliches auf unendlich viele Weise, d. h. alles notwendig daraus hervorgegangen ist oder immer mit derselben Notwendigkeit folgt, mit welcher aus der Natur eines Dreiecks von Ewigkeit zu Ewigkeit folgt, daß dessen drei Winkel gleich zwei rechten Winkeln sind. Gottes Allmacht ist daher von Ewigkeit wirklich gewesen und wird in derselben Wirklichkeit in Ewigkeit bleiben. Auf diese Weise wird Gottes Allmacht nach meiner Ansicht weit vollkommener hingestellt; ja wenn ich offen sprechen soll, scheinen jene Gegner die Allmacht Gottes vielmehr zu leugnen. Denn sie müssen einräumen, daß Gott unendlich vieles als erschaffbar vorstellt, was er doch niemals wird schaffen können, weil er sonst, wenn er alles, was er vorstellt, schüfe, nach ihnen seine Allmacht erschöpfen und sich unvollkommen machen würde. Um also Gott als vollkommen anzunehmen, müssen sie zugleich annehmen, daß er nicht alles bewirken kann, was in seiner Macht steht. Ich wüßte aber keine Annahme, welche widersinniger wäre und der Allmacht Gottes mehr widerstritte als diese.

Nun noch einiges über den Gott gewöhnlich zugeteilten Verstand und Willen.

Sollen Verstand und Wille zu dem ewigen Wesen Gottes gehören, so muß unter beiden Attributen allerdings etwas anderes als gewöhnlich vorgestellt werden. Der Verstand und Wille, welche Gottes Wesen bildeten, müßten von unserem Verstand und Willen im höchsten Maße verschieden sein und könnten nur im Namen übereinstimmen, wie etwa das Sternbild des Hundes mit dem Hund als bellendem Tier übereinstimmt.

Mein Beweis ist folgender: Der der göttlichen Natur zugehörige Verstand kann nicht, wie nach der gewöhnlichen Annahme der unsrige, den vorgestellten Gegenständen zeitlich nachfolgen oder gleichzeitig mit ihnen sein, denn Gott ist der Ursächlichkeit nach vor allen Dingen (L. 16 Z. 1). Vielmehr ist die Wahrheit und das wirkliche Wesen der Dinge so, weil sie in Gottes Verstand so gegenständlich bestehen. Gottes Verstand, soweit er die Wesenheit Gottes bildet, ist daher in Wahrheit die Ursache aller Dinge, sowohl nach ihrer Wesenheit wie nach ihrer Existenz. Dieses scheinen auch diejenigen bemerkt zu haben, welche behaupten, daß Gottes Verstand, Wille und Macht ein und dasselbe sei. Da also Gottes Verstand die alleinige Ursache sowohl von dem Wesen wie von der Existenz der Dinge ist (wie wir gezeigt haben), so muß er selbst notwendig sowohl nach seinem Wesen wie nach seiner Existenz von den Dingen unterschieden sein. Denn das Bewirkte unterscheidet sich von seiner Ursache genau in dem, was es von der Ursache hat. Ein Mensch z. B. ist wohl die Ursache der Existenz, aber nicht der Wesenheit eines anderen Menschen; denn diese ist eine ewige Wahrheit. Beide können daher rücksichtlich der Wesenheit übereinstimmen, aber in der Existenz müssen sie von einander unterschieden sein. Deshalb wird, wenn die Existenz des einen untergeht, nicht auch die des andern untergehen; wenn aber das Wesen des einen zerstört und falsch werden könnte, so würde auch das Wesen des andern zerstört werden. Etwas also, was die Ursache sowohl von dem Wesen wie von der Existenz einer gewissen Wirkung ist, muß sich deshalb von einer solchen Wirkung sowohl im Wesen wie in der Existenz unterscheiden. Nun ist aber Gottes Verstand die Ursache sowohl von dem Wesen wie von der Existenz unseres Verstandes; Gottes Verstand, soweit er das göttliche Wesen bildet, ist also von unserem Verstand sowohl in bezug auf Wesen als Existenz unterschieden und kann nur im Namen mit ihm zusammentreffen, wie oben gesagt worden. In betreff des Willens kann der Beweis ebenso geführt werden, wie man leicht einsehen wird.

Lehrsatz 18. *Gott ist von allen Dingen die innewohnende und nicht die übergehende Ursache.*

Beweis. Alles, was ist, ist in Gott und muß durch Gott vorgestellt werden (L. 15); Gott ist also die Ursache der in ihm seienden Dinge (L. 16 Z. 1); dies ist das erste. Ferner kann es außer Gott keine Substanz geben (L. 14); d. h. kein Ding, was außer Gott in sich ist (D. 8). Gott ist also von allen die innewohnende und nicht die in anderes übergehende Ursache.

Lehrsatz 19. *Gott oder alle Attribute Gottes sind ewig.*

Beweis. Denn Gott ist eine Substanz (D. 6), welche notwendig existiert (L. 11), d. h. zu deren Natur das Dasein notwendig gehört (L. 7), oder, was dasselbe ist, aus deren Definition ihr Dasein folgt, also ist er ewig (D. 8). Dann ist unter den Attributen Gottes das zu verstehen, was die Wesenheit der göttlichen Substanz ausdrückt (D. 4), d. h. was zur Substanz gehört. Dieses selbst, sage ich, müssen die Attribute enthalten. Aber zur Natur der Substanz gehört die Ewigkeit (wie ich schon aus L. 7 bewiesen habe); deshalb muß jedes Attribut die Ewigkeit enthalten, und deshalb sind alle Attribute ewig.

Erläuterung. Dieser Lehrsatz ergibt sich auch ganz deutlich aus der Art, wie ich Gottes Dasein bewiesen habe (L. 11). Denn aus diesem Beweise ergibt sich, daß das Dasein Gottes wie dessen Wesenheit eine ewige Wahrheit sind. Endlich habe ich im *19. Lehrsatz des I. Teils von Cartesius Philosophischen Prinzipien* die Ewigkeit Gottes noch auf andere Art bewiesen, und es ist nicht nötig, diesen Beweis hier zu wiederholen.

Lehrsatz 20. *Gottes Dasein und Gottes Wesen sind ein und dasselbe.*

Beweis. Gott und alle seine Attribute sind ewig (L. 19), d. h. jedes seiner Attribute drückt die Existenz aus (D. 8). Dieselben Attribute Gottes, welche Gottes ewige Wesenheit darlegen (D. 4), legen zugleich sein ewiges Dasein dar, d. h. dasselbe, was Gottes Wesenheit ausmacht, macht auch sein Dasein aus, daher ist sein Dasein und seine Wesenheit ein und dasselbe.

Zusatz 1. Hieraus folgt 1), daß Gottes Dasein, wie sein Wesen, eine ewige Wahrheit sind.

Zusatz 2. Es folgt 2), daß Gott oder alle Attribute Gottes unveränderlich sind. Denn wenn sie sich der Existenz nach veränderten, so müßten sie sich auch dem Wesen nach ändern (L. 19), d. h. (wie sich von selbst versteht) aus wahren falsche werden, und dies ist widersinnig.

Lehrsatz 21. *Alles, was aus der absoluten Natur eines Attributes Gottes folgt, hat immer und unendlich existieren müssen; oder es ist durch das dasselbe Attribut ewig und unendlich.*

Beweis. Wenn jemand dies leugnet, so stelle er sich, wenn er kann, vor, daß etwas in einem Attribute Gottes aus dessen absoluter Natur folgt, was endlich sei und eine bestimmte Existenz oder Dauer hat, z. B. die Vorstellung Gottes in seinem Denken. Das Denken, als Attribut Gottes, ist aber notwendig seiner Natur nach unendlich (L. 11). Nun wird es aber, soweit es die Vorstellung Gottes hat, als endlich vorausgesetzt. Aber als endlich kann es nur dann gefaßt werden, wenn es durch das Denken selbst beschränkt wird, und zwar nicht durch das Denken, insoweit es die Vorstellung Gottes ausmacht (denn insoweit wird es eben als endlich angenommen); sondern beschränkt durch das Denken, soweit es die Vorstellung Gottes nicht ausmacht, was aber doch notwendig existieren muß (L. 11). Damit hat man ein Denken, was die Vorstellung Gottes nicht ausmacht. Mithin folgt aus Gottes Natur, soweit sie unbedingtes Denken ist, die Vorstellung Gottes nicht notwendig (denn es wird aufgefaßt, als mache es die Vorstellung Gottes aus, und auch nicht), was gegen die Voraussetzung ist. Wenn also die Vorstellung Gottes in seinem Denken oder irgend etwas in irgendeinem Attribut Gottes (es ist gleichgültig, welches, da der Beweis allgemein ist) aus der Notwendigkeit der absoluten Natur dieses Attributs folgt, so muß dies notwendig unendlich sein. Dies war das erste.

Ferner kann das, was aus der Notwendigkeit der Natur eines Attributs so folgt, keine beschränkte Dauer haben. Wer dies bestreitet, mag sich vorstellen, daß etwas, was aus der Notwendigkeit und Natur eines Attributs folgt, in einem Attribut Gottes gegeben sei, z. B. die Vorstellung Gottes und sein Denken, und man nehme an, daß sie einmal nicht gewesen sei oder einmal nicht mehr sein werde. Da nun das Denken als ein Attribut Gottes aufzufassen ist, so muß es notwendig und unveränderlich existieren (L. 11 u. L. 20 Z. 2), daher muß über die Grenzen der Dauer der Vorstellung Gottes hinaus (denn man nimmt an, daß sie einmal nicht gewesen oder nicht mehr sein wird) das Denken ohne die Vorstellung Gottes bestehen. Dies ist aber gegen die Voraussetzung; es ist nämlich angenommen worden, daß wenn das Denken zugegeben ist, auch die Vorstellung Gottes notwendig folgt. Daher kann die Vorstellung Gottes in seinem Denken, oder etwas, was notwendig aus der absoluten Natur eines Attributs Gottes folgt, keine beschränkte Dauer haben, sondern es ist durch dieses Attribut ewig. Das war das zweite.

Man bemerkt, daß dasselbe von jedem gilt, was in einem Attribut Gottes aus der absoluten Natur Gottes notwendig folgt.

Lehrsatz 22. *Alles, was aus einem Attribut Gottes folgt, soweit es in einen solchen Zustand versetzt ist, welcher sowohl notwendig wie unendlich durch dasselbe existiert, muß ebenfalls notwendig und unendlich existieren.*

Beweis. Der Beweis dieses Lehrsatzes geschieht in derselben Art wie der des vorhergehenden.

Lehrsatz 23. *Jeder Zustand, der notwendig und unendlich existiert, ist eine notwendige Folge entweder der absoluten Natur eines Attributes Gottes oder eines Attributes, was sich in einem Zustand befindet, der notwendig und unendlich ist.*

Beweis. Denn der Zustand ist in einem anderen, durch welches er aufgefaßt werden muß (D. 6), d. h. er kann bloß in Gott und bloß durch Gott aufgefaßt werden (L. 15). Wenn man also annimmt, daß ein Zustand notwendig besteht und unendlich ist, so muß beides notwendig gefolgert oder aufgefaßt werden durch ein Attribut Gottes, soweit es als Ausdruck der Unendlichkeit und Notwendigkeit der Existenz oder der Ewigkeit (D. 8) vorgestellt wird, d. h. (D. 6 L. 19) soweit es unbedingt aufgefaßt wird. Also muß ein Zustand, der sowohl notwendig wie unendlich existiert, aus der unbedingten Natur eines Attributes Gottes folgen, und zwar entweder unmittelbar (worüber L. 21) oder vermittelst eines Zustandes, welcher aus dessen unbedingter Natur folgt, d. h. (L. 22) welcher sowohl notwendig als unendlich existiert.

Lehrsatz 24. *Das Wesen der von Gott hervorgebrachten Dinge schließt das Dasein derselben nicht ein.*

Beweis. Es ergibt sich aus D. 1; denn dasjenige, dessen Natur (in sich nämlich betrachtet) dies Dasein einschließt, ist die Ursache seiner selbst und existiert durch die bloße Notwendigkeit seiner Natur.

Zusatz. Hieraus folgt, daß Gott nicht bloß die Ursache ist, daß die Dinge zu existieren anfangen, sondern auch, daß sie zu existieren fortfahren, d. h. (um mich eines scholastischen Ausdrucks zu bedienen), daß Gott die Causa essendi der Dinge ist. Denn mögen die Dinge nun existieren oder nicht, so finden wir, so oft wir deren Wesen beachten, daß dies weder die Existenz noch die Dauer einschließt. Deshalb kann deren Wesen weder die Ursache ihrer Existenz noch ihrer Fortdauer sein, sondern nur Gott kann diese Ursache sein, zu dessen Natur allein das Existieren gehört (L. 14 Z. 1).

Lehrsatz 25. *Gott ist die wirksame Ursache, nicht bloß von dem Dasein, sondern auch von dem Wesen der Dinge.*

Beweis. Wenn dies geleugnet wird, so kann Gott nicht die Ursache des Wesens der Dinge sein, also kann das Wesen der Dinge ohne Gott vorgestellt werden (A. 1), aber dies ist widersinnig (L. 15), daher ist Gott die Ursache auch von dem Wesen der Dinge.

Erläuterung. Dieser Lehrsatz ergibt sich deutlicher aus L. 16; denn aus diesem folgt, daß wenn die göttliche Natur gegeben ist, daraus sowohl das Wesen als das Dasein der Dinge notwendig gefolgert werden muß, und, um es kurz zu sagen, in dem Sinne, in welchem Gott die Ursache seiner selbst genannt wird, muß er auch die Ursache aller Dinge genannt werden. Dies wird sich noch deutlicher aus dem folgenden Zusatz ergeben.

Zusatz. Die einzelnen Dinge sind nur die Erregungen der Attribute Gottes oder die Zustände, wodurch die Attribute Gottes sich auf eine feste und bestimmte Weise darstellen. Der Beweis ergibt sich aus L. 15 und D. 5.

Lehrsatz 26. *Ein Ding, was zu einer Wirksamkeit bestimmt worden ist, ist von Gott notwendig so bestimmt worden, und ein Ding, welches von Gott nicht dazu bestimmt worden, kann sich selbst nicht zur Wirksamkeit bestimmen.*

Beweis. Das, was als das gilt, was die Dinge zu reiner Wirksamkeit bestimmt, ist notwendig etwas Positives (wie von selbst klar ist), deshalb ist Gott nach der Notwendigkeit seiner Natur die wirksame Ursache sowohl von dem Wesen wie von dem Dasein dieses Positiven (L. 25 u. 16). Dies war der erste und daraus folgt auch auf das deutlichste der zweite Satz. Denn wenn ein Ding, was von Gott nicht bestimmt wäre, sich selbst bestimmen könnte, so wäre der erste Teil dieses Beweises falsch, was, wie gezeigt worden, widersinnig ist.

Lehrsatz 27. *Ein Ding, was von Gott bestimmt ist, etwas zu tun, kann sich diese Bestimmtheit nicht selbst wieder nehmen.*

Beweis. Dieser Lehrsatz ergibt sich aus A. 3.

Lehrsatz 28. *Jedes einzelne oder jeder Gegenstand von endlicher und begrenzter Existenz kann zum Existieren und zum Handeln nur durch eine andere Ursache bestimmt werden, welche wiederum endlich ist und eine beschränkte Existenz hat. Auch diese Sache kann nur existieren und zum Handeln durch eine andere bestimmt werden, die wieder endlich ist und eine begrenzte Existenz hat und so fort ohne Ende.*

Beweis. Alles, was zum Sein und Handeln bestimmt ist, ist von Gott so bestimmt (L. 26, L. 24 Z.). Aber das, was endlich ist und eine beschränkte Existenz hat, hat nicht von der unbedingten Natur eines Attributes Gottes hervorgebracht werden können, denn alles, was aus der unbedingten Natur eines Attributes Gottes folgt, ist unendlich und ewig (L. 21). Es hat also aus Gott oder aus einem seiner Attribute folgen müssen, insofern es in einer gewissen Weise erregt angesehen wird, denn außer Substanz und Zuständen gibt es nichts (A. 1 D. 3 und 5) und die Zustände sind nur Erregungen der Attribute Gottes (L. 25 Z.). Ebensowenig konnte das Endliche aus einem Attribut Gottes hervorgehen, soweit es mit einem Zustand behaftet ist, der ewig und unendlich ist (L. 22). Hiernach mußte das Endliche folgen oder zu seiner Existenz und Tätigkeit von Gott oder einem seiner Attribute insofern bestimmt werden, als das Attribut mit einem Zustand behaftet ist, der endlich ist und eine beschränkte Existenz hat. Dies war das erste.

Ferner muß diese Ursache oder dieser Zustand wiederum (und zwar aus demselben Grund, aus welchem schon der erste Satz bewiesen worden ist) von einem anderen bestimmt worden sein, welcher auch endlich ist und eine beschränkte Existenz hat, und dieser letztere wiederum (aus demselben Grund) von einem anderen und so immer fort (aus demselben Grund) ohne Ende.

Erläuterung. Da einiges von Gott unmittelbar hat hervorgebracht werden müssen, nämlich das, was aus seiner unbedingten Natur notwendig folgt, und dies erste das vermittelte, was doch ohne Gott nicht sein, noch vorgestellt werden kann, so ergibt sich daraus 1), daß Gott die unbedingt nächste Ursache der Dinge ist, welche unmittelbar von ihm hervorgebracht sind, aber nicht in ihrer Gattung, wie man sagt. Denn die Wirkungen Gottes können ohne ihre Ursache weder sein noch vorgestellt werden (L. 15, L. 24 Z.). Es folgt 2), daß Gott eigentlich nicht die entfernte Ursache der Einzeldinge genannt werden kann, außer vielleicht, um sie von denen zu unterscheiden, welche Gott unmittelbar hervorgebracht hat, oder vielmehr, welche aus seiner unbedingten Natur folgen. Denn unter einer entfernten Ursache versteht man eine solche, welche mit der Wirkung in keiner Weise verknüpft ist. Aber alles Daseiende ist in Gott und ist von Gott so abhängig, daß ohne ihn es weder sein noch vorgestellt werden kann.

Lehrsatz 29. *In der Natur gibt es kein Zufälliges, sondern alles ist aus der Notwendigkeit der göttlichen Natur bestimmt, in einer gewissen Weise zu existieren und zu wirken.*

Beweis. Alles Daseiende ist in Gott (L. 15); Gott kann aber nicht ein zufälliges Wesen genannt werden; denn er existiert notwendig und nicht zufällig (L. 11). Ferner sind die Zustände der göttlichen Natur aus ihr ebenfalls notwendig, nicht aber zufällig erfolgt (L. 16); und dies gilt, mag die göttliche Natur unbedingt (L. 21) oder in gewisser Weise zum Handeln bestimmt angesehen werden (L. 27).

Ferner ist Gott die Ursache von diesen Zuständen nicht bloß soweit sie einfach existieren (L. 24 Z.), sondern auch soweit sie zur Wirksamkeit bestimmt aufgefaßt werden (L. 26). Wenn sie von Gott nicht so bestimmt waren (L. 26), wäre es unmöglich, also nicht zufällig, daß sie sich selbst bestimmten; und umgekehrt, wenn sie von Gott bestimmt sind (L. 27), so ist es unmöglich, also nicht zufällig, daß sie sich diese Bestimmtheit selbst wieder nehmen. Es ist daher alles durch die Notwendigkeit der göttlichen Natur nicht bloß zur Existenz überhaupt, sondern auch zu einer gewissen Weise der Existenz und Wirksamkeit bestimmt, und es gibt nichts Zufälliges.

Erläuterung. Ehe ich weitergehe, will ich erklären oder vielmehr daran erinnern, was wir unter wirkender Natur (natura naturans) und unter gewordener Natur (natura naturata) zu verstehen haben. Ich glaube, es ergibt sich schon aus dem Bisherigen, daß wir unter ersterer das zu verstehen haben, was in sich ist und durch sich vorgestellt wird, oder solche Attribute der Substanz, welche deren ewige und unendliche Wesenheit ausdrücken, d. h. Gott, soweit er als freie Ursache betrachtet wird (L. 14 Z. 1 und L. 17 Z. 2.).

Unter gewordener Natur verstehe ich alles, was aus der Notwendigkeit der göttlichen Natur oder irgendeines göttlichen Attributs folgt, d. h. alle Zustände der göttlichen Attribute, insofern sie als solche aufgefaßt werden, welche in Gott sind und ohne Gott weder sein noch vorgestellt werden können.

Lehrsatz 30. *Der Verstand, mag er in Wirklichkeit endlich oder unendlich sein, muß die Attribute und die Zustände Gottes auffassen und nichts weiter.*

Beweis. Eine wahre Vorstellung muß mit ihrem Vorgestellten übereinstimmen (A. 6), d. h. (wie von selbst klar ist) das, was im Verstand gegenständlich enthalten ist, das muß es notwendig in der Natur geben. In der Natur gibt es aber bloß eine Substanz (L. 14 Z. 1), nämlich Gott, und keine anderen Zustände, als die in Gott sind und die ohne Gott weder sein noch vorgestellt werden können (L. 15). Also muß sowohl ein endlicher wie ein unendlicher Verstand die Attribute und die Zustände auffassen und nichts weiter.

Lehrsatz 31. *Der Verstand als wirklicher, mag er endlich oder unendlich sein, ebenso der Wille, das Begehren, die Liebe usw. gehören zur gewordenen Natur und nicht zur wirkenden Natur.*

Beweis. Unter Verstand verstehe ich nämlich (wie von selbst klar ist) nicht das unbedingte Denken, sondern nur einen gewissen Zustand des Denkens, welcher von anderen Zuständen wie Begehren, Liebe usw. sich unterscheidet und deshalb durch das unbedingte Denken vorgestellt werden muß (D. 5.), d. h. er muß durch ein Attribut Gottes, was das ewige und unendliche Wesen seines Denkens ausdrückt, so vorgestellt werden, daß er ohne dies Attribut weder sein noch vorgestellt werden kann (L. 15 D. 6). Deshalb gehört er zur gewordenen Natur (L. 29 E.) und nicht zur wirkenden, wie auch die übrigen Zustände des Denkens.

Erläuterung. Der Grund, weshalb ich hier von dem Verstand als wirklichem spreche, ist nicht, weil ich anerkenne, das es irgendeinen Verstand der Möglichkeit nach gäbe, sondern ich habe, um alle Verwirrung zu vermeiden, nur von einem uns völlig klaren Gegenstand sprechen wollen, nämlich von dem Verstehen selbst, was uns klarer ist als alles andere. Denn wir können nichts verstehen, was nicht zu einer vollkommeneren Kenntnis des Verstehens beitrüge.

Lehrsatz 32. *Der Wille kann nicht eine freie Ursache, sondern nur eine notwendige genannt werden.*

Beweis. Der Wille ist nur ein gewisser Zustand des Denkens, wie der Verstand. Deshalb kann das einzelne Wollen nur durch eine andere Ursache entstehen oder zur Wirksamkeit bestimmt werden (L. 28), und diese andere wieder nur von einer anderen und so fort ohne Ende. Wird der Wille als unendlich angenommen, so muß er ebenfalls von Gott zur Existenz und Tätigkeit bestimmt werden, und zwar von Gott nicht als unendliche Substanz, sondern insofern er ein Attribut hat, was die unendliche und ewige Wesenheit des Denkens ausdrückt (L. 23). Mag man sich also den Willen endlich oder unendlich vorstellen, so erfordert er immer eine Ursache, durch welche er zum Dasein und zum Handeln bestimmt wird. Der Wille kann deshalb nicht eine freie Ursache genannt werden, sondern nur eine notwendige oder gezwungene (D. 7).

Zusatz 1. Hieraus folgt 1), daß Gott nicht aus Freiheit des Willens handelt.

Zusatz 2. Es folgt 2), daß Wille und Verstand sich wie Bewegung und Ruhe zu Gottes Natur verhalten, überhaupt wie alles Natürliche, was von Gott zur Existenz und zur Wirksamkeit auf eine gewisse Weise bestimmt werden muß (L. 29). Denn der Wille bedarf, wie alles andere, einer Ursache, von welcher er zum Dasein und Wirken in gewisser Weise bestimmt wird. Und wenn auch aus einem gegebenen Willen oder Verstand unendlich vieles folgt, so kann doch deshalb nicht gesagt werden, daß Gott aus freiem Willen handle, so wenig wie wegen der Folgen der Bewegung und Ruhe (denn auch aus diesen folgt unendlich vieles) gesagt werden kann, daß Gott aus freier Bewegung oder freier Ruhe handle. Der Wille gehört deshalb nicht mehr zur Natur Gottes, als alles andere Natürliche; vielmehr verhält er sich zu ihr ebenso wie Bewegung und Ruhe und alles andere, von dem ich gezeigt habe, daß es aus der Notwendigkeit der göttlichen Natur folgt und von ihr bestimmt wird, in gewisser Weise zu existieren und zu wirken.

Lehrsatz 33. *Die Dinge konnten auf keine andere Weise und in keiner anderen Ordnung von Gott hervorgebracht werden, als sie hervorgebracht sind.*

Beweis. Denn alle Dinge sind aus der gegebenen Natur Gottes notwendig gefolgt (L. 16) und sind aus der Notwendigkeit von Gottes Natur zum Existieren und Wirken in gewisser Weise bestimmt worden (L. 29). Wenn also die Dinge von anderer Natur hätten sein oder in anderer Weise zur Wirksamkeit bestimmt werden können, so daß die Ordnung der Natur eine andere wäre, so könnte auch die Natur Gottes eine andere sein, als sie schon ist, und dann hätte diese andere auch existieren müssen (L. 11), und folglich könnte es zwei oder mehr Götter geben, was widersinnig ist (L. 14 Z. 1). Deshalb konnten die Dinge auf keine andere Weise und in keiner anderen Ordnung usw.

Erläuterung 1. Nachdem ich hiermit deutlicher, wie Sonnenlicht, gezeigt habe, daß es durchaus nichts in den Dingen gibt, weshalb sie zufällig genannt werden könnten, so will ich mit wenigen Worten erklären, was unter zufällig zu verstehen ist, zuvor aber, was unter notwendig und unmöglich zu verstehen ist. Eine Sache heißt notwendig entweder rücksichtlich ihres Wesens oder rücksichtlich ihrer Ursache. Denn das Dasein einer Sache folgt entweder notwendig aus ihrem Wesen und ihrer Definition oder aus einer gegebenen wirkenden Ursache. Dann heißt auch aus diesen Gründen eine Sache unmöglich, weil nämlich entweder ihr Wesen oder ihre Definition einen Widerspruch enthält oder weil es keine äußere Ursache gibt, welche zur Hervorbringung einer solchen Sache bestimmt ist. Aber zufällig wird eine Sache aus keinem anderen Grunde genannt als wegen Mangels unserer Kenntnis. Denn eine Sache, von der wir nicht wissen, ob ihr Wesen den Widerspruch einschließt oder von der wir wohl wissen, daß sie keinen Widerspruch enthält, aber von deren Existenz wir doch nichts behaupten können, weil die Ordnung der Ursachen uns verborgen ist, diese können wir niemals weder für notwendig noch für unmöglich halten und nennen sie deshalb zufällig oder möglich.

Erläuterung 2. Aus Vorstehendem folgt offenbar, daß die Dinge in höchster Vollkommenheit von Gott hervorgebracht worden sind, da sie aus der gegebenen vollkommensten Natur gefolgt sind. Auch überweist dies Gott keiner Unvollkommenheit, vielmehr hat dessen Vollkommenheit uns zu dieser Behauptung genötigt. Aus dem Gegenteil dieses Satzes würde sogar offenbar sich ergeben (wie ich eben gezeigt habe), daß Gott nicht im höchsten Maße vollkommen wäre. Denn wären die Dinge in anderer Weise hervorgebracht worden, so müßte Gott eine andere Natur zugeteilt werden, verschieden von der, welche wir aus der Betrachtung eines vollkommensten Wesens ihm zuzusprechen genötigt gewesen sind. Indes zweifle ich nicht, daß viele diese Behauptung als widersinnig verwerfen werden und sich nicht anschicken mögen, sie zu erwägen, und zwar aus keinem anderen Grunde, als weil sie gewöhnt sind, Gott eine andere Freiheit zu erteilen, die sehr verschieden ist von der von mir dargelegten (D. 6), nämlich einen unbedingten Willen. Indes zweifle ich auch nicht, daß, wenn sie die Frage überlegen, und die Reihe meiner Beweise gehörig bei sich erwägen wollten, sie eine solche Freiheit, wie sie sie Gott zusprechen, nicht allein als verkehrt, sondern auch als ein großes Hindernis der Erkenntnis entschieden verwerfen würden. Ich brauche nicht das zu wiederholen, was ich (L. 17 E.) gesagt habe. Doch will ich ihnen zuliebe noch zeigen, daß, selbst wenn man zugibt, der Wille gehöre zum Wesen Gottes, aus seiner Vollkommenheit dennoch folgt, daß die Dinge auf keine andere Weise und Ordnung von Gott hätten geschaffen werden können.

Dies wird sich leicht zeigen lassen, wenn wir das, was wir den Gegnern selbst zugestehen, überlegen; nämlich, daß es bloß von Gottes Beschluß und Willen abhänge, daß jede Sache das ist, was sie ist. Denn ohne dem wäre Gott nicht die Ursache von allen Dingen. Ferner, daß alle Beschlüsse Gottes von Ewigkeit her von Gott selbst beschlossen worden sind, denn ohnedem würde Gott der Unvollkommenheit und Unbeständigkeit überwiesen werden.

Da es aber in dem Ewigen kein Wenn und kein Vor und kein Nach gibt, so folgt daraus, nämlich aus der bloßen Vollkommenheit Gottes, daß Gott es nicht anders beschließen konnte und niemals gekonnt hat, oder daß Gott nicht vor seinen Beschlüssen gewesen ist und nicht ohne sie sein kann.

Aber man sagt, daß aus der Annahme, Gott hatte eine andere Natur der Dinge gemacht oder hätte von Ewigkeit her anders über die Natur und Ordnung der Dinge beschlossen, keine Unvollkommenheit folge. Wenn man indes dieses behauptet, so muß man auch zugestehen, Gott könne seinen Entschluß ändern. Denn wenn Gott über Natur und ihre Ordnung etwas anderes beschlossen hatte, als er beschlossen hat, das heißt, daß er etwas anderes über die Natur gewollt und vorgestellt hätte, so hätte er notwendig einen anderen Verstand und Willen haben müssen, als er schon hat. Und wenn man Gott einen anderen Verstand und Willen zuerteilen darf, ohne dabei sein Wesen und seine Vollkommenheit zu verändern, was hindert da, daß er seine Beschlüsse über die erschaffenen Dinge ändern könnte und doch gleich vollkommen verbliebe? Denn sein Verstand und Wille in bezug auf die erschaffenen Dinge und ihre Ordnung bleibt in demselben Verhältnis zu seinem Wesen und seiner Vollkommenheit, welcher Art man ihn sich auch vorstellen mag. Ferner erkennen alle mir bekannten Philosophen an, daß es in Gott keinen Verstand der Möglichkeit nach gebe, sondern nur einen wirklichen. Da aber sein Verstand und sein Wille von seinem Wesen nicht zu unterscheiden sind, was ebenfalls alle zugeben, so folgt auch hieraus, daß wenn Gott einen anderen Verstand und Willen wirklich gehabt hätte, auch sein Wesen notwendig ein anderes sein müßte. Waren also (wie ich anfänglich gefolgert habe) die Dinge anders, als sie sind, von Gott hervorgebracht worden, so hätte sein Wille und sein Verstand, mithin sein Wesen ein anderes sein müssen, was widersinnig ist.

Da also die Dinge auf keine andere Weise und Ordnung von Gott haben hervorgebracht werden können und aus der höchsten Vollkommenheit Gottes folgt, daß dies wahr ist, so kann kein vernünftiger Grund uns überreden, zu glauben, daß Gott nicht alles, was in seinem Verstand ist, mit derselben Vollkommenheit habe erschaffen wollen, mit der er es erkennt.

Aber man wird sagen, daß in den Dingen weder Vollkommenheit noch Unvollkommenheit sei, sondern daß das in ihnen, weshalb sie vollkommen oder unvollkommen sind oder gut oder schlecht genannt werden, nur von Gottes Willen abhänge; so daß, wenn Gott es gewollt hätte, er auch hätte es bewirken können, daß das, was jetzt Vollkommenheit ist, die höchste Unvollkommenheit wäre und umgekehrt.

Aber was wäre dies anderes, als geradezu zu behaupten, daß Gott, der das, was er will, notwendig erkennt, durch seinen Willen hatte bewirken können, daß er die Dinge anders erkenne, als er sie erkennt. Dies wäre, wie ich gezeigt habe, eine große Widersinnigkeit.

Ich kann daher ihren Beweisgrund gegen sie selbst in folgender Weise umkehren: Alles hängt von Gottes Macht ab. Sollten also die Dinge sich anders verhalten können, so müßte auch notwendig Gottes Wille sich anders verhalten; Gottes Wille kann sich aber nicht anders vorhalten (wie ich eben aus Gottes Vollkommenheit bewiesen habe), folglich können auch die Dinge sich nicht anders verhalten.

Ich gestehe, daß die Meinung, welche alles einem gewissen gleichgültigen Willen Gottes unterwirft und von seinem Gutfinden alles abhängen läßt, weniger von der Wahrheit abirrt als die Meinung derer, welche annehmen, daß Gott nur handle um des Guten willen. Denn letztere scheinen etwas außer Gott hinzustellen, was nicht von Gott abhängt, auf das Gott, wie auf ein Muster bei seinem Handeln Acht hat oder auf welches, wie auf ein Ziel, er abzielt.

Dies heißt wahrhaftig Gott dem Schicksal (Fatum) unterwerfen. Man kann nichts Verkehrteres von Gott behaupten, der nach meiner Darlegung sowohl von dem Wesen wie von der Existenz aller Dinge die erste und einzige freie Ursache ist. Ich brauche deshalb die Zeit nicht mit Widerlegung einer solchen Widersinnigkeit zu verschwenden.

Lehrsatz 34. *Die Macht Gottes ist seine Wesenheit selbst.*

Beweis. Denn aus der bloßen Notwendigkeit des göttlichen Wesens folgt, daß Gott die Ursache seiner selbst (L. 11) und aller Dinge ist (L. 16 Z.). Also ist die Macht Gottes, durch die er und alle Dinge sind und handeln, seine Wesenheit selbst.

Lehrsatz 35. *Alles, was nach unserer Vorstellung in Gottes Macht ist, ist notwendig.*

Beweis. Denn alles, was in Gottes Macht ist, muß in seinem Wesen so enthalten sein (L. 34), daß es aus demselben notwendig folgt, also notwendig ist.

Lehrsatz 36. *Es existiert nichts, aus dessen Natur nicht eine Wirkung folgte.*

Beweis. Alles was existiert, drückt die Natur und das Wesen Gottes auf eine gewisse und bestimmte Weise aus (L. 26 Z.); d. h., alles, was existiert, drückt die Macht Gottes, welche die Ursache von allen Dingen ist, auf eine gewisse und bestimmte Weise aus (L. 31); folglich muß aus demselben eine Wirkung folgen (L. 16).

Anhang. Hiermit habe ich die Natur und Eigenschaften Gottes dargelegt; sowie daß er notwendig existiert; daß er ein einziger ist; daß er nur aus der Notwendigkeit seiner Natur ist und handelt; daß er die freie Ursache von allen Dingen ist und in welcher Weise; daß alles in Gott ist und von ihm so abhängt, daß ohne ihn es weder sein noch vorgestellt werden kann und endlich, daß alles von Gott vorausbestimmt worden ist, und zwar nicht aus Freiheit des Willens oder aus einem unbedingten Belieben, sondern aus der unbedingten Natur oder unendlichen Macht Gottes.

Ich habe ferner bei jeder Gelegenheit die Vorurteile zu entfernen gesucht, welche das Verständnis meiner Beweise hindern könnten. Da indes noch manche sonstige Vorurteile bestehen, welche es auch und zwar ganz besonders hindern könnten und können, daß man die Verkettung der Dinge nicht so wie ich sie dargelegt habe, auffasse, so habe ich es für nötig erachtet, diese Vorurteile hier einer Prüfung durch die Vernunft zu unterwerfen. Und da alle Vorurteile, welche ich hier besprechen will, von dem einen abhängen, daß nach der gewöhnlichen Meinung alle natürlichen Dinge eines Zweckes wegen handeln, wie die Menschen; ja daß Gott selbst unzweifelhaft alles nach einem gewissen Ziele leitet (man sagt nämlich, Gott habe alles der Menschen wegen gemacht, den Menschen aber, damit er Gott verehre), so will ich diese Meinung zunächst betrachten.

Ich werde zuerst den Grund suchen, weshalb man sich meistenteils bei diesem Vorurteil beruhigt und weshalb man zu dieser Annahme von Natur geneigt ist; sodann werde ich dessen Unwahrheit darlegen und endlich zeigen, wie daraus die Vorurteile über gut und böse, über Verdienst und Sünde, über Lob und Tadel, über Ordnung und Verwirrung, über Schönheit und Häßlichkeit und über anderes der Art entstanden sind.

Es ist hier nicht der Ort, um dies aus der Natur der menschlichen Seele abzuleiten; es wird genügen, wenn ich von dem ausgehe, was von jedermann anerkannt werden muß; also davon, daß die Menschen ohne Kenntnis der Ursachen der Dinge auf die Welt kommen und daß alle den Trieb haben, das ihnen Nützliche zu suchen und daß sie sich dessen bewußt sind.

Daraus folgt zunächst, daß die Menschen sich für frei halten; denn sie sind sich ihrer Begehren und ihrer Triebe bewußt und denken nicht im Traum an die Ursachen, welche sie zum Begehren und Wollen veranlassen, da sie diese nicht kennen. Sodann folgt daraus, daß die Menschen alles um eines Zweckes willen tun, nämlich des Nutzens wegen, den sie begehren; daher kommt es, daß sie immer nur nach den Zwecken des Geschehenen fragen und sich bei deren Mitteilung beruhigen, da sie keinen Anlaß zu weiteren Zweifeln haben. Können sie aber diese Zwecke von anderen nicht erfahren, so bleibt ihnen nur übrig, auf sich selbst und auf die Zwecke zu sehen, wodurch sie zu ähnlichen bestimmt zu werden pflegen. So beurteilen sie die Sinnesweise des anderen notwendig nach ihrer eigenen. Da sie ferner in sich und außer sich viele Mittel finden, die zur Erreichung ihres Nutzens erheblich beitragen, wie z. B. die Augen zum Sehen, die Zähne zum Kauen, die Kräuter und Tiere zur Nahrung, die Sonne zur Erleuchtung, das Meer zur Ernährung der Fische usw., so kommt es hiervon, daß sie alles Natürliche gleichsam als Mittel für ihren Nutzen ansehen; und da sie wissen, daß sie diese Mittel vorgefunden und nicht selbst eingerichtet haben, so entstand der Glaube, daß irgendein anderer es sein müsse, der diese Mittel zu ihrem Nutzen bereitet habe. Denn nachdem sie einmal die Dinge als Mittel betrachtet hatten, so konnten sie nicht annehmen, daß diese sich selbst gemacht haben, vielmehr mußten sie aus den Mitteln, welche sie sich selbst herzurichten pflegen, schließen, daß es einen oder mehrere Leiter der Natur gäbe, welche, mit menschlicher Freiheit ausgestattet, alles für sie besorgt und zu ihrem Nutzen gemacht haben. Da sie nun von dem Verstand dieser Leiter niemals etwas gehört hatten, so konnten sie ihr Urteil darüber nur nach ihrem Verstand bilden. Daher ihre Annahme, daß die Götter alles zum Nutzen der Menschen leiten, um sich dieselben zu verbinden und von ihnen in höchsten Ehren gehalten zu werden.

Daher ist es gekommen, daß jeder eine andere Art der Gottesverehrung sich in seinem Kopfe ausgedacht hat, damit Gott ihn mehr als die übrigen liebe und die ganze Natur nach dem blinden Begehren und unersättlichen Geiz derselben leite. Dies Vorurteil ist zum Aberglauben geworden und hat in den Köpfen tiefe Wurzel geschlagen; es war der Grund, daß jeder vor allem die Endzwecke der Dinge einzusehen und zu erklären sich bemühte. Während sie aber zu zeigen suchten, daß die Natur nichts umsonst tue, d. h. nichts, was nicht zum Besten der Menschen diene, so haben sie doch nichts damit gezeigt, als daß die Natur und die Götter, wie die Menschen, sich im Wahnsinn befinden. Man sehe nur, wohin dies endlich führte! Unter vielem Nützlichen mußten sie auch vieles Schädliche in der Natur bemerken, wie Stürme, Erdbeben, Krankheiten usw., und man nahm an, daß diese daher kommen, weil die Götter über das Unrecht erzürnt wären, was die Menschen ihnen zugefügt hatten, und über die Sünden, die jene bei ihrer Verehrung begangen hatten. Obgleich die Erfahrung täglich dagegen stritt und durch unzählige Beispiele zeigte, daß Nutzen und Schaden die Frommen ebenso wie die Gottlosen treffen, so ließ man doch von dem eingewurzelten Vorurteil nicht ab. Denn es wurde ihnen leichter, diese Erfahrung zu dem anderen Unbekannten, dessen Nutzen man nicht einsah, zu rechnen und so sich den gegenwärtigen und eingeborenen Zustand der Unwissenheit zu bewahren, als das ganze Gebäude niederzureißen und ein neues auszudenken. Es galt ihnen daher als gewiß, daß die Beschlüsse der Götter die menschliche Fassungskraft weit übersteigen. Dies allein hätte hingereicht, daß die Wahrheit dem menschlichen Geschlecht ewig verborgen geblieben wäre, wenn nicht die Mathematik, welche sich nicht mit den Zwecken, sondern nur mit dem Wesen und den Eigenschaften der Gestalten beschäftigt, dem Menschen ein anderes Richtmaß der Wahrheit gezeigt hätte. Auch können noch andere Ursachen neben der Mathematik bezeichnet werden (deren Aufzählung indes überflüssig ist), durch welche die Menschen veranlaßt wurden, diese gemeinen Vorurteile zu bemerken und zur wahren Erkenntnis der Dinge überzugehen. Damit habe ich das dargelegt, was ich als erstes versprochen habe. Um nun aber zu zeigen, daß sich die Natur keinen Zweck vorgesetzt hat, und daß alle Zwecke nur eine menschliche Einbildung sind, bedarf es nicht viel. Denn ich glaube, daß sich dies schon genügend aus den Unterlagen und Ursachen ergibt, welche diesem Vorurteil, wie gezeigt, den Ursprung gegeben haben.

Auch ergibt es sich aus L. 16 und L. 32 Z. sowie aus allem, womit ich gezeigt habe, daß in der Natur alles mit einer gewissen ewigen Notwendigkeit und höchsten Vollkommenheit vorgeht. Indes will ich noch hinzufügen, daß durch diese Lehre vom Zweck die Natur überhaupt umgestoßen wird. Denn sie behandelt das als Wirkung, was in Wahrheit Ursache ist und umgekehrt; ferner macht sie das Frühere in der Natur zu dem Späteren und endlich das Höchste und Vollkommenste zum Unvollkommensten. Denn (wenn ich die zwei ersten Punkte beiseite lasse, weil sie sich von selbst verstehen), so ergibt sich aus L. 21, 22 u. 23, daß diejenige Wirkung die vollkommenste ist, welche von Gott unmittelbar hervorgebracht wird; je mehr Mittelursachen sie zu ihrer Hervorbringung bedarf, desto unvollkommener ist sie. Wenn nun aber die von Gott unmittelbar hervorgebrachten Dinge nur gemacht wären, damit Gott seinen Zweck erreicht, so müßten notwendig die letzten, derentwegen die früheren gemacht sind, die vorzüglichsten sein. Auch hebt diese Lehre die Vollkommenheit Gottes auf, denn wenn Gott wegen eines Zweckes handelt, so begehrt er notwendig etwas, was ihm fehlt. Wenn nun auch die Theologen und Metaphysiker zwischen dem Zweck des Bedürfnisses und dem Zweck der Verähnlichung unterscheiden, so gestehen sie doch zu, daß Gott alles nur seinetwegen getan hat, und nicht der zu schaffenden Dinge wegen, weil sie vor der Schöpfung nichts neben Gott angeben können, dessentwegen Gott gehandelt hätte. So müssen sie also einräumen, daß Gott dasjenige, wofür er die Mittel hat bereiten wollen, entbehrt hat, und daß er dies begehrt hat, wie von selbst klar ist.

Es muß hier auch erwähnt werden, daß die Anhänger dieser Lehre, welche in Aufstellung von Zwecken der Dinge ihren Scharfsinn zeigen wollten, für den Beweis ihrer Lehre eine neue Art der Begründung herbeigebracht haben, indem sie diese nicht auf die Unmöglichkeit, sondern auf die Unwissenheit zurückführten, woraus sich ergibt, daß dieser Lehre kein anderes Mittel der Begründung zu Gebote gestanden hat. Wenn z. B. ein Stein aus einer Höhe auf eines Menschen Kopf gefallen wäre und ihn getötet hätte, so würden sie auf diese Art beweisen, daß der Stein gefallen sei, um den Menschen zu töten; denn wenn er nicht zu diesem Zweck mit dem Willen Gottes gefallen wäre, wie hätten da so viele Umstände aus Zufall zusammentreffen können? (Denn oft wirken mehrere zugleich.) Man wird vielleicht antworten, es sei deshalb so gekommen, weil der Wind geweht und weil den Menschen sein Weg dahin geführt habe. Aber jene werden darauf bestehen: Weshalb hat der Wind damals geweht, weshalb führte den Menschen damals sein Weg dahin? Wenn man darauf erwidert, der Wind sei damals entstanden, weil das Meer den Tag vorher bei ruhigem Wetter sich zu bewegen angefangen hatte und weil der Mensch von einem Freund eingeladen worden war, so werden sie wiederum fragen, da des Fragens hier kein Ende ist: Warum wurde das Meer unruhig? Weshalb war der Mensch damals eingeladen? Und so werden sie fort und fort nach den Ursachen der Ursachen fragen, bis man zu dem Willen Gottes, d. h. zu dem Asyl der Unwissenheit seine Zuflucht nimmt.

Ebenso staunen sie bei dem Anblick des Baues des menschlichen Körpers, und weil sie die Ursachen von so viel Kunst nicht kennen, so schließen sie, daß er nicht durch mechanische Kräfte, sondern durch eine göttliche und übernatürliche Kunst gebildet und so eingerichtet worden, daß kein Teil den andern verletzt. So kommt es, daß der, welcher die wahren Ursachen der Wunder aufsucht und sich bestrebt, die natürlichen Dinge, wie ein Unterrichteter, einzusehen und nicht wie ein Dummer anzustaunen, hier und da für einen Ketzer und Gottlosen gehalten und als solcher von denen ausgerufen wird, welche die Menge als die Dolmetscher der Natur und der Götter verehrt. Denn diese wissen, daß mit dem Wegfall der Unwissenheit auch das Staunen aufhört, d. h. das einzige Mittel für ihre Beweise und für die Erhaltung ihres Ansehens.

Ich lasse dies und gehe nach meinem Plan zu dem dritten Punkt über. Nachdem die Menschen sich eingeredet hatten, daß alles, was geschieht, ihretwegen geschähe, so mußten sie in jedem Dinge dasjenige für das vorzügliche halten, was ihnen am nützlichsten war, und alles das am höchsten schätzen, von dem sie am angenehmsten berührt wurden. Daraus mußten sich die Begriffe bilden, nach welchen sie die Natur der Dinge erklärten, als: gut, schlecht, Ordnung, Unordnung, warm, kalt, Schönheit, Häßlichkeit usw. Da sie sich für frei hielten, so entsprangen daraus die Begriffe von Lob und Tadel, Sünde und Verdienst. Diese letzteren werde ich später nach Untersuchung der menschlichen Natur erörtern. Jene will ich aber hier kurz erklären.

Man nannte nämlich alles gut, was zur Gesundheit oder zur Gottesverehrung nützte, und das Gegenteil davon schlecht; und da die, welche die Natur der Dinge nicht einsehen, nichts von den Dingen bejahen, sondern die Dinge sich nur bildlich vorstellen, und die Vorstellungen für Erkenntnisse halten, so sind sie deshalb von einer Ordnung in den Dingen überzeugt, während sie doch von den Dingen und ihrer Natur nichts wissen. Denn wenn die Dinge so eingerichtet sind, daß wir bei der sinnlichen Wahrnehmung ihre Bilder leicht auffassen und wir uns ihrer leicht erinnern können, so nennen wir sie gut angeordnet, im andern Falle schlecht angeordnet oder verwirrt. Und weil uns das am liebsten ist, was wir leicht uns bildlich vorstellen können, so ziehen die Menschen die Ordnung der Verwirrung vor, als wenn die Ordnung etwas in der Natur, ohne Rücksicht auf unser Vorstellen, wäre. Daher sagt man, daß Gott alles in Ordnung erschaffen habe, und auf diese Weise teilt man, ohne es zu wissen, Gott das bildliche Vorstellen zu; im Fall man nicht vielleicht vorzieht, daß Gott in Rücksicht auf die menschliche Einbildung alle Dinge so angeordnet habe, daß sie von dieser am leichtesten bildlich erfaßt werden könnten. Man läßt sich auch hierin nicht dadurch irremachen, daß sich unendlich vieles findet, was unser bildliches Vorstellen weit übersteigt, und vieles, was es wegen seiner Schwäche verwirrt.

Doch genug davon.

Auch die übrigen Begriffe neben den Formen des sinnlichen Vorstellens, wodurch die Einbildung in verschiedener Weise erregt wird, sind nichts und werden doch von den Unwissenden als die wichtigsten Bestimmungen behandelt; weil, wie erwähnt, sie glauben, daß die Dinge nur ihretwegen gemacht worden seien, nur weil sie die Natur eines Gegenstandes gut oder schlecht, gesund oder faul und verdorben nennen, je nachdem sie von demselben erregt werden. So nennen sie z. B. die Gegenstände dann schön, wenn die Bewegung, welche die Nerven von diesen, durch die Augen dargestellten Gegenstände empfangen, der Gesundheit zuträglich ist. Im gegenteiligen Fall heißen sie sie häßlich. Was ferner durch die Nase den Sinn erregt, nennen sie wohlriechend oder stinkend; was durch die Zunge, süß oder bitter, schmackhaft oder unschmackhaft; was durch das Gefühl, hart oder weich, schwer oder leicht. Wenn die Dinge endlich die Ohren erregen, so sagt man, daß sie einen Lärm, Ton oder Harmonie hören lassen, und diese Harmonie hat die Menschen so irregeführt, daß selbst Gott nach ihrer Meinung daran sich erfreut. Auch gibt es Philosophen, die sich überredet haben, daß die himmlischen Bewegungen eine Harmonie bilden. Dies alles zeigt zur Genüge, daß jeder nach der Beschaffenheit seines Gehirns über die Dinge urteilt, oder vielmehr die Erregungen seiner Einbildungskraft für die Dinge selbst genommen hat. Man darf sich daher (beiläufig bemerkt) nicht wundern, daß unter den Menschen, wie wir sehen, so viel Streitigkeiten sich erhoben haben, aus denen endlich der Skeptizismus hervorgegangen ist. Denn wenn auch die menschlichen Körper in vielem übereinstimmen, so weichen sie doch in noch mehrerem voneinander ab; daher hält dies der eine für gut, der andere für schlecht. Was dem einen geordnet ist, ist dem andern verworren; was dem einen angenehm, ist dem anderem unangenehm. Dasselbe gilt von allem übrigen. Ich lasse es beiseite, da hier nicht der Ort ist, um ausführlich darüber zu handeln und da wir alle die genügende Erfahrung daran gemacht haben. Denn in aller Munde sind die Worte: „Wieviel Köpfe, soviel Sinne"; „Jeder hat an seinem Sinne genug"; „So verschieden die Geschmäcker, so verschieden auch die Köpfe." Diese Redensarten zeigen hinlänglich, daß die Menschen mehr nach dem Zustand ihres Gehirns über die Dinge urteilen und über die Dinge mehr phantasieren. Denn wenn sie die Dinge erkannt hätten, so würden diese, wie die Mathematik beweist, alle, wenn auch nicht anlocken, doch wenigstens überzeugen.

Wir sehen also, daß alle die Gründe, aus denen die Menge die Natur zu erklären pflegt, nur verschiedene Weisen der Einbildung sind, welche von keiner Sache die Natur anzeigen, sondern nur den Zustand der Einbildungskraft. Und weil die Menschen Namen haben, als wenn die Dinge dazu außerhalb der Einbildungskraft existierten, so nenne ich diese nicht Dinge der Vernunft, sondern Dinge der Einbildung, und so können leicht alle Beweisgründe, die man gegen mich aus ähnlichen Begriffen herbeiholt, leicht umgestoßen werden. Viele pflegen nämlich ihren Beweis so zu führen: Wenn alles aus der Notwendigkeit der vollkommensten göttlichen Natur gefolgt ist, woher kommt dann so viel Unvollkommenes in der Natur, als das Untergehen und Faulen der Dinge, das Verderben und der Gestank der Dinge und die Häßlichkeit derselben, welche Ekel erregt, und die Unordnung, das Schlechte, die Sünde usw.? Indes können sie, wie ich eben bemerkt, leicht widerlegt werden; denn die Vollkommenheit der Dinge ist nur nach deren Natur und Macht zu schätzen, und die Dinge sind nicht deshalb mehr oder weniger vollkommen, weil sie den Sinn der Menschen ergötzen oder beleidigen und weil sie der menschlichen Natur entsprechen oder ihr widerstreiten. Auf die Frage aber, warum Gott nicht alle Menschen so geschaffen habe, daß sie bloß von der Vernunft sich leiten ließen, habe ich nur die Antwort: Weil ihm nicht der Stoff fehlte, um alles vom höchsten bis zu dem niedrigsten Grade der Vollkommenheit zu schaffen. Oder um mich richtiger auszudrücken: Weil die Gesetze seiner Natur so umfassend gewesen sind, daß sie zureichten, um alles hervorzubringen, was von einem unendlichen Verstand vorgestellt werden kann, wie ich durch L. 16 bewiesen habe. Dies sind die Vorurteile, welche ich hier berühren wollte; wenn noch andere der Art bestehen sollten, so wird jeder sie bei mäßigem Nachdenken leicht berichtigen können.

ZWEITER TEIL

Über die Natur und den Ursprung der Seele

VORWORT

Ich gehe nun zur Auseinandersetzung dessen über, was aus der Wesenheit Gottes oder des ewigen und unendlichen Wesens notwendig folgen muß. Diese Auseinandersetzung umfaßt zwar nicht alles (denn in I. L. 16 habe ich gezeigt, daß unendlich vieles auf unendlich viele Weise aus ihm folgen muß), sondern nur das, was für die Erkenntnis der menschlichen Seele und ihrer höchsten Seligkeit gleichsam handgreiflich daraus hergeleitet werden kann.

Definition 1. Unter Körper verstehe ich einen Zustand, welcher Gottes Wesen, insofern es als ausgedehnte Sache aufgefaßt wird, in gewisser bestimmter Weise ausdrückt (I. L. 25 Z.).

Definition 2. Zum Wesen einer Sache gehört, sage ich, das, wodurch, wenn es gegeben ist, die Sache notwendig gesetzt wird, und wodurch, wenn es weggenommen wird, die Sache notwendig aufgehoben wird, oder: das, ohne welches die Sache, und umgekehrt, das, was ohne die Sache weder sein noch vorgestellt werden kann.

Definition 3. Unter Vorstellung verstehe ich eine Auffassung der Seele, welche die Seele bildet, weil sie ein denkendes Ding ist.

Erläuterung. Ich sage lieber: Auffassung als Wahrnehmung, weil letzteres Wort anzudeuten scheint, daß die Seele von dem Gegenstand leidet, während Auffassung die Tätigkeit der Seele auszudrücken scheint.

Definition 4. Unter: Zureichender Vorstellung verstehe ich eine Vorstellung, welche, sofern sie in sich und ohne Beziehung auf den Gegenstand betrachtet wird, alle Eigenschaften oder inneren Bestimmungen einer wahren Vorstellung hat.

Erläuterung. Ich sage: Innere, um diejenige auszuschließen, welche äußerlich ist, nämlich die Übereinstimmung der Vorstellung mit ihrem Vorgestellten.

Definition 5. Dauer ist eine unbestimmte Fortsetzung der Existenz.

Erläuterung. Ich sage unbestimmt, weil sie durch die eigene Natur der existierenden Sache keineswegs bestimmt werden kann und auch nicht von der wirkenden Ursache, da diese das Dasein der Sache notwendig setzt, aber es nicht aufhebt.

Definition 6. Unter Realität und Vollkommenheit verstehe ich ein und dasselbe.

Definition 7. Unter Einzel-Dingen verstehe ich Dinge, welche endlich sind und eine begrenzte Existenz haben. Wenn mehrere Einzeldinge in einer Handlung so zusammenwirken, daß alle zugleich die Ursache der einen Wirkung sind, so betrachte ich sie alle insoweit als eine einzelne Sache.

Axiom 1. Das Wesen des Menschen schließt nicht seine notwendige Existenz ein; d. h., nach der Ordnung der Natur kann es ebenso geschehen, daß dieser oder jener Mensch existiert, als daß er nicht existiert.

Axiom 2. Der Mensch denkt.

Axiom 3. Die Zustände des Denkens, wie Liebe, Begehren und alles sonst, was mit Affekt der Seele bezeichnet wird, gibt es nur, wenn in demselben Einzelnen die Vorstellung des geliebten, begehrten usw. Gegenstandes gegeben ist. Aber die Vorstellung kann bestehen, wenn auch kein anderer Zustand des Denkens gegeben ist.

Axiom 4. Wir empfinden, daß ein gewisser Körper auf viele Weise erregt wird.

Axiom 5. Wir empfinden und nehmen keine anderen einzelnen Gegenstände wahr, als Körper und Zustände des Denkens.

Die Hypothesen sehe man hinten. II. L. 13.

Lehrsatz 1. *Das Denken ist ein Attribut Gottes, oder Gott ist ein denkendes Ding.*

Beweis. Die einzelnen Denkakte oder dieser und jener Gedanke sind Zustände, welche die Natur Gottes auf eine gewisse und bestimmte Weise ausdrücken. (I. L. 25 Z.) Es kommt also Gott ein Attribut zu (I. D. 5), dessen Vorstellung alle einzelnen Gedanken einschließen, durch welches sie ebenfalls vorgestellt werden. Es ist also das Denken eines von den unendlich vielen Attributen Gottes, welches das ewige und unendliche Wesen Gottes ausdrückt (I. D. 6), d. h. Gott ist ein denkendes Wesen.

Erläuterung. Dieser Lehrsatz ergibt sich auch daraus, daß wir uns ein denkendes Wesen als unendlich vorstellen können. Denn je mehreres ein denkendes Wesen denken kann, desto mehr enthält es, nach unserer Vorstellung, Realität oder Vollkommenheit. Ein Wesen also, was unendlich-vieles auf unendlich viele Weise denken kann, ist notwendig in der Kraft des Denkens unendlich. Da wir somit, auf das bloße Denken achtend, ein unendliches Wesen vorstellen, so ist notwendig das Denken eines von den vielen Attributen Gottes (I. D. 4, 6), wie ich behauptet habe.

Lehrsatz 2. *Die Ausdehnung ist ein Attribut Gottes, oder Gott ist ein ausgedehntes Ding.*

Der Beweis davon nimmt denselben Gang, wie der Beweis des vorgehenden Lehrsatzes.

Lehrsatz 3. In Gott besteht notwendig sowohl eine Vorstellung von seinem Wesen wie von allem, was aus seinem Wesen notwendig folgt.

Beweis. Denn Gott kann unendlich-vieles auf unendlich viele Weise denken (II. L. 1), oder er kann eine Vorstellung seines Wesens und aller daraus sich notwendig ergebenden Folgen bilden. (Was nach I. L. 16 dasselbe ist.) Nun ist aber notwendig alles, was in Gottes Macht ist. (I. L. 35). Es gibt deshalb notwendig eine solche Vorstellung und sie ist nur in Gott. (I. L. 15).

Erläuterung. Die Menge versteht unter der Macht Gottes seinen freien Willen und sein Recht auf alles, was da ist. Letzteres wird deshalb gewöhnlich als zufällig betrachtet. Denn man sagt, Gott hat die Macht, alles zu zerstören und in Nichts zu verwandeln. Man vergleicht ferner die Macht Gottes mit der Macht der Könige. Dies habe ich I. L. 32 Z. 1 und 2 widerlegt und I. L. 16 gezeigt, daß Gott mit derselben Notwendigkeit handelt, mit der er sich selbst erkennt, d. h. so wie aus der Notwendigkeit der göttlichen Natur folgt (und alle einstimmig behaupten), daß Gott sich selbst erkennt, mit derselben Notwendigkeit folgt, daß Gott unendlich-vieles auf unendlich viele Weise tut. Sodann habe ich I. L. 34 gezeigt, daß Gottes Macht nur sein tätiges Wesen ist; es ist deshalb uns ebenso unmöglich, vorzustellen, daß Gott nicht handle, als daß Gott nicht sei. Wenn es verstattet wäre, dies weiter zu verfolgen, so könnte ich ferner zeigen, daß jene Macht, welche die Menge Gott zuteilt, nur eine menschliche ist (mithin die Menge Gott nur als Menschen oder nur nach dem Bilde eines Menschen sich vorstellt), ja selbst die Ohnmacht einschließt. Doch mag ich über dieselbe Sache nicht so viele Male dasselbe wiederholen. Ich bitte nur nochmals den Leser, daß er wiederholt erwäge, was von I. L. 16 bis zu Ende hierüber gesagt worden ist. Denn niemand wird das richtig verstehen können, was ich meine, wenn er sich nicht hütet, Gottes Macht mit der menschlichen Macht und dem Recht der Könige zu verwechseln.

Lehrsatz 4. *Die Vorstellung von Gott, aus welcher unendlich vieles auf unendlich viele Weise folgt, kann nur eine einzige sein.*

Beweis. Der unendliche Verstand umfaßt nichts außer den Attributen Gottes und seinen Zuständen (I. L. 30), aber Gott ist ein einziger (I. L. 14 Z. 1), daher kann die Vorstellung von Gott, aus welcher unendlich vieles auf unendlich viele Weise folgt, nur eine einzige sein.

Lehrsatz 5. *Das wirkliche Sein der Vorstellungen erkennt Gott nur, insofern er als denkendes Wesen aufgefaßt wird, für seine Ursache an, und nicht insofern Gott durch ein anderes Attribut ausgedrückt wird; d. h., die Vorstellungen sowohl von Gottes Attributen als von den einzelnen Dingen erkennen nicht das Vorgestellte selbst oder die wahrgenommenen Dinge für ihre wirkende Ursache an, sondern Gott selbst, insofern er ein denkendes Wesen ist.*

Beweis. Dies ergibt sich aus II. L. 3. Denn dort folgerten wir, daß Gott die Vorstellung seines Wesens und aller Dinge, welche daraus folgen, nur dadurch bilden könne, daß Gott ein denkendes Wesen ist, und nicht dadurch, daß er der Gegenstand seiner Vorstellung ist. Darum erkennt das wirkliche Sein der Vorstellungen Gott, insofern er ein denkendes Wesen ist, als Ursache an. Ein anderer Beweis ist folgender: Das wirkliche Sein der Vorstellungen ist ein Zustand des Denkens (wie von selbst klar ist), d. h. ein Zustand (I. L. 25 Z.), welcher die Natur Gottes, sofern er ein denkendes Wesen ist, auf gewisse Weise ausdrückt. Dieser Zustand schließt mithin die Vorstellung von keinem andern Attribut Gottes ein (I. L. 10) und ist folglich keines anderen Attributes als des Denkens Wirkung (I. A. 4). Also erkennt das wirkliche Sein der Vorstellungen Gott nur, insofern er als ein denkendes Wesen aufgefaßt wird usw.

Lehrsatz 6. *Die Zustände eines jeden Attributes haben Gott zur Ursache, insofern es nur unter dem Attribut, dessen Zustände sie sind, aufgefaßt wird, und nicht unter dem eines anderen Attributes.*

Beweis. Denn jedes Attribut wird durch sich und ohne ein anderes vorgestellt (I. L. 10). Deshalb schließen die Zustände jedes einzelnen Attributs den Begriff ihres Attributes und nicht den eines andern Attributes in sich ein; mithin haben sie Gott zur Ursache, nur insofern er unter diesem Attribut, dessen Zustände sie sind, aufgefaßt wird und nicht unter einem anderen.

Zusatz. Hieraus ergibt sich, daß das wirkliche Sein der Dinge, welche keine Zustände des Denkens sind, nicht deshalb aus der Natur Gottes folgen, weil er die Dinge früher vorgestellt hat, sondern die vorgestellten Dinge folgen und werden gefolgert auf dieselbe Weise und mit derselben Notwendigkeit aus ihren Attributen, wie die Vorstellungen nach unserer Darlegung aus dem Attribut des Denkens folgen.

Lehrsatz 7. *Die Ordnung und Verknüpfung der Vorstellungen ist dieselbe, wie die Ordnung und Verknüpfung der Dinge.*

Beweis. Ergibt sich aus I. A. 4. Denn die Vorstellung von jedem Verursachten hängt von der Vorstellung der Ursache ab, deren Wirkung es ist.

Zusatz. Hieraus ergibt sich, daß Gottes Macht zu denken seiner wirklichen Macht zu handeln gleich ist, d. h. alles, was aus der unendlichen Natur Gottes in der Wirklichkeit folgt, dies alles folgt aus der Vorstellung Gottes, in derselben Ordnung und Verknüpfung in Gott als gegenständlicher Inhalt seines Denkens.

Erläuterung. Ehe wir weitergehen, ist an das oben Dargelegte zu erinnern, nämlich daß alles, was von einem unendlichen Verstand als das aufgefaßt werden kann, was das Wesen der Substanz ausmacht, daß dies alles nur zu einer einzigen Substanz gehört, und daß folglich die denkende und die ausgedehnte Substanz eine und dieselbe Substanz sind, welche bald unter diesem, bald unter jenem Attribut aufgefaßt wird. Deshalb ist auch der Zustand der Ausdehnung und die Vorstellung dieses Zustandes ein und dasselbe, nur auf zwei Weisen ausgedrückt. Dies scheinen einige bei den Juden gleichsam durch den Nebel eingesehen zu haben, da sie annehmen, daß Gott, Gottes Verstand und die von ihm bestimmten Dinge ein und dasselbe seien. So ist z. B. ein Kreis, welcher in der Natur existiert, und die Vorstellung dieses existierenden Kreises, die auch in Gott ist, ein und dasselbe, nur durch verschiedene Attribute ausgedrückt. Mögen wir daher die Natur unter dem Attribut der Ausdehnung oder unter dem Attribut des Denkens oder unter irgendeinem anderen auffassen, so werden wir dieselbe Ordnung und dieselbe Verknüpfung der Ursachen, d. h. die gegenseitige Folge der Dinge antreffen. Aus keinem anderen Grund habe ich gesagt, daß Gott z. B. die Ursache der Vorstellung des Kreises ist, insofern er nur ein denkendes Wesen ist; aber die Ursache des Kreises selbst nur insofern er ein ausgedehntes Wesen ist. Weil das wirkliche Sein der

Vorstellung des Kreises nur durch einen andern Zustand des Denkens als seine nächste Ursache und dieser wiederum durch einen andern und so fort ohne Ende vorgestellt werden kann.

Wir müssen daher, solange wir die Dinge nur als Zustände des Denkens auffassen, die Ordnung der ganzen Natur oder die Verknüpfung der Ursachen durch das Attribut des Denkens allein erklären; und insofern sie als Zustände der Ausdehnung aufgefaßt werden, muß auch die Ordnung der ganzen Natur bloß durch das Attribut der Ausdehnung erklärt werden. Dasselbe nehme ich von den übrigen Attributen an.

Deshalb ist die wahre Ursache der Dinge, wie sie in sich sind, Gott, insofern er aus unendlich vielen Attributen besteht, und deutlicher kann ich dies gegenwärtig nicht erklären.

Lehrsatz 8. *Die Vorstellungen der einzelnen Dinge oder Zustände, welche nicht existieren, müssen in der unendlichen Vorstellung Gottes so befaßt sein, wie das wirkliche Wesen der einzelnen Dinge oder Zustände in den Attributen Gottes enthalten sind.*

Beweis. Dieser Lehrsatz ergibt sich aus II. L. 7 E.

Zusatz. Hieraus folgt, daß, solange die einzelnen Dinge nicht existieren, als nur insofern sie in Gottes Attributen befaßt sind, deren vorgestelltes Sein oder deren Vorstellungen auch nur existieren, soweit die unendliche Vorstellung Gottes existiert.

Wenn aber von den einzelnen Sachen gesagt wird, daß sie existieren, nicht bloß insofern sie in Gottes Attributen befaßt sind, sondern insofern auch die zeitliche Dauer von ihnen ausgesagt wird, so werden deren Vorstellungen ebenfalls diejenige Existenz haben, mit welcher man ihre zeitliche Dauer bezeichnet.

Erläuterung. Wenn jemand zum besseren Verständnis dessen ein Beispiel verlangt, so kann ich wohl keins geben, das die hier besprochene Frage, die vielleicht in ihrer Art einzig ist, vollkommen angemessen ausdrückt; doch will ich den Gegenstand, so gut es geht, erläutern.

Der Kreis ist nämlich von solcher Natur, daß die Rechtecke aus den Abschnitten aller geraden Linien, welche in ihm sich gegenseitig schneiden, miteinander gleich sind. Der Kreis enthält daher unendlich viele einander gleiche Rechtecke. Man kann aber dennoch nicht sagen, daß eines derselben existiert, als nur insofern ein Kreis existiert, und ebenso kann man nicht sagen, daß die Vorstellung eines dieser Rechtecke existiert, als nur insofern es in der Vorstellung des Kreises befaßt ist. Nun stelle man sich vor, daß von jenen unendlich vielen Rechtecken nur zwei, nämlich D und E

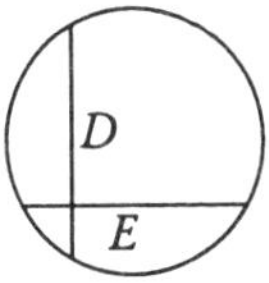

existieren, dann existieren deren Vorstellungen nicht bloß insofern sie nur in der Vorstellung des Kreises befaßt sind, sondern auch insofern sie die Existenz dieser beiden Vierecke in sich enthalten; dadurch werden sie von den übrigen Vorstellungen der anderen Vierecke unterschieden.

Lehrsatz 9. *Die Vorstellung eines einzelnen, wirklich existierenden Gegenstandes hat Gott zur Ursache, nicht insofern er unendlich ist, sondern insofern er aufgefaßt wird als erregt von einer anderen Vorstellung eins einzelnen wirklich existierenden Gegenstandes, dessen Ursache Gott wiederum nur ist, insofern er von einer anderen dritten Vorstellung erregt ist, und so weiter ohne Ende.*

Beweis. Die Vorstellung eines einzelnen, wirklich existierenden Gegenstandes ist ein einzelner Zustand des Denkens und von den anderen unterschieden (II. L. 8 Z. E.). Diese Vorstellung hat deshalb Gott nur insofern er ein denkendes Wesen ist, zur Ursache (II. L. 6); aber nicht, insofern Gott ein unbedingt denkendes Wesen ist, sondern nur, insofern Gott als erregt durch einen andern Zustand des Denkens aufgefaßt wird; und eben so ist dieser Zustand nur die Wirkung, insofern Gott von einem andern erregt ist und so fort ohne Ende (I. L. 28). Nun ist aber die Ordnung und Verknüpfung der Vorstellungen dieselbe, wie die Ordnung und Verknüpfung der Gegenstände (II. L. 7), deshalb ist die Ursache einer einzelnen Vorstellung eine andere Vorstellung, oder Gott, insofern er von einer anderen Vorstellung erregt aufgefaßt wird, und von dieser ist die Ursache wieder Gott, insofern er von einer anderen erregt ist, und so fort ohne Ende.

Zusatz. Von dem, was in dem einzelnen Gegenstand irgendeiner Vorstellung vorgeht, hat Gott die Kenntnis nur, insofern er die Vorstellung des Gegenstandes hat.

Beweis. Alles, was in dem Gegenstand irgendeiner Vorstellung vorgeht, davon hat Gott die Vorstellung nicht, insofern er unendlich ist (II. L. 3), sondern insofern, als er durch eine andere Vorstellung eines einzelnen Gegenstandes erregt aufgefaßt wird (II. L. 9); die Ordnung und Verknüpfung der Vorstellungen ist aber dieselbe, wie die Ordnung und Verknüpfung der Dinge (II. L. 7); die Kenntnis dessen, was in einem einzelnen Gegenstand vorgeht, wird also in Gott sein, nur insofern er die Vorstellung dieses Gegenstandes hat.

Lehrsatz 10. *Zum Wesen des Menschen gehört nicht das Sein der Substanz, oder die Substanz bildet nicht das Wirkliche des Menschen.*

Beweis. Denn das Sein der Substanz schließt die notwendige Existenz ein (I. L. 7). Wenn mithin zum Wesen des Menschen das Sein der Substanz gehört, so würde mit der Substanz auch notwendig der Mensch gegeben sein (II. D. 2), und folglich würde der Mensch notwendig existieren, was widersinnig ist (II. A. 1), deshalb gehört usw.

Erläuterung. Es folgt dieser Lehrsatz auch aus I. L. 5, weil es nämlich nicht zwei Substanzen derselben Natur gibt. Da aber mehrere Menschen existieren können, so ist folglich das, was das Wirkliche der Menschen ausmacht, nicht das Sein der Substanz. Übrigens ergibt sich dieser Satz auch aus den übrigen Bestimmungen der Substanz, nämlich daß die Substanz von Natur unendlich, unveränderlich, unteilbar usw. ist, wie jeder leicht bemerken kann.

Zusatz. Hieraus folgt, daß das Wesen des Menschen aus gewissen Zuständen der Attribute Gottes gebildet wird. Denn das Sein der Substanz gehört nicht zu dem Wesen des Menschen (II. L. 10). Der Mensch ist also etwas, was in Gott ist (I. L. 15) und was ohne Gott weder sein noch vorgestellt werden kann, d. h. er ist eine Erregung oder ein Zustand, welcher die Natur Gottes auf eine gewisse und bestimmte Weise ausdrückt (I. L. 25 Z.).

Erläuterung 2. Jedermann muß einräumen, daß ohne Gott nichts sein und vorgestellt werden kann. Denn allgemein wird anerkannt, daß Gott die alleinige Ursache aller Dinge ist, sowohl nach ihrem Wesen wie nach ihrer Existenz; d. h. Gott ist, wie man sich ausdrückt, die Ursache der Dinge nicht bloß nach ihrem Werden, sondern auch nach ihrem Sein. Aber dabei behaupten die meisten, daß das zum Wesen eines Dinges gehört, ohne welches es weder sein, noch vorgestellt werden kann; sie nehmen daher an, daß Gottes Natur zum Wesen der erschaffenen Dinge gehört, oder daß die erschaffenen Dinge ohne Gott sein und vorgestellt werden können, oder sie schwanken in ihren Ansichten, was das wahrscheinlichere ist.

Der Grund hiervon ist, daß sie nach meiner Meinung den ordnungsmäßigen Gang des Philosophierens nicht innegehalten haben. Denn sie hielten die göttliche Natur, die sie vor allem hätten betrachten sollen, weil sie sowohl nach ihrer Erkenntnis, wie nach ihrer Natur das erste ist im Gang des Erkennens, für das letzte; und die Dinge, welche die Gegenstände der Sinne heißen, hielten sie für die ersten von allen. Daher ist es gekommen, daß sie während der Betrachtung der natürlichen Dinge an nichts weniger dachten, als an die göttliche Natur, und nachdem sie dann ihren

Sinn auf die Betrachtung der göttlichen Natur richteten, konnten sie über keinen Gegenstand weniger denken, als über ihre ersten Einbildungen, auf welche sie die Erkenntnis der natürlichen Dinge aufgebaut hatten, da diese zur Erkenntnis der göttlichen Natur nichts helfen konnten.

Man darf sich daher nicht wundern, wenn sie sich hin und wieder widersprechen. Doch dies beiseite. Meine Absicht war hier nur, den Grund anzugeben, weshalb ich nicht gesagt habe, daß das zum Wesen eines Dinges gehört, ohne welches es weder sein noch vorgestellt werden kann; nämlich weil die einzelnen Dinge nicht ohne Gott sein und vorgestellt werden können und Gott doch nicht zu ihrem Wesen gehört.

Vielmehr habe ich gesagt, daß dasjenige das Wesen eines Dinges notwendig ausmacht, mit dessen Gegebensein das Ding gesetzt wird und mit dessen Wegnahme es aufgehoben wird oder dasjenige, ohne welches das Ding und umgekehrt das, was ohne das Ding weder sein noch vorgestellt werden kann (II. D. 2).

Lehrsatz 11. *Das erste, was das wirkliche Sein der menschlichen Seele ausmacht, ist nichts anderes, als die Vorstellung einer einzelnen, wirklich existierenden Sache.*

Beweis. Das Wesen des Menschen wird durch gewisse Zustände der Attribute Gottes gebildet (II. L. 10 Z.), nämlich durch die Zustände des Denkens (II. A. 2), von denen die Vorstellung der Natur nach der erste von allen Zuständen des Denkens ist (II. A. 3). Ist diese Vorstellung gegeben, so müssen die übrigen Zustände des Denkens (denen nämlich die Vorstellung von Natur vorgeht) in demselben Einzelwesen sein (II. A. 4). Daher ist die Vorstellung das erste, was das Sein der menschlichen Seele ausmacht, aber nicht die Vorstellung einer noch nicht existierenden Sache; denn dann könnte man nicht sagen, daß die Vorstellung selbst existiert (II. L. 8 Z.). Es muß deshalb die Vorstellung einer wirklich existierenden Sache sein. Aber auch nicht die Vorstellung von einer unendlichen Sache; denn eine unendliche Sache muß immer notwendig existieren (I. L. 21 und 23); aber dies ist widersinnig (II. A. 1). Das erste also, was das wirkliche Sein der menschlichen Seele ausmacht, ist die Vorstellung einer einzelnen wirklich existierenden Sache.

Zusatz. Hieraus ergibt sich, daß die menschliche Seele ein Teil des unendlichen Verstandes Gottes ist. Wenn wir ferner sagen, daß die menschliche Seele dies oder jenes auffaßt, so sagen wir nichts anderes, als daß Gott, nicht insofern er unendlich ist, sondern insofern er sich durch die Natur der menschlichen Seele darstellt oder insofern er das Wesen der menschlichen Seele ausmacht, diese oder jene Vorstellung hat; und wenn wir sagen, daß Gott diese oder jene Vorstellung habe, nicht bloß insofern er die Natur der menschlichen Seele ausmacht, sondern insofern er zugleich mit der menschlichen Seele auch die Vorstellung einer andern Sache hat, dann sagen wir, daß die menschliche Seele die Sache nur teilweise d. h. unzureichend auffasse.

Erläuterung. Hier werden sicherlich die Leser stocken, und es wird ihnen vieles einfallen, was ihnen Bedenken macht; deshalb bitte ich sie, mit mir langsam weiterzugehen und nicht eher ihr Urteil zu fällen, als bis sie alles durchlesen haben.

Lehrsatz 12. *Alles, was in dem Gegenstand der Vorstellung, welche die menschliche Seele ausmacht, vorgeht, dies muß von der menschlichen Seele aufgefaßt werden; oder es wird von diesem Gegenstand notwendig eine Vorstellung in der Seele geben; d. h., wenn der Gegenstand der Vorstellung, welche die menschliche Seele ausmacht, ein Körper ist, so kann in diesem Körper nichts vorgehen, was von der Seele nicht aufgefaßt wird.*

Beweis. Denn alles, was in dem Gegenstand irgendeiner Vorstellung vorgeht, davon gibt es notwendig in Gott eine Erkenntnis (II. L. 9 Z.), insofern er als von der Vorstellung dieses Gegenstandes erregt aufgefaßt wird, d. h. insofern er die Seele eines Gegenstandes bildet (II. L. 11). Was also in dem Gegenstand der Vorstellung, welche die menschliche Seele ausmacht, vorgeht, davon gibt es notwendig eine Kenntnis in Gott, soweit er die Natur der menschlichen Seele ausmacht, d. h., die Kenntnis desselben wird notwendig in der Seele sein, oder die Seele faßt es auf (II. L. 11 Z.).

Erläuterung. Dieser Lehrsatz folgt auch aus II. L. 7 E. und wird dadurch deutlicher eingesehen.

Lehrsatz 13. *Der Gegenstand der Vorstellung, welche die menschliche Seele ausmacht, ist ein Körper oder ein gewisser Zustand der Ausdehnung, der wirklich existiert und nichts anderes.*

Beweis. Wenn der Körper nicht der Gegenstand der menschlichen Seele wäre, so wären die Vorstellungen von den Zuständen des Körpers in Gott (II. L. 9 Z.), nicht insofern er unsere Seele, sondern insofern er die Seele eines anderen Gegenstandes ausmachte, d. h. die Vorstellungen der Zustände des Körpers waren nicht in unserer Seele (II. L. 11 Z.). Allein wir haben die Vorstellungen von den Zuständen des Körpers (II. A. 4), deshalb ist der

Gegenstand der Vorstellung, welche die menschliche Seele ausmacht, ein Körper, und zwar ein wirklich existierender (II. L. 11). Ferner wenn noch etwas anderes außer dem Körper Gegenstand der Seele wäre, so müßte notwendig, da nichts existiert, aus dem nicht notwendig eine Wirkung folgt (I. L. 36), es eine Vorstellung irgendeiner solchen Wirkung in unserer Seele geben (II. L. 11). Eine solche gibt es aber nicht (II. A. 5). Deshalb ist der Gegenstand unserer Seele ein existierender Körper und nichts anderes.

Zusatz. Hieraus ergibt sich, daß der Mensch aus Seele und Körper besteht, und daß der menschliche Körper so existiert, wie wir ihn wahrnehmen.

Erläuterung. Dadurch wird es verständlich, nicht nur, daß die menschliche Seele mit dem Körper vereint ist, sondern auch was unter der Einheit von Seele und Körper zu verstehen ist. Aber diese Einheit wird niemand zureichend oder bestimmt verstehen, wenn er nicht zuvor die Natur unseres Körpers zureichend kennt. Denn das, was bis hierher dargelegt worden ist, ist sehr allgemein, und gilt nicht bloß für Menschen, sondern auch für die übrigen Einzeldinge, die alle, wenn auch in verschiedenen Graden, doch beseelt sind. Denn von jedem Dinge gibt es notwendig in Gott eine Vorstellung, deren Ursache Gott ist, ebenso wie dies bei der Vorstellung von dem menschlichen Körper der Fall ist, und mithin gilt das, was von der Vorstellung des menschlichen Körpers gesagt worden ist, auch von der Vorstellung jedes anderen Dinges.

Dennoch kann man nicht leugnen, daß die Vorstellungen ebenso wie die Gegenstände selbst unterschieden sind, und die eine vorzüglicher als die andere ist und mehr an Realität enthält, je nachdem der Gegenstand der einen Vorstellung vorzüglicher ist als der Gegenstand der anderen und mehr an Realität enthält. Um deshalb zu bestimmen, was die menschliche Seele von den andern Seelen unterscheidet und worin sie die übrigen übertrifft, müssen wir notwendig deren Gegenstand, d. h., wie gesagt, die Natur des menschlichen Körpers kennenlernen.

Die Natur desselben hier erläutern kann ich jedoch nicht; auch ist es für das, was ich beweisen will, nicht notwendig. Nur das will ich im allgemeinen bemerken: Je mehr ein Körper vor dem andern geeignet ist, mehreres zugleich zu tun oder zu leiden, desto mehr ist dessen Seele mehr wie die übrigen geeignet, mehreres zugleich aufzufassen; und je mehr die Handlungen eines Körpers von ihm allein abhängen und je weniger andere Körper mit ihm zusammenwirken, desto geschickter ist seine Seele, bestimmt zu erkennen.

Hieraus kann man den Wert einer Seele vor der andern annehmen, ferner den Grund einsehen, weshalb wir nur eine sehr verworrene Kenntnis von unserem Körper haben, und vieles, was ich später hiervon ableiten werde.

Ich habe es deshalb der Mühe wert erachtet, dies genauer zu erklären und zu begründen; und deshalb muß einiges über die Natur der Körper hier vorausgeschickt werden.

Axiom 1. Alle Körper bewegen sich oder ruhen.

Axiom 2. Jeder Körper bewegt sich bald langsamer, bald schneller.

Lehnsatz 1. Die Körper unterscheiden sich voneinander in bezug auf Bewegung und Ruhe, Schnelligkeit und Langsamkeit, aber nicht in bezug auf die Substanz.

Beweis. Den ersten Teil dieses Satzes nehme ich als selbstverständlich an. Daß aber die Körper nicht in bezug auf die Substanz sich unterscheiden, ergibt sich sowohl aus I. L. 5 wie 8; aber noch deutlicher aus dem, was in der Erläuterung zu I. L. 15 gesagt worden ist.

Lehnsatz 2. Alle Körper stimmen in einigem miteinander überein.

Beweis. Denn alle Körper stimmen darin überein, daß sie die Auffassung eines und desselben Attributes enthalten (II. D. 1). Ferner, daß sie bald langsamer, bald schneller, und überhaupt, daß sie bald sich bewegen, bald ruhen können.

Lehnsatz 3. Ein bewegter oder ruhender Körper muß zur Bewegung oder Ruhe durch einen andern Körper bestimmt werden, welcher auch zur Bewegung oder Ruhe von einem anderen bestimmt worden ist, und dieser wieder von einem anderen und so fort ohne Ende.

Beweis. Die Körper sind einzelne Dinge (II. D. 1), welche sich nach II. Ln. 1 in bezug auf Bewegung oder Ruhe voneinander unterscheiden; deshalb mußte jeder zur Bewegung oder Ruhe notwendig von einem anderen einzelnen Ding bestimmt werden (I. L. 28), nämlich von einem anderen Körper (II. L. 6), der auch bewegt wird oder ruht (II. A. 1). Aber auch dieser hatte (aus demselben Grund) sich nicht bewegen oder ruhen können, wenn er nicht von einem andern zur Bewegung oder Ruhe bestimmt worden wäre. Und dieser wiederum (aus demselben Grund) von einem andern und so fort ohne Ende.

Zusatz. Hieraus ergibt sich, daß ein bewegter Körper solange sich bewegt, bis er von einem andern Körper zur Ruhe bestimmt wird, und daß ein ruhender Körper so lange ruht, bis er von einem anderen zur Bewegung bestimmt wird. Dies ist auch selbstverständlich. Denn wenn ich annehme, daß z. B. der Körper A ruht und ich auf andere Körper nicht acht habe, so kann ich von dem Körper A nichts aussagen, als daß er ruht. Trifft es sich später, daß der Körper A sich bewegt, so konnte dies offenbar nicht daraus hervorgehen, daß er ruhte, denn daraus konnte nur seine Ruhe folgen. Wenn umgekehrt angenommen wird, daß A sich bewegt, so kann man, solange man bloß auf A acht hat, nichts als seine Bewegung von ihm aussagen. Trifft sich später, daß A ruht, so konnte dies offenbar nicht aus der Bewegung hervorgehen, welche er hatte, denn aus der Bewegung kann nichts anderes folgen, als daß A sich bewegt. Es tritt also die Ruhe durch einen Gegenstand ein, der nicht in A war, also durch eine äußere Ursache, welche seine Ruhe bestimmt.

Axiom 1. Alle Zustände, in welche ein Körper von einem anderen Körper versetzt wird, folgen zusammen aus der Natur des ersten und des zweiten, so daß derselbe Körper sich verschieden bewegt, je nach der Verschiedenheit der Natur der ihn bewegenden Körper und ebenso, daß verschiedene Körper von ein und demselben Körper auf verschiedene Weise bewegt werden.

Axiom 2. Wenn ein bewegter Körper auf einen ruhenden, den er nicht wegbewegen kann, stößt, so wendet er sich zurück, um in der Bewegung fortzufahren, und der Winkel der Linie seiner Rückbewegung mit der Ebene des ruhenden Körpers, auf welchen er gestoßen hat, wird gleich sein dem Winkel, welchen die Linie der einfallenden Bewegung mit derselben Ebene bildet.

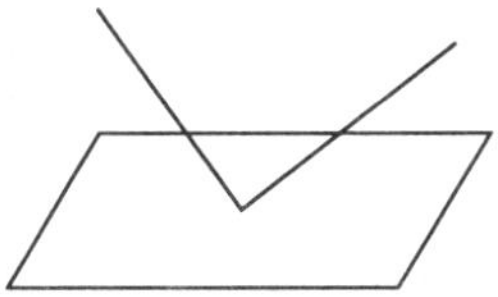

Soviel von den einfachsten Körpern, die sich nämlich bloß durch Bewegung und Ruhe, Schnelligkeit und Langsamkeit voneinander unterscheiden. Jetzt wollen wir zu den zusammengesetzten übergehen.

Definition. Wenn einige Körper gleicher oder verschiedener Größe von den übrigen so zusammengedrängt werden, daß sie aufeinander liegen, oder wenn sie in gleichen oder verschiedenen Graden der Schnelligkeit sich bewegen, so daß sie sich ihre Bewegungen in einer gewissen Art mitteilen, so heißen diese Körper miteinander geeint und man sagt, daß sie sämtlich einen Körper oder ein Einzelding bilden, was sich von den übrigen durch diese Vereinung der Körper unterscheidet.

Axiom 3. Je nachdem die Teile eines Einzeldings oder zusammengesetzten Körpers mit größeren oder kleineren Oberflächen aufeinanderliegen, desto schwerer oder leichter können sie zu einer Veränderung ihrer Lage gezwungen werden, und folglich kann es um so leichter oder schwerer bewirkt werden, daß dieses Einzelding eine andere Gestalt annimmt. Daher werde ich die Körper, deren Teile in großen Oberflächen aufeinanderliegen, hart, deren Teile in kleinen aufeinanderliegen, weich und endlich deren Teile sich untereinander bewegen, flüssig nennen.

Lehnsatz 4. Wenn von einem Körper oder Einzelding, was aus mehreren Körpern besteht, einige abgetrennt werden und gleichzeitig ebenso viele andere derselben Natur in deren Stelle nachfolgen, so wird das Einzelding seine Natur wie vorher behalten ohne irgendeine Veränderung seiner Gestalt.

Beweis. Denn die Körper unterscheiden sich nicht rücksichtlich der Substanz (II. Ln. 1). Aber das, was die Gestalt eines Einzeldinges ausmacht, besteht in der Verbindung von Körpern (II. Ln. 3 D.); diese bleibt aber, wenn auch die Körper sich fortwährend ändern (nach der Voraussetzung); das Einzelding wird also sowohl rücksichtlich seiner Substanz als seines Zustandes seine frühere Natur behalten.

Lehnsatz 5. Wenn die Teile, welche ein Einzelding bilden, größer oder kleiner werden, jedoch in dem Verhältnis, daß alle dieselbe Weise der Bewegung oder Ruhe, wie vorher, gegeneinander behalten, so wird das Einzelding ebenfalls seine Natur behalten und ohne irgendeine Veränderung seiner Gestalt.

Der Beweis dieses Lehnsatzes ist mit dem des vorgehenden gleich.

Lehnsatz 6. Wenn gewisse Körper, welche ein Einzelding bilden, genötigt werden, ihre Bewegung, die sie nach einer Richtung hatten, in eine andere umzulenken, aber so, daß sie ihre Bewegung fortsetzen und sich gegenseitig in derselben Weise wie früher mitteilen können, so wird ebenfalls das Einzelding seine Natur behalten und ohne Veränderung der Gestalt.

Beweis. Es ergibt sich dies von selbst. Denn bei dieser Voraussetzung behält das Einzelding alles, was laut seiner Definition seine Gestalt ausmacht.

Lehnsatz 7. Außerdem behält ein Einzelding, was so zusammengesetzt ist, seine Natur, mag es sich im Ganzen bewegen oder ruhen oder nach dieser oder jener Richtung sich bewegen; wenn nur jeder Teil seine Bewegung behält und sie, so wie vorher, den übrigen mitteilt.

Beweis. Dies ergibt sich aus der Definition zu II. Ln. 4.

Erläuterung. Daraus ist zu entnehmen, wie ein zusammengesetztes Einzelding auf viele Weise erregt werden und doch seine Natur bewahren kann. Bis hier haben wir ein Einzelding angenommen, was nur aus Körpern zusammengesetzt ist, die bloß durch Bewegung und Ruhe, Schnelligkeit und Langsamkeit sich unterscheiden, d. h. welches aus den einfachsten Körpern gebildet ist. Stellen wir uns nun aber ein anderes Einzelding vor, was aus mehreren Einzeldingen verschiedener Natur zusammengesetzt ist, so werden wir finden, daß es seinen Zustand noch auf mehrere andere Weise wird verändern können, und doch seine Natur sich bewahren. Denn wenn jeder Teil desselben aus mehreren Körpern zusammengesetzt ist (nach II. Ln. 7), so wird jeder Teil ohne Veränderung seiner Natur bald langsamer, bald schneller sich bewegen und deshalb seine Bewegungen den übrigen bald schneller, bald langsamer mitteilen. Wenn wir uns nun noch eine dritte Art von Einzeldingen vorstellen, welche aus solchen der zweiten Art zusammengesetzt sind, so werden wir finden, daß sie in ihren Zuständen in viel mehr Weisen verändert werden können, und doch, ohne daß ihre Gestalt sich ändert. Und wenn wir so ohne Ende fortfahren, so werden wir leicht uns vorstellen, daß die ganze Natur nur ein Einzelding ist, dessen Teile, d. h. alle Körper in unendlich vielen Zuständen wechseln, ohne daß das ganze Einzelding sich irgend verändert. Wäre es meine Absicht, die Körper zum Hauptgegenstand meiner Untersuchung zu machen, so hätte ich dies ausführlicher erklären und beweisen müssen. Indes ist meine Absicht, wie gesagt, eine andere; ich habe das Vorstehende nur angeführt, weil ich daraus leicht das ableiten kann, was ich zu beweisen mir vorgesetzt habe.

Hypothese 1. Der menschliche Körper besteht aus sehr vielen Einzeldingen (verschiedener Natur), von denen jedes sehr zusammengesetzt ist.

Hypothese 2. Von den Einzeldingen, aus welchen der

menschliche Körper besteht, sind einige flüssig, andere weich und noch andere hart.

Hypothese 3. Die Einzeldinge, welche den menschlichen Körper bilden, und folglich auch der menschliche Körper selbst, werden von äußeren Körpern in sehr vieler Weise erregt.

Hypothese 4. Der menschliche Körper braucht zu seiner Erhaltung sehr viele andere Körper, durch welche er fortwährend wiedererzeugt wird.

Hypothese 5. Wenn der flüssige Teil des menschlichen Körpers von einem äußeren Körper bestimmt wird, auf einen andern weichen oft aufzustoßen, so verändert er dessen Fläche und drückt ihm gleichsam gewisse Spuren des fremden stoßenden Körpers ein.

Hypothese 6. Der menschliche Körper kann die fremden Körper auf sehr verschiedene Weise bewegen und in sehr verschiedener Weise bestimmen.

Lehrsatz 14. *Die menschliche Seele ist zur Auffassung von vielem geeignet und um so mehr, je mehr ihr Körper in vieler Weise bestimmt werden kann.*

Beweis. Denn der menschliche Körper wird in sehr verschiedener Weise von fremden Körpern erregt (II. H. 3. 6) und veranlaßt, die fremden Körper in sehr verschiedener Weise zu erregen. Alles aber, was in dem menschlichen Körper vorgeht, muß die menschliche Seele auffassen (II. L. 12). Die menschliche Seele ist deshalb zur Auffassung von sehr vielem geeignet und um so mehr usw.

Lehrsatz 15. *Die Vorstellung, welche das wirkliche Sein der menschlichen Seele ausmacht, ist nicht einfach, sondern aus sehr vielen Vorstellungen zusammengesetzt.*

Beweis. Die Vorstellung, welche das wirkliche Sein der menschlichen Seele ausmacht, ist die Vorstellung des Körpers (II. L. 13), und dieser wird aus sehr vielen und sehr zusammengesetzten Einzeldingen gebildet. Aber von jedem Einzelding, das den Körper bildet, gibt es notwendig eine Vorstellung in Gott (II. L. 8 Z.); deshalb ist die Vorstellung des menschlichen Körpers aus vielen Vorstellungen der ihn bildenden Teile zusammengesetzt (II. L 7).

Lehrsatz 16. *Die Vorstellung jedes Zustandes, in welchen der menschliche Körper durch fremde Körper versetzt wird, muß sowohl die Natur des menschlichen Körpers wie die des fremden Körpers enthalten.*

Beweis. Denn alle Zustände, in welche ein Körper versetzt wird, sind eine Folge dieses Körpers und zugleich dessen, der ihn versetzt. (II. H. 3 Z. A. 1). Daher muß die Vorstellung dieser Zustände notwendig die Natur beider Körper enthalten (I. A. 4); mithin enthält die Vorstellung jedes Zustandes, in welchen der menschliche Körper versetzt wird, sowohl die Natur des menschlichen Körpers wie die des fremden.

Zusatz 1. Hieraus folgt 1), daß die menschliche Seele die Natur vieler Körper zugleich mit ihres Körpers Natur auffaßt.

Zusatz 2. Es folgt 2), daß die Vorstellungen, die wir von fremden Körpern haben, mehr die Verfassung unseres eigenen Körpers als die Natur der fremden Körper anzeigen, wie ich im Anhang zum I. Teil mit vielen Beispielen erläutert habe.

Lehrsatz 17. *Wenn der menschliche Körper in einen Zustand versetzt ist, welcher die Natur eines fremden Körpers einschließt, so wird die menschliche Seele diesen fremden Körper als wirklich daseiend oder ihr gegenwärtig auffassen, bis ihr Körper in einen Zustand versetzt wird, welcher die Existenz der Gegenwart dieses fremden Körpers ausschließt.*

Beweis. Dies ist klar; denn solange der menschliche Körper sich in einem solchen Zustande befindet, solange wird die menschliche Seele diesen Zustand des Körpers betrachten (II. L. 12), d. h. sie wird die Vorstellung eines wirklich existierenden Zustandes haben (II. L. 16), welcher die Natur des fremden Körpers mit enthält, d. h. eine Vorstellung, welche die Existenz oder Gegenwart der Natur eines fremden Körpers nicht ausschließt, sondern setzt. Mithin wird die Seele einen fremden Körper als wirklich existierend und gegenwärtig betrachten (II. L. 16 Z.), bis ein anderer Zustand usw.

Zusatz. Die Seele kann fremde Körper, von denen der menschliche Körper einmal erregt gewesen ist, auch wenn sie nicht existieren und nicht gegenwärtig sind, dennoch so betrachten, als wenn sie gegenwärtig wären.

Beweis. Wenn fremde Körper die flüssigen Teile des menschlichen Körpers so bestimmen, daß sie auf die weicheren oft aufstoßen, so ändern sie deren Oberflächen (II. H. 5), weshalb sie von ihnen auf andere Weise zurückgestoßen werden, als es früher zu geschehen pflegt und weshalb sie auch später, wenn sie auf diese neuen Oberflächen durch ihre freiwillige Bewegung aufstoßen, auf dieselbe Weise zurückgeworfen werden, als wenn sie von fremden Körpern gegen diese Oberflächen gestoßen worden wären. Folglich erregen sie den menschlichen Körper, wenn sie fortfahren so zurückgeworfen sich zu bewegen, auf dieselbe Weise, und die Seele wird davon ebenso denken (II. L. 12), d. h. die Seele wird den fremden Körper wieder als gegenwärtig betrachten; (II. L. 17) und zwar so oft, als die flüssigen Teile des menschlichen Körpers in ihrer freiwilligen Bewegung denselben Oberflächen begegnen werden. Wenn also auch die fremden Körper, von denen der menschliche Körper einmal erregt worden ist, nicht existieren, so wird doch die Seele sie so oft als gegenwärtig betrachten, als diese Tätigkeit des menschlichen Körpers sich wiederholen wird.

Erläuterung. Man sieht damit, wie es möglich ist, daß wir das, was nicht ist, als gegenwärtig betrachten, wie oft geschieht. Es ist auch möglich, daß dies auch aus anderen Ursachen eintritt; doch genügt es mir, hier eine aufgezeigt zu haben, durch welche ich den Vorgang so erklären kann, als wenn ich ihn durch seine wahre Ursache dargelegt hatte. Ich glaube indes nicht, daß ich von der Wahrheit weit abirre, da alle dabei von mir angenommenen Voraussetzungen kaum etwas enthalten, was nicht nach der Erfahrung feststünde, und wir in diese Erfahrung nicht Zweifel setzen dürfen, nachdem ich gezeigt habe, daß der menschliche Körper so existiert, wie wir ihn sinnlich wahrnehmen. (II. L. 13 Z.) Außerdem erkennen wir deutlich den Unterschied (II. L. 16 Z. 2 und L. 17 Z.) zwischen der Vorstellung z. B. des Peter, welcher das Wesen des Peter ausmacht, und zwischen der Vorstellung desselben Peter, welche in einem andern Menschen, etwa in Paul ist; denn jene drückt das Wesen des eigenen Körpers des Peters geradezu aus und enthält nur so lange die Existenz, als Peter existiert; diese zeigt aber mehr einen Zustand in dem Körper des Paul an, als die Natur des Peter und wird daher des Paul Seele, so lange dieser Zustand des Körpers von Paul dauert, den Peter, wenn er auch nicht existiert, doch als sich gegenwärtig betrachten. Ferner werden wir, um die gewohnten Ausdrücke beizubehalten, die Zustände des menschlichen Körpers, deren Vorstellungen uns die fremden Körper als gegenwärtig darstellen, die Bilder der Dinge nennen, obgleich sie die Gestalten der Dinge nicht wiedergeben; und wenn die Seele auf diese Weise die Körper betrachtet, werden wir sagen, daß sie dieselben sich bildlich vorstellt. Und hier bitte ich, damit ich beginne zu zeigen, was Irrtum ist, zu bemerken, daß die bildlichen Vorstellungen der Seele, an sich betrachtet, keinen Irrtum enthalten, d. h., daß die Seele deshalb, weil sie sich etwas bildlich vorstellt, nicht irrt; sondern nur in dem Betracht, daß ihr die Vorstellung fehlt, welche die Existenz der Dinge ausschließt, die sie sich als gegenwärtig bildlich vorstellt. Denn wenn die Seele, während sie sich Dinge, die nicht existieren, als gegenwärtig vorstellt, zugleich wüßte, daß sie in Wahrheit nicht existieren, so würde sie diese Kraft, sich bildlich vorzustellen, eher zu den Vorzügen als zu den Fehlern ihrer Natur rechnen; zumal wenn dieses Vermögen des bildlichen Vorstellens von ihrer Natur allein abhinge, d. h., wenn dieses Vermögen des bildlichen Vorstellens der Seele frei wäre. (I. D. 7)

Lehrsatz 18. *Wenn der menschliche Körper einmal von zwei oder mehreren Körpern zugleich erregt worden ist, so entsinnt sich die Seele, wenn sie später einen von ihnen sich vorstellt, sofort auch der anderen.*

Beweis. Die Seele stellt sich deshalb einen Körper bildlich vor (nach L. 17 Z.), weil der menschliche Körper von den Spuren des fremden Körpers ebenso erregt und bestimmt wird, wie wenn einige seiner Teile von dem fremden Körper selbst den Stoß erhalten hätten. Nun war (nach der Voraussetzung) der Körper so bestimmt worden, daß die Seele zugleich zwei Körper sich bildlich vorstellte; folglich wird sie auch jetzt zugleich zwei sich vorstellen und die Seele wird, sobald sie den einen sich vorstellt, sofort auch des andern sich erinnern.

Erläuterung. Hieraus ergibt sich deutlich, was das Gedächtnis ist. Es ist nämlich nur eine gewisse Verknüpfung der Vorstellungen, welche die Natur der außerhalb des menschlichen Körpers befindlichen Dinge mit enthalten. Diese Verkettung bildet sich in der Seele nach der Ordnung und Verknüpfung der Erregungen des menschlichen Körpers.

Ich sage erstens: Eine Verknüpfung von nur solchen Vorstellungen, welche die Natur der Dinge außerhalb des menschlichen Körpers mit enthalten, aber nicht eine Verkettung solcher Vorstellungen, welche die Natur derselbigen Dinge darlegen. Denn sie sind in Wahrheit Vorstellungen von den Erregungen des menschlichen Körpers, welche sowohl die Natur dieses als der fremden Körper einschließen (II. L. 16).

Ich sage zweitens: Eine Verkettung der Erregungen des menschlichen Körpers, um sie von der Verkettung der Vorstellungen zu unterscheiden, welche nach der Ordnung des Verstandes geschieht, mittels welcher die Seele die Dinge durch ihre ersten Ursachen erfaßt, und welche Ordnung bei allen Menschen dieselbe ist.

Hieraus erkennt man auch deutlich, warum ein Mensch von

dem Gedanken eines Gegenstandes sofort auf den Gedanken eines anderen kommt, obgleich er mit dem übrigen keine Ähnlichkeit hat. So kommt z. B. ein Römer von dem Gedanken des Wortes Pomus (Apfel) sofort auf den Gedanken der Frucht, die mit jenem artikulierten Laut keine Ähnlichkeit hat und die mit ihm nichts gemein hat, als daß von diesen beiden der Körper desselben oft erregt worden ist, d. h., daß dieser Mensch oft das Wort Pomus gehört hat, während er die Frucht selbst sah. So wird jeder von einem Gedanken auf einen anderen kommen, wie die Gewohnheit eines jeden die Bilder der Dinge in dem Körper geordnet hat. So wird ein Soldat z. B., wenn er die Spuren eines Pferdes im Sande sieht, sofort von dem Gedanken eines Pferdes auf den des Reiters und von diesem auf den Gedanken des Krieges usw. kommen; aber der Bauer wird von dem Gedanken des Pferdes auf den Gedanken des Pfluges, des Ackers usw. kommen. So kommt jeder danach, wie er sich gewöhnt hat, die Bilder der Dinge auf diese oder jene Weise zu verbinden und zu verknüpfen, von dem einen auf diesen oder auf einen andern Gedanken.

Lehrsatz 19. *Die menschliche Seele kennt ihren eigenen Körper und daß er existiert nur durch die Vorstellungen der Zustände, in welche ihr Körper versetzt wird.*

Beweis. Denn die menschliche Seele ist die Vorstellung selbst oder die Kenntnis des menschlichen Körpers (II. L. 13), welche zwar in Gott ist (II. L. 9), insofern als er aufgefaßt wird als erregt durch eine andere Vorstellung einer einzelnen Sache; weil aber der menschliche Körper (II. H. 4) sehr vieler Körper bedarf, durch die er fortwährend gleichsam wieder erzeugt wird, und die Verknüpfung der Vorstellungen dieselbe ist, wie die Ordnung und Verknüpfung der Ursachen (II. L. 7), so wird diese Vorstellung in Gott sein, insofern er von den Vorstellungen mehrerer einzelner Dinge erregt aufgefaßt wird. Gott hat also die Vorstellung des menschlichen Körpers oder kennt den menschlichen Körper, insofern er von sehr vielen anderen Vorstellungen erregt ist und nicht insofern er die Natur der menschlichen Seele ausmacht, d. h. die menschliche Seele kennt ihren Körper nicht. (II. L. 11 Z.) Aber die Vorstellungen der Zustände des Körpers sind in Gott, soweit er die Natur der menschlichen Seele ausmacht, oder die menschliche Seele faßt diese Zustände auf (II. L. 12) und folglich auch den menschlichen Körper selbst; (II. L. 16) und zwar als wirklich existierend (II. L. 17). Die menschliche Seele erfaßt also nur insoweit ihren eigenen Körper.

Lehrsatz 20. *Von der menschlichen Seele gibt es auch in Gott eine Vorstellung oder Kenntnis, welche in Gott auf dieselbe Weise folgt und auf Gott in derselben Weise sich bezieht, wie die Vorstellung oder Kenntnis des menschlichen Körpers.*

Beweis. Das Denken ist ein Attribut Gottes (II. L. 1), folglich muß sowohl davon (II. L. 3) als von allen dessen Zuständen und folglich auch von der menschlichen Seele (II. L. 11) es notwendig in Gott eine Vorstellung geben. Sodann folgt nicht, daß diese Vorstellung oder Kenntnis der Seele in Gott besteht, insoweit er unendlich ist, sondern soweit er durch eine andere Vorstellung einer einzelnen Sache erregt ist. (II. L. 9). Die Ordnung und Verknüpfung der Vorstellungen ist aber dieselbe, wie die Ordnung und Verknüpfung der Ursachen (II. L. 7); daraus ergibt sich, daß diese Vorstellung oder Kenntnis der Seele in Gott ist und sich auf Gott in derselben Weise bezieht, wie die Vorstellung oder Kenntnis des Körpers.

Lehrsatz 21. *Die Vorstellung der Seele ist auf diesselbe Weise mit der Seele geeint, wie die Seele selbst mit dem Körper geeint ist.*

Beweis. Daß die Seele mit dem Körper vereint ist, habe ich dadurch bewiesen, daß der Körper der Gegenstand der Seele ist (II. L. 12, 13). Folglich muß aus demselben Grund die Vorstellung der Seele mit ihrem Gegenstand, d. h. mit der Seele selbst in derselben Weise vereint sein, wie die Seele mit dem Körper vereint ist.

Erläuterung. Dieser Lehrsatz ergibt sich viel deutlicher aus dem zu II. L. 7 E. Gesagten. Dort habe ich nämlich gezeigt, daß die Vorstellung des Körpers und der Körper, d. h. die Seele und der Körper (II. L. 13) ein und dasselbe Einzelding sind, was bald unter dem Attribute des Denkens, bald unter dem der Ausdehnung aufgefaßt wird. Deshalb ist die Vorstellung von der Seele und die Seele selbst ein und derselbe Gegenstand, welcher unter ein und demselben Attribut, nämlich dem des Denkens aufgefaßt wird. Ich sage, es folgt, daß die Vorstellung der Seele und die Seele selbst mit derselben Notwendigkeit und aus derselben Macht des Denkens in Gott bestehen. Denn in Wahrheit ist die Vorstellung von der Seele, d. h. die Vorstellung von einer Vorstellung nichts anderes als das Wirkliche der Vorstellung, insoweit diese als ein Zustand des Denkens und ohne Beziehung auf den Gegenstand aufgefaßt wird. Denn sobald jemand etwas weiß, so weiß er auch damit, daß er es weiß, und er weiß zugleich, daß er sein Wissen weiß und so fort ohne Ende. Doch hierüber später.

Lehrsatz 22. *Die menschliche Seele erfaßt nicht bloß die Zustände des Körpers, sondern auch die Vorstellungen dieser Zustände.*

Beweis. Die Vorstellungen von den Vorstellungen der Zustände folgen in Gott in derselben Weise und werden auf Gott in derselben Weise bezogen, wie die Vorstellungen der Zustände selbst; dies wird auf dieselbe Weise bewiesen wie II. Lehrsatz 20. Aber die Vorstellungen der Zustände des Körpers sind in der menschlichen Seele (II. L. 12), d. h. in Gott (II. L. 11 Z.), soweit er das Wesen der menschlichen Seele ausmacht. Deshalb werden die Vorstellungen von diesen Vorstellungen in Gott sein, insofern er die Kenntnis oder Vorstellung von der menschlichen Seele hat, d. h. in der Seele selbst (II. L. 21), welche deshalb nicht bloß die Zustände des Körpers, sondern auch deren Vorstellungen auffaßt.

Lehrsatz 23. *Die Seele kennt sich selbst nur, insofern sie die Vorstellungen von den Zuständen des Körpers erfaßt.*

Beweis. Die Vorstellung oder Kenntnis der menschlichen Seele folgt in Gott auf dieselbe Weise und wird auf Gott in derselben Weise bezogen (II. L. 20), wie die Vorstellung oder Kenntnis des Körpers. Da aber die menschliche Seele den menschlichen Körper selbst nicht kennt (II. L. 19), d. h. da die Kenntnis des menschlichen Körpers auf Gott nicht bezogen wird (II. L. 11 Z), insofern er die Natur der menschlichen Seele ausmacht, so wird auch die Kenntnis der Seele nicht auf Gott bezogen, insofern er das Wesen der menschlichen Seele ausmacht, und deshalb kennt die menschliche Seele sich selbst nicht (II. L. 11 Z). Ferner enthalten die Vorstellungen der Zustände, welche in dem Körper erregt werden, die Natur des Körpers selbst (II. L. 16 Z.), d. h. sie stimmen mit der Natur der Seele überein (II. L. 13). Die Kenntnis dieser Vorstellungen schließt also notwendig die Kenntnis der Seele ein; die Kenntnis dieser Vorstellungen ist aber in der menschlichen Seele selbst (II. L. 22). Deshalb kennt sich selbst die menschliche Seele nur insoweit.

Lehrsatz 24. *Die menschliche Seele enthält nicht die zureichende Kenntnis der Teile, welche den menschlichen Körper bilden.*

Beweis. Die Teile, welche den menschlichen Körper bilden, gehören nur insoweit zu dem Wesen dieses Körpers, als sie ihre Bewegungen sich gegenseitig in gewisser Weise mitteilen (Ln. 3 D hinter Z), aber nicht, insoweit sie als Einzeldinge, ohne Beziehung auf den menschlichen Körper, aufgefaßt werden können. Denn die Teile des menschlichen Körpers sind zusammengesetzte Einzeldinge (H. 1), deren Teile von dem menschlichen Körper ohne

Veränderung seiner Natur und Gestalt sich trennen (II. Ln. 4) und ihre Bewegungen andern Körpern in anderer Weise mitteilen können (II. Ln. 3 A. 2). Deshalb wird die Vorstellung oder Kenntnis jedes Teiles in Gott sein (II. L. 3), insofern er aufgefaßt wird als erregt durch eine andere Vorstellung einer einzelnen Sache, welche einzelne Sache nach der Ordnung der Natur dem Teil selbst vorgeht (II. L. 7). Dasselbe gilt von jedem Teil des Einzeldinges, was den menschlichen Körper bildet, also ist die Kenntnis von jedem, den menschlichen Körper bildenden Teil in Gott, insofern er von mehreren Vorstellungen von Dingen erregt ist und nicht, insofern er nur die Vorstellung des menschlichen Körpers hat; d. h. die Vorstellung, welche die Natur der menschlichen Seele bildet (II. L. 13). Daher enthält die menschliche Seele keine zureichende Kenntnis von den Teilen des menschlichen Körpers.

Lehrsatz 25. *Die Vorstellung eines jeden Zustandes des menschlichen Körpers enthält nicht die zureichende Kenntnis eines fremden Körpers.*

Beweis. Die Vorstellung von einem Zustand des menschlichen Körpers, enthält, wie wir gezeigt haben (II. L. 10), insoweit die Natur des fremden Körpers, als dieser den menschlichen Körper auf eine gewisse Weise bestimmt. Insoweit aber der fremde Körper ein Einzelding ist, was nicht zu dem menschlichen Körper gehört, ist dessen Vorstellung oder Kenntnis in Gott (II. L. 9), insofern Gott als durch die Vorstellung einer anderen Sache erregt aufgefaßt wird, welche dem fremden Körper von Natur vorgeht (II. L. 7). Deshalb ist die zureichende Kenntnis des fremden Körpers nicht in Gott, insofern er die Vorstellung von einem Zustand des menschlichen Körpers hat; oder die Vorstellung von einem Zustand des menschlichen Körpers enthält nicht die zureichende Kenntnis des fremden Körpers.

Lehrsatz 26. *Die menschliche Seele nimmt einen fremden Körper nur durch die Vorstellung von den Zuständen ihres Körpers als wirklich existierend wahr.*

Beweis. Wenn der menschliche Körper von einem fremden Körper in keiner Weise erregt ist, so ist auch die Vorstellung des menschlichen Körpers (II. L. 7), d. h. so ist auch die menschliche Seele in keiner Weise mit der Vorstellung der Existenz dieses Körpers befaßt (II. L. 13), d. h. sie nimmt in keiner Weise die Existenz dieses fremden Körpers wahr. Aber soweit der menschliche Körper von einem fremden Körper auf irgendeine Weise erregt wird, insoweit nimmt sie den fremden Körper wahr (II. L. 16 und Z.)

Zusatz. Soweit die Seele einen fremden Körper sich bildlich vorstellt, soweit hat sie keine zureichende Kenntnis von demselben.

Beweis. Wenn die menschliche Seele den fremden Körper vermittelst der Vorstellungen der Zustände ihres Körpers betrachtet, so sagen wir, daß sie bildlich vorstellt (II. L. 17 E.). Der Mensch kann nur in dieser Weise sich die wirkliche Existenz der fremden Körper vorstellen (II. L. 25). Insofern also die Seele die fremden Körper sich bildlich vorstellt, hat sie keine zureichende Kenntnis von ihnen.

Lehrsatz 27. *Die Vorstellung irgendeines Zustandes des menschlichen Körpers enthält keine zureichende Kenntnis des menschlichen Körpers selbst.*

Beweis. Jede Vorstellung eines Zustandes des menschlichen Körpers enthält insoweit die Natur desselben, als er in gewisser Weise erregt aufgefaßt wird (II. L. 16). Insofern aber der menschliche Körper ein Einzelding ist, was auf viele andere Weise erregt werden kann, so ist dessen Vorstellung usw. (Siehe II. L. 25 B.)

Lehrsatz 28. *Die Vorstellungen der Zustände des menschlichen Körpers sind, soweit sie nur auf die menschliche Seele bezogen werden, nicht klar und bestimmt, sondern verworren.*

Beweis. Denn die Vorstellungen von den Zuständen des menschlichen Körpers enthalten sowohl die Natur der fremden Körper, wie des menschlichen Körpers selbst (II. L. 16). Sie müssen aber nicht bloß die Natur des menschlichen Körpers, sondern auch seine Teile enthalten; denn diese Zustände sind Vorgänge (H. 3), durch welche die Teile des menschlichen Körpers und folglich der ganze menschliche Körper erregt wird. Aber die zureichende Kenntnis der fremden Körper, so wie der den menschlichen Körper bildenden Teile ist nicht in Gott, insofern er mit der menschlichen Seele, sondern insofern er mit anderen Vorstellungen befaßt ist (II. L 24, 25). Die Vorstellungen dieser Zustände gleichen mithin, insofern sie bloß auf die menschliche Seele bezogen werden, einem Schluß ohne die Vordersätze, d. h. sie sind (wie sich von selbst ergibt) verworren.

Erläuterung. Die Vorstellung, welche die Natur der menschlichen Seele ausmacht, ist aus denselben Gründen, für sich betrachtet, nicht klar und bestimmt; dasselbe gilt von der Vorstellung der menschlichen Seele und von den Vorstellungen der Vorstellungen der Zustände des menschlichen Körpers, soweit sie bloß auf die Seele bezogen werden, wie jeder einsehen kann.

Lehrsatz 29. *Die Vorstellung von der Vorstellung irgendeines Zustandes des menschlichen Körpers enthält keine zureichende Kenntnis der menschlichen Seele.*

Beweis. Die Vorstellung eines Zustandes des menschlichen Körpers (II. L. 27) enthält keine zureichende Kenntnis des Körpers oder drückt dessen Natur nicht zureichend aus; d. h. sie stimmt mit der Natur der Seele nicht vollkommen entsprechend überein (II. L. 13). Die Vorstellung dieser Vorstellung drückt also die Natur der menschlichen Seele nicht vollkommen entsprechend aus oder enthält keine zureichende Kenntnis derselben (I. A. 6).

Zusatz. Hieraus ergibt sich, daß die menschliche Seele, so oft sie nach dem gewöhnlichen Lauf der Natur auffaßt, keine zureichende, sondern nur eine verworrene und verstümmelte Kenntnis von sich selbst und von ihrem Körper und von den fremden Körpern hat. Denn die Seele kennt sich selbst nur, insofern sie die Vorstellungen der Zustände des Körpers vorstellt (II. L. 23). Ihren Körper aber erfaßt die Seele nur durch die Vorstellung seiner Zustände (II. L. 19), und dadurch erfaßt sie auch nur die fremden Körper (II. L. 26). Sie hat mithin in diesen Vorstellungen keine zureichende Kenntnis weder von sich selbst (II. L. 29) noch von ihrem Körper (II. L. 27), noch von den fremden Körpern (II. L. 25), sondern nur eine verstümmelte und verworrene (II. L. 28 mit E.).

Erläuterung. Ich sage ausdrücklich, daß die Seele von sich und von ihrem Körper und von den fremden Körpern keine zureichende, sondern nur eine verworrene Kenntnis hat, solange sie die Gegenstände in der gewöhnlichen Weise vorstellt, d. h. solange sie von außen, aus dem zufälligen Begegnen der Gegenstände, bestimmt wird, dies oder jenes zu betrachten und solange sie nicht von innen, und zwar deshalb, weil sie mehrere Gegenstände zugleich betrachtet, bestimmt wird, deren Übereinstimmung, Unterschiede und Gegensätze zu erkennen. Denn wenn sie auf diese oder eine andere Weise von innen veranlaßt wird, dann betrachtet sie die Gegenstände klar und bestimmt, wie ich unten zeigen werde.

Lehrsatz 30. *Wir können von der Dauer unseres Körpers nur eine sehr unzureichende Kenntnis haben.*

Beweis. Die Dauer unseres Körpers hängt nicht von dessen Wesen ab (II. A. 1) und auch nicht von der unbedingten Natur Gottes (I. L. 21). Der Körper wird vielmehr zur Existenz und Tätigkeit von solchen Ursachen bestimmt (I. L. 28), welche wieder von anderen zur Existenz und Tätigkeit auf eine gewisse Weise bestimmt worden sind, und diese sind wieder von anderen bestimmt worden und so ohne Ende. Die Dauer unseres Körpers hängt deshalb von einer gemeinsamen Ordnung der Natur und von der Verfassung der Dinge ab. In welcher Weise aber die Dinge geordnet sind, davon besteht die zureichende Kenntnis in Gott, insofern er die Vorstellungen aller dieser Dinge hat, und nicht bloß die des menschlichen Körpers (II. L. 9 Z.). Deshalb ist die Kenntnis der Dauer unseres Körpers sehr unvollkommen in Gott, insofern er nur als die Natur der menschlichen Seele bildend aufgefaßt wird (II. L. 11 Z.), d. h. diese Kenntnis in unserer Seele ist sehr unvollkommen.

Lehrsatz 31. *Wir können von der Dauer der einzelnen Dinge außer uns nur eine sehr unzureichende Kenntnis haben.*

Beweis. Denn jede einzelne Sache, ebenso wie der menschliche Körper, sind von einer andern einzelnen Sache auf eine gewisse und feste Weise zur Existenz und Tätigkeit bestimmt; ebenso diese von andern und so fort ohne Ende (I. L. 25). Da nun im vorigen Lehrsatz aus dieser, allen einzelnen Dingen gemeinschaftlichen Eigenschaft bewiesen worden ist, daß wir von der Dauer unseres Körpers nur eine sehr unzureichende Kenntnis haben, so wird dasselbe von der Dauer der einzelnen Dinge gelten müssen, nämlich, daß wir von ihr nur eine sehr unzureichende Kenntnis haben können.

Zusatz. Hieraus folgt, daß alle einzelnen Dinge zufällig und vergänglich sind; denn von ihrer Dauer können wir keine zureichende Kenntnis haben (II. L. 31), und dies ist es, was unter Zufälligkeit und Vergänglichkeit der Dinge zu verstehen ist (I. L. 33 E. 1). Denn außerdem gibt es nichts Zufälliges (I. L. 29).

Lehrsatz 32. *Alle Vorstellungen, insofern sie auf Gott bezogen werden, sind wahr.*

Beweis. Alle Vorstellungen, die in Gott sind, stimmen überhaupt mit ihrem Vorgestellten überein (II. L. 7 Z), und deshalb sind sie alle wahr (I. A. 6).

Lehrsatz 33. *In den Vorstellungen ist nichts Positives, dessentwegen sie falsch genannt werden.*

Beweis. Wer dies bestreitet, stelle sich, wenn er es vermag, eine positive Weise des Denkens vor, welche das Wirkliche des Irrtums oder der Falschheit ausmacht. Diese Art des Denkens kann nicht in Gott sein (II. L. 32). Außerhalb Gottes kann sie aber auch nicht sein, noch vorgestellt werden (I. L. 15). Es kann also nichts

Positives in den Vorstellungen geben, weshalb sie falsch genannt werden.

Lehrsatz 34. *Jede Vorstellung, welche in uns unbedingt oder zureichend oder vollkommen ist, ist wahr.*

Beweis. Wenn wir sagen, daß es in uns eine zureichende oder vollkommene Vorstellung gäbe, so sagen wir nichts anderes, als daß in Gott, soweit er das Wesen unserer Seele ausmacht, eine zureichende und vollkommene Vorstellung besteht (II. L. 11 Z.); und deshalb sagen wir nichts anderes, als daß solche Vorstellung wahr sei (II. L. 32).

Lehrsatz 35. *Die Unwahrheit besteht in einem Mangel der Kenntnis, welche die unangemessenen oder verstümmelten oder verworrenen Vorstellungen enthalten.*

Beweis. Es gibt nichts Positives in den Vorstellungen, was das Wirkliche der Falschheit ausmachte (II. L. 33); die Unwahrheit kann aber nicht in einem unbedingten Mangel bestehen, denn man sagt von den Seelen und nicht von den Körpern, daß sie irren oder täuschen; aber auch nicht in einer unbedingten Unwissenheit, denn Nichtwissen und Irren sind verschieden. Die Falschheit besteht deshalb in einem Mangel der Kenntnis, welchen die unzureichende Kenntnis der Dinge oder die unzureichenden und verworrenen Vorstellungen derselben enthalten.

Erläuterung. In der Erläuterung zu II. L. 17 habe ich dargelegt, in welcher Weise der Irrtum aus einem Mangel der Kenntnis besteht; indes will ich zur mehreren Verdeutlichung ein Beispiel geben. Nämlich: Die Menschen täuschen sich, weil sie sich für frei halten; diese Meinung besteht aber nur darin, daß sie zwar ihre Handlungen kennen, aber nicht die Ursachen, durch welche sie bestimmt werden. Dies ist also die Vorstellung ihrer Freiheit, daß sie keine Ursache ihrer Handlungen kennen. Denn wenn sie sagen, daß die menschlichen Handlungen von dem Willen abhängen, so sind dies Worte, bei denen sie sich nichts vorstellen; denn niemand weiß, was der Wille ist und wie er den Körper bewegt. Alle, welche hierüber etwas aufstellen, Sitze und Wohnorte der Seele ausdenken, pflegen Lachen oder Ekel zu erregen. Ebenso stellen wir, wenn wir die Sonne sehen, uns vor, sie sei ungefähr 200 Fuß von uns entfernt; ein Irrtum, der in dieser bildlichen Vorstellung allein nicht enthalten ist, sondern darin, daß während wir so uns die Sonne vorstellen, wir die wahre Entfernung derselben und die Ursache unserer bildlichen Vorstellung nicht kennen. Denn wenn wir auch später erkennen, daß die Sonne über 600 Erddurchmesser von uns entfernt ist, so bleibt dessenungeachtet in uns die bildliche Vorstellung, daß sie nahe bei uns sei; denn wir stellen uns die Sonne nicht deshalb als nahe vor, weil wir ihre wahre Entfernung nicht kennen, sondern weil die Erregung unseres Körpers das Wesen der Sonne nur insoweit einschließt, als unser Körper davon erregt wird.

Lehrsatz 36. *Die unzureichenden und verworrenen Vorstellungen folgen sich mit derselben Notwendigkeit wie die zureichenden oder klaren und bestimmten Vorstellungen.*

Beweis. Alle Vorstellungen sind in Gott (I. L. 15) und sind, soweit sie auf Gott bezogen werden, wahr (II. L. 32) und zureichend (II. L. 7 Z.). Es bestehen deshalb keine unzureichenden oder verworrenen Vorstellungen, als insofern sie auf die einzelne Seele eines Menschen bezogen werden (II. L. 24, 28). Mithin folgen sich alle sowohl zureichenden wie unzureichenden Vorstellungen mit gleicher Notwendigkeit (II. L. 6 Z.).

Lehrsatz 37. *Das, was allen gemeinsam ist (II. Ln. 2) und was ebenso im Teil als im Ganzen ist, macht nicht das Wesen einer einzelnen Sache aus.*

Beweis. Wer dies bestreitet, mag, wenn er kann, sich vorstellen, daß dies Gemeinsame das Wesen einer einzelnen Sache ausmache, z. B. das Wesen von B. Dann kann dies Gemeinsame ohne B weder sein noch vorgestellt werden (II. D. 2), was gegen die Voraussetzung ist; es gehört also nicht zu dem Wesen von B und bildet auch nicht das Wesen einer anderen einzelnen Sache.

Lehrsatz 38. *Das, was allen Dingen gemein ist und was ebenso im Teil wie im Ganzen ist, kann nicht anders vorgestellt werden als zureichend.*

Beweis. A sei etwas, was allen Körpern gemein ist und was ebenso in dem Teile jedes Körpers wie in dem Ganzen ist. Ich behaupte nun, daß A nur zureichend vorgestellt werden kann. Denn die Vorstellung desselben wird in Gott notwendig eine zureichende sein, sowohl insofern Gott die Vorstellung des menschlichen Körpers als die Vorstellungen seiner Zustände hat (II. L. 7 Z.), welche Zustände sowohl die Natur des menschlichen Körpers als der fremden Körper zum Teil in sich enthalten (II. L. 16, 25, 27); d. h. diese Vorstellung wird notwendig in Gott eine zureichende sein, soweit er die menschliche Seele ausmacht oder soweit er die Vorstellungen hat, die in der menschlichen Seele sind. Folglich erfaßt die Seele das A notwendig zureichend (II. L. 11 Z.), und zwar sowohl insofern sie sich selbst als insofern sie ihren

Körper oder irgendeinen fremden Körper vorstellt, und A kann auf andere Weise nicht vorgestellt werden.

Zusatz. Hieraus ergibt sich, daß es gewisse Vorstellungen oder Begriffe gibt, die allen Menschen gemein sind. Denn alle Körper kommen in gewissen Stücken überein (Ln. 2), und diese müssen von allen Menschen zureichend oder klar und bestimmt aufgefaßt werden (II. L. 35).

Lehrsatz 39. *Dasjenige, was dem menschlichen Körper und einigen fremden Körpern, von denen der menschliche erregt zu werden pflegt, gemeint ist, sowie das, was dem Teil eines jeden dieser ebenso wie dem Ganzen gemein und eigen ist, davon wird die Vorstellung in der Seele ebenfalls eine zureichende sein.*

Beweis. A sei dasjenige, was dem menschlichen Körper und einigen fremden Körpern gemein und eigen ist und was ebenso in dem menschlichen Körper, wie in jenen fremden Körpern ist und was ebenso in dem Teile, wie in dem Ganzen jedes fremden Körpers ist. Dann wird in Gott von diesem A eine zureichende Vorstellung bestehen, sowohl insofern er die Vorstellung des menschlichen Körpers hat, als insofern er die Vorstellung der vorausgesetzten fremden Körper hat (II. L. 7 Z.). Nun nehme man an, daß der menschliche Körper von einem fremden Körper durch das erregt wird, was er mit ihm gemein hat, d. h. durch A. Die Vorstellung dieser Erregung wird die Eigentümlichkeit von A enthalten (II. L. 16), und deshalb wird die Vorstellung dieser Erregung, soweit sie die Eigentümlichkeit von A enthält, vollkommen sein in Gott, soweit er mit der Vorstellung des menschlichen Körpers behaftet ist (II. L. 7 Z.), d. h. insofern er die Natur der menschlichen Seele ausmacht (II. L. 13). Folglich ist auch diese Vorstellung in der menschlichen Seele eine zureichende (II. L. 11 Z).

Zusatz. Hieraus ergibt sich, daß die Seele um so geeigneter ist, mehreres zureichend zu erfassen, je mehr Gemeinsames ihr Körper mit anderen Körpern hat.

Lehrsatz 40. *Alle Vorstellungen in der Seele, welche aus zureichenden Vorstellungen in ihr folgen, sind ebenfalls zureichend.*

Beweis. Dies ist klar. Denn wenn man sagt, daß in der menschlichen Seele eine Vorstellung aus Vorstellungen folgt, die in ihr zureichend sind, so wird damit nur gesagt, daß es in dem göttlichen Verstande eine Vorstellung gibt, wovon die Ursache Gott ist, nicht insofern er unendlich ist und nicht insofern er durch die Vorstellungen mehrerer einzelnen Dinge erregt ist, sondern nur, insofern er das Wesen der menschlichen Seele ausmacht (II. L. 11 Z.).

Erläuterung 1. Hiermit habe ich die Ursache der Begriffe dargelegt, welche Gemeinbegriffe genannt werden und die Grundlagen unserer Schlußfolgerungen sind. Indes gibt es von einigen Axiomen und Begriffen andere Ursachen, die hier nach meiner Weise zu erklären zweckmäßig sein dürfte. Es würde nämlich daraus hervorgehen, welche Begriffe nützlicher sind als andere, und von welchen kaum ein Gebrauch gemacht werden kann; ferner welche Begriffe allgemein, und welche nur denen, die nicht an Vorurteilen leiden, als klar und bestimmt gelten; endlich welche schlecht begründet sind. Es würde sich außerdem ergeben, woher die Begriffe, welche man die der zweiten Ordnung nennt, und folglich auch, woher die auf sie gestützten Axiome ihren Ursprung haben, so wie anderes, was ich darüber beim Nachdenken gefunden habe. Da ich indes dies einer anderen Abhandlung vorbehalten habe, und da ich durch zu große Ausführlichkeit nicht ermüden mag, so habe ich beschlossen, hier davon abzusehen.

Um indes hier nichts Wissenswertes zu übergehen, will ich die Ursachen kurz angeben, von denen die sogenannten transzendentalen Ausdrücke herkommen, wie Ding, Gegenstand, Etwas. Diese Ausdrücke entstehen dadurch, daß der menschliche Körper, der ja beschränkt ist, nur fähig ist, eine gewisse Anzahl von Bildern bestimmt auf einmal in sich zu bilden. (Was Bild ist, habe ich II. L. 17 E. erklärt.) Wird diese Zahl überschritten, so beginnen diese Bilder sich zu verwischen, und wenn die Zahl der Bilder, deren bestimmte Bildung auf einmal der Körper fähig ist, weit überschritten wird, so verwischen sie sich alle gänzlich. Da es sich nun so verhält, so folgt aus II. L. 17 Z. und Ln. 18, daß die menschliche Seele so viel Körper auf einmal wird bildlich vorstellen können, als Bilder in ihrem Körper auf einmal sich bilden können. Wenn aber diese Bilder im Körper sich gänzlich verwischen, so wird auch die Seele alle Körper verworren und ohne Unterscheidung bildlich vorstellen und daher gleichsam unter einem Ausdruck zusammenfassen, nämlich unter dem Ausdruck: Ding, Gegenstand usw.

Es läßt sich dies auch daraus ableiten, daß die Bilder nicht immer in gleicher Kraft bestehen und aus anderen ähnlichen Ursachen, die ich hier nicht auseinanderzusetzen brauche; denn für das Ziel, das ich erstrebe, genügt die Betrachtung einer Ursache. Denn alle Ursachen laufen darauf hinaus, daß diese Ausdrücke im höchsten Grade verworrene Vorstellungen bezeichnen.

Aus ähnlichen Ursachen sind jene Begriffe entstanden, welche man universale nennt, wie Mensch, Pferd, Hund usw. Weil nämlich in dem menschlichen Körper auf einmal z. B. vom Menschen so viel Bilder gebildet werden, daß sie die bildliche Vorstellungskraft, wenn auch nicht ganz und gar, doch so weit übersteigen, daß die Seele die kleineren Unterschiede der einzelnen (wie die Farbe, die Größe jedes einzelnen) und ihre bestimmte Zahl nicht bildlich vorstellen kann, so wird die Seele nur das bestimmt bildlich vorstellen, worin alle übereinstimmen, soweit der Körper von ihnen erregt worden ist. Denn von diesen war der Körper am meisten, d. h. von jedem einzelnen erregt, und dies drückt man mit dem Wort Mensch aus und sagt es von den unzähligen einzelnen aus. Denn die Seele kann sich, wie gesagt, die bestimmte Zahl der Einzelnen nicht bildlich vorstellen. Man muß indes festhalten, daß diese Begriffe nicht in allen Seelen auf dieselbe Weise gebildet werden; vielmehr wechseln sie bei jeder nach Verhältnis des Gegenstandes, von dem der Körper oft erregt worden ist und den die Seele leichter bildlich vorstellt und zurückruft. So verstehen z. B. die, welche häufiger mit Bewunderung die aufrechte Gestalt der Menschen betrachtet haben, unter dem Namen: Mensch ein Wesen mit aufrechter Gestalt; andere, die ein anderes zu betrachten gewöhnt waren, werden ein anderes gemeinsames Bild der Menschen bilden, z. B., daß der Mensch ein lächerliches Geschöpf ist, oder ein zweifüßiges ohne Federn, oder ein vernünftiges Geschöpf. Und so wird jeder nach der Beschaffenheit seines Körpers auch von den übrigen die universellen Bilder der Dinge bilden. Man kann sich daher nicht wundern, daß unter den Philosophen so viele Streitpunkte sich erhoben haben, da sie die natürlichen Dinge durch die bloßen Bilder derselben haben erklären wollen.

Erläuterung 2. Aus alledem ergibt sich deutlich, daß wir vieles auffassen und universelle Begriffe bilden 1) aus einzelnen, welche durch die Sinne verstümmelt, verworren und ohne Ordnung dem Verstand zugeführt werden (II. L. 29 Z.). Deshalb habe ich gewöhnlich dergleichen Auffassungen „die Kenntnis aus verworrener Erfahrung" genannt.

2) Aus Zeichen, z. B. daraus, daß wir aus gewissen gehörten und gelesenen Worten uns der Dinge erinnern und gewisse Vorstellungen von ihnen bilden, ähnlich denen, durch welche wir die Dinge bildlich vorstellen (II. L. 18 E.).

Diese beiden Arten, die Dinge zu betrachten, werde ich künftig die Kenntnis erster Ordnung, Meinung oder Einbildung nennen;

3) Endlich daraus, daß wir Gemein-Begriffe und zureichende Vorstellungen von den Eigenschaften der Dinge haben (II. L. 38 L. 39 Z. L. 40). Und dies werde ich die Vernunft oder die Kenntnis der zweiten Ordnung nennen.

Außer diesen beiden Arten von Kenntnis gibt es noch, wie ich demnächst zeigen werde, eine dritte Art, welche ich das anschauliche Wissen nennen werde. Diese Art der Erkenntnis schreitet von der zureichenden Vorstellung des wirklichen Wesens einiger Attribute Gottes zu zureichender Erkenntnis des Wesens der Dinge vor.

Dies alles will ich durch ein Beispiel erläutern. Es werden z. B. drei Zahlen gegeben, um die vierte zu finden, die sich zur dritten verhalten soll, wie die zweite zur ersten. Die Kaufleute sind nicht zweifelhaft, daß man dazu die zweite Zahl mit der dritten multiplizieren und das Produkt durch die erste dividieren muß, weil sie nämlich das, was sie von ihrem Lehrer ohne allen Beweis gehört, noch nicht vergessen haben, oder weil sie es oft an den einfachsten Zahlen erprobt haben, oder auf Grund des Beweises von Lehrsatz 19 im siebenten Buche des Euklid, nämlich aus der gemeinsamen Eigentümlichkeit der Proportionalzahlen. Bei den einfachsten Zahlen bedarf es indes dessen nicht. Wenn z. B. die Zahlen 1, 2, 3 gegeben sind, so weiß jeder, daß die vierte Zahl 6 ist und dies viel deutlicher, weil wir aus dem Verhältnis, das wir zwischen der ersten und zweiten Zahl auf den ersten Blick erkennen, die vierte folgern

Lehrsatz 41. *Die Kenntnis der ersten Art ist die einzige Ursache der Unwahrheit; die der zweiten und dritten Art ist aber notwendig wahr.*

Beweis. Zur Kenntnis der ersten Art gehören, wie wir in der vorhergehenden Erläuterung gesagt haben, alle jene Vorstellungen, welche unvollkommen und verworren sind; daher ist dieses Wissen die einzige Ursache des Falschen (II. L. 35). Aber zur Kenntnis der zweiten und dritten Art gehören nach dem, was ich gesagt, alle zureichenden Vorstellungen; deshalb ist sie notwendig wahr (II. L. 34).

Lehrsatz 42. *Die Kenntnis der zweiten und der dritten Art, aber nicht die der ersteren lehrt uns das Wahre von dem Falschen unterscheiden.*

Beweis. Dieser Lehrsatz ist durch sich selbst klar; denn wer zwischen wahr und falsch unterscheiden kann, muß die zureichende Vorstellung des Wahren und des Falschen haben, d. h. das Wahre und Falsche in der zweiten oder dritten Art der Kenntnis kennen.

Lehrsatz 43. *Wer eine wahre Vorstellung hat, weiß zugleich, daß er eine wahre hat und kann über die Wahrheit des Gegenstandes nicht zweifeln.*

Beweis. Die wahre Vorstellung in uns ist diejenige, welche in Gott zureichend ist, soweit er durch die Natur der menschlichen Seele ausgedrückt wird (II. L. 11 Z;). Wir wollen also annehmen, daß es in Gott, soweit er durch die Natur der menschlichen Seele ausgedrückt wird, eine zureichende Vorstellung von A gebe. Von dieser Vorstellung muß es notwendig in Gott auch eine Vorstellung geben, welche auf Gott in derselben Weise bezogen wird, wie die Vorstellung von A (II. L. 20, dessen Beweis allgemein ist). Aber die Vorstellung von A wird nur vorausgesetztermaßen auf Gott bezogen, insofern er durch die Natur der menschlichen Seele ausgedrückt ist; deshalb muß auch die Vorstellung von der Vorstellung des A auf Gott in derselben Weise bezogen werden, d. h. diese zureichende Vorstellung der Vorstellung des A wird in derselben Seele sein, welche die zureichende Vorstellung des A hat (II. L. 11 Z.). Wer deshalb eine zureichende Vorstellung hat, und wer eine Sache wahrhaft kennt (II. L. 31), muß zugleich die zureichende Vorstellung seiner Kenntnis oder ihre wahre Kenntnis haben, d. h. er muß zugleich derselben gewiß sein (wie von selbst offenbar ist).

Erläuterung. In der Erläuterung zu II. Lehrsatz 21 habe ich auseinandergesetzt, was die Vorstellung einer Vorstellung ist; indes ist der vorstehende Lehrsatz auch an sich einleuchtend. Denn jeder, der eine wahre Vorstellung hat, weiß, daß die wahre Vorstellung die höchste Gewißheit in sich schließt; denn eine wahre Vorstellung haben, bedeutet nichts weiter, als einen Gegenstand vollkommen und auf das Beste kennen. Hierbei kann sicherlich niemand Zweifel haben, er müßte denn die Vorstellung für etwas Stummes halten, gleich dem Gemälde auf der Tafel, und nicht für eine Art des Denkens, d. h. nicht für das Erkennen selbst; und ich frage: Wer kann wissen, daß er eine Sache einsieht? D. h., wer kann wissen, daß er einer Sache gewiß ist, wenn er nicht vorher der Sache gewiß ist? Was kann es endlich Klareres und Gewisseres geben, um als Kennzeichen der Wahrheit zu gelten, als die wahre

Vorstellung? So, wie das Licht sich selbst und die Finsternis offenbart, so ist die Wahrheit das Richtmaß ihrer und des Falschen. Ich glaube damit auch folgende Zweifel erledigt zu haben; nämlich: Wenn die wahre Vorstellung nur, insofern als von ihr ausgesagt wird, daß sie mit ihrem Gegenstand übereinstimmt, von der falschen sich unterscheidet, so sagt man, daß dann die wahre Vorstellung an Realität und Vollkommenheit nichts vor der falschen voraushabe (weil sie nur durch eine äußerliche Bezeichnung unterschieden werden), und folglich habe auch ein Mensch mit wahren Vorstellungen vor einem Menschen mit falschen Vorstellungen nichts voraus. Ferner fragt man, woher es komme, daß die Menschen falsche Vorstellungen haben, und endlich woher jemand es gewiß wissen könne, daß er Vorstellungen habe, die mit ihren Gegenständen übereinstimmen. Auf diese Frage habe ich nach meiner Meinung schon geantwortet. Denn was den Unterschied zwischen der wahren und falschen Vorstellung anlangt, so ergibt sich aus II. L. 35, daß jene zu dieser sich verhält, wie das Seiende zu dem Nicht-Seienden. Die Ursachen des Falschen habe ich von II. L. 19 bis 35 Z. völlig deutlich dargelegt, und daraus ergibt sich auch, welcher Unterschied zwischen einem Menschen besteht, der wahre Vorstellungen hat, und einem, der nur falsche hat. Was endlich die letzte Frage anlangt, nämlich woher der Mensch wissen könne, daß er eine Vorstellung habe, welche mit ihrem Gegenstand übereinstimme, so habe ich eben ausführlich gezeigt, daß dies nur daher komme, weil er eine Vorstellung hat, die mit ihrem Gegenstand übereinstimmt, oder weil die Wahrheit ihr eigenes Richtmaß ist. Dem ist noch hinzuzufügen, daß unsere Seele, insofern sie die Gegenstände wahr auffaßt, ein Teil des unendlichen Verstandes Gottes ist (II. L. 11 Z.), folglich müssen die klaren und bestimmten Vorstellungen der Seele so wahr sein als die Vorstellungen Gottes.

Lehrsatz 44. *Es liegt nicht in der Natur der Vernunft, die Dinge als zufällig zu betrachten, sondern als notwendig.*

Beweis. Die Natur der Vernunft ist, die Dinge wahrhaft aufzufassen (II. L. 41), d. h. wie sie in sich sind (I. A. 6), d. h. nicht als zufällige, sondern als notwendige (I. L. 29).

Zusatz. 1. Hieraus ergibt sich, daß es bloß von dem bildlichen Vorstellen kommt, wenn wir die Dinge sowohl in Rücksicht des Vergangenen wie Zukünftigen als zufällig betrachten.

Erläuterung. Wie dies geschieht, will ich mit wenigem erklären. Ich habe oben gezeigt (II. 17 mit Z.), daß die Seele die Dinge, obgleich sie nicht existieren, doch immer als sich gegenwärtig bildlich vorstellt, wenn nicht Ursachen eintreten, die deren gegenwärtige Existenz ausschließen. Damit habe ich gezeigt (II. L. 18), daß, wenn der menschliche Körper einmal von zwei fremden Körpern erregt worden ist, die Seele später bei der bildlichen Vorstellung des einen sich auch sofort des andern erinnern wird, d. h. sie wird beide als sich gegenwärtig auffassen, wenn nicht Ursachen eintreten, welche deren gegenwärtige Existenz ausschließen. Außerdem zweifelt niemand, daß wir uns auch die Zeit bildlich vorstellen, weil wir uns vorstellen, daß gewisse Körper sich langsamer oder schneller oder gleich schnell mit anderen bewegen.

Nehmen wir also einen Knaben an, der gestern zum ersten Male früh den Peter, mittags den Paul und abends den Simeon gesehen hat und heute wiederum früh den Peter. Aus II. L. 18 ergibt sich, daß er, sobald er das Morgenlicht erblickt, sich auch die Sonne bildlich vorstellen wird, wie sie von da aus denselben Teil des Himmels durchlaufen wird, wie er es den vorigen Tag gesehen hat, d. h. er wird sich den ganzen Tag vorstellen und zugleich mit der Morgenzeit den Peter, mit der Mittagszeit den Paul und mit der Abendzeit den Simeon, d. h. er wird die Existenz von Paul und Simeon mit Bezug auf die künftige Zeit vorstellen und umgekehrt, wenn er am Abend den Simeon sieht, so wird er den Paul und Peter auf die vergangene Zeit beziehen, indem er sie mit der vergangenen Zeit verbunden vorstellt. Dies wird um so sicherer geschehen, je öfter er sie in dieser Ordnung gesehen hat. Wenn es sich einmal trifft daß er an einem anderen Abend statt des Simeon den Jacob sieht, so wird er am folgenden Morgen mit der Abendzeit bald den Simeon, bald den Jacob, nicht aber beide zugleich vorstellen. Denn es ist angenommen worden, daß er nur einen von beiden, aber nicht beide zugleich zur Abendzeit gesehen hat. Sein bildliches Vorstellen wird daher schwanken und mit der folgenden Abendzeit bald diesen, bald jenen vorstellen, d. h. keinen gewiß, sondern jeden wird er als ein zufälliges Künftiges vorstellen. Dieses Schwanken des bildlichen Vorstellens wird ebenso eintreten, wenn es sich um das bildliche Vorstellen von Dingen handelt, welche wir in derselben Weise mit Beziehung auf die vergangene oder gegenwärtige Zeit betrachten, und folglich werden wir die Dinge, welche auf die gegenwärtige oder vergangene oder zukünftige Zeit bezogen werden, als zufällig vorstellen.

Zusatz 2. Es liegt in der Natur der Vernunft, die Dinge unter der Form der Ewigkeit aufzufassen.

Beweis. Es liegt in der Natur der Vernunft, die Dinge als notwendig und nicht als zufällig zu betrachten (II. L. 44). Diese Notwendigkeit der Dinge erfaßt aber die Vernunft wahrhaft (II. L. 4), d. h. wie sie in sich ist (I. A. 6). Aber diese Notwendigkeit der Dinge ist die eigene Notwendigkeit der ewigen Natur Gottes (I. L. 16); es liegt also in der Natur der Vernunft, die Dinge unter dieser Bestimmung der Ewigkeit zu betrachten. Man nehme hinzu, daß die Grundlagen der Vernunft Begriffe sind, welche das darlegen (II. L. 38), was allen gemein ist, und welche nicht das Wesen einer einzelnen Sache ausdrücken (II. L. 37), und welche deshalb ohne alle Beziehung auf die Zeit unter der Form der Ewigkeit aufgefaßt werden müssen.

Lehrsatz 45. *Jede Vorstellung irgendeines wirklich existierenden Körpers oder einzelnen Dinges enthält notwendig die ewige und unendliche Wesenheit Gottes.*

Beweis. Die Vorstellung eines einzelnen, wirklich existierenden Dinges enthält notwendig sowohl das Wesen wie die Existenz (II. L. 8 Z.) dieses Dinges. Die einzelnen Dinge können aber nicht ohne Gott vorgestellt werden (I. L. 15), denn sie haben Gott zur Ursache (II. L. 6), insofern er unter dem Attribut aufgefaßt wird, dessen Zustände jene Dinge sind, und es müssen deshalb notwendig ihre Vorstellungen die Vorstellung ihres Attributs (I. A. 4), d. h. die ewige und unendliche Wesenheit Gottes, einschließen (L. D. 6).

Erläuterung. Ich verstehe unter Existenz hier nicht die zeitliche Dauer oder eine Existenz, soweit sie abstrakt und als eine Art der Größe aufgefaßt wird. Denn ich spreche hier von der eigenen Natur der Existenz, welche den einzelnen Dingen beigelegt wird, weil aus der ewigen Natur Gottes unendlich-vieles auf unendlich viele Weise folgt (I. L. 16). Ich spreche also von der Existenz der Dinge, soweit sie in Gott sind. Denn wenn auch jedes Einzelne von einem anderen auf eine gewisse Weise zur Existenz bestimmt wird, so folgt doch die Kraft, durch welche jedes in der Existenz verharrt, aus der ewigen Notwendigkeit der Natur Gottes (I. L. 24 Z.).

Lehrsatz 46. *Die Kenntnis des ewigen und unendlichen Wesen Gottes, welche in jeder Vorstellung enthalten ist, ist zureichend und vollkommen.*

Beweis. Der Beweis des vorgehenden Lehrsatzes gilt allgemein; mag der Gegenstand als Teil oder als Ganzes betrachtet werden, so enthüllt seine Vorstellung, sowohl von ihm als Ganzes wie als

Teil die ewige und unendliche Wesenheit Gottes (II. L. 45). Deshalb ist dasjenige, was die Kenntnis des ewigen und unendlichen Wesens Gottes gewährt, ein allen Dingen gemeinsames und ebensowohl in dem Teile wie im Ganzen enthalten, und daher ist diese Kenntnis eine zureichende (II. L. 38).

Lehrsatz 47. *Die menschliche Seele hat eine zureichende Kenntnis von dem ewigen und unendlichen Wesen Gottes.*

Beweis. Die menschliche Seele hat Vorstellungen (II. L. 22), durch welche sie ihren Körper (II. L. 23, 19) und die fremden Körper (II. L. 17, 16 Z.) als wirklich existierend erfaßt; folglich hat sie eine zureichende Kenntnis von dem ewigen und unendlichen Wesen Gottes (II. L. 45, 46).

Erläuterung. Hieraus sieht man, daß das unendliche Wesen und die Ewigkeit Gottes allen bekannt sind. Da aber alles in Gott ist und durch Gott vorgestellt wird, so folgt, daß wir aus dieser Erkenntnis viele zureichende Kenntnisse ableiten können. Damit erwerben wir jene dritte Art der Erkenntnis, von welcher in II. L. 40 E. gesprochen worden ist, und deren Vorzüglichkeit und Nutzen darzulegen im fünften Teil dieses Werkes der Ort sein wird. Wenn aber die Menschen keine so klare Kenntnis Gottes besitzen wie von den Gemeinbegriffen, so kommt das daher, daß sie Gott nicht so wie die Körper sich bildlich vorstellen können, und daß sie den Namen Gottes mit Vorstellungen von Dingen verbunden haben, die sie zu sehen gewohnt sind; welche Verbindung kaum vermeidlich ist, da die Menschen fortwährend von fremden Körpern erregt werden. In Wahrheit bestehen die meisten Irrtümer nur allein darin, daß man den Dingen nicht die rechten Worte gibt. Denn wenn jemand sagt, daß die aus dem Mittelpunkt eines Kreises nach dessen Umring gezogenen Linien ungleich seien, so hat er offenbar, wenigstens hier, unter Kreis etwas anderes im Sinn als die Mathematiker. So haben die Menschen, welche sich verrechnen, andere Zahlen im Kopf als auf dem Papier. Sieht man auf deren Seele, so irren sie nicht, sie scheinen uns nur zu irren, weil wir glauben, daß sie dieselben Zahlen im Kopf wie auf der Tafel haben. Wäre dies nicht, so würden wir nicht glauben, daß sie irrten; so wie ich keinen Irrtum bei dem Menschen angenommen habe, der neulich schrie, daß sein Hof auf des Nachbars Henne geflogen sei, weil ich wohl verstand, was er eigentlich meinte. Davon kommen die meisten Streitigkeiten, indem die Menschen ihre Meinung nicht richtig ausdrücken oder die eines anderen schlecht auslegen. In der Tat denken sie da, wo sie sich am heftigsten streiten, entweder dasselbe oder Verschiedenes, so daß die Irrtümer und Widersinnigkeiten, welche sie bei dem anderen annehmen, gar nicht bestehen.

Lehrsatz 48. *In der Seele gibt es keinen unbedingten oder freien Willen, sondern die Seele wird zu diesem oder jenem Wollen durch eine Ursache bestimmt, welche ebenfalls von einer anderen bestimmt ist, und diese wieder von einer anderen und so fort ohne Ende.*

Beweis. Die Seele ist ein gewisser und bestimmter Zustand des Denkens (II. L. 11), deshalb kann sie nicht die freie Ursache ihrer Handlungen sein (I. L. 17 Z. 2), d. h. sie kann nicht die unbedingte Fähigkeit des Wollens und Nichtwollens haben, sondern sie wird zu diesem oder jenem Wollen von einer Ursache bestimmt (I. L. 28), welche ebenfalls von einer anderen bestimmt ist, und diese wieder von einer anderen usw.

Erläuterung. Ebenso beweist man, daß es in der Seele keine unbedingte Fähigkeit des Einsehens, des Begehrens, des Liebens usw. gibt. Daraus folgt, daß diese und andere Vermögen gänzlich eingebildet sind und nur metaphysische oder universelle Wesen sind, welche man aus den einzelnen zu bilden gewohnt ist. Deshalb verhalten sich Verstand und Wille zu dieser oder jener Vorstellung oder zu diesem oder jenem Wollen ebenso, wie die Steinzeit zu diesem oder jenem Stein oder wie der Mensch zum Peter oder Paul. Die Ursache aber, weshalb die Menschen sich für frei halten, habe ich im Anhang zum Teil I. dargelegt. Ehe ich indes weitergehe, muß ich bemerken, daß ich unter Willen die Fähigkeit zu bejahen oder zu verneinen, nicht aber das Begehren verstehe. Ich meine also damit das Vermögen, vermittelst welchem die Seele das Wahre oder Falsche bejaht oder verneint, und nicht die Begierde, vermittelst welcher die Seele die Dinge begehrt oder verabscheut. Nachdem ich gezeigt habe, daß diese Vermögen universelle Begriffe sind, die sich von den einzelnen, aus denen sie gebildet werden, nicht unterscheiden, so ist zu untersuchen, ob diese einzelnen Wollen etwas anderes sind als die Vorstellungen der Dinge selbst. Es ist also, wie ich sage, zu untersuchen, ob es in der Seele noch eine andere Bejahung oder Verneinung gibt außer der, welche die Vorstellung, soweit sie Vorstellung ist, in sich enthält. Hierüber lese man den folgenden Lehrsatz und die Definition II. 3, damit das Denken nicht in gemalte Bilder verfalle. Denn ich verstehe unter Vorstellungen nicht Bilder, wie sie im Grunde des Auges oder, wenn man will, im Innern des Gehirns gebildet werden, sondern Vorstellungen des Denkens.

Lehrsatz 49. *In der Seele gibt es kein Wollen, d. h. Bejahen oder Verneinen, außer demjenigen, welches die Vorstellung als solche enthält.*

Beweis. In der Seele gibt es (II. L. 48) kein unbedingtes Vermögen zu wollen oder nicht zu wollen, sondern nur einzelne Wollen, nämlich diese oder jene Bejahung und diese oder jene Verneinung. Nehmen wir daher ein einzelnes Wollen, d. h. einen Zustand des Denkens, durch welches die Seele bejaht, daß die drei Winkel eines Dreiecks zwei rechten gleich sind. Diese Bejahung enthält die Auffassung oder Vorstellung des Dreiecks; d. h., ohne die Vorstellung des Dreiecks kann diese Bejahung nicht gefaßt werden. Denn es ist dasselbe, ob ich sage, daß A die Vorstellung von B enthalte, wie, daß A ohne B nicht vorgestellt werden kann. Ferner kann diese Bejahung auch nicht ohne die Vorstellung des Dreiecks sein (II A. 3). Diese Bejahung kann daher weder sein noch vorgestellt werden ohne die Vorstellung des Dreiecks. Ferner muß diese Vorstellung des Dreiecks dieselbe Bejahung enthalten, nämlich daß die drei Winkel desselben zwei rechten gleich sind. Deshalb kann auch umgekehrt die Vorstellung des Dreiecks ohne diese Bejahung weder sein noch gefaßt werden. Folglich gehört diese Bejahung zum Wesen der Vorstellung des Dreiecks und ist nichts anderes als sie selbst (II. D. 2). Was ich von diesem Wollen hier dargelegt habe, gilt (da es willkürlich herausgegriffen worden ist) auch von jedem andern Wollen, nämlich daß es nichts Besonderes neben der Vorstellung ist.

Zusatz. Der Wille und der Verstand sind ein und dasselbe.

Beweis. Der Wille und der Verstand sind nichts als die einzelnen Wollen und Vorstellungen (II. L. 48 und E.); aber das einzelne Wollen und die einzelne Vorstellung sind ein und dasselbe (II. L. 49), folglich ist der Wille und der Verstand ein und dasselbe.

Erläuterung. Damit ist die Ursache beseitigt, welche gewöhnlich für die Ursache des Irrtums gehalten wird. Ich habe oben gezeigt, daß die Unwahrheit in einem bloßen Mangel besteht, welchen die verstümmelten und verworrenen Vorstellungen enthalten. Deshalb enthält die falsche Vorstellung, soweit sie falsch, keine Gewißheit. Wenn es deshalb von einem Menschen heißt, daß er sich bei dem Falschen beruhige und nicht darüber zweifele, so soll damit nicht gesagt sein, daß er desselben gewiß sei, sondern nur, daß er nicht zweifele; oder daß er sich bei dem Falschen nur beruhige, weil keine Ursachen bestehen, welche sein bildliches Vorstellen ins Schwanken bringen (II. L. 44 E.). Wenn also auch ein

Mensch noch so sehr dem Falschen anhängt, so kann man doch nicht sagen, daß er dessen gewiß sei; denn unter Gewißheit verstehe ich etwas Positives, aber nicht den Mangel des Zweifels (II. L. 43 mit E.). Aber unter dem Mangel der Gewißheit verstehe ich das Falsche.

Indes wird zur mehreren Verdeutlichung des vorhergehenden Lehrsatzes noch einiges zu sagen sein. Es ist auch noch erforderlich, daß ich auf die Gründe antworte, welche man dieser meiner Lehre entgegenstellen kann; und endlich schien es mir, um alle Zweifel zu beseitigen, ratsam, auf einige nützliche Folgen dieser Lehre hinzuweisen. Ich sage auf einige, denn die wichtigsten werden durch die Ausführung des V. Teiles besser verstanden werden.

Ich beginne mit dem ersten und erinnere die Leser, genau zu unterscheiden zwischen Vorstellung oder Auffassung der Seele und zwischen den Bildern der Dinge, welche der Gegenstand unserer bildlichen Vorstellungen sind. Ebenso muß zwischen den Vorstellungen und den Worten als Bezeichnung der Dinge unterschieden werden. Denn weil diese drei als die Bilder, die Worte und die Vorstellungen von vielen ganz vermengt oder nicht genau genug oder nicht vorsichtig genug unterschieden werden, so ist ihnen diese Lehre von dem Willen gänzlich unbekannt, obgleich sie doch ebenso wissenswert ist für die Untersuchungen im Denken als für die weise Einrichtung des Lebens. Man glaubt nämlich, daß die Vorstellungen in Bildern bestehen, welche in uns durch die Begegnung der Körper sich bilden, und ist überzeugt, daß jene Vorstellungen der Dinge, von denen man kein ähnliches Bild sich herstellen kann, keine Vorstellungen seien, sondern nur Einbildungen, die man sich aus freier Willkür macht. Man betrachtet also die Vorstellungen wie stumme Bilder auf einer Tafel, und von diesem Vorurteil eingenommen, bemerkt man nicht, daß die Vorstellung als solche die Bejahung oder Verneinung in sich enthält.

Ferner meinen die, welche die Worte mit der Vorstellung oder mit der in ihr enthaltenen Bejahung verwechseln, daß sie anders wollen könnten, als sie vorstellen; da sie ja mit bloßen Worten etwas gegen ihre Meinung bejahen oder verneinen können.

Diese Vorurteile wird indes derjenige leicht ablegen können, welcher auf die Natur des Denkens acht hat, da dieses die Vorstellung der Ausdehnung keineswegs enthält, und er wird deshalb klar einsehen, daß die Vorstellung als ein Zustand des Denkens weder aus dem Bild einer Sache noch aus Worten besteht. Denn das Wesen der Worte und Bilder besteht in bloßen körperlichen Bewegungen, welche die Vorstellung des Denkens keineswegs enthalten.

Dies wenige wird genügen, und ich gehe daher zu den übrigen Einwürfen über. Der erste ist, daß man als gewiß ansieht, daß der Wille sich weiter erstreckt als der Verstand, mithin von ihm verschieden sein müsse. Der Grund aber, weshalb man meint, der Wille erstrecke sich weiter als der Verstand, ist die angebliche Erfahrung an sich selbst, wonach man zur Zustimmung, d. h. zum Bejahen oder Verneinen unendlich vieler Dinge, die man nicht kennt, keines größeren Vermögens zur Zustimmung bedarf, als man schon hat; aber wohl eines größeren Vermögens zur Erkenntnis. Man unterscheidet also den Willen von dem Verstand, weil dieser beschränkt und jener unbeschränkt sei. Man wendet zweitens ein, daß man, wie die Erfahrung ganz deutlich zeige, sein Urteil zurückhalten könne, um den Dingen, welche man wahrnimmt, nicht beizustimmen. Auch dies soll beweisen, daß man von niemand beweisen kann, er werde getäuscht, insofern er etwas wahrnimmt, sondern nur insofern er beistimmt oder nicht beistimmt.

Wer sich z. B. ein geflügeltes Pferd vorstellt, erkennt damit nicht schon an, daß es ein solches gebe; d. h. er irrt nur erst dann, wenn er zugleich annimmt, daß es ein geflügeltes Pferd gebe. Also zeigt die Erfahrung offenbar, daß der Wille oder das Vermögen zuzustimmen frei und von dem Vermögen der Einsicht verschieden sei. Man kann drittens den Einwand erheben, daß die eine Bejahung nicht mehr Realität enthalte als die andere, d. h. wir bedürfen keiner größeren Macht, um das für wahr zu behaupten, was wahr ist, als um etwas für wahr zu behaupten, was falsch ist. Dagegen bemerken wir, daß eine Vorstellung mehr Realität oder Vollkommenheit enthält als die andere; denn um wieviel ein Gegenstand vor dem andern vorzüglicher ist, um soviel ist auch seine Vorstellung vorzüglicher als die des anderen. Auch daraus soll ein Unterschied zwischen Willen und Verstand sich ergeben. Viertens kann man einwenden, was, wenn ein Mensch nicht aus Freiheit des Willens handele, dann werden solle, wenn er im Gleichgewicht sich befinde, wie der Esel des Buridan? Ob er dann verhungern oder verdursten würde? Denn wenn ich dies behaupte, so behandele ich ihn wie einen Esel oder wie die Bildsäule eines Menschen, aber nicht wie einen Menschen; wenn ich es aber verneine, so folge, daß ein Mensch sich selbst bestimme und folglich das Vermögen zu gehen und alles zu tun habe, was er wolle. Man kann vielleicht noch andere Einwendungen erheben; allein da ich nicht auf alle Träumereien zu antworten verpflichtet bin, so will ich nur auf diese erwähnten Einwände antworten, und zwar so kurz als möglich. In bezug auf den ersten Einwand räume ich ein, daß der Wille sich weiter erstreckt als der Verstand, wenn man unter diesem nur die klaren und bestimmten Vorstellungen versteht; aber ich bestreite es, daß der Wille sich weiter erstreckt als die Wahrnehmungen und das Vermögen vorzustellen. Ich sehe auch nicht ein, warum das Vermögen zu wollen eher für unendlich zu erklären ist als das Vermögen der Wahrnehmung. Denn sowie man mit demselben Vermögen des Wollens unendlich vieles bejahen kann (jedoch eins nach dem andern, denn auf einmal kann man unendlich vieles nicht bejahen), ebenso kann man unendlich viele Körper (nämlich einen nach dem andern) durch das Vermögen des Wahrnehmens vorstellen oder erfassen. Wenn die Gegner behaupten, daß es unendlich vieles gäbe, was man nicht erfassen könne, so erwidere ich, daß wir dasselbe auch durch kein Denken und folglich auch durch kein Vermögen des Wollens erreichen können. Aber man sagt, wenn Gott bewirken wollte, daß wir auch dieses erfassen, so müßte er uns zwar ein größeres Vermögen des Wahrnehmens geben, aber kein größeres Vermögen des Wollens, als wir schon haben. Dies ist indes ebenso, als wenn man sagte, daß, wenn es Gott bewirken wollte, daß wir unendlich viele andere Wesen erkannten, es zwar nötig wäre, uns einen größeren Verstand zu geben, aber nicht einen universelleren Begriff des Seins, als wir schon haben, um diese unendlich vielen Wesen zu umfassen. Denn ich habe gezeigt, daß der Wille ein universelles Ding ist, oder eine Vorstellung, mit welcher wir alle einzelnen Wollen oder das ihnen allen Gemeinsame bezeichnen. Wenn also die Gegner diese allen einzelnen Wollen gemeinsame oder universelle Vorstellung für ein Vermögen halten, so darf man sich nicht wundern, wenn sie sagen, daß dieses Vermögen über die Grenzen des Verstandes ohne Ende sich ausdehne. Denn das Universelle wird ebenso von dem Einzelnen wie von dem Mehreren und von unendlich vielen Einzeldingen ausgesagt. Auf den zweiten Einwand antworte ich, indem ich bestreite, daß wir die freie Macht hätten, unser Urteil aufzuhalten. Denn wenn man sagt, daß jemand sein Urteil anhalte, so soll dies nur heißen, daß er einsieht, er verstehe die Sache noch nicht zureichend; die Anhaltung des Urteils ist deshalb in Wahrheit eine Vorstellung und keine Willkür. Um dies deutlicher einzusehen, nehme man einen Knaben an, der sich ein Pferd bildlich vorstellt, aber sonst nichts anderes auffaßt. Da diese bildliche Vorstellung des Pferdes die Existenz einschließt (II. L. 17 Z.) und der Knabe nichts auffaßt, was die Existenz des Pferdes aufhebt, so wird er notwendig das Pferd als gegenwärtig annehmen und wird auch über die Existenz des Pferdes nicht zweifeln, obgleich er derselben nicht gewiß ist. Und dies erleben wir täglich beim Träumen, und ich glaube, daß niemand meint, während des Träumens die freie Macht zu besitzen, sein Urteil über das, was er träumt, anzuhalten, und zu bewirken, daß er das, was er zu sehen träumt, nicht träume. Und dennoch trifft es sich, daß man auch im Traum sein Urteil hemmt, wenn man nämlich träumt, daß man träume.

Ich gebe ferner zu, daß niemand getäuscht wird, insofern er wahrnimmt, d. h. ich gebe zu, daß die bildlichen Vorstellungen der Seele als solche keinen Irrtum enthalten (II. 17 E.); aber ich bestreite, daß der Mensch, insofern er wahrnimmt, nichts bejahe. Denn was ist die Auffassung eines geflügelten Pferdes anders als die Bejahung der Flügel am Pferde. Denn wenn die Seele neben dem geflügelten Pferde nichts weiter vorstellte, so würde sie es als ein sich Gegenwärtiges vorstellen, und sie würde keine Ursache haben, über seine Existenz zu zweifeln, und auch kein Vermögen, dem nicht beizustimmen, solange nicht die Existenz des geflügelten Pferdes mit einer Vorstellung verbunden ist, welche dessen Existenz aufhebt, oder solange sie nicht bemerkt, daß ihre Vorstellung des geflügelten Pferdes eine unzureichende ist, aber dann wird sie notwendig die Existenz dieses Pferdes leugnen oder notwendig bezweifeln.

Ich glaube damit auch auf den dritten Einwand geantwortet zu haben, nämlich daß der Wille etwas Universelles ist, was von allen Vorstellungen ausgesagt wird, und daß er nur das bezeichnet, was allen Vorstellungen gemeinsam ist, nämlich eine Bejahung; das zureichende Wesen dieser Bejahung insofern sie so abstrakt gefaßt wird, muß deshalb in jeder Vorstellung sein, und nur in dieser Hinsicht muß sie in allen dasselbe sein; aber nicht, insofern sie als das Wesen der Vorstellung bildend aufgefaßt wird; denn insofern unterscheiden sich die einzelnen Bejahungen ebenso voneinander, wie die einzelnen Vorstellungen. So unterscheidet sich z. B. die Bejahung, welche in der Vorstellung eines Kreises enthalten ist, von der Bejahung, welche in der Vorstellung eines Dreiecks enthalten ist, ebenso, wie sich die Vorstellung des Kreises von der des

Dreiecks unterscheidet. Sodann bestreite ich entschieden, daß wir einer gleichen Kraft des Denkens bedürfen, um das als wahr zu bejahen, was wahr ist, als um das als wahr zu bejahen, was falsch ist. Denn beide Bejahungen verhalten sich in bezug auf die Seele wie das Sein zu dem Nichtsein. Denn in den Vorstellungen ist nichts Positives, was das Wirkliche des Falschen bildet (II. L. 35 E., L. 47 E.). Hier war deshalb vorzugsweise darauf aufmerksam zu machen, wie leicht man irrt, wenn man das Universelle mit dem Einzelnen und die Gebilde der Vernunft und das Abstrakte mit dem Wirklichen verwechselt.

Was endlich den vierten Einwand anlangt, so gebe ich zu, daß ein Mensch in solchem Gleichgewicht vor Hunger und Durst umkommen wird (insofern er nämlich nichts weiter vorstellt, als Hunger und Durst, und diese Speise und diesen Trank, welche beide gleich weit von ihm abstehen). Fragt man mich, ob ein solcher Mensch nicht vielmehr als ein Esel, denn als Mensch gelten müsse, so sage ich, daß ich dies nicht weiß, so wenig wie ich weiß, wofür ich den halten soll, der sich aufhängt, oder wofür Kinder, Toren und Wahnsinnige zu halten sind.

Ich habe endlich noch anzudeuten, wie nützlich die Kenntnis dieser Lehre für das Leben ist, was man leicht aus Folgendem entnehmen kann. Nämlich zuerst daraus, daß sie uns lehrt, nach dem bloßen Wink Gottes zu handeln und der göttlichen Natur um so mehr teilhaft zu werden, je vollkommenere Handlungen wir tun und je mehr und mehr wir Gott erkennen. Diese Lehre hat außerdem, daß sie das Gemüt durchaus beruhigt, noch das Gute, daß sie uns lehrt, worin unser größtes Glück und Seligkeit besteht, nämlich nur in der Kenntnis Gottes, wodurch wir nur das zu tun veranlaßt werden, was Liebe und Frömmigkeit raten. Daraus erkennen wir deutlich, wie sehr jene von der wahren Schätzung der Tugend abirren, welche für die Tugend und für die besten Handlungen, wie für die schwerste Knechtschaft, mit den höchsten Belohnungen von Gott geschmückt zu werden erwarten, als wenn die bloße Tugend und der Dienst Gottes nicht das Glück selbst und die höchste Freiheit wäre.

Zweitens insofern sie uns lehrt, wie wir uns zu den Glücksgütern zu verhalten haben, oder zu dem, was nicht in unserer Macht steht, d. h. zu Dingen, die nicht aus unserer Natur folgen; nämlich beide Antlitze des Schicksals mit Gleichmut zu erwarten und zu ertragen. Weil alles nämlich aus dem ewigen Beschluß Gottes mit derselben Notwendigkeit folgt, wie aus dem Wesen des Dreiecks folgt, daß seine drei Winkel zwei rechten gleich sind. Drittens nützt diese Lehre für das gemeinsame Leben, indem sie lehrt, niemanden zu hassen, zu verraten, zu verspotten, niemandem zu zürnen oder ihn zu beneiden. Ferner indem sie lehrt, daß jeder mit dem Seinigen sich begnüge und dem Nächsten helfe; nicht aus weibischem Mitleid, Parteilichkeit noch Aberglauben, sondern bloß aus dem Gebot der Vernunft, je nachdem es nämlich Zeit und Umstände erfordern, wie ich im dritten Teil zeigen werde. Endlich nützt diese Lehre viertens auch nicht wenig der bürgerlichen Gesellschaft, indem sie lehrt, auf welche Weise die Bürger zu regieren und zu leiten sind, damit sie nicht sklavisch folgen, sondern frei das Beste vollbringen.

Damit ist der Zweck dieser Erläuterung erreicht, und ich schließe hiermit diesen zweiten Teil, in welchem ich die Natur der menschlichen Seele mit ihren Eigentümlichkeiten ausführlich und so deutlich, als es die Schwierigkeit des Gegenstandes gestattet, dargelegt und eine Lehre gegeben zu haben glaube, aus der viel Herrliches, höchst Nützliches und Wissenswertes entnommen werden kann, wie zum Teil das Folgende ergeben wird.

DRITTER TEIL

Von dem Ursprung und der Natur der Affekte

VORREDE

Die meisten, welche über die Affekte und Lebensweise der Menschen geschrieben haben, scheinen nicht natürliche Dinge zu behandeln, welche den gemeinsamen Gesetzen der Natur folgen, sondern Dinge außerhalb der Natur; ja, sie scheinen den Menschen in der Natur wie einen Staat im Staate aufzufassen. Denn sie glauben, daß der Mensch die Ordnung der Natur eher stört als befolgt; daß er über seine Handlungen eine unbedingte Macht hat und von niemand als ihm selbst bestimmt wird. Ebenso schieben sie die Schuld der menschlichen Schwachheit und Unbeständigkeit nicht auf die allgemeine Macht der Natur, sondern auf, ich weiß nicht, welchen Fehler der menschlichen Natur, die sie deshalb beweinen, belachen, verachten, oder, wie meistenteils geschieht, verwünschen. Wer die Ohnmacht der menschlichen Seele am beredtsten und scharfsinnigsten zu verspotten versteht, wird gleichsam für ein göttliches Wesen gehalten.

Dennoch hat es viele ausgezeichnete Männer gegeben (deren Arbeit und Fleiß ich vieles zu schulden anerkenne), welche über die rechte Weise zu leben viel Vortreffliches geschrieben und den Sterblichen Ratschlag voll Klugheit gegeben haben; niemand aber hat, soviel ich weiß, über die Natur und Kräfte der Affekte und was die Seele vermag, um sie zu müßigen, etwas festgestellt. Ich weiß zwar, daß der berühmte Cartesius, trotz seiner Meinung, daß die Seele über ihre Handlungen eine unbedingte Macht habe, sich bestrebt hat, die menschlichen Affekte durch ihre letzten Ursachen zu erklären und zugleich den Weg zu zeigen, wie die Seele eine unbedingte Herrschaft über die Affekte erlangen kann; indes hat er, meiner Ansicht nach, nur die Schärfe seines großen Geistes gezeigt, wie ich an seinem Ort darlegen werde.

Ich kehre daher zu denen zurück, welche die Affekte und Handlungen der Menschen lieber verwünschen und belachen als erkennen wollen. Diesen wird es wahrscheinlich wunderbar vorkommen, daß ich versuchen will, die Fehler und Torheiten der Menschen in geometrischer Weise zu behandeln und durch sichere Beweise das darzulegen, was der menschlichen Vernunft widerspricht, und was sie als eitel, verkehrt und schauderhaft beklagen.

Mein Grund ist aber folgender: Es geschieht nichts in der Natur, was einem Fehler von ihr zugeschrieben werden könnte. Denn die Natur ist immer und überall ein und dieselbe, und ihre Vorzüglichkeit ist dasselbe, wie ihre Macht zu handeln; d. h., die Gesetze und Regeln der Natur, nach denen alles geschieht und aus einer Gestalt in die andere übergeht, sind überall und immer dieselben. Deshalb kann es nur eine Weise geben, die Natur von irgendeinem Gegenstand zu erkennen, nämlich durch die allgemeinen Gesetze und Regeln der Natur.

Daher ergeben sich die Affekte des Hasses, des Zornes, des Neides usw., an sich betrachtet, aus derselben Notwendigkeit und Vorzüglichkeit der Natur, wie alles andere. Sie haben deshalb ihre bestimmten Ursachen, durch die man sie erkennen kann, und sie haben bestimmte Eigenschaften, die dieser Erkenntnis ebenso würdig sind, wie die Eigenschaften irgendeiner anderen Sache, an deren bloßer Betrachtung wir uns ergötzen.

Ich werde daher über die Natur und Kraft der Affekte und die Macht der Seele über sie in derselben Weise die Untersuchung anstellen, wie ich es bis hier über Gott und die Seele getan habe, und ich werde die menschlichen Handlungen und Begierden ebenso betrachten, als wenn es sich um Linien, Ebenen oder Körper handelte.

Definition 1. Ich nenne eine Ursache zureichend, wenn ihre Wirkung klar und deutlich durch sie aufgefaßt werden kann, unzureichend oder partiell aber dann, wenn ihre Wirkung aus ihr allein nicht erkannt werden kann.

Definition 2. Ich sage, daß wir dann handeln, wenn in oder außer uns etwas geschieht, dessen zureichende Ursache wir sind, d. h. wenn aus unserer Natur etwas in oder außer uns folgt, das durch sie allein klar und deutlich erkannt werden kann (D. 1). Dagegen sage ich, daß wir leiden, wenn etwas in uns geschieht oder aus unserer Natur etwas folgt, von dem wir nur die partielle Ursache sind.

Definition 3. Unter Affekte verstehe ich die Zustände des

Körpers, durch welche des Körpers Macht zu handeln vermehrt oder vermindert, gesteigert oder gehemmt wird, und zugleich die Vorstellungen dieser Zustände.

Wenn wir mithin die zureichende Ursache eines dieser Affekte sein können, dann verstehe ich unter Affekt ein Handeln, sonst ein Leiden.

Hypothese 1. Der menschliche Körper kann auf viele Weise erregt werden, wodurch seine Macht zu handeln vermehrt oder vermindert wird; ebenso aber auf andere Weisen, welche seine Macht zu handeln weder vergrößern noch verkleinern.

Dieser Satz oder dieses Axiom stützt sich auf II. H. 1 und Ln. 5, 7 hinter L. 13.

Hypothese 2. Der menschliche Körper kann viele Veränderungen erleiden und dennoch die Eindrücke oder Spuren der Gegenstände behalten (II. H. 5) und mithin auch dieselben Bilder dieser Gegenstände (II. L. 17 E.).

Lehrsatz 1. *Unsere Seele handelt bald, bald leidet sie; nämlich, soweit sie zureichende Vorstellungen hat, so weit ist sie notwendig handelnd, und soweit sie unzureichende Vorstellungen hat, soweit ist sie notwendig leidend.*

Beweis. In jeder menschlichen Seele sind zureichende Vorstellumgen und solche, die verstümmelt und verworren sind (II. L. 40 E.). Nun sind die Vorstellungen, welche in der Seele zureichend sind, in Gott zureichend, insofern er das Wesen der menschlichen Seele ausmacht (II. L. 11 Z.), und die, welche in der Seele unzureichend sind, sind ebenfalls zureichend in Gott (II. L. 11 Z.), nicht insofern er nur das Wesen der Seele, sondern insofern er andere Dinge in sich enthält. Ferner muß aus irgendeiner gegebenen Vorstellung irgendeine Wirkung notwendig folgen (I. L. 36), von welcher Gott die zureichende Ursache ist (II. D. 1), nicht insofern er unendlich ist, sondern insofern er mit jener Vorstellung behaftet aufgefaßt wird (II. L. 9). Von der Wirkung nun, von welcher die Ursache Gott ist, insofern er behaftet ist mit einer Vorstellung, welche in einer Seele zureichend ist, ist diese Seele die zureichende Ursache (II. L. 11 Z.). Sofern also unsere Seele zureichende Vorstellungen hat (II. D. 2), ist sie notwendig handelnd. Dies war das erste. Was ferner notwendig aus einer Vorstellung folgt, die in Gott zureichend ist, nicht insofern er bloß die Seele eines Menschen hat, sondern zugleich die Seele anderer Dinge mit der Seele dieses Menschen in sich hat, von dieser Folge ist die Seele dieses Menschen nicht die zureichende Ursache, sondern die partielle

(II. L. 11 Z. 3), und deshalb ist die Seele, soweit sie unzureichende Vorstellungen hat, notwendig leidend. Dieses war das zweite. Also handelt unsere Seele usw.

Zusatz. Hieraus ergibt sich, daß die Seele um so mehr leidenden Zuständen unterworfen ist, je mehr unzureichende Vorstellungen sie hat, und umgekehrt, daß sie um so mehr handelt, je mehr zureichende Vorstellungen sie hat.

Lehrsatz 2. *Der Körper kann die Seele nicht zum Denken, und die Seele den Körper nicht zur Bewegung oder Ruhe oder sonst etwas bestimmen.*

Beweis. Alle Zustände des Denkens haben Gott, insofern er ein denkendes Wesen ist und nicht insofern er durch ein anderes Attribut ausgedrückt ist, zu ihrer Ursache (II. L. 6). Das, was die Seele zum Denken bestimmt, ist folglich ein Zustand des Denkens und nicht der Ausdehnung, d. h. nicht der Körper (I. D. 1); dies war das erste. Ferner muß die Bewegung oder Ruhe des Körpers von einem andern Körper ausgehen, welcher ebenfalls zur Bewegung oder Ruhe von einem andern bestimmt worden ist, und überhaupt muß alles, was in dem Körper entsteht, von Gott entstehen, insofern er von einem Zustande der Ausdehnung und nicht insofern er von einem Zustand des Denkens erregt vorgestellt wird (II. L. 6), d. h. es kann von der Seele, welche ein Zustand des Denkens ist (II. L. 11), nicht entstehen. Dies ist das zweite. Der Körper kann deshalb die Seele usw.

Erläuterung. Dies ergibt sich deutlicher aus dem, was in der Erläuterung zu II. L. 7 gesagt ist, daß nämlich Seele und Körper dasselbe Ding sind, was bald unter dem Attribut des Denkens, bald der Ausdehnung aufgefaßt wird. Daher kommt es, daß die Ordnung und Verknüpfung der Dinge nur eine ist, mag die Natur unter diesem oder jenem Attribut aufgefaßt werden, folglich auch, daß die Ordnung des Handelns und Leidens bei unserem Körper von Natur zugleich ist mit der Ordnung des Handelns und Leidens der Seele. Dies ergibt sich auch daraus, wie der Lehrsatz II. 12 bewiesen worden ist. Obgleich dies sich so verhält, daß kein Grund zum Zweifel übrigbleibt, so glaube ich doch kaum, daß man, ehe ich es nicht aus der Erfahrung bewiesen habe, sich entschließen wird, dies mit Gleichmut zu überlegen; so stark ist die Überzeugung, daß der Körper sich auf den bloßen Wink der Seele bald bewegt, bald ruht, bald Verschiedenes tut, was bloß von dem Willen und der Kraft des Denkens in der Seele abhängt.

Denn was der Körper vermag, hat bis jetzt noch niemand bestimmt, d. h. niemand weiß bis jetzt aus Erfahrung, was der Körper nach den bloßen Gesetzen der Natur, insofern sie nur als körperliche aufgefaßt wird, zu tun vermag, und was er, ohne durch die Seele bestimmt zu werden, nicht vermag; denn niemand hat bis jetzt diese Werkstatt des Körpers so genau erkannt, daß er alle ihre Verrichtungen erklären konnte. Ich will dabei gar nicht erwähnen, daß man bei den vernunftlosen Tieren manches beobachtet, was den menschlichen Scharfsinn weit übersteigt, und daß die Nachtwandler im Schlaf vieles tun, was sie im Wachen nicht wagen würden; dies zeigt zur Genüge, daß der Körper aus den bloßen Gesetzen seiner Natur vieles vermag, was seine Seele bewundert.

Auch weiß niemand, auf welche Weise und durch welche Mittel die Seele den Körper bewegt, noch wieviel Grad der Bewegung sie dem Körper mitteilen kann, und mit welcher Schnelligkeit sie ihn bewegen kann. Daraus folgt, daß, wenn man sagt, diese oder jene Handlung des Körpers rühre von der Seele her, welche die Herrschaft über den Körper habe, man nicht weiß, was man sagt, und daß man nichts anderes tut, als mit schönen Worten einzugestehen, daß man die wahre Tatsache jener Handlung nicht kenne und sich darüber nicht wundere.

Aber man behauptet, daß, möge man die Mittel, durch welche die Seele den Körper bewege, kennen oder nicht, man doch aus der Erfahrung wisse, daß der Körper sich nicht regen werde, wenn die menschliche Seele nicht zum Denken fähig wäre. Ebenso sagt man, daß man aus Erfahrung wisse, daß es bloß in der Macht der Seele stehe, zu sprechen und zu schweigen und vieles andere zu tun, was man deshalb als von dem Beschluß der Seele abhängig hält.

Was nun das erste anlangt, so frage ich, ob die Erfahrung nicht auch lehrt, daß wenn umgekehrt der Körper träge ist, auch die Seele zugleich ungeeignet zum Denken ist? Denn wenn der Körper im Schlaf ruht, so ist die Seele zugleich mit ihm eingeschläfert und hat nicht die Macht, wie im Wachen etwas zu überdenken. Ferner wird jedermann wohl erfahren haben, daß die Seele nicht immer gleich geschickt ist, über einen Gegenstand nachzudenken. So wie vielmehr der Körper geeigneter ist, daß das Bild dieses oder jenes Gegenstandes in ihm erweckt werde, so ist auch die Seele geschickter zur Betrachtung dieses oder jenes Gegenstandes.

Aber man sagt, aus den bloßen Gesetzen der Natur, soweit sie nur als eine körperliche betrachtet wird, sei es unmöglich, die Ursachen abzuleiten von den Gebäuden, Gemälden und ähnlichen Dingen, welche bloß durch die menschliche Kunst entstehen; der menschliche Körper sei nicht im Stande, einen Tempel zu bauen, wenn er nicht von der Seele bestimmt und geleitet werde. Aber ich habe schon gezeigt, daß man selbst nicht weiß, was der Körper vermag, und was man aus der Betrachtung seiner Natur allein ableiten kann. Man erfährt selbst, daß sehr vieles aus bloßen Naturgesetzen entsteht, von denen man nie geglaubt hatte, daß es anders als durch die Leitung der Seele geschehen könne, z. B. das, was die Mondsüchtigen im Schlaf tun, und was sie beim Wiedererwachen selbst bewundern. Ich beziehe mich außerdem noch auf den künstlichen Bau des menschlichen Körpers, welcher an Künstlichkeit alles weit übertrifft, was menschliche Kunst gefertigt hat, ohne das oben Dargelegte zu erwähnen, daß aus der Natur unter der Auffassung eines jeden Attributs unendlich vieles folgt.

Was nun das zweite betrifft, so würde es allerdings mit den menschlichen Verhältnissen weit besser stehen, wenn das Schweigen ebenso wie das Sprechen in der Gewalt der Menschen wäre. Aber die Erfahrung lehrt über und über, daß die Menschen nichts weniger in ihrer Gewalt haben, wie ihre Zunge, und nichts weniger vermögen, wie ihre Begierden zu mäßigen. Viele sind deshalb der Ansicht, daß der Mensch nur da frei handelt, wo er schwach begehrt, weil das Begehren solcher Dinge leicht durch die Vorstellung einer andern Sache beschränkt werden kann, deren wir uns häufig erinnern, aber daß der Mensch bei den Gegenständen nicht frei handelt, welche er mit Heftigkeit begehrt, und wo dies Begehren durch die Erinnerung eines andern Gegenstandes nicht beschwichtigt werden kann. Wenn man indes nicht an sich die Erfahrung gemacht hatte, daß man manches tut, was einen später gereut, und daß man, wenn man nämlich von entgegengesetzten Affekten bedrängt wird, das Bessere einsieht und das Schlechtere tut, so würde der Meinung, daß man in allem frei handelt, kein Hindernis entgegenstehen. So glaubt das Kind, daß es die Milch freiwillig begehrt, und ebenso hält der Knabe das Wollen der Rache und der Furchtsame das Wollen zu fliehen für ein freiwilliges. Ferner glaubt der Betrunkene, daß er aus freiem Entschluß der Seele das spreche, was er nüchtern gern verschwiegen hätte. So glaubt der Wahnsinnige, der Schwätzer, der Knabe und viele andere dieser Art aus freiem Beschluß der Seele zu sprechen, während sie doch ihre Begierde zu sprechen nicht bezähmen können.

So lehrt die Erfahrung nicht minder deutlich wie die Vernunft, daß die Menschen sich nur deshalb für frei halten, weil sie zwar ihre Handlungen kennen, aber nicht die Ursachen, von denen sie bestimmt werden. Die Entschlüsse der Seele sind nur dasselbe, was die Begehren, und daher verschieden nach dem verschiedenen Befinden des Körpers. Ein jeder bestimmt alles nach seinen Affekten, und die, welche von entgegengesetzten Affekten bestürmt werden, wissen nicht, was sie wollen; die endlich, welche von keinem Affekt erregt sind, werden durch ein geringes hier- oder dorthin getrieben.

Dies alles zeigt deutlich, daß sowohl der Entschluß der Seele, wie das Begehren und die Bestimmung des Körpers, von Natur zugleich sind oder vielmehr, daß sie ein und dieselbe Sache sind, welche, wenn man sie unter dem Attribut des Denkens auffaßt und durch dieses ausdrückt, Entschluß heißt, und welche unter dem Attribut der Ausdehnung aufgefaßt und aus den Gesetzen der Bewegung und Ruhe abgeleitet, Bestimmung heißt. Dieses wird noch deutlicher aus dem bald Folgenden sich ergeben. Denn zunächst möchte ich noch an ein anderes erinnern, daß wir nämlich nur das in Folge eines Beschlusses der Seele tun können, dessen wir uns entsinnen. So können wir z. B. kein Wort aussprechen, dessen wir uns nicht erinnern. Aber es steht nicht in der freien Macht der Seele, sich einer Sache zu erinnern oder sie zu vergessen. Man meint deshalb, daß es nur in der Macht der Seele stehe, eine Sache, deren wir uns erinnern, zu verschweigen oder auszusprechen. Wenn wir aber träumen, daß wir sprechen, so glauben wir aus freiem Entschluß der Seele zu sprechen und sprechen doch nicht, oder wenn wir sprechen, geschieht es nur durch unwillkürliche Bewegungen des Körpers. Wir träumen auch, daß wir den Menschen etwas verheimlichen, und zwar mit demselben Entschluß der Seele, mit dem wir wachend das, was wir wissen, verschweigen. Wir träumen endlich, daß wir nach dem Beschluß der Seele etwas vornehmen, was wir wachend nicht wagen, und so möchte ich doch wissen, ob es in der Seele zwei Arten von Beschlüssen gibt, phantastische und freie?

Wenn man bis zu dieser tollen Annahme nicht gehen kann, so folgt, daß der Beschluß der Seele, welchen man für frei hielt, von der bloßen Vorstellung oder von dem Gedächtnis sich nicht unterscheidet, und daß dieser Entschluß nichts ist, als jene Bejahung, welche jede Vorstellung als solche notwendig enthält (II. L. 49). Daher entstehen diese Entschlüsse der Seele mit derselben Notwendigkeit in ihr, wie die Wahrnehmungen der wirklich existierenden Dinge. Wer also glaubt, aus freiem Beschluß der Seele zu sprechen oder zu schweigen oder etwas zu tun, der schläft mit offenen Augen.

Lehrsatz 3. *Die Handlungen der Seele entspringen nur aus zureichenden Vorstellungen; ihre leidenden Zustände hängen aber bloß von unzureichenden Vorstellungen ab.*

Beweis. Zuerst ergibt sich, daß das, was das Wesen der Seele ausmacht, nur die Vorstellung ihres wirklich existierenden Körpers ist (II. L. 11 u. 13), welche sich aus vielen andern Vorstellungen zusammensetzt (II. L. 15), von denen einige zureichend (II. L. 38 Z.), andere unzureichend sind (II. L. 29 Z.). Alles mithin, was aus der Natur der Seele folgt, und von dem die Seele die nächste Ursache ist, durch die es erkannt werden muß, ist notwendig die Folge einer zureichenden oder unzureichenden Vorstellung. Soweit aber die Seele unzureichende Vorstellungen hat (III. L. 1), ist sie notwendig leidend. Daher folgen die Handlungen der Seele nur aus zureichenden Vorstellungen, und die Seele leidet nur deshalb, weil sie unzureichende Vorstellungen hat.

Erläuterung. Man sieht daher, daß die leidenden Zustände auf die Seele nur bezogen werden, sofern sie etwas hat, was eine Verneinung enthält, oder sofern sie als ein Teil der Natur betrachtet wird, welcher für sich und ohne anderes nicht klar und bestimmt aufgefaßt werden kann. Ich konnte auf diese Weise zeigen, daß die leidenden Zustände ebenso auf die einzelnen Dinge, wie auf die Seele sich beziehen und nicht anders aufzufassen sind; indes geht meine Absicht nur auf die Untersuchung der menschlichen Seele.

Lehrsatz 4. *Jedes Ding kann nur von einer äußeren Ursache zerstört werden.*

Beweis. Dieser Lehrsatz versteht sich von selbst. Denn die Definition einer jeden Sache bejaht das Wesen der Sache und verneint es nicht, oder sie setzt das Wesen der Sache und hebt es nicht auf. Wenn man daher nur auf die Sache selbst und nicht auf fremde Ursachen acht hat, so wird man nichts in ihr auffinden können, was sie zerstören könnte.

Lehrsatz 5. *Die Dinge sind insoweit entgegengesetzter Natur, d. h. sie können insoweit nicht in demselben Gegenstande sein, als das eine das andere zerstören kann.*

Beweis. Denn wenn sie zusammenkommen oder in demselben Gegenstand zugleich sein könnten, so würde es in ein und demselben Gegenstand etwas geben, was ihn zerstören könnte, und dies ist widersinnig (III. L. 4). Deshalb sind usw.

Lehrsatz 6. *Jedes Ding, soweit es in sich ist, strebt in seinem Sein zu verharren.*

Beweis. Denn die einzelnen Dinge sind Zustände, durch welche die Attribute Gottes auf gewisse und bestimmte Weise ausgedrückt werden (I. L. 20 Z.), d. h. Dinge, welche die Macht Gottes, durch welche Gott ist und handelt, auf gewisse und bestimmte Weise ausdrücken, und kein Ding hat etwas in sich, was es zerstören oder seine Existenz aufheben könnte (III. L. 4). Vielmehr stellt es sich allem, was seine Existenz aufheben kann, entgegen (III. L. 6.). Deshalb strebt es, soviel es kann und in sich ist, in seinem Sein zu verharren.

Lehrsatz 7. *Das Streben, wodurch jedes Ding in seinem Sein zu verharren sucht, ist nichts als das wirkliche Wesen des Dinges.*

Beweis. Aus dem gegebenen Wesen irgendeiner Sache folgt notwendig etwas (I. L. 36), und die Dinge vermögen nur das, was aus ihrer bestimmten Natur notwendig folgt (I. L. 29). Deshalb ist die Kraft oder das Bestreben einer jeden Sache, wodurch sie entweder allein oder mit anderen etwas tut oder zu tun strebt, d. h. die Macht oder das Bestreben, mit dem sie in ihrem Sein zu verharren sucht, nur das gegebene oder wirkliche Wesen dieser Sache.

Lehrsatz 8. *Das Bestreben, mit dem jede Sache in ihrem Sein zu verharren sucht, enthält nicht eine bestimmte, sondern eine unbestimmte Zeit.*

Beweis. Denn wenn es eine bestimmte Zeit enthielte, welche die Dauer der Sache bestimmte, so würde aus der bloßen Macht, durch welche die Sache existiert, folgen, daß die Sache nach Ablauf dieser bestimmten Zeit nicht existieren könnte, vielmehr untergehen müßte, aber dies ist widersinnig (III. L. 4). Folglich enthält das Bestreben, mit welchem die Sache existiert, keine bestimmte Zeit, sondern eine unbestimmte, weil sie mit derselben Macht, durch welche sie existiert, zu existieren immer fortfahren wird, wenn sie nicht von einer fremden Ursache zerstört wird.

Lehrsatz 9. *Mag die Seele klare und bestimmte oder verworrene Vorstellungen haben, so strebt sie in ihrem Sein auf unbestimmte Dauer zu verharren und ist sich dieses Strebens bewußt.*

Beweis. Das Wesen der Seele wird aus zureichenden und unzureichenden Vorstellungen gebildet (III. L. 3). Deshalb strebt sie in ihrem Sein zu verharren, ebenso insofern sie diese, wie insofern sie jene hat (III. L. 7), und zwar mit unbestimmter Dauer (III. L. 8). Da aber die Seele durch die Vorstellungen der körperlichen

Zustände notwendig sich ihrer bewußt ist (II. L. 23), so ist auch die Seele sich ihres Bestrebens bewußt (III. L. 7).

Erläuterung. Dieses Streben heißt, wenn es auf die Seele allein bezogen wird, Wille, wenn es aber auf Seele und Leib zugleich bezogen wird, heißt es Verlangen. Dieses ist daher nur das eigene Wesen des Menschen, aus welchem notwendig das folgt, was seiner Erhaltung dient, und deshalb ist der Mensch veranlaßt, dies zu tun. Zwischen Verlangen und Begierde ist nur der Unterschied, daß die Begierde meistenteils nur auf den Menschen bezogen wird, soweit er sich seines Verlangens bewußt ist, und deshalb kann man die Begierde definieren, daß sie das Verlangen mit dem Bewußtsein seiner ist. Es ergibt sich aus allem diesem, daß der Mensch nach nichts strebt, nichts will, verlangt oder begehrt, weil er es für gut hält, sondern umgekehrt hält er es deshalb für gut, weil er es erstrebt, will, verlangt oder begehrt.

Lehrsatz 10. *Eine Vorstellung, welche die Existenz unseres Körpers ausschließt, kann es in unserer Seele nicht geben, sondern sie ist ihr entgegengesetzt.*

Beweis. Was unseren Körper zerstören kann, das kann es in ihm nicht geben (III. L . 5). Deshalb kann es auch die Vorstellung einer solchen Sache in Gott nicht geben, insofern er die Vorstellung von unserem Körper hat (III. L. 9 Z.), d. h. die Vorstellung dieser Sache kann es in unserer Seele nicht geben (II. L 11, 13). Im Gegenteil, weil das erste, was das Wesen der Seele ausmacht, die Vorstellung des wirklich existierenden Körpers ist, so ist das erste und Wichtigste für das Streben unserer Seele, die Existenz unseres Körpers zu bejahen (III. L. 7). Daher ist die Vorstellung, welche die Existenz unseres Körpers verneint, unserer Seele entgegengesetzt.

Lehrsatz 11. *Alles, was die Macht zu handeln in unserem Körper mehrt oder mindert, unterstützt oder hemmt, dessen Vorstellung mehrt oder mindert, unterstützt oder hemmt unserer Seele Macht zu denken.*

Beweis. Dieser Lehrsatz ergibt sich aus II. L. 7 oder auch aus II. L. 14.

Erläuterung. Man sieht daher, daß die Seele große Veränderungen erleiden und bald zu größerer, bald zu geringerer Vollkommenheit übergehen kann, welche leidenden Zustände die Affekte der Fröhlichkeit und Traurigkeit uns erklären. Unter Fröhlichkeit werde ich deshalb späterhin den leidenden Zustand verstehen, wo die Seele zu größerer Vollkommenheit übergeht, und unter Traurigkeit den, wo sie zu einer geringeren Vollkommenheit übergeht. Ich nenne ferner den Affekt der Fröhlichkeit, wenn er auf Körper und Seele zugleich bezogen wird, Lust oder Heiterkeit und den Affekt der Traurigkeit, in dieser Weise bezogen, Schmerz oder Trübsinn. Doch ist zu bemerken, daß Lust und Schmerz auf den Menschen bezogen werden, wenn einer seiner Teile vor den übrigen erregt ist; Heiterkeit aber und Trübsinn, wenn alle Teile gleichmäßig erregt sind.

Was ferner Begierde ist, habe ich (III. L. 9) erklärt, und außer diesen dreien erkenne ich keinen ursprünglichen Affekt an; die übrigen entstehen aus diesen dreien, wie ich später zeigen werde. Ehe ich jedoch weitergehe, möchte ich den Lehrsatz III. 10 ausführlicher erläutern, damit man deutlicher einsehe, auf welche Weise eine Vorstellung der andern entgegengesetzt ist.

In der Erläuterung zu II. L. 17 habe ich gezeigt, daß die Vorstellung, welche das Wesen der Seele ausmacht, die Existenz des Körpers so lange enthält, als der Körper selbst existiert. Ferner folgt aus dem, was ich II. L. 8 Z. und E. gezeigt habe, daß die gegenwärtige Existenz unserer Seele nur davon abhängt, daß die Seele die wirkliche Existenz des Körpers enthält. Endlich habe ich gezeigt, daß die Macht der Seele, wodurch sie die Dinge sich bildlich vorstellt oder sich ihrer erinnert, ebenfalls davon abhängt, daß sie die wirkliche Existenz des Körpers einschließt (II. L. 17, 18 E.).

Daraus folgt, daß die gegenwärtige Existenz der Seele und ihre Vorstellungskraft aufgehoben wird, sobald die Seele aufhört, die gegenwärtige Existenz des Körpers zu bejahen. Die Ursache aber, weshalb die Seele aufhört, diese Existenz des Körpers zu bejahen, kann nicht die Seele selbst sein (III. L. 4) und auch nicht, daß der Körper aufhört zu sein. Denn die Ursache, weshalb die Seele die Existenz des Körpers bejaht, ist nicht die, daß der Körper zu existieren angefangen hat (II. L. 6); deshalb kann sie aus diesem Grunde die Existenz ihres Körpers zu bejahen auch nicht aufhören, weil der Körper zu sein aufhört, sondern dies kommt von einer andern Vorstellung (II. L. 8), welche die gegenwärtige Existenz unseres Körpers und folglich unserer Seele ausschließt, und welche mithin der Vorstellung, welche das Wesen unserer Seele ausmacht, entgegengesetzt ist.

Lehrsatz 12. *Die Seele bestrebt sich, soviel sie kann, dasjenige sich bildlich vorzustellen, was des Körpers Macht zu handeln vermehrt oder unterstützt.*

Beweis. Solange der menschliche Körper in einer Weise erregt wird, welche die Natur eines fremden Körpers einschließt, so lange betrachtet die menschliche Seele diesen Körper als gegenwärtig (II. L. 17), und folglich ist, solange die menschliche Seele einen fremden Körper als gegenwärtig annimmt (II. L. 7), d. h. bildlich sich vorstellt (II. L. 7. Z), der menschliche Körper so lange in einer Weise erregt, welche die Natur eines fremden Körpers einschließt. Folglich ist, solange die Seele das sich bildlich vorstellt, was des Körpers Macht zu handeln vermehrt oder unterstützt, der Körper in einer Weise erregt, welche seine Kraft zu handeln vermehrt oder unterstützt (III. H. 1), und folglich wird auch so lange die Kraft der Seele zu denen vermehrt oder unterstützt (III. L. 11), und deshalb strebt die Seele, soviel sie kann, sich dies vorzustellen (III. L. 6, 9).

Lehrsatz 13. *Wenn die Seele sich das bildlich vorstellt, was des Körpers Macht zu handeln mindert oder hemmt, so strebt sie, soviel sie kann, derjenigen Dinge sich zu entsinnen, welche die Existenz jener ausschließen.*

Beweis. Solange sich die Seele so etwas vorstellt, so lange wird die Kraft der Seele und des Körpers gemindert oder gehemmt (III. L. 42), und dennoch wird sich die Seele dieses so lange bildlich vorstellen, bis sie sich etwas anderes bildlich vorstellt, was die gegenwärtige Existenz jenes ausschließt (II. L. 17), d. h. (wie oben gezeigt worden) die Macht der Seele und des Körpers wird so lange gemindert oder gehemmt werden, bis die Seele sich etwas anderes vorstellt, was die Existenz von jenem ausschließt und was daher der Mensch, so viel er kann, streben wird, sich vorzustellen oder zu erinnern (III. L. 9).

Zusatz. Daher kommt es, daß die Seele das sich vorzustellen scheut, was die Kraft ihrer selbst und die ihres Körpers mindert oder hemmt.

Erläuterung. Hieraus ergibt sich klar, was Liebe und was Haß ist. Die Liebe ist nämlich nur die Fröhlichkeit, begleitet von der Vorstellung einer äußeren Ursache, und der Haß die Traurigkeit, begleitet von der Vorstellung einer äußeren Ursache. Man sieht daher, daß der Liebende notwendig strebt, den geliebten Gegenstand gegenwärtig zu haben und zu erhalten, und daß umgekehrt der Hassende strebt, den gehaßten Gegenstand zu entfernen und zu zerstören. Doch über dies alles später ausführlicher.

Lehrsatz 14. *Wenn die Seele einmal durch zwei Affekte erregt gewesen ist, so wird, wenn sie später von einem derselben wieder erregt wird, sie auch von dem andern erregt werden.*

Beweis. Wenn der menschliche Körper einmal von zwei Körpern zugleich erregt gewesen ist, so wird die Seele, wenn sie später einen von diesen sich vorstellt, sofort auch des andern sich erinnern (II. L. 18). Aber die bildlichen Vorstellungen der Seele zeigen mehr die Erregungen dieses Körpers als die Natur des fremden Körpers an (II. L. 16 Z. 2). Wenn deshalb der Körper und folglich auch die Seele (II. D. 3) von zwei Affekten auf einmal erregt worden ist, und sie später wieder von einem erregt wird, so wird sie auch von dem andern erregt werden.

Lehrsatz 15. *Jeder Gegenstand kann durch Zufall die Ursache einer Fröhlichkeit, einer Traurigkeit oder einer Begierde sein.*

Beweis. Man nehme an, daß die Seele durch zwei Affekte zugleich erregt ist, nämlich durch einen, der ihre Kraft zu handeln weder vermehrt noch vermindert, und durch einen zweiten, der sie vermehrt oder vermindert (III. L. 1). Aus dem vorgehenden Lehrsatz ergibt sich, daß wenn die Seele später von jenem Affekte vermittelst seiner wahren Ursache erregt wird, der (nach der Annahme) für sich ihre Kraft zu denken weder mehrt noch mindert, sie sofort auch von dem andern erregt werden wird, welcher ihre Kraft zu denken mehrt oder mindert; d. h. die Seele wird fröhlich oder traurig erregt sein (III. L. 11 E.). Mithin wird jene Sache nicht für sich, sondern durch Zufall die Ursache der Fröhlichkeit oder Traurigkeit sein. Auf diese Weise läßt sich auch leicht zeigen, daß jener Gegenstand durch Zufall die Ursache einer Begierde sein kann.

Zusatz. Deshalb allein, weil wir einen Gegenstand mit dem Affekt der Fröhlichkeit oder Trauer betrachtet haben, können wir ihn lieben oder hassen, obgleich er nicht die wirkliche Ursache dieser Affekte ist.

Beweis. Denn dies kommt allein davon (III. L. 14), daß die Seele, indem sie sich diesen Gegenstand später bildlich vorstellt, von dem Affekt der Freude oder Trauer erregt wird, d. h. daß die Macht der Seele und des Körpers vermehrt oder vermindert wird usw. (III. L. 11 E.) und folglich, daß die Seele begehrt (III. L. 12) oder scheut, ihn sich vorzustellen (III. L. 13 Z.), d. h. daß sie ihn liebt oder haßt. (III. L. 13 E.).

Erläuterung. Daraus ersieht man, wie es möglich ist, daß wir manches lieben oder hassen, ohne daß uns eine Ursache dafür bekannt ist, sondern nur aus Sympathie oder Antipathie, wie man sagt. Hierher gehören auch die Gegenstände, welche uns bloß deshalb mit Freude oder Trauer erfüllen, weil sie eine Ähnlichkeit mit den Gegenständen haben, welche in uns dieselben Affekte zu erregen pflegen, wie ich im folgenden Lehrsatz zeigen werde. Ich weiß allerdings, daß die Schriftsteller, welche zuerst diese Worte Sympathie und Antipathie eingeführt haben, damit gewisse geheime Eigenschaften der Dinge haben bezeichnen wollen; dennoch glaube ich, wird es mir erlaubt sein, unter diesen Worten auch bekannte oder offenbare Eigenschaften zu verstehen.

Lehrsatz 16. *Deshalb allein, weil wir uns vorstellen, daß ein Gegenstand einige Ähnlichkeit mit einem andern hat, welcher die Seele fröhlich oder traurig zu erregen pflegt, werden wir diesen Gegenstand lieben oder hassen, obgleich das, worin beide ähnlich sind, nicht die wirkende Ursache dieser Affekte ist.*

Beweis. Das, was dem Gegenstande ähnlich ist, haben wir (nach der Annahme) in diesem Gegenstand selbst mit dem Affekt der Fröhlichkeit oder Traurigkeit betrachtet; mithin wird, wenn die Seele von dessen Bilde erregt wird (III. L. 14), sie sofort auch von diesem oder jenem Affekt erregt werden; deshalb wird auch der zweite Gegenstand, an dem wir dasselbe Ähnliche bemerken, durch Zufall die Ursache der Fröhlichkeit oder Trauer werden (III. L. 15); deshalb werden wir den Gegenstand lieben oder hassen, wenn auch das, worin er dem andern ähnlich ist, nicht die wirkende Ursache dieser Affekte ist. (III. L. 15 Z.).

Lehrsatz 17. *Wenn ein Gegenstand, welcher uns mit dem Affekt der Traurigkeit zu erfüllen pflegt, uns eine Ähnlichkeit mit einem andern zu haben scheint, der uns mit dem gleich starken Affekt der Fröhlichkeit zu erfüllen pflegt, so werden wir diesen Gegenstand zugleich hassen und lieben.*

Beweis. Denn dieser Gegenstand ist nach der Annahme für sich die Ursache der Traurigkeit, und soweit wir ihn mit diesem Affekte uns vorstellen, hassen wir ihn. Soweit er außerdem, nach unserer Vorstellung, etwas Ähnliches mit einem andern hat, welcher uns mit einem gleich starken Affekt der Fröhlichkeit zu erfüllen pflegt, werden wir ihn mit gleich starker Fröhlichkeit lieben (III. L. 16), und daher werden wir ihn zugleich hassen und lieben.

Erläuterung. Dieser Zustand der Seele, welcher nämlich aus zwei gegensätzlichen Affekten entspringt, heißt das Schwanken der Seele; es bezieht sich auf die Affekte, wie der Zweifel auf die Vorstellungen (II. L. 41 E.). Auch unterscheidet sich das Schwanken und Zweifeln der Seele nur nach dem Mehr oder Weniger. Es ist aber zu bemerken, daß ich im vorgehenden Lehrsatz diese Schwankung der Seele aus Ursachen abgeleitet habe, wovon die eine durch sich den einen Affekt und die andere durch Zufall den anderen Affekt verursacht hat. Ich habe dies deshalb getan, weil ich sie so leichter aus dem Vorgehenden ableiten konnte; aber ich leugne deshalb nicht, daß die Schwankungen der Seele meistenteils von einem Gegenstande entstehen, welcher die wirkende Ursache von beiden Affekten ist. Denn der menschliche Körper besteht aus sehr vielen Einzeldingen verschiedener Natur (II. H. 1). Deshalb kann er von ein und demselben Körper auf sehr verschiedene Weise erregt werden (II. L. 13, A. 1, Ln. 3), und umgekehrt, weil ein und derselbe Gegenstand auf viele Weise erregt werden kann, so wird er auch auf viele verschiedene Weise denselben Körperteil erregen können. Hieraus kann man leicht abnehmen, daß ein und derselbe Gegenstand die Ursache vieler und entgegengesetzter Affekte abgeben kann.

Lehrsatz 18. *Der Mensch wird durch das Bild eines vergangenen oder zukünftigen Dinges mit demselben Affekt der Fröhlichkeit oder Trauer behaftet, wie aus dem Bild eines gegenwärtigen Dinges.*

Beweis. Solange ein Mensch von dem Bild eines Dinges erregt ist, so lange wird er es als gegenwärtig betrachten, wenn es auch nicht existiert (II. L. 17 Z.). Und er nimmt es nicht als gegenwärtig oder zukünftig, wenn nicht dessen Bild mit dem Bild einer kommenden oder vergangenen Zeit verknüpft ist (II. L. 44 E.). Deshalb ist das Bild des Dinges, für sich allein betrachtet, das gleiche, mag es auf die zukünftige oder vergangene Zeit oder auf die Gegenwart bezogen werden, d. h. der Zustand des Körpers oder der Affekt ist derselbe, gleichviel, ob das Bild das eines vergangenen, kommenden oder gegenwärtigen Dinges ist (II. L. 16 Z. 2). Daher ist der Affekt der Fröhlichkeit oder Trauer derselbe, mag das Bild das eines vergangenen oder kommenden oder gegenwärtigen Dinges sein.

Erläuterung. Ich nenne hier ein Ding insoweit vergangen oder zukünftig, als wir von demselben erregt gewesen sind oder erregt werden, z. B. insofern wir ein Ding gesehen haben oder sehen werden; insofern es uns gestärkt hat oder stärken wird; insofern es uns verletzt hat oder verletzen wird. Insoweit wir nämlich das Ding so uns vorstellen, insoweit bejahen wir seine Existenz, d. h. der Körper wird durch keinen Affekt erregt, welcher die Existenz des Dinges ausschließt, und deshalb wird der Körper durch das Bild dieses Dinges ebenso erregt, als wenn das Ding selbst gegenwärtig wäre. Da es indessen gewöhnlich ist, daß vielerfahrene Menschen schwanken, solange sie eine Sache als zukünftig oder vergangen betrachten und über den Ausgang meistenteils zweifeln (II. L. 44 E.), so kommt es, daß die aus solchen Bildern entstehenden Affekte nicht sehr beharrlich sind, sondern meistens durch die Bilder anderer Gegenstände gestört werden, bis die Menschen über den Ausgang der Sache mehr Gewißheit erlangen.

Erläuterung 2. Aus dem eben Gesagten ergibt sich, was die Hoffnung, die Furcht, die Zuversicht, die Verzweiflung, die Freude und die Gewissensbisse sind. Die Hoffnung ist nämlich nichts anderes als die unbeständige Fröhlichkeit, welche aus dem Bild einer kommenden oder vergangenen Sache entspringt, über deren Erfolg wir zweifeln. Die Furcht ist dagegen eine unbeständige Traurigkeit, welche uns dem Bild einer zweifelhaften Sache entspringt. Wird der Zweifel bei diesen Affekten gehoben, so verwandelt sich die Hoffnung in Zuversicht und die Furcht in Verzweiflung, d. h. in eine Fröhlichkeit oder eine Trauer, welche aus dem Bilde einer Sache entsprungen ist, welche wir gefürchtet oder gehofft haben. Die Freude ist ferner eine Fröhlichkeit, welche aus dem Bilde einer vergangenen Sache entsprungen ist, über deren Erfolg wir zweifelten. Die Gewissensbisse sind eine Trauer, welche der Freude entgegengesetzt ist.

Lehrsatz 19. *Wenn man sich vorstellt, daß das, was man liebt, zerstört wird, wird man sich betrüben, stellt man sich aber vor, daß es erhalten wird, so wird man fröhlich sein.*

Beweis. Die Seele strebt soviel als möglich, sich dasjenige vorzustellen, was des Körpers Macht zu handeln vermehrt oder unterstützt (III. L. 12), d. h. das, was sie liebt (III. L. 12 E.). Aber die bildliche Vorstellungskraft wird von dem unterstützt, was die Existenz der Sache setzt, und umgekehrt gehemmt von dem, was die Existenz der Sache ausschließt (II. L. 17). Deshalb unterstützen die Bilder der Dinge, welche die Existenz des geliebten Gegenstandes setzen, das Streben der Seele, sich den geliebten Gegenstand vorzustellen, d. h. sie erfüllen die Seele mit Fröhlichkeit (III. L. 11 E.). Umgekehrt wird das, was die Existenz des geliebten Gegenstandes ausschließt, dasselbe Streben der Seele hemmen, d. h. die Seele mit Trauer erfüllen (III. L. 11 E.). Wer also sich einbildet, daß das, was er liebt, zerstört wird, wird sich betrüben usw.

Lehrsatz 20. *Wenn man sich vorstellt, daß das, was man haßt, zerstört wird, so wird man fröhlich sein.*

Beweis. Die Seele strebt sich das vorzustellen (III. L. 13), was die Existenz der Dinge, welche des Körpers Macht zu handeln mindern oder beschränken, ausschließt, d. h. sie strebt sich das vorzustellen (III. L. 13 E.), was die Existenz der Dinge, welche sie haßt, ausschließt. Folglich unterstützt das Bild eines Dinges, welches die Existenz desjenigen, was die Seele haßt, ausschließt, dieses Streben der Seele, d. h. sie erfüllt die Seele mit Fröhlichkeit (III. L. 11 E.). Folglich wird der sich freuen, welcher sich vorstellt, daß das, was er haßt, zerstört wird.

Lehrsatz 21. *Wer das, was er liebt, sich vorstellt als von Fröhlichkeit oder Trauer erfüllt, wird ebenfalls von Fröhlichkeit oder Trauer erfüllt; und beide Affekte werden in dem Liebenden größer oder kleiner sein, je nachdem beide in dem geliebten Gegenstand größer oder kleiner sind.*

Beweis. Die Bilder der Dinge, welche die Existenz des geliebten Gegenstandes setzen (III. L. 9), unterstützen das Streben der Seele, den geliebten Gegenstand sich vorzustellen. Die Fröhlichkeit setzt aber die Existenz des fröhlichen Gegenstandes, und zwar um so mehr, je größer der Affekt der Fröhlichkeit ist; denn er ist ein Übergang zu höherer Vollkommenheit (III. L. 11 E.). Deshalb unterstützt das Bild des Frohseins des geliebten Gegenstandes in dem Liebenden das Streben seiner Seele, d. h. es erfüllt den Liebenden mit Fröhlichkeit (III. L. 11 E.), und zwar mit um so stärkerer, je stärker dieser Affekt in dem geliebten Gegenstand ist. Dies war das erste.

Ferner wird ein Gegenstand insoweit zerstört, als er von Traurigkeit erfüllt ist, und zwar um so mehr, je größer die Traurigkeit ist (III. L. 11 E.). Folglich wird der, welcher sich vorstellt, daß das, was er liebt, mit Traurigkeit erfüllt ist, ebenfalls von Traurigkeit erfüllt werden, und von um so größerer, je größer die Traurigkeit in dem geliebten Gegenstande ist.

Lehrsatz 22. *Wenn wir uns vorstellen, daß jemand die Sache, welche wir lieben, mit Fröhlichkeit erfüllt, so werden wir von Liebe zu ihm erfüllt werden. Wenn wir uns aber vorstellen, daß er die Sache mit Traurigkeit erfüllt, so werden wir dagegen von Haß gegen ihn erfüllt werden.*

Beweis. Wer einen Gegenstand, welchen wir lieben, mit Fröhlichkeit oder Traurigkeit erfüllt, der erfüllt auch uns selbst mit Fröhlichkeit oder Traurigkeit, insofern wir nämlich den geliebten Gegenstand uns von Fröhlichkeit oder Traurigkeit erfüllt vorstellen (III. L. 21). Aber es wird angenommen, daß diese Fröhlichkeit oder Trauer in uns besteht in Begleitung der Vorstellung einer fremden Ursache. Deshalb werden wir von Liebe oder Haß gegen den erfüllt werden, von dem wir uns vorstellen, daß er den Gegenstand, welchen wir lieben, mit Fröhlichkeit oder Trauer erfülle (III. L. 13 E.).

Erläuterung. Der Lehrsatz 21 erklärt, was das Mitleiden ist; man kann es definieren als die Traurigkeit, welche aus eines anderen Schaden entsprungen ist. Dagegen weiß ich nicht, mit welchem Namen die Fröhlichkeit bezeichnet werden soll, welche aus eines andern Wohlsein entspringt. Man nennt ferner die Liebe für den, der einem anderen wohlgetan hat, Gunst, und dagegen den Haß gegen den, der einem anderen Übles getan hat, Erbitterung. Endlich ist zu bemerken, daß man nicht bloß mit dem Gegenstand Mitleid hat, den man liebt (III. L. 21), sondern auch mit dem, für den man vorher von keinem Affekte erfüllt gewesen ist, sofern man nur den Gegenstand sich ähnlich erachtet (wie ich später zeigen werde). Wir sind daher auch dem günstig gesinnt, welcher einem uns ähnlichen Gegenstand Gutes getan hat, und sind umgekehrt auf den erbittert, welcher einem solchen Übles zugefügt hat.

Lehrsatz 23. *Wer sich vorstellt, daß das, was er haßt, von Trauer erfüllt ist, wird fröhlich sein; umgekehrt, wenn er sich vorstellt, daß es von Fröhlichkeit erfüllt ist, wird er sich betrüben. Jeder dieser Affekte wird groß und klein sein, je nachdem der entgegengesetzte in dem gehaßten Gegenstand groß oder klein ist.*

Beweis. Soweit der gehaßte Gegenstand von Traurigkeit erfüllt ist, wird er zerstört, und zwar um so mehr, je größer die Traurigkeit ist (III. L. 11 E.). Wer also sich vorstellt, daß ein gehaßter Gegenstand von Traurigkeit erfüllt ist, wird umgekehrt von Freude erfüllt werden (III. L. 20), und zwar um so mehr, je größer er sich die Trauer in dem gehaßten Gegenstand vorstellt. Dies war das erste. Ferner setzt die Fröhlichkeit die Existenz des fröhlichen Gegenstandes (III. L. 11 E.), und um so mehr, je größer sie vorgestellt wird. Wenn jemand sich vorstellt, daß der, den er haßt, von Fröhlichkeit erfüllt ist, so wird diese Vorstellung sein Streben hemmen (III. L. 13), d. h. der Hassende wird von Traurigkeit erfüllt sein (III. L. 11 E.).

Erläuterung. Diese Fröhlichkeit kann kaum eine feste und vom Kampf der Seele freie sein. Denn (wie ich in L. 27 zeigen werde) soweit jemand einen ihm ähnlichen Gegenstand als von Trauer erfüllt sich vorstellt, muß er traurig werden, und umgekehrt, wenn er sich denselben fröhlich vorstellt. Hier ist indes nur der Haß in Betracht zu ziehen.

Lehrsatz 24. *Wenn wir uns vorstellen, daß jemand einen Gegen-*

stand, den wir hassen, mit Fröhlichkeit erfüllt, so werden wir auch mit Haß gegen ihn erfüllt. Wenn wir uns umgekehrt vorstellen, daß er diesen Gegenstand mit Trauer erfüllt, so werden wir mit Liebe gegen ihn erfüllt.

Beweis. Dieser Lehrsatz wird ebenso bewiesen wie Lehrsatz 22.

Erläuterung. Dieser und ähnliche Affekte des Hasses gehören zum Neid, welcher mithin nur der Haß selbst ist, insofern er einen Menschen so bestimmt, daß er sich über das Übel eines andern erfreut und über sein Gutes betrübt.

Lehrsatz 25. *Wir streben von uns und von dem geliebten Gegenstand alles zu bejahen, von dem wir uns vorstellen, daß es uns oder den geliebten Gegenstand mit Fröhlichkeit erfüllen werde; und umkehrt alles das zu verneinen, von dem wir uns vorstellen, daß es uns oder den geliebten Gegenstand mit Trauer erfüllen werde.*

Beweis. Was einem geliebten Gegenstand Fröhlichkeit oder Trauer bringend vorgestellt wird, erfüllt uns mit Fröhlichkeit oder Trauer (III. L. 21). Aber die Seele strebt nach Möglichkeit sich das vorzustellen, was uns mit Fröhlichkeit erfüllt (III. L. 21), d. h. dies als gegenwärtig zu betrachten (II. L. 17 Z.). Umgekehrt streben wir von dem, was uns mit Trauer erfüllt, die Existenz zu beseitigen (III. L. 13). Deshalb werden wir von uns und dem geliebten Gegenstand alles zu bejahen streben, von dem vorgestellt wird, daß es uns oder den geliebten Gegenstand mit Fröhlichkeit erfüllt, und umgekehrt.

Lehrsatz 26. *Wir streben, von einem Gegenstand, den wir hassen, alles zu bejahen, was ihn nach unserer Meinung mit Trauer erfüllt, und umgekehrt das zu verneinen, was ihn nach unserer Meinung mit Fröhlichkeit erfüllt.*

Beweis. Dieser Lehrsatz folgt ebenso aus III. L. 23, wie der vorgehende aus III. L. 21.

Erläuterung. Hieraus ergibt sich, daß ein Mensch von sich und einem geliebten Gegenstande mehr hält, als recht ist, und umgekehrt von einem Gegenstand, den er haßt, weniger hält, als recht ist. Diese Vorstellung heißt in bezug auf den Menschen, der mehr als recht ist, von sich hält, Stolz und ist eine Art von Wahnsinn, weil der Mensch mit offenen Augen träumt, daß er alles vermag, was er in der bloßen Einbildung erreicht. Er behandelt deshalb dies alles wie wirkliche Dinge und ist überglücklich darüber, so lange er sich das nicht vorstellen kann, was dessen Existenz ausschließt und seine Macht zu handeln beschränkt. Der Stolz ist also eine Fröhlichkeit, welche daraus entsprungen ist, daß der

Mensch mehr als recht ist, von sich hält. Ferner nennt man die Fröhlichkeit, welche daraus entsteht, daß man von einem mehr, als recht ist, hält, Überschätzung und die, welche daraus entsteht, daß man weniger, als recht ist, von ihm hält, Verachtung.

Lehrsatz 27. *Wenn wir uns vorstellen, daß ein uns ähnlicher Gegenstand, für den wir keinen Affekt gehegt haben, mit einem Affekt erfüllt werde, so werden wir mit dem gleichen Affekte erfüllt.*

Beweis. Die Bilder der Gegenstände sind Zustände des menschlichen Körpers, deren Vorstellungen fremde Körper als uns gegenwärtig darstellen (II. L. 17 E.), d. h. die Natur unseres Körpers und zugleich die gegenwärtige Natur des fremden Körpers enthalten (II. L. 16). Wenn also die Natur des fremden Körpers der Natur unseres Körpers ähnlich ist, so wird unsere Vorstellung des fremden Körpers die Erregung unseres Körpers umfassen, welche der Erregung des fremden Körpers ähnlich ist. Wenn wir uns also vorstellen, daß ein uns ähnlicher Gegenstand von einem Affekt erregt ist, so wird diese Vorstellung eine Erregung unseres Körpers ausdrücken, welche diesem Affekte ähnlich ist. Wenn wir uns mithin vorstellen, daß ein uns ähnlicher Gegenstand von einem Affekt erfüllt sei, so werden wir von einem diesem ähnlichen Affekte erfüllt. Wenn wir den uns ähnlichen Gegenstand hassen, so werden wir von dem entgegengesetzen Affekte und nicht von dem gleichen erfüllt (III. L. 23).

Erläuterung. Diese Nachfolge ähnlicher Affekte heißt, wenn sie auf die Traurigkeit bezogen wird, Mitleiden (III. L. 22 E.), auf die Begierde bezogen, Nacheiferung, welche mithin nichts anderes ist, als die Begierde nach einem Gegenstand, die in uns daraus entspringt, daß wir uns vorstellen, andere uns ähnliche haben dieselbe Begierde.

Zusatz 1. Wenn wir uns vorstellen, daß jemand, der uns gleichgültig ist, einen uns ähnlichen Gegenstand mit Fröhlichkeit erfüllt, so werden wir ihn lieben. Wenn er umgekehrt nach unserer Meinung ihn mit Traurigkeit erfüllt, so werden wir ihn hassen.

Beweis. Dies wird auf dieselbe Weise aus dem vorgehenden Lehrsatz bewiesen, wie III. L. 22 u. III. L. 21.

Zusatz 2. Wir können einen Gegenstand, den wir bemitleiden, nicht deshalb hassen, weil sein Elend uns mit Traurigkeit erfüllt.

Beweis. Denn wenn wir ihn deshalb hassen könnten, so würden wir uns an seiner Traurigkeit erfreuen (III. L. 23), was gegen die Voraussetzung ist.

Zusatz 3. Einen Gegenstand, den wir bemitleiden, streben wir, soviel wir können, von dem Elend zu befreien.

Beweis. Das, was den Gegenstand unseres Mitleidens mit Trauer erfüllt, erfüllt auch uns mit gleicher Trauer (III. L. 27), deshalb werden wir streben, alles, was die Existenz desselben aufhebt oder es zerstört, in uns wachzurufen (III. L. 13), d. h. wir werden es zu zerstören verlangen oder zu dessen Zerstörung bestimmt werden; folglich werden wir einen Gegenstand, den wir bemitleiden, von seinem Elend zu befreien suchen.

Erläuterung. Dieser Wille oder dieses Verlangen wohlzutun, welches daraus entsteht, daß wir einen Gegenstand, dem wir eine Wohltat erweisen wollen, bemitleiden, heißt Wohlwollen, welches daher nichts anderes ist, als ein aus Mitleid entspringendes Begehren. Übrigens sehe man in betreff der Liebe und des Hasses gegen den, welcher einem uns ähnlichen Gegenstand Gutes oder Übles zugefügt hat, die Erläuterung zu III. L. 22.

Lehrsatz 28. *Alles, was nach unserer Vorstellung zur Fröhlichkeit führt, streben wir zu unterstützen, daß es sich verwirkliche; was aber nach unserer Vorstellung diesem widerstrebt und zur Traurigkeit führt, das streben wir zu entfernen oder zu zerstören.*

Beweis. Was nach unserer Vorstellung zur Fröhlichkeit führt, das streben wir nach Möglichkeit vorzustellen (III. L. 12), d. h. wir werden nach Möglichkeit streben, es als gegenwärtig oder wirklich existierend zu betrachten (II. L. 17). Aber das Streben oder Vermögen der Seele im Denken ist von Natur gleich und gleichzeitig mit dem Streben oder Vermögen des Körpers zu handeln (II. L. 7 Z., L. 11 Z.). Wir streben daher unbedingt dahin, daß es existiert; d. h. wir begehren und bezwecken es (was nach E. zu III. L. 9 dasselbe ist). Dies war das erste. Wenn wir ferner das, was wir für die Ursache der Traurigkeit halten, d. h. das, was wir hassen (III. L. 13 E.), für zerstört halten, so werden wir fröhlich sein (III. L. 20). Wir werden deshalb streben, es zu zerstören (nach dem ersten Teil dieses Beweises) oder von uns zu entfernen (III. L. 13), damit wir es nicht als gegenwärtig betrachten. Dies war das zweite. Daher streben wir, daß alles, was zur Fröhlichkeit usw.

Lehrsatz 29. *Wir werden auch streben, alles das zu tun, was nach unserer Meinung die Menschen mit Fröhlichkeit betrachten, und umgekehrt das zu tun vermeiden, was die Menschen nach unserer Vorstellung verabscheuen.* (Unter Menschen verstehe ich hier und im Folgenden solche, die für uns gleichgültig sind.)

Beweis. Wenn wir uns vorstellen, daß Menschen etwas lieben oder hassen, so werden wir es aus diesem Grunde ebenfalls lieben oder hassen (III. L. 27), d. h. wir werden aus diesem Grunde an der Gegenwart derselben Sache uns erfreuen oder betrüben (III. L. 15 E.). Wir werden daher streben, alles das zu tun, was die Menschen nach unserer Meinung lieben oder mit Fröhlichkeit (III. L. 28) betrachten.

Erläuterung. Dieses Streben, etwas zu tun oder zu unterlassen, bloß um den Menschen zu gefallen, heißt Ehrgeiz, vorzüglich wenn wir mit solcher Heftigkeit der Menge zu gefallen streben, daß wir zu unserem oder anderer Schaden etwas tun oder unterlassen; anderenfalls pflegt es Humanität genannt zu werden. Ferner nenne ich die Fröhlichkeit, mit der wir uns die Handlungen eines anderen vorstellen, durch welche er uns zu erfreuen gestrebt hat, Lob; aber die Traurigkeit, mit welcher wir die Handlung desselben verabscheuen, Tadel.

Lehrsatz 30. *Wenn jemand etwas getan hat, was nach seiner Meinung andere mit Fröhlichkeit erfüllt, so wird er mit Fröhlichkeit erfüllt werden, begleitet von der Vorstellung seiner selbst als Ursache, oder er wird sich selbst mit Fröhlichkeit betrachten. Wenn er dagegen etwas getan hat, was nach seiner Meinung die anderen mit Trauer erfüllt, so wird er sich selbst mit Trauer betrachten.*

Beweis. Wer nach seiner Meinung die anderen mit Fröhlichkeit oder Trauer erfüllt, wird dadurch selbst fröhlich oder traurig (III. L. 27). Da aber der Mensch durch die Erregungen, welche ihn zum Handeln bestimmen, seiner selbst bewußt wird (II. L. 19 und 23), so wird auch der, welcher etwas getan hat, was nach seiner Meinung die anderen mit Fröhlichkeit erfüllt, auch selbst mit Fröhlichkeit und dem Bewußtsein seiner als Ursache erfüllt werden, d. h. er wird sich selbst mit Fröhlichkeit betrachten, und umgekehrt.

Erläuterung. Da die Liebe die Fröhlichkeit in Begleitung der Vorstellung einer fremden Ursache und der Haß eine Traurigkeit in Begleitung einer fremden Ursache ist (III. L. 13 E.), so wird diese Fröhlichkeit oder Trauer eine Art der Liebe oder des Hasses sein. Weil aber Liebe und Haß auf fremde Gegenstände sich beziehen, so werden diese Affekte andere Namen erhalten, nämlich die Fröhlichkeit begleitet von der Vorstellung einer äußeren Ursache den Namen Ruhmgefühl und die diesem entgegengesetzte Traurigkeit den Namen Scham. Ich meine damit den Fall, wo die Fröhlichkeit oder Traurigkeit daraus entspringt, daß der Mensch sich gelobt oder getadelt glaubt; sonst nenne ich die Fröhlichkeit, in Begleitung der Vorstellung einer äußern Ursache, Selbstzufriedenheit, und die ihr entgegengesetzte Traurigkeit Reue. Weil es endlich möglich ist (II. L. 17 Z.), daß die Fröhlichkeit, mit welcher jemand andere zu erfüllen meint, eine bloß eingebildete ist, und jeder von sich alles das vorzustellen strebt, was ihn nach seiner Meinung mit Fröhlichkeit erfüllt (III. L. 25), so kann es leicht kommen, daß der Ruhmsüchtige stolz wird und meint, er sei allen angenehm, während er allen lästig ist.

Lehrsatz 31. *Wenn wir meinen, daß ein anderer etwas liebt, begehrt oder haßt, was wir selbst lieben, begehren oder hassen, so werden wir diesen Gegenstand um so beharrlicher lieben usw. Wenn wir aber glauben, daß der andere das, was wir lieben, verabscheut oder umgekehrt, so werden wir ein Schwanken der Seele erleiden.*

Beweis. Bloß deshalb, weil ein anderer nach unserer Meinung etwas liebt, werden wir es auch lieben (III. L. 27). Es ist aber angenommen, daß wir es schon ohnedem lieben, folglich tritt der Liebe eine neue Ursache hinzu, welche sie verstärkt, und wir werden daher das, was wir lieben, deshalb um so beharrlicher lieben. Ferner werden wir deshalb, weil nach unserer Meinung ein anderer etwas verabscheut, es ebenfalls verabscheuen (III. L. 27). Nehmen wir nun an, daß wir zu gleicher Zeit es lieben, so werden wir zu gleicher Zeit es lieben und verabscheuen oder in einem Schwanken der Seele uns befinden (III. L. 17 E.).

Zusatz. Aus diesem und dem Lehrsatz 28 folgt, daß jeder, soviel er kann, strebt, daß alle das lieben, was er liebt, und hassen, was er haßt; deshalb sagt der Dichter:

Hoffen zugleich und fürchten zugleich muß jeder, der liebt, eisern ist, wer das Herz liebt, das ein andrer verließ.

Erläuterung. Dieses Streben, daß alle das billigen, was man liebt oder haßt, ist in Wahrheit der Ehrgeiz (III. L. 29 E.).

Daher sehen wir, daß jeder von Natur verlangt, die andern sollen nach seinem Sinne leben. Wenn dies alle in gleicher Weise verlangen, so sind sie alle sich gleich hinderlich; und wenn alle von allen gelobt oder geliebt sein wollen, so werden sie einander hassen.

Lehrsatz 32. *Wenn jemand nach unserer Meinung sich einer Sache erfreut, die nur einer besitzen kann, so werden wir dahin streben, daß jener der Sache sich nicht bemächtigt.*

Beweis. Bloß deshalb, weil ein anderer nach unserer Meinung an einer Sache sich erfreut, werden wir sie lieben und streben, uns ihrer zu erfreuen (III. L. 27 Z. 1). Aber dieser Fröhlichkeit steht nach unserer Meinung entgegen (wie vorausgesetzt worden ist), daß jener sich derselben Sache erfreut; deshalb werden wir dahin streben, daß er sich ihrer nicht bemächtigt (III. L. 28).

Erläuterung. Man versteht hieraus, weshalb die Natur der Menschen meistenteils so beschaffen ist, daß sie die bemitleiden, denen es schlechtgeht, und die beneiden, denen es gutgeht, und zwar mit um so größerem Haß, je mehr sie den Gegenstand lieben, dessen ein anderer nach ihrer Meinung sich bemächtigt (III. L. 32). Man versteht ferner, wie aus derselben Eigentümlichkeit der menschlichen Natur, welche die Menschen mitleidig macht, auch folgt, daß sie neidisch und ehrgeizig sind. Wenn wir die Erfahrung zu Rate ziehen wollen, so sehen wir, daß sie dies alles bestätigt; besonders wenn wir auf die Zeit unserer Jugend zurücksehen. Denn man sieht, daß Knaben, weil ihr Körper fortwährend wie im Gleichgewicht sich befindet, bloß deshalb lachen oder weinen, weil sie andere lachen oder weinen sehen; ebenso wollen sie das gleich nachahmen, was sie andere tun sehen, und ebenso begehren sie alles, was nach ihrer Vorstellung andere ergötzt. Der Grund ist, weil die Bilder der Dinge, wie erwähnt, die eigenen Erregungen oder Zustände des menschlichen Körpers sind, mittelst welcher der menschliche Körper von fremden Ursachen erregt und veranlaßt wird, dies oder jenes zu tun.

Lehrsatz 33. *Wenn wir einen uns ähnlichen Gegenstand lieben, so streben wir nach Möglichkeit zu bewirken, daß er uns wiederliebt.*

Beweis. Wir streben, einen geliebten Gegenstand, vor den übrigen, möglichst uns bildlich vorzustellen (III. L. 12). Wenn der Gegenstand also uns ähnlich ist, so werden wir streben, ihn vor den übrigen mit Fröhlichkeit zu erfüllen (III. L. 29); oder wir werden nach Möglichkeit zu bewirken streben, daß der geliebte Gegenstand mit Fröhlichkeit erfüllt werde, begleitet von der Vorstellung unserer selbst, d. h., daß er uns wiederliebe (III. L. 13 E.)

Lehrsatz 34. *Je größer der Affekt ist, von dem ein geliebter Gegenstand nach unserer Meinung für uns erfüllt ist, desto mehr werden wir von Ruhmgefühl gefüllt sein.*

Beweis. Wir streben soviel als möglich, daß der geliebte Gegenstand uns wiederliebe (III. L. 33), d. h., daß der geliebte Gegenstand mit Fröhlichkeit sich erfülle, unter Begleitung der Vorstellung von uns. Je größer daher die Fröhlichkeit ist, von der wir den geliebten Gegenstand durch uns als Ursache erfüllt halten, desto mehr wird dieses Streben befördert, d. h. mit desto größerer Fröhlichkeit werden wir erfüllt (III. L. 11 E.). Wenn wir deshalb uns freuen, weil wir einen andern, uns ähnlichen, mit Fröhlichkeit erfüllt haben, so werden wir uns selbst mit Fröhlichkeit betrachten (III. L. 30). Je größer also der Affekt ist, von dem, nach unserer Meinung, der geliebte Gegenstand für uns erfüllt ist, mit desto größerer Fröhlichkeit werden wir uns selbst betrachten, oder ein um so größeres Ruhmgefühl werden wir empfinden (III. L. 30 E.)

Lehrsatz 35. *Wenn jemand sich vorstellt, daß der geliebte Gegenstand sich mit einem anderen in gleicher oder engerer Freundschaft verbindet, als in der er den geliebten Gegenstand besessen hat, so wird er den geliebten Gegenstand hassen und den andern beneiden.*

Beweis. Je größer die Liebe ist, von der wir den geliebten Gegenstand für uns erfüllt glauben, desto mehr werden wir uns von Ruhm erfüllt fühlen (III. L. 34), d. h. uns erfreuen (III. L. 30 E.). Deshalb werden wir so viel als möglich streben, uns vorzustellen, daß der geliebte Gegenstand mit uns am engsten verbunden ist. Dieses Streben oder Verlangen wird gesteigert, wenn wir glauben, daß der andere dasselbe begehrt (III. L. 31). Aber es ist vorausgesetzt, daß dieses Streben oder Verlangen von dem Bild des geliebten Gegenstandes unter Begleitung der Vorstellung dessen, mit dem er sich verbindet, gehemmt werde; wir werden also deshalb traurig sein (III. L. 11 E.) unter Begleitung der Vorstellung des geliebten Gegenstandes als Ursache und zugleich unter Begleitung des Bildes des andern; d. h. wir werden den geliebten Gegenstand hassen und zugleich den andern hassen (III. L. 13 E; L. 15 Z.), den wir beneiden werden, weil er sich an dem geliebten Gegenstande erfreut (III. L. 23).

Erläuterung. Dieser mit Neid verbundene Haß gegen den geliebten Gegenstand heißt Eifersucht, welche mithin nichts anderes ist, als ein Schwanken der Seele, aus Liebe und Haß zugleich entspringend, unter Begleitung des andern, den man beneidet. Überdem wird dieser Haß gegen den geliebten Gegenstand nach Verhältnis der Fröhlichkeit um so größer sein, je mehr der Eifersüchtige aus der gegenseitigen Liebe des geliebten Gegenstandes erregt zu sein pflegte, und je mehr er auch von dem Affekt gegen den ergriffen war, der nach seiner Vorstellung den geliebten Gegenstand mit sich verbinden will. Denn wenn er diesen haßte, so wird er auch den geliebten Gegenstand hassen (III. L. 24), weil er sich vorstellt, daß dieser sich dessen erfreut, den er haßt, und auch deshalb (III. L. 15 Z.), weil er genötigt ist, mit dem Bild des geliebten Gegenstandes das Bild des Gehaßten zu verbinden, welcher Grund gewöhnlich bei der Liebe zu einer Frau stattfindet. Denn wer sich vorstellt, daß eine Frau, welche er liebt, sich einem anderen hingibt, wird sich nicht bloß betrüben, weil sein eigenes Begehren gehemmt ist, sondern er wird auch, weil er das Bild des geliebten Gegenstandes mit den Schamteilen und Ausleerungen eines andern verbinden muß, das Weib verabscheuen, wozu noch kommt, daß der Eifersüchtige nicht mit denselben Mienen von ihr empfangen wird, die sie ihm sonst zeigte, wodurch der Liebende ebenfalls betrübt wird, wie ich gleich zeigen werde.

Lehrsatz 36. *Wer sich eines Gegenstandes erinnert, der ihn einmal erfreut hat, sucht denselben unter gleichen Umständen zu besitzen, als da er das erste Mal sich dessen erfreut hat.*

Beweis. Alles, was man zugleich mit dem erfreuenden Gegenstand gesehen hat, wird mittelbar eine Ursache der Fröhlichkeit (III. L. 15), also wird er das alles zugleich mit dem erfreuenden Gegenstand zu besitzen wünschen (III. L. 28), d. h. er wird den Gegenstand mit all den Umständen zu besitzen wünschen, unter denen er das erste Mal sich an demselben ergötzt hat.

Zusatz. Wenn der Liebende deshalb den Mangel eines dieser Umstände bemerkt, so wird er traurig werden.

Beweis. Denn soweit er diesen Mangel bemerkt, so weit stellt er sich etwas vor, was die Existenz dieses fehlenden Gegenstandes ausschließt. Da er aber nach diesem Gegenstand oder Umstand aus Liebe verlangt (III. L. 36), so wird er sich betrüben, soweit er sich vorstellt, daß er fehlt (III. L. 19).

Erläuterung. Diese Traurigkeit in bezug auf etwas, was wir lieben, heißt Sehnsucht.

Lehrsatz 37. *Das Begehren, was aus Trauer oder Fröhlichkeit, aus Haß oder Liebe entsteht, ist um so stärker, je größer dieser Affekt ist.*

Beweis. Die Traurigkeit mindert oder hemmt des Menschen Macht zu handeln (III. L. 11 E.), d. h. sie mindert oder hemmt das Bestreben des Menschen, in seinem Sein zu beharren (III. L. 27); sie widerspricht deshalb diesem Streben (III. L. 9), und das, was der von Traurigkeit erfüllte Mensch strebt, ist diese Traurigkeit zu entfernen. Aber je größer die Trauer ist, einem desto größeren Teil von dem Menschen Macht zu handeln muß sie sich notwendig entgegenstellen; je größer also die Trauer ist, mit einer desto größeren Macht wird der Mensch streben, die Traurigkeit zu entfernen, d. h. mit desto größerer Begierde oder Verlangen wird dieses geschehen (III. L. 9 E.). Weil ferner die Fröhlichkeit des Menschen Macht zu handeln vermehrt oder unterstützt, so ist leicht auf dieselbe Weise zu beweisen, daß der von Fröhlichkeit erfüllte Mensch nichts anderes wünscht, als sie sich zu erhalten, und zwar um so heftiger, je größer die Fröhlichkeit ist. Endlich folgt in derselben Weise, daß, da Haß und Liebe die eigenen Affekte der Fröhlichkeit sind, das Streben, Verlangen oder die Begierde, welche aus letzterer entspringt, in Verhältnis des Hasses und der Liebe wachsen wird.

Lehrsatz 38. *Wenn jemand einen geliebten Gegenstand anfängt zu hassen, so daß die Liebe ganz verschwindet, so wird er diesen Gegenstand bei gleicher Ursache stärker hassen, als wenn er ihn nicht geliebt hätte, und um so stärker, je größer die Liebe vorher gewesen ist.*

Beweis. Denn wenn jemand einen geliebten Gegenstand zu hassen beginnt, so werden mehrere seiner Bestrebungen gehemmt, als wenn er ihn nie geliebt hätte. Denn die Liebe ist eine Fröhlichkeit, welche der Mensch so viel als möglich sich zu erhalten strebt (III. L. 13 E., L. 28), und zwar dadurch, daß er den geliebten Gegenstand als gegenwärtig schaut (III. L. 28 E.) und ihn, soviel er kann, mit Freude erfüllt (III. L. 21). Dieses Streben ist um so größer (III. L. 37), je größer die Liebe und das Streben ist, daß der geliebte Gegenstand ihn wieder liebe (III. L. 33.).

Diese Bestrebungen werden durch den Haß des geliebten Gegenstandes gehemmt (III. L. 13 Z., L. 23), auch deshalb wird der Liebende (III. L. 11 E.) mit Trauer und um so mehr erfüllt werden, je größer seine Liebe gewesen ist; d. h. außer der Trauer, welche die Ursache des Hasses geworden ist, entsteht eine andere Trauer daraus, daß er den Gegenstand geliebt hat, und er wird deshalb den geliebten Gegenstand mit um so größerer Trauer betrachten, d. h. er wird ihn mehr hassen (III. L. 13 E.), als wenn er ihn gar nicht geliebt hätte, und um so mehr, je größer seine Liebe gewesen ist.

Lehrsatz 39. *Wer jemand haßt, wird streben, ihm ein Übel zuzuwenden, wenn er nicht fürchtet, daß ein größeres Übel daraus für ihn selbst entspringt; umgekehrt wird der, welcher jemand liebt, ihm nach demselben Gesetz wohlzutun streben.*

Beweis. Jemand hassen heißt, ihn als die Ursache einer Traurigkeit sich vorstellen (III. L. 13 E.); deshalb wird der, welcher jemand haßt, ihn zu entfernen oder zu vernichten streben (III. L.

28). Wenn er jedoch daraus etwas Trauriges oder ein größeres Übel (was dasselbe ist) für sich befürchtet, und er glaubt, dies vermeiden zu können, wenn er dem Gehaßten das beabsichtigte Übel nicht zufügt, so wird er streben, dieses Übel abzuhalten (III. L. 28), und zwar in stärkerem Grade (III. L. 27), als mit dem er das Übel zufügen wollte; jenes wird deshalb, wie gesagt, die Oberhand behalten. Der zweite Teil des Beweises ist ebenso zu führen. Wer also jemand haßt, wird usw.

Erläuterung. Unter gut verstehe ich hier alle Arten der Fröhlichkeit und ferner, was zu ihr führt und was irgendein Begehren befriedigt; unter Übel dagegen alle Arten der Traurigkeit und vorzüglich das, was ein Begehren vergeblich macht. Denn ich habe oben gezeigt (III. L. 9 E.), daß wir nichts begehren, weil wir es für gut halten, sondern umgekehrt, weil wir etwas begehren, nennen wir etwas gut, und ebenso nennen wir das, was wir verabscheuen, ein Übel. Deshalb bestimmt oder schätzt jeder nach seinen Affekten, was gut, was schlecht, was besser, was schlechter, und endlich, was das Beste und das Schlechteste sei. So hält ein Geiziger den Überfluß an Silber für das Beste und dessen Mangel für das Schlimmste; der Ehrgeizige verlangt dagegen nach nichts so, als nach Ruhm, und umgekehrt scheut er nichts mehr als Schande. Dem Neidischen ist ferner nichts angenehmer, als das Unglück des andern, und nichts lästiger, als das Glück desselben. So hält jeder nach seinem Affekte eine Sache für gut oder schlecht, für nützlich oder schädlich. Übrigens heißt der Affekt, welcher den Menschen bestimmt, das nicht zu wollen, was er will, und das zu wollen, was er nicht will, Fürsorge. Diese ist mithin nichts anderes als die Furcht, insofern der Mensch dadurch bestimmt wird, ein kommendes Übel durch ein kleineres zu vermeiden (III. L. 28). Wenn das Übel, was er fürchtet, die Schande ist, so heißt die Furcht Scham. Wenn endlich das Streben, ein kommendes Übel zu vermeiden, durch die Furcht vor einem andern Übel so gehemmt wird, daß der Mensch nicht weiß, welche er lieber will, so heißt diese Furcht: Bestürzung, namentlich, wenn die beiden gefürchteten Übel zu den großen gehören.

Lehrsatz 40. *Wer sich von jemand für gehaßt hält und glaubt, daß er ihm keine Ursache dazu gegeben habe, wird ihn ebenfalls hassen.*

Beweis. Wer sich jemand als von Haß erfüllt vorstellt, wird dadurch auch mit Haß erfüllt (III. L. 27), d. h. von einer Traurigkeit, welche von der Vorstellung einer äußeren Ursache begleitet ist (III. L. 13 E.). Er stellt sich aber keine andere Ursache seiner Traurigkeit vor (nach der Annahme) als jenen, von dem er gehaßt wird. Deshalb wird die Vorstellung, daß wir von jemand gehaßt werden, uns mit Trauer erfüllen, unter Begleitung der Vorstellung jenes, der uns haßt; d. h. wir werden ihn ebenfalls hassen (III. L. 13 E).

Erläuterung. Wenn man glaubt, daß man eine gerechte Ursache zum Haß gegeben habe, so wird man von Scham erfüllt (III. L. 30 u. E.). Doch geschieht dies selten (III. L. 25). Übrigens kann diese Gegenseitigkeit des Hasses auch dadurch entstehen, daß aus dem Haß das Streben entsteht, dem Gehaßten ein Übel zuzufügen (III. L. 39). Wer also sich von einem andern für gehaßt hält, wird ihn als die Ursache eines Übels oder einer Traurigkeit vorstellen, und er wird deshalb von einer Trauer ergriffen werden, d. h. von der Furcht unter Begleitung der Vorstellung dessen, von dem er gehaßt wird, als Ursache; er wird ihn also wiederhassen.

Zusatz 1. Wer glaubt, daß der Mensch, welchen er liebt, ihn haßt, wird von Haß und Liebe zugleich erfaßt werden. Denn insofern er sich für gehaßt hält, wird er bestimmt, ihn wiederzuhassen (III. L. 40); aber er liebt ihn nichtsdestoweniger, nach der Annahme; deshalb wird er von Haß und Liebe zugleich ergriffen sein.

Zusatz 2. Wenn wir glauben, daß uns von jemand, der uns bisher gleichgültig gewesen ist, aus Haß ein Übel zugefügt worden sei, so werden wir sofort streben, ihm dieses Übel ebenfalls zuzufügen.

Beweis. Wer glaubt, daß ein anderer ihn haßt, wird wiederhassen (III. L. 40), und er wird streben, sich an alles zu erinnern, was jenen mit Traurigkeit erfüllen kann (III. L. 26), und er wird streben, ihm dies zuzufügen (III. L. 39). Aber das erste, an das er sich erinnert, ist (nach der Voraussetzung) das Übel, was ihn selbst von jenem zugefügt worden; deshalb wird er sofort streben, ihm dieses auch zuzufügen.

Erläuterung. Das Streben, dem, welchen wir hassen, ein Übel zuzufügen, heißt Zorn; und das Streben, ein empfangenes Übel zu vergelten, Rache.

Lehrsatz 41. *Wenn jemand sich von einem anderen für geliebt hält und glaubt, dazu keine Veranlassung gegeben zu haben* (was nach III. L. 15 Z. und L. 16 möglich ist), *so wird er ihn wiederlieben.*

Beweis. Dieser Lehrsatz wird ebenso wie der vorgehende bewiesen; auch ist dessen Erläuterung zu beachten.

Erläuterung. Wenn jemand glaubt, dem anderen eine genügende Ursache zur Liebe gegeben zu haben, so wird er sich dessen rühmen (III. L. 30 mit E.), was häufiger geschieht (III. L. 25), und dessen Gegenteil, wie erwähnt, dann eintritt, wenn jemand sich von einem anderen für gehaßt hält (III. L. 40 E.). Ferner heißt diese erwidernde Liebe und damit das Streben, dem gut zu tun (III. L. 39), der uns liebt, d. h. der uns gut zu tun sucht (III. L. 39), Erkenntlichkeit oder Dankbarkeit. Hieraus ergibt sich, daß die Menschen weit bereiter zur Rache sind, als zur Erwiderung einer Wohltat.

Zusatz. Wer glaubt, daß der, welchen er haßt, ihn liebe, wird zugleich von Haß und Liebe ergriffen sein; dies wird ebenso wie der vorgehende Zusatz bewiesen.

Erläuterung. Überwiegt der Haß, so wird er dem Liebenden ein Übel zufügen, welcher Affekt Grausamkeit genannt wird, vorzüglich wenn man glaubt, daß der Liebende, nach der gewöhnlichen Meinung, keinen Grund zum Haß gegeben habe.

Lehrsatz 42. *Wenn jemand aus Liebe oder in Hoffnung eines Ruhmgefühls einem andern eine Wohltat erwiesen hat, so wird er sich betrüben, wenn er sieht, daß diese mit undankbarem Sinn empfangen wird.*

Beweis. Wer einen ihm ähnlichen Gegenstand liebt, wird möglichst streben, daß dieser ihn wiederliebt (III. L. 33). Wer daher aus Liebe einem andern eine Wohltat erwiesen hat, tut es aus der Ursache, wiedergeliebt zu werden, d. h. in Hoffnung eines Ruhmgefühls oder einer Fröhlichkeit (III. L. 34, L. 30 E.). Deshalb wird er möglichst streben, diese Ursache des Ruhmgefühls sich vorzustellen oder als gegenwärtig zu schauen. Aber (nach der Voraussetzung) stellt er etwas anderes vor, was die Existenz dieser Ursache ausschließt; also wird er dadurch betrübt sein (III. L. 19).

Lehrsatz 43. *Der Haß wird durch Erwiderung des Hasses vergrößert und kann umgekehrt durch Liebe getilgt werden.*

Beweis. Wenn jemand glaubt, daß der, den er haßt auch ihn haßt, so entsteht daraus ein neuer Haß (III. L. 40), während der erste noch fortbesteht (nach der Annahme). Wenn er dagegen glaubt, daß der Gehaßte von Liebe gegen ihn erfüllt ist, so betrachtet er sich selbst mit Freude, soweit er sich dies vorstellt (III. L. 30), und insoweit wird er streben, ihm zu gefallen (III. L. 29), d. h. insoweit wird er streben, ihn nicht zu hassen oder nicht mit

Traurigkeit zu erfüllen (III. L 40). Dieses Streben wird groß oder klein sein nach dem Affekt, aus dem es entspringt (III. L. 37). Ist es größer, als das aus dem Haß entsprungene oder als das Streben, den Gehaßten mit Traurigkeit zu erfüllen (III. L. 26), so wird es überwiegen und den Haß in der Seele vertilgen.

Lehrsatz 44. *Ein Haß, der durch die Liebe vollständig besiegt ist, geht in Liebe über, und diese Liebe ist dann größer, als wenn kein Haß vorausgegangen wäre.*

Beweis. Dieser Beweis geschieht in derselben Weise wie beim Lehrsatz III. 38. Denn wer einen Gegenstand, welchen er haßte oder mit Traurigkeit zu betrachten pflegte, zu lieben anfängt, ist schon dadurch allein erfreut, daß er liebt, und zu dieser in der Liebe enthaltenen Fröhlichkeit (III. L. 13 E. u. D.) tritt jene hinzu, welche daraus entspringt, daß das Streben, die Trauer zu entfernen, welche der Haß enthält, sehr unterstützt wird, unter Begleitung der Vorstellung des Gehaßten als Ursache (III. L. 37).

Erläuterung. Obgleich die Sache sich so verhält, so wird doch niemand begehren, einen Gegenstand deshalb zu hassen oder ihn mit Traurigkeit zu erfüllen, nur damit er selbst die erwähnte höhere Fröhlichkeit daraus genieße; d. h. niemand wird wünschen, daß ihm ein Schaden zugefügt werde, um der Hoffnung willen, diesen Schaden ersetzt zu erhalten, und niemand wird sich eine Krankheit wünschen um der Hoffnung des Genesens willen. Denn jeder wird immer streben, sein Dasein zu erhalten und die Traurigkeit möglichst fernzuhalten. Wäre es indes möglich, daß ein Mensch begehrte, jemand zu hassen, um ihm dann mit um so größerer Liebe zugetan zu sein, so müßte er wünschen, ihn immer zu hassen. Denn je größer der Haß gewesen ist, desto größer wird die Liebe sein, und er wird deshalb immer wünschen, daß der Haß noch mehr wachse. Ebenso wird ein Mensch begehren, noch immer kränker zu werden, um eine größere Freude aus der hergestellten Gesundheit später zu genießen; er müßte deshalb streben, immer krank zu sein, was widersinnig ist (III. L. 6).

Lehrsatz 45. *Wenn jemand glaubt, daß ein anderer ihm ähnlicher Gegenstand einen anderen ihm ähnlichen Gegenstand, welchen er selbst liebt, haßt, so wird er jenen auch hassen.*

Beweis. Denn der geliebte Gegenstand wird den, der ihn haßt, wiederhassen (III. L. 40), folglich wird der Liebende, welcher glaubt, daß jemand den geliebten Gegenstand haßt, glauben, daß dadurch der geliebte Gegenstand von Haß, d. h. Traurigkeit erfüllt ist (III. L. 13 E.), und folglich wird er betrübt sein (III. L.

21), und zwar unter Begleitung der Vorstellung dessen, der den geliebten Gegenstand haßt, als Ursache, d. h. er wird diesen selbst hassen (III. L. 13 E.).

Lehrsatz 46. *Wenn jemand von einem anderen, der anderen Standes oder anderer Nation, mit Fröhlichkeit oder Trauer erfüllt worden ist, in Begleitung einer Vorstellung desselben unter dem allgemeinen Namen des Standes oder der Nation als Ursache, so wird er nicht bloß diesen, sondern alle Personen dieses Standes oder dieser Nation lieben oder hassen.*

Beweis. Der Beweis dieses Satzes ergibt sich aus III. L. 16.

Lehrsatz 47. *Die Fröhlichkeit, welche davon kommt, daß wir glauben, ein gehaßter Gegenstand werde zerstört oder mit einem Übel behaftet, entsteht nicht ohne eine gewisse Traurigkeit der Seele.*

Beweis. Dies ergibt sich aus III. L. 27, denn soweit wir glauben, daß ein uns ähnlicher Gegenstand von Traurigkeit erfüllt wird, werden wir selbst traurig.

Erläuterung. Dieser Lehrsatz kann auch aus II. L. 17 Z. bewiesen werden. Denn so oft wir uns einer Sache erinnern, so werden wir sie als gegenwärtig auffassen, obgleich sie wirklich nicht existiert, und der Körper wird ebenso erregt werden. Solange daher das Andenken des Gegenstandes besteht, so lange wird der Mensch bestimmt, sie mit Traurigkeit zu betrachten. Diese Bestimmung wird zwar, während das Bild der Sache noch besteht, durch die Erinnerung jener Dinge gehemmt, welche deren Existenz ausschlossen; aber sie wird davon nicht aufgehoben. Der Mensch freut sich also nur insoweit, als diese Bestimmung gehemmt wird, und daher kommt es, daß diese Fröhlichkeit, welche aus dem Unglück einer gehaßten Sache entspringt, so oft wiederkehrt, als wir uns derselben Sache erinnern. Denn wenn, wie gesagt, das Bild dieser Sache erweckt wird, so bestimmt es, weil es die Existenz derselben enthält, den Menschen, sie mit derselben Traurigkeit zu betrachten, mit der es früher geschah, als sie existierte. Weil indes der Mensch mit dem Bild dieser Sache andere verbunden hat, welche die Existenz derselben ausschließen, so wird diese Veranlassung zur Traurigkeit sofort gehemmt, und der Mensch ist wieder fröhlich, und zwar so oft als sich dies wiederholt.

Dies ist auch die Ursache, weshalb man sich freut, so oft man sich eines vergangenen Übels entsinnt, und weshalb die Erzählung von Gefahren, von denen man befreit worden ist, Freude macht. Denn wenn man sich eine Gefahr vorstellt, nimmt man sie als eine kommende und wird dadurch zur Furcht bestimmt; aber diese Bestimmung wird wieder durch die Vorstellung der Befreiung gehemmt, welche sich mit der Vorstellung der Gefahr verknüpft hat, als man von ihr befreit worden ist; diese macht wieder sicher, und man ist wieder froh.

Lehrsatz 48. *Die Liebe und der Haß, z. B. gegen Peter, wird aufgehoben, wenn die Traurigkeit, welche dieser, und wenn die Fröhlichkeit, welche jene enthält, sich mit der Vorstellung einer anderen Ursache verbindet. Beide Affekte vermindern sich, wenn Peter nicht für die alleinige Ursache derselben gehalten worden ist.*

Beweis. Dies ergibt sich aus der bloßen Definition der Liebe und des Hasses (III. L. 13 E.), denn die Freude wird nur deshalb zur Liebe und die Traurigkeit zum Haß gegen Peter, weil er für die Ursache derselben gehalten wird; ist die Annahme ganz oder zum Teil beseitigt, so verschwindet auch der Affekt gegen Peter ganz oder zum Teil.

Lehrsatz 49. *Die Liebe und der Haß gegen einen Gegenstand, den man für frei hält, muß bei gleicher Ursache größer sein als gegen einen unfreien Gegenstand.*

Beweis. Ein Gegenstand, den man für frei hält, muß durch sich und ohne anderes vorgestellt werden (I. D. 7); wenn wir daher einen solchen für die Ursache der Fröhlichkeit oder der Trauer nehmen (III. L. 13 E.), so werden wir ihn lieben oder hassen, und zwar in der stärksten Weise, welche für den gegebenen Affekt möglich ist (III. L. 48). Wenn wir aber den Gegenstand, welcher die Ursache derselben Affekte ist, für einen unfreien halten, dann nehmen wir ihn nicht für die alleinige Ursache derselben, sondern rechnen auch anderes als Ursache hinzu (I. D. 7), und deshalb wird die Liebe und der Haß gegen den Gegenstand schwächer sein (III. L. 48).

Erläuterung. Daraus erklärt sich, daß Menschen sich mehr als andere Dinge gegenseitig lieben oder hassen; sie halten sich nämlich für frei, und dazu kommt noch die Nachahmung der Affekte, worüber III. L. 27, 34, 40 und 43 einzusehen sind.

Lehrsatz 50. *Jeder Gegenstand kann zufällig die Ursache einer Hoffnung oder einer Furcht werden.*

Beweis. Dieser Lehrsatz wird auf dieselbe Weise bewiesen, wie III. L. 15 in Verbindung mit III. L. 18 E.

Erläuterung. Die Gegenstände, welche zufällig die Ursache der Hoffnung und Furcht sind, heißen gute oder schlechte Vorzeichen. Soweit sie die Ursache der Hoffnung und Furcht sind, soweit sind sie Ursachen der Fröhlichkeit oder Trauer (III. L. 18 E. 2), und folglich lieben oder hassen wir sie insoweit (III. L. 15 Z.) und streben, sie als Mittel für das, was wir hoffen, anzuwenden oder als Hindernisse und Ursachen der Furcht abzuwenden (III. L. 28). Ferner folgt aus III. L. 25, daß wir von Natur so beschaffen sind, daß wir das leicht glauben, was wir hoffen, und schwer, was wir fürchten, und unser Urteil hierüber mehr als recht ist dadurch bestimmen lassen. Daraus sind die abergläubischen Meinungen entstanden, von denen die Menschen überall geplagt sind.

Übrigens ist es wohl nicht notwendig, hier die Schwankungen der Seele darzulegen, welche aus der Hoffnung oder Furcht entspringen, da schon aus der bloßen Definition dieser Affekte sich ergibt, daß es keine Hoffnung ohne Furcht und keine Furcht ohne Hoffnung gibt (wie an seinem Ort ausführlich erklärt worden ist). Außerdem lieben oder hassen wir etwas in demselben Grad, wie wir es hoffen oder fürchten; das von der Liebe und dem Haß Gesagte wird daher jeder leicht auf die Hoffnung und die Furcht anwenden können.

Lehrsatz 51. *Verschiedene Menschen können von demselben Gegenstand auf verschiedene Weise erregt werden, und derselbe Mensch kann von demselben Gegenstand zu verschiedenen Zeiten verschieden erregt werden.*

Beweis. Der menschliche Körper wird von fremden Körpern auf verschiedene Weise erregt (II. H. 3). Es können deshalb zwei Menschen zu gleicher Zeit auf verschiedene Weise erregt sein, folglich auch von ein und demselben Gegenstand verschieden erregt werden (II. L. 13 Ln. 3, A. 1). Ferner kann der menschliche Körper bald auf diese, bald auf jene Weise erregt werden und daher von demselben Gegenstand, zu verschiedenen Zeiten, verschieden erregt werden (II. L. 13 Ln. 3, A. 1).

Erläuterung. Man sieht hieraus, wie es möglich ist, daß einer liebt, was der andere haßt, und einer fürchtet, was der andere nicht fürchtet; und daß derselbe Mensch jetzt das liebt, was er früher haßte, und jetzt das wagt, was er früher fürchtete, usw. Es ergibt sich ferner, daß, weil jeder nach seinen Gefühlen urteilt, was gut und schlecht, besser und schlimmer ist (III. L. 39 E.), die Menschen sowohl in den Urteilen, wie in den Gefühlen voneinander abweichen. (Die Möglichkeit dazu, trotzdem daß die menschliche Seele ein Teil des göttlichen Verstandes ist, ist II. L. 17 E. dargelegt worden.) Wenn wir die Menschen untereinander vergleichen, so unterscheiden wir sie daher nach dem Unterschied ihrer

Affekte von uns und nennen diesen kühn, jenen furchtsam, oder sonstwie. So werde ich z. B. den mutig nennen, welcher ein Übel verachtet, was ich zu fürchten pflege. Wenn ich außerdem bemerke, daß seine Begierde, dem Gegner zu schaden und dem Freunde wohlzutun, durch die Furcht vor einem Übel nicht gehemmt wird, vor dem ich gewöhnlich zurückweiche, so werde ich ihn kühn nennen. Ferner wird mir derjenige als furchtsam gelten, der ein Übel fürchtet, was ich zu verachten pflege; wenn ich außerdem bemerke, daß seine Begierde durch die Furcht vor einem Übel gehemmt wird, welches mich nicht abschrecken kann, so werde ich ihn kleinmütig nennen.

In dieser Weise wird jeder sein Urteil fällen. Bei dieser Natur der Menschen und der Unbeständigkeit ihres Urteils, und da die Menschen oft bloß nach dem Gefühl über die Dinge urteilen, und da die Gegenstände, welche sie für fröhliche oder traurige halten, und deshalb zu befördern oder zu entfernen streben (III. L. 28), oft nur eingebildete sind. So kann man, ohne daß ich noch an die Ungewißheit der Dinge zu erinnern brauche, wie sie im II. Teil dargelegt worden sind, leicht begreifen, daß die Menschen oft in die Lage kommen können, sich zu betrüben oder zu erfreuen, oder daß sie von diesen Affekten erfaßt werden, unter Begleitung der Vorstellung ihrer selbst als Ursache. Hieraus ergibt sich leicht, was die Reue und die Selbstzufriedenheit ist. Die Reue ist nämlich die Traurigkeit unter Begleitung der Vorstellung seiner selbst als Ursache, und die Selbstzufriedenheit ist eine Fröhlichkeit in gleicher Weise. Diese Affekte sind sehr heftig, weil die Menschen sich für frei halten. (III. L. 49).

Lehrsatz 52. *Einen Gegenstand, den wir zugleich mit anderen früher gesehen haben, oder der nach unserer Meinung nichts an sich hat, was nicht mehreren Gegenständen gemeinsam ist, werden wir nicht so lange betrachten, als einen, der nach unserer Auffassung etwas Eigentümliches hat.*

Beweis. Sobald wir uns einen Gegenstand vorstellen, den wir mit anderen gesehen haben, so werden wir uns sofort dieser anderen entsinnen (II. L. 18 E.), und so werden wir aus der Betrachtung des einen in die Betrachtung des andern geraten. Ebenso verhält es sich mit einem Gegenstand, der nur Gemeinsames mit anderen enthält. Denn eben deshalb meinen wir in ihnen nichts zu schauen, was wir nicht vorher schon mit anderen gesehen haben. Wenn wir aber annehmen, daß wir uns in einem Gegenstand etwas Eigentümliches vorstellen, was wir vorher noch nicht gesehen haben, so heißt dies nichts anderes, als daß die Seele bei der Beschauung dieses Gegenstandes nichts in sich hat, auf dessen Betrachtung sie durch die Betrachtung dieses geraten könnte; sie ist daher mit veranlaßt, diesen zu betrachten. Deshalb werden wir einen Gegenstand usw.

Erläuterung. Diese Erregung der Seele oder diese bildliche Vorstellung einer besonderen Sache heißt, soweit sie bloß in der Seele besteht, Bewunderung. Kommt sie von einem Gegenstand, den wir fürchten, so heißt sie Bestürzung, weil die Bewunderung eines Übels den Menschen in dessen Betrachtung so schwebend erhält, daß er nicht vermag, an das zu denken, wodurch er dieses Übel vermeiden könnte. Wenn aber das, was wir bewundern, eines Menschen Klugheit, Fleiß oder dgl. ist, so wird jene Bewunderung Ehrfurcht genannt, indem wir sehen, daß der Mensch dadurch uns weit übertrifft. Wenn wir eines Menschen Zorn, Neid usw. bewundern, so heißt dies Abscheu. Wenn wir ferner eines Menschen, den wir lieben, Klugheit, Fleiß usw. bewundern, so wird die Liebe dadurch steigen (III. L. 12), und diese mit Bewunderung oder Ehrfurcht verbundene Liebe heißt: Ergebenheit. Auf diese Weise kann man sich auch den Haß, die Hoffnung, die Sicherheit und andere Affekte mit Bewunderung verbunden vorstellen und so mehr Affekte ableiten, als gebräuchliche Worte dafür vorhanden sind. Daraus ergibt sich, daß die Namen der Affekte mehr nach ihrem gewöhnlichen Gebrauch als nach ihrer genauen Kenntnis gebildet worden sind.

Der Bewunderung steht die Verachtung gegenüber, deren Ursache meist folgende ist. Wenn wir sehen, daß jemand eine Sache bewundert, liebt, fürchtet, oder wenn wir einen Gegenstand wegen seiner zunächst hervortretenden Ähnlichkeit mit bewunderten, geliebten oder gefürchteten Gegenständen ebenfalls bewundern, lieben, fürchten usw., alsdann aber durch die Gegenwart oder genauere Betrachtung des Gegenstandes genötigt sind, alles das von ihm zu verneinen, was die Ursache der Bewunderung, der Liebe, der Furcht usw. sein kann, so ist die Seele durch diese Gegenwart der Sache mehr veranlaßt, an das darin Fehlende als an das darin Befindliche zu denken; während sie doch sonst wegen der Gegenwart des Gegenstandes an das Vorzügliche zu denken pflegt, was in dem Gegenstand ist. So wie nun die Ergebenheit aus der Bewunderung einer Sache entsteht, die wir lieben, so entsteht der Spott aus der Verachtung eines Gegenstandes, den wir hassen oder fürchten; ebenso die Geringschätzung aus der Verachtung der Dummheit, wie die Verehrung aus der Bewunderung der Klugheit.

Auf diese Weise kann man sich auch eine Verbindung der Liebe, der Hoffnung, des Ehrgeizes und anderer Affekte mit der Verachtung denken und so mannigfache Affekte daraus ableiten, welche man ebenfalls nicht mit besonderen Worten zu bezeichnen pflegt.

Lehrsatz 53. *Wenn die Seele sich selbst und ihre Macht zu handeln betrachtet, so ist sie erfreut, und zwar um so mehr, je bestimmter sie sich und diese Macht vorstellt.*

Beweis. Der Mensch kennt sich selbst nur durch die Zustände seines Körpers und deren Vorstellungen (II. L. 19, 23).

Wenn es also geschieht, daß sich der Mensch selbst betrachten kann, so wird angenommen daß er dadurch zu größerer Vollkommenheit vorschreitet, d. h. daß er von Freude erfüllt ist (III. L. 11 E.), und zwar um so mehr, je bestimmter er sich und seine Macht zu handeln vorstellen kann.

Zusatz. Diese Fröhlichkeit wird gesteigert, je mehr ein Mensch sich von andern gelobt vorstellt. Denn je mehr dieses geschieht, desto höher hält er die Freude, welche andere über ihn empfinden, und zwar unter Begleitung seiner als Ursache (III. L. 29 E.), und deshalb wird er selbst von größerer Fröhlichkeit erfüllt, unter Begleitung der Vorstellung seiner selbst als Ursache. (III. L. 27.)

Lehrsatz 54. *Die Seele strebt, nur das vorzustellen, was ihre Macht zu handeln setzt.*

Beweis. Das Streben oder die Macht der Seele ist ihr eigenes Wesen (III. L. 7). Das Wesen der Seele bejaht aber nur das, was die Seele ist und vermag (wie von selbst klar ist), und nicht das, was sie nicht ist und nicht vermag; deshalb strebt sie, nur das vorzustellen, was ihre Macht zu handeln bejaht oder setzt.

Lehrsatz 55. *Wenn die Seele ihre Ohnmacht sich vorstellt, wird sie dadurch betrübt.*

Beweis. Das Wesen der Seele bejaht nur das, was die Seele ist oder vermag, d. h. es ist der Natur der Seele entsprechend, sich nur das vorzustellen, was ihre Macht zu handeln setzt (III. L. 44). Wenn ich also sage, daß die Seele, wenn sie sich selbst betrachtet, ihre Ohnmacht betrachtet, so heißt dies nur, daß das Streben der Seele, sich etwas vorzustellen, was ihre Macht zu handeln setzt, gehemmt werde, d. h. daß die Seele sich betrübe (III. L. 11 E.).

Zusatz 1. Die Traurigkeit steigert sich daher, wenn man sich von andern getadelt glaubt, was ebenso bewiesen wird, wie der Zusatz in III. L. 53.

Erläuterung. Diese Traurigkeit in Begleitung der Vorstellung unserer Schwäche heißt: Niedergeschlagenheit; die Fröhlichkeit aber, die aus der Betrachtung unserer entspringt, Selbstliebe oder Selbstzufriedenheit. Da diese so oft sich wiederholt, als der Mensch seine Tugenden und seine Macht zu handeln betrachtet, so kommt es, daß jeder so gerne seine Taten zu erzählen und die Kraft seines Körpers wie seiner Seele zu zeigen sich beeifert, so daß die Menschen einander deshalb lästig werden. Es folgt daraus ferner, daß die Menschen von Natur neidisch sind (III. L. 24 E., L. 32 E.), d. h., daß sie sich über die Schwäche ihrer Nebenmenschen freuen und über deren Tugenden betrüben. Denn sooft jemand an seine Handlungen denkt, so oft wird er fröhlich (III. L. 53), und zwar um so mehr, je mehr Vollkommenheit nach seiner Meinung seine Handlungen ausdrücken, und je deutlicher er sie sich vorstellt, d. h. je mehr er sie von andern unterscheidet und als eigentümliche Gegenstände betrachten kann. Daher wird sich jeder bei der Betrachtung seiner dann am meisten freuen, wenn er etwas in sich bemerkt, was den andern fehlt. Wenn aber das, was er von sich bejaht, sich auf die universelle Vorstellung des Menschen oder des Geschöpfes bezieht, so wird er nicht so fröhlich sein. Umgekehrt wird er sich betrüben, wenn er bei Vergleichung seiner mit anderer Handlungen die seinigen für die schwächeren hält. Er wird streben, diese Traurigkeit zu entfernen (III. L. 28), indem er die Handlungen seiner Nebenmenschen herabzieht oder die seinigen möglichst verschönert.

Es ergibt sich, daß die Menschen von Natur zu Haß und Neid geneigt sind, und die Erziehung befördert dies. Denn die Eltern pflegen die Kinder nur durch die Reizmittel der Ehre und des Neides zur Tugend anzuhalten.

Man kann mir indes entgegnen, daß wir ja oft die Tugenden der Menschen bewundern und sie verehren. Um diesen Einwand zu heben, will ich folgenden Zusatz beifügen.

Zusatz 2. Niemand beneidet jemand um seine Tugend, ausgenommen, wenn dieser seinesgleichen ist.

Beweis. Der Neid ist ein Haß (III. L. 24 E.) oder eine Traurigkeit (III. L. 13 E.), d. h. ein Zustand, welcher des Menschen Macht oder Begehren hemmt (III. L. 11 E.). Aber der Mensch strebt und wünscht nur das zu tun (III. L. 9 E.), was aus seiner gegebenen Natur folgen kann. Daher wünscht der Mensch nicht, daß eine Macht zu handeln oder (was dasselbe ist) eine Tugend ihm beigelegt werde, welche der Natur eines anderen eigentümlich und seiner eigenen fremd ist. Deshalb kann sein Begehren nicht gehemmt, d. h. er selbst nicht betrübt werden (III. L. 11 E.), wenn er in einem ihm unähnlichen Gegenstand einen Vorzug bemerkt, und folglich wird er ihn auch nicht deshalb beneiden, wohl aber seinesgleichen, der gleicher Natur mit ihm ist.

Erläuterung. Wenn ich daher oben (III. L. 52 E.) gesagt habe, daß wir einen Menschen deshalb verehren, weil wir seine Klugheit, Tapferkeit usw. bewundern, so geschieht es, weil wir diese Tugenden für solche halten, welche ihm eigentümlich angehören, und nicht für solche, welche gemeinsame mit unserer Natur sind (III. L. 55). Wir werden deshalb ihn um dieser ebensowenig beneiden wie die Bäume um ihre Höhe und die Löwen um ihre Stärke.

Lehrsatz 56. *Es gibt ebenso viele Arten der Fröhlichkeit, der Traurigkeit und des Begehrens sowie der daraus zusammengesetzten Affekte und Schwankungen der Seele und der daraus abgeleiteten Affekte, wie Liebe, Haß, Hoffnung, Furcht usw., als es Arten der Gegenstände gibt, von denen man erregt wird.*

Beweis. Die Fröhlichkeit und die Trauer und die daraus gebildeten oder abgeleiteten Affekte sind leidende Zustände (III. L. 11 E.). Wir leiden aber notwendig (III. L. 1), soweit wir unzureichende Vorstellungen haben, und soweit wir sie haben, soweit leiden wir nur (III. L. 3), d. h. wir leiden nur soweit notwendig (II. L. 40 E.) soweit wir uns in bildlichen Vorstellungen bewegen, oder soweit wir durch einen Affekt erregt werden (II. L. 17 E.), welcher die Natur unseres Körpers und die eines fremden einschließt. Die Natur irgendeines leidenden Zustandes kann daher nur so erklärt werden, daß sie durch die Natur des Gegenstandes ausgedrückt wird, welcher uns erregt. So enthält die Fröhlichkeit, welche aus dem Gegenstande A entspringt, die Natur desselben Gegenstandes A, und die Fröhlichkeit, welche aus dem Gegenstand B entspringt, die Natur desselben Gegenstandes B. Mithin sind diese beiden Affekte der Fröhlichkeit von Natur verschieden, da sie aus Ursachen verschiedener Natur entspringen. So ist auch der Affekt der Traurigkeit, welcher als dem einen Gegenstand entspringt, in seiner Natur verschieden von der Traurigkeit, welche aus einer andern Ursache entsteht. Dies gilt auch von der Liebe, dem Haß, der Hoffnung, der Furcht, den Gemütsschwankungen usw. Es gibt also notwendig so viele Arten der Fröhlichkeit, Traurigkeit, der Liebe, des Hasses usw., als es Arten der Gegenstände gibt, durch die wir erregt werden.

Die Begierde aber ist die Natur oder das Wesen eines jeden, soweit es aufgefaßt wird als durch eine gegebene Verfassung desselben zu einer Tätigkeit bestimmt (III. L. 9 E.). Je nachdem also in jemand von äußeren Ursachen diese oder jene Art der Fröhlichkeit, der Traurigkeit, der Liebe, des Hasses usw. erregt wird, d. h. je nachdem seine Natur in diese oder jene Verfassung gerät, so muß auch sein Begehren ein anderes werden, und die Natur des einen muß sich von der Natur des anderen ebenso unterscheiden, wie die Affekte sich unterscheiden, aus denen sie entspringen. Es gibt also so viele Arten des Begehrens, als Arten der Fröhlichkeit, Traurigkeit, Liebe usw., und mithin (wie bereits gezeigt worden) so viele, als es Arten der Gegenstände gibt, von denen wir erregt werden.

Erläuterung. Die wichtigeren unter den Arten der Affekte, deren es sehr viele geben muß (III. L. 56.), sind die Schwelgerei, die Trunkenheit, die Wollust, der Geiz und die Ehrsucht. Sie sind nur Arten der Liebe und des Begehrens, und die Natur dieser beiden Affekte besondert sich in ihnen durch die Gegenstände, auf welche sie sich beziehen. Denn unter Schwelgerei, Trunkenheit, Wollust, Geiz und Ehrsucht versteht man nur die unmäßige Liebe und Begierde nach Schmausereien, nach Begattung, nach Reichtum und Ruhm. Übrigens haben diese Affekte kein Gegenteil, sofern man sie bloß nach dem Gegenstand, auf den sie sich beziehen, voneinander unterscheidet. Denn die Mäßigkeit, welche man der Schwelgerei, und die Nüchternheit, welche man der Trunkenheit, und die Keuschheit, welche man der Wollust entgegenzustellen pflegt, sind keine Affekte oder leidende Zustände, sondern bezeichnen die Macht der Seele, wodurch diese Affekte gemäßigt werden.

Im übrigen kann ich die anderen Arten der Affekte hier nicht auseinandersetzen, da deren so viele sind, als Arten der Gegenstände (und selbst wenn ich es könnte, wäre es nicht nötig). Denn um die Kräfte der Affekte und die Macht der Seele über sie zu bestimmen, was allein mein Zweck ist, genügt die allgemeine Definition eines jeden Affektes. Es genügt, sage ich, die Kenntnis der allgemeinen Eigenschaften der Affekte der Seele, um bestimmen zu können, welche Macht nach Art und Größe die Seele besitzt, um die Affekte zu mäßigen und zu hemmen. Wenn also auch ein großer Unterschied zwischen diesem oder jenem Affekt der Liebe, des Hasses und des Begehrens besteht, z. B. zwischen der Liebe zu den Kindern und der zu der Gattin, so brauchen wir doch nicht diese Unterschiede zu lernen und die Natur und den Ursprung dieser Affekte weiter zu erforschen.

Lehrsatz 57. *Jeder Affekt eines Einzeldinges unterscheidet sich von dem Affekt eines anderen Dinges um so viel, als sich das Wesen des einen Einzeldinges von dem des andern unterscheidet.*

Beweis. Dieser Lehrsatz ergibt sich aus II. L. 13 E. Ln. 3 A. 1. Nichtsdestoweniger will ich ihn durch die Definition der ursprünglichen drei Affekte beweisen.

Alle Affekte beziehen sich auf das Begehren, die Fröhlichkeit und die Traurigkeit, wie die von mir gegebenen Definitionen derselben beweisen. Aber das Begehren ist die Natur oder das Wesen selbst von einem jeden (III. L. 9 D. in E.), deshalb unterscheidet sich das Begehren eines jeden Einzelnen von dem des anderen gerade so weit, als die Natur oder das Wesen des einem von dem des anderen abweicht. Die Fröhlichkeit oder die Trauer sind ferner leidende Zustände, durch welche eines jeden Macht oder Streben, in seinem Sein zu verharren, vermehrt oder vermindert, unterstützt oder gehemmt wird (III. L. 11 u. E.). Unter dem Streben, in seinem Sein zu verharren wird, so weit es auf Seele und Körper zugleich bezogen wird, das Verlangen und die Begierde verstanden (III. L. 9 E.). Daher ist die Fröhlichkeit und Traurigkeit das Begehren oder Verlangen selbst, insofern es von einer fremden Ursache vermehrt oder vermindert, unterstützt oder gehemmt wird, d. h. es ist die Natur eines jeden (III. L. 9 E.).

Mithin unterscheidet sich die Fröhlichkeit oder Trauer des einen von der des andern auch insoweit, als die Natur und das Wesen des einen von den des andern abweicht. Folglich unterscheidet sich der Affekt des einen Einzeldinges von dem des andern usw.

Erläuterung. Hieraus ergibt sich, daß die Affekte der Tiere, welche unvernünftig heißen (denn wir können nicht zweifeln, daß auch sie Vorstellungen haben, nachdem wir den Ursprung der Seele kennengelernt haben), von denen der Menschen um so weit abweichen, wie ihre Natur von der des Menschen abweicht. Das Pferd wird, wie der Mensch, von der Lust sich zu begatten getrieben; aber jenes von einer pferdeartigen und dieser von einer menschlichen Lust. So müssen auch die Lüste und Begehren der Fische, der Insekten und der Vögel bei jedem verschieden sein.

Wenn daher auch jedes Einzelwesen mit seiner Natur, welche es ausmacht, zufrieden lebt und sich derselben erfreut, so ist doch das Leben, mit welchem jedes zufrieden ist, und seine Freude nur die Vorstellung oder Seele dieses Einzelgeschöpfes, und deshalb unterscheidet sich die Freude des einen von der des andern in ihrer Natur um so viel, als das Wesen des einen von dem Wesen des andern.

Endlich ergibt sich aus dem vorstehenden Lehrsatz, daß ein großer Unterschied ist zwischen der Freude, die z. B. einen Betrunkenen beherrscht, und der Freude, die ein Philosoph besitzt, wie ich im Vorbeigehen bemerken will.

So viel über die Affekte, welche sich auf den Menschen beziehen, sofern er leidet. Es bleibt noch einiges über die hinzuzufügen, die sich auf ihn beziehen, sofern er handelt.

Lehrsatz 58. *Außer der Fröhlichkeit und Begierde, welche leidende Zustände sind, gibt es noch andere Affekte der Fröhlichkeit und Begierde, welche sich auf uns, als Handelnde, beziehen.*

Beweis. Die Seele freut sich, wenn sie sich und ihre Macht zu handeln vorstellt (III. L. 53). Die Seele betrachtet sich aber notwendig selbst, wenn sie eine wahre oder zureichende Vorstellung faßt (II. L. 43). Die Seele faßt aber einzelne zureichende Vorstellungen (II. L. 40 E. 2); sie freut sich also auch, soweit sie zureichende Vorstellungen faßt, d. h. soweit sie handelt (III. L. 1). Ferner strebt die Seele, sowohl inwiefern sie klare und bestimmte, als inwiefern sie verworrene Vorstellungen hat, in ihrem Sein zu verharren (III. L. 9). Unter Streben versteht man aber das Begehren (III. L. 9 E.); die Begierde gehört also zu uns auch, inwiefern wir einsehen oder inwiefern wir handeln (III. L. 1).

Lehrsatz 59. *Alle Affekte, welche sich auf den Menschen, sofern er handelt, beziehen, beziehen sich nur auf die Fröhlichkeit oder auf das Begehren.*

Beweis. Alle Affekte haben auf das Begehren, die Fröhlichkeit und die Traurigkeit Bezug, wie die von mir gegebenen Definitionen zeigen. Unter Traurigkeit wird aber verstanden, daß der Seele Macht zu denken vermindert oder gehemmt wird (III. L. 11 u. E.). Daher wird, soweit die Seele sich betrübt, ihre Macht einzusehen, d. h. zu handeln, gemindert oder gehemmt (III. L. 1). Daher kann kein Affekt der Traurigkeit auf die Seele, sofern sie handelt, bezogen werden; sondern nur die Fröhlichkeit und das Begehren, welche sich insoweit auch auf die Seele beziehen (III. L. 58).

Erläuterung. Alle Handlungen, welche aus Affekten folgen, die auf die Seele als tätige bezogen werden, rechne ich zur Tapferkeit, welche ich in Seelenstärke und Edelsinn teile. Denn unter Seelenstärke verstehe ich ein Begehren, durch welches jeder sein Sein wegen des bloßen Gebotes der Vernunft zu erhalten sucht, und unter Edelsinn ein Begehren, durch welches jeder wegen des bloßen Gebotes der Vernunft strebt, die übrigen Menschen zu unterstützen und sich in Freundschaft zu verbinden. Die Handlungen, welche nur den Nutzen des Handelnden verfolgen, rechne ich zur Seelenstärke; die, welche den Nutzen eines andern verfolgen, zum Edelsinn. Mäßigkeit, Nüchternheit und Geistesgegenwart bei Gefahren sind Arten der Seelenstärke; dagegen sind Bescheidenheit, Milde usw. Arten des Edelsinns.

Hiermit glaube ich die erheblichen Affekte und Schwankungen der Seele, welche aus der Verbindung der drei ursprünglichen Affekte, nämlich der Fröhlichkeit, der Traurigkeit und dem Begehren entstehen, erklärt und nach ihren letzten Ursachen dargelegt zu haben. Es ergibt sich daraus, daß wir durch fremde Ursachen auf viele Weise erregt werden, und daß wir hin- und herschwanken, wie die von entgegengesetzten Winden bewegten Wellen des Meeres, unkundig unseres Erfolgs und Schicksals. Ich habe indes schon gesagt, daß ich nur die erheblichsten Erregungen der Seele und nicht alle möglichen habe darlegen wollen. Denn wenn wir so, wie oben, fortschreiten, so können wir zeigen, daß die Liebe mit der Reue, mit der Geringschätzung, mit dem Schamgefühl sich verbindet. Ja, ich glaube, es ist jedem aus dem bisherigen klar, daß die Affekte sich miteinander auf so viele Arten verbinden, und daß daraus so große Mannigfaltigkeiten entstehen können, daß man keine Zahl dafür angeben kann. Für meinen Zweck genügt es indes, die erheblichsten aufgezählt zu haben; die, welche ich nicht erwähnt habe, dienen mehr der Neugierde als dem Nutzen.

Doch muß ich von der Liebe noch bemerken, daß es nämlich sehr oft vorkommt, wie der Körper, während wir des begehrten Gegenstandes geniessen, durch den Genuß in eine neue Verfassung gerät, welche ihn anders bestimmt und andere Bilder in ihm erregt. Damit beginnt zugleich die Seele anderes vorzustellen und zu begehren. Indem wir z. B. etwas Gutschmeckendes uns vorstellen, so begehren wir, es zu genießen, d. h. zu essen. Aber von dem Genuß wird der Magen angefüllt und der Körper in eine andere Verfassung gebracht. Wenn bei dieser veränderten Verfassung des Körpers das Bild der Speise, weil sie gegenwärtig ist, gesteigert wird, und damit auch das Streben oder die Begierde, sie zu essen, so wird diese neue Verfassung des Körpers diesem Begehren oder Streben widerstehen, und deshalb wird die Gegenwart der begehrten Speise lästig. Dies ist, was man Überdruß und Ekel nennt.

Übrigens habe ich die äußeren Zustände des Körpers, welche man bei den Affekten beobachtet, wie Zittern, Erblassen, Schluchzen, Lachen, usw. beiseite gelassen, weil sie bloß zu dem Körper gehören, ohne alle Beziehung auf die Seele.

Zum Schluß bleibt noch einiges über die Definitionen der Affekte zu sagen. Ich werde sie deshalb hier der Reihe nach aufnehmen und bei jedem das Nötige bemerken.

DEFINITIONEN DER AFFEKTE

Definition 1. Die Begierde ist das eigene Wesen des Menschen, insofern es vorgestellt wird, als durch irgendeine gegebene Erregung bestimmt, etwas zu tun.

Erklärung. Ich habe oben III. L. 9 E. gesagt, die Begierde sei das Verlangen mit dem Bewußtsein seiner; das Verlangen aber sei das Wesen des Menschen selbst, soweit es bestimmt ist, das zu tun, was seiner Erhaltung dient. Aber in derselben Erläuterung habe ich auch bemerkt, daß ich in Wahrheit zwischen dem Verlangen und der Begierde des Menschen keinen Unterschied anerkenne. Denn mag nun der Mensch sich seines Verlangens bewußt sein oder nicht, so bleibt doch das Verlangen dasselbe, und deshalb habe ich, um nicht in eine Tautologie zu verfallen, die Begierde nicht durch das Verlangen erklärt, sondern sie so zu definieren gesucht, daß ich alles und jedes Streben der menschlichen Natur, was man mit Verlangen, Wollen, Begierde, Heftigkeit bezeichnet, darunter umfasse. Denn ich hätte sagen können, die Begierde sei das menschliche Wesen selbst, insofern es als zu einer Tätigkeit bestimmt aufgefaßt werde; indes hätte sich dann aus dieser Definition nicht ergeben (II. L. 23), daß die Seele sich ihrer Begierde oder ihres Strebens bewußt werden könnte. Um daher die Ursache dieses Bewußtseins einzuschließen, war es notwendig (II. L. 23), hinzuzusetzen: „insofern bestimmt durch irgendeine Erregung usw." Denn ich verstehe unter Erregung des menschlichen Wesens irgendeine Verfassung dieses Wesens, mag diese nun angeboren sein, oder mag sie bloß durch das Attribut des Denkens oder bloß durch das der Ausdehnung vorgestellt werden. Hier verstehe ich also unter dem Wort Begierde alle Streben, Verlangen, Begehren, Wollen des Menschen, welche nach der verschiedenen Verfassung des Menschen unterschieden und oft einander entgegengesetzt sind, so daß der Mensch nach verschiedenen Richtungen gezogen wird und nicht weiß, wohin er sich wenden soll.

Definition 2. Die Fröhlichkeit ist der Übergang des Menschen von einer geringeren zu einer größeren Vollkommenheit.

Definition 3. Die Traurigkeit ist der Übergang des Menschen von einer größeren zu einer geringeren Vollkommenheit.

Erklärung. Ich sage: Übergang, denn die Fröhlichkeit ist nicht die Vollkommenheit selbst; denn wenn ein Mensch mit der Vollkommenheit geboren wurde, zu welcher er übergeht, so würde er dieselbe ohne den Affekt der Fröhlichkeit besitzen. Dies ergibt sich deutlicher aus dem diesem entgegengesetzten Affekt der Traurigkeit. Denn niemand kann bestreiten, daß die Traurigkeit in einem Übergang zu einer geringeren Vollkommenheit besteht, nicht in der geringeren Vollkommenheit selbst, da niemand sich insoweit betrüben kann, als er noch einer Vollkommenheit teilhaftig ist. Auch kann man nicht sagen, daß die Traurigkeit in dem Mangel einer größeren Vollkommenheit bestehe, weil Mangel nichts ist. Der Affekt der Traurigkeit ist vielmehr ein Wirkliches und kann daher nichts anderes sein, als der wirkliche Übergang zu einer geringeren Vollkommenheit, d. h. ein Vorgang, durch welchen des Menschen Macht zu handeln vermindert oder gehemmt wird (III. L. 11 E.). Ich übergehe die Definition der Heiterkeit, der Lust, der Schwermut und des Schmerzes, weil sie sich hauptsächlich auf den Körper beziehen und nur Arten der Fröhlichkeit und Trauer sind.

Definition 4. Die Bewunderung ist die bildliche Vorstellung eines Gegenstandes, auf welchem die Seele deshalb haftenbleibt, weil diese eigentümliche Vorstellung keine Verbindung mit anderen hat.

Erklärung. In II. L. 18 E. habe ich gezeigt, weshalb die Seele von der Betrachtung des einen Gegenstandes sofort auf die eines anderen kommt, nämlich weil deren Bilder miteinander verknüpft und so geordnet sind, daß eines auf das andere folgt.

Dies kann nicht geschehen, wenn das Bild des Gegenstandes ein neues ist, vielmehr wird die Seele in dessen Betrachtung so lange festgehalten werden, bis sie durch andere Ursachen zu anderen Gedanken bestimmt wird. Die bildliche Vorstellung eines neuen Gegenstandes ist daher an sich von gleicher Natur mit den übrigen Vorstellungen, und deshalb rechne ich die Bewunderung nicht zu den Affekten; auch sehe ich keinen Grund, weshalb ich dies tun sollte, da dieses Abziehen der Seele aus keiner positiven Ursache entspringt, welche die Seele von anderem abzöge, sondern nur daraus, daß eine Ursache ganz fehlt, wodurch der Mensch von der Betrachtung des einen Gegenstandes zu der eines anderen geführt wird.

Ich erkenne daher nur drei ursprüngliche oder erste Affekte an (III. L. 11 E.); nämlich die Fröhlichkeit, die Traurigkeit und die Begierde, und ich habe von der Bewunderung nur gesprochen, weil es gebräuchlich ist, gewisse, aus jenen drei ursprünglichen abgeleitete Affekte mit andern Worten zu bezeichnen, wenn sie auf Gegenstände bezogen werden, die man bewundert. Dies bestimmt mich auch hier, die Definition der Verachtung anzufügen.

Definition 5. Die Verachtung ist die Vorstellung eines Gegenstandes, welcher die Seele so wenig berührt, daß die Seele durch die Gegenwart desselben mehr veranlaßt wird, das vorzustellen, was in ihm nicht ist, als das, was in ihm ist (III. L. 52 E.). Die Definition der Verehrung und der Geringschätzung lasse ich beiseite, weil, soviel ich weiß, keine Affekte davon ihren Namen erhalten.

Definition 6. Die Liebe ist die Fröhlichkeit in Begleitung der Vorstellung einer äußeren Ursache derselben.

Erklärung. Diese Definition gibt sehr deutlich das Wesen der Liebe. Dagegen drückt die Definition jener Schriftsteller, welche die Liebe definieren als den Willen des Liebenden, sich mit dem geliebten Gegenstand zu vereinigen, nicht das Wesen der Liebe aus, sondern nur eine ihrer Eigentümlichkeiten; und weil diese Schriftsteller das Wesen der Liebe nicht genügend erkannt hatten, so konnten sie auch von ihrer Eigentümlichkeit keine klare Vorstellung haben, weshalb deren Definition allgemein sehr dunkel befunden worden ist. Man halte aber fest, daß, wenn ich sage, in dem Liebenden sei das Eigentümliche, daß er sich mit dem geliebten Gegenstand verbinden wolle, ich unter diesem Willen nicht eine Einwilligung oder eine Überlegung oder einen freien Entschluß der Seele verstehe (denn diese sind bloße Erdichtungen (II. L. 48); auch meine ich damit nicht die Begierde, sich mit dem geliebten, aber abwesenden Gegenstand zu verbinden oder in seiner Gegenwart, wenn er da ist, zu verharren; denn die Liebe kann ohne diese und andere Begierden sein. Vielmehr verstehe ich unter diesem Wollen nur jene Befriedigung, welche in dem Liebenden wegen der Gegenwart des geliebten Gegenstandes besteht, und durch welchen die Fröhlichkeit des Liebenden gestärkt oder mindestens genährt wird.

Definition 7. Der Haß ist die Traurigkeit, begleitet von der Vorstellung einer äußeren Ursache derselben.

Erklärung. Was hier zu sagen ist, kann leicht aus dem in der vorstehenden Erläuterung Gesagten abgenommen werden (III. L. 11 E.).

Definition 8. Die Neigung ist die Fröhlichkeit, begleitet von der Vorstellung eines Gegenstandes, welcher die zufällige Ursache der Fröhlichkeit ist.

Definition 9. Der Widerwille ist eine Traurigkeit, begleitet von der Vorstellung eines Gegenstandes, welcher die zufällige Ursache der Traurigkeit ist (III. L. 15 E.).

Definition 10. Die Verehrung ist die Liebe für den, den wir bewundern.

Erklärung. Ich habe gezeigt, daß die Bewunderung aus der Neuheit des Gegenstandes entspringt (III. L. 52); wenn es sich daher trifft, daß wir uns das Bewunderte oft vorstellen, so wird die Bewunderung aufhören. Deshalb sieht man, daß der Affekt der Verehrung oft in einfache Liebe ausartet.

Definition 11. Der Spott ist eine Fröhlichkeit, die daraus entspringt, daß, nach unserer Vorstellung, in einem gehaßten Gegenstand sich etwas befindet, was wir verachten.

Erklärung. Soweit wir einen gehaßten Gegenstand verachten, soweit verneinen wir seine Existenz (III. L. 52 E.) und insoweit sind wir fröhlich (III. L. 20). Da wir aber annehmen, daß der Mensch das Verspottete dennoch haßt, so folgt, daß die Fröhlichkeit keine feste ist (III. L. 47 E.).

Definition 12. Die Hoffnung ist eine unbeständige Fröhlichkeit, welche aus der Vorstellung einer kommenden oder vergangenen Sache entsteht, über deren Ausgang wir zweifeln.

Definition 13. Die Furcht ist eine unbeständige Traurigkeit, welche aus der Vorstellung einer kommenden oder vergangenen Sache entspringt, über deren Ausgang wir noch zweifeln (III. L. 18 E. 2.).

Erklärung. Aus diesen Definitionen ergibt sich, daß es keine Hoffnung ohne Furcht und keine Furcht ohne Hoffnung gibt. Denn wer hofft und über den Ausgang noch zweifelt, stellt sich etwas vor, was die Existenz der kommenden Sache ausschließt; er wird sich also insoweit betrüben (III. L. 19) und folglich während seines Hoffens fürchten, daß es so geschehe.

Wer dagegen fürchtet, d. h. über den Ausgang des Gehofften zweifelt, wird sich ebenfalls etwas vorstellen, was die Existenz desselben ausschließt; daher wird er fröhlich sein und folglich insoweit hoffen, daß es nicht eintreten wird.

Definition 14. Die Zuversicht ist eine Fröhlichkeit, welche aus der Vorstellung einer kommenden oder vergangenen Sache entsteht, bei welcher der Zweifel beseitigt ist.

Definition 15. Die Verzweiflung ist eine Traurigkeit, entspringend aus der Vorstellung einer kommenden oder vergangenen Sache, bei welcher der Zweifel beseitigt ist.

Erklärung. Die Hoffnung verwandelt sich also in Sicherheit und die Furcht in Verzweiflung, wenn der Zweifel über den Ausgang gehoben ist, und dies geschieht, wenn der Mensch glaubt, daß die vergangene oder kommende Sache da sei, und er sie als gegenwärtig betrachtet, oder wenn er ein anderes vorstellt, was die Existenz der Dinge ausschließt, welche ihn zweifeln machten. Denn wenngleich wir über den Ausgang der einzelnen Dinge niemals gewiß sein können (II. L. 31 Z.), so kann es doch kommen, daß wir über deren Ausgang nicht zweifeln. Denn ich habe gezeigt, daß der Zweifel nicht dasselbe wie die Gewißheit ist (II. L. 49 E.). So kann es kommen, daß man sich an dem Bild einer vergangenen oder kommenden Sache ebenso erfreut oder betrübt, wie an dem einer gegenwärtigen Sache, wie ich in III. L. 18 u. E. gezeigt habe.

Definition 16. Die Freude ist eine Fröhlichkeit, begleitet von der Vorstellung eines vergangenen Gegenstandes, der unverhofft eingetreten ist.

Definition 17. Die Gewissensbisse sind eine Traurigkeit, begleitet von der Vorstellung eines vergangenen Gegenstandes, welcher unverhofft eingetreten ist.

Definition 18. Das Mitleiden ist eine Traurigkeit, begleitet von der Vorstellung eines Übels, was einem andern begegnet, den wir für unseresgleichen halten (III. L. 22 E., L. 27 E.)

Erklärung. Unter Mitleiden oder Barmherzigkeit scheint nur der Unterschied zu bestehen, daß Mitleiden den einzelnen Affekt, Barmherzigkeit aber den zur Gewohnheit gewordenen Affekt ausdrückt.

Definition 19. Gunst ist die Liebe zu jemandem, der einem andern wohlgetan hat.

Definition 20. Der Unwille ist der Haß gegen jemanden, der einem andern Übles getan hat.

Erklärung. Ich weiß, daß diese Worte im gewöhnlichen Gebrauch etwas anderes bezeichnen. Meine Aufgabe ist aber nicht, die Bedeutung der Worte, sondern die Natur der Dinge zu erläutern und sie mit Worten zu bezeichnen, deren gewöhnliche Bedeutung von der, welche ich ihnen gebe, nicht zu sehr abweicht;

was ich ein für allemal bemerkt haben will. Über die Ursachen dieser Affekte sind einzusehen III. L. 27 Z. 1 u. L. 22 E.

Definition 21. Überschätzung ist es, wenn man von einem anderen aus Liebe mehr, als recht ist, hält.

Definition 22. Geringschätzung ist, wenn man von einem andern aus Haß weniger, als recht ist, hält.

Erklärung. Die Überschätzung ist daher eine Wirkung oder Eigenschaft der Liebe, und die Geringschätzung eine solche des Hasses. Die Überschätzung kann deshalb auch definiert werden als die Liebe, welche den Menschen so erregt, daß er von dem geliebten Gegenstand mehr, als recht ist, hält, und Geringschätzung als Haß, welcher den Menschen so erregt, daß er von dem Gehaßten weniger, als recht ist, hält (III. L. 26 E.).

Definition 23. Der Neid ist ein Haß, welcher den Menschen so erregt, daß er sich an des anderen Glück betrübt und an des anderen Übel erfreut.

Erklärung. Dem Neid wird gewöhnlich die Barmherzigkeit gegenübergestellt, welche daher, gegen die gewöhnliche Bedeutung dieses Wortes, sich so definieren läßt:

Definition 24. Die Barmherzigkeit ist die Liebe, welche einen Menschen so erregt, daß er sich an des anderen Guten erfreut und über des anderen Übel betrübt.

Erklärung. Man sehe übrigens über den Neid III. L. 24 Z., L. 32 E.

Dies sind Affekte der Fröhlichkeit und Traurigkeit, begleitet von der Vorstellung einer äußeren Sache als unmittelbarer oder zufälliger Ursache. Ich gehe nun zu den Affekten über, welche die Vorstellung einer inneren Sache als Ursache begleitet.

Definition 25. Die Selbstzufriedenheit ist eine Fröhlichkeit, welche daraus entspringt, daß der Mensch sich und seine Macht zu handeln betrachtet.

Definition 26. Die Niedergeschlagenheit ist eine Traurigkeit, welche daraus entspringt, daß der Mensch seine Ohnmacht oder Schwäche betrachtet.

Erklärung. Die Selbstzufriedenheit steht der Niedergeschlagenheit gegenüber, insofern sie als eine Fröhlichkeit aufgefaßt wird, welche aus der Betrachtung unserer Macht zu handeln entspringt; insofern wir sie aber als eine Fröhlichkeit nehmen, begleitet von der Vorstellung einer Handlung, welche wir aus freiem Entschluß getan zu haben glauben, bildet sie den Gegensatz zur Reue, welche ich so definiere:

Definition 27. Die Reue ist eine Traurigkeit, begleitet von der Vorstellung einer Handlung, welche wir aus freiem Entschluß der Seele getan zu haben glauben.

Erklärung. Die Ursachen dieser Affekte habe ich bei III. L. 51 E., L. 53, 54 u. 55 E. gezeigt. Über die Freiheit des Willens sehe man II. L. 35 E. Es ist nicht wunderbar, daß allen Handlungen, welche gewöhnlich schlechte genannt werden, Traurigkeit folgt, und denen, die rechte genannt werden, Fröhlichkeit. Denn aus dem Obigen kann man leicht abnehmen, daß dies vorzüglich von der Erziehung abhängt. Indem die Eltern jene tadelten und die Kinder wegen der derselben oft ausschalten, diese dagegen begünstigten und lobten, bewirkten sie, daß die Erregungen der Trauer sich mit jenen und die der Freude mit diesen verbanden. Dies bestätigt auch die Erfahrung; denn die Sitten und die Religion sind nicht bei allen gleich; vielmehr, was bei einigen heilig, ist bei anderen sündlich, und was bei einigen rechtlich, ist bei anderen schändlich. Je nachdem also jemand erzogen ist, bereut er eine Handlung oder rühmt sich derselben.

Definition 28. Stolz ist, wenn man aus Eigenliebe mehr, als recht ist, von sich hält.

Erklärung. Es unterscheidet sich also der Stolz von der Überschätzung dadurch, daß diese auf einen fremden Gegenstand, der Stolz aber auf das eigene Selbst bezogen wird, indem man mehr, als recht ist, von sich hält. So wie übrigens die Überschätzung die Wirkung der Eigentümlichkeit der Liebe ist, so ist der Stolz eine solche von der Selbstliebe. Man kann ihn daher auch definieren als die Selbstliebe oder Selbstzufriedenheit, insofern sie einen Menschen so erregt, daß er mehr, als recht ist, von sich hält (III. L. 26 E.). Zu diesem Affekt gibt es keinen Gegensatz; denn niemand hält aus Selbsthaß weniger von sich, als recht ist; ja dies geschieht nicht einmal, wenn er sich vorstellt, daß er dies oder jenes nicht könne. Denn wenn der Mensch sich vorstellt, daß er etwas nicht könne, so stellt er sich dies mit Notwendigkeit vor und wird durch diese Vorstellung so bestimmt, daß er wirklich das nicht kann, was nicht zu können er sich vorstellt. Denn solange er sich vorstellt, dies oder jenes nicht zu können, so lange ist er zum Handeln nicht entschlossen, und so lange ist folglich das Handeln unmöglich. Wenn wir aber bloß auf das acht halten, was von der Meinung allein abhängt, so erscheint es allerdings als möglich, daß ein Mensch, weniger als recht ist, von sich hält. Denn es ist möglich, daß jemand, indem er traurig seine Schwäche betrachtet, sich für von allen verachtet hält, obgleich dies in Wirklichkeit nicht der Fall ist. Außerdem kann jemand weniger, als recht ist, von sich halten, wenn er jetzt etwas von sich verneint, mit Rücksicht auf die Zukunft, über die er unsicher ist, z. B. wenn er verneint, daß er nichts Gewisses sich vorstellen könne, und daß er nur Schlechtes und Schändliches begehen oder tun könne. Man kann auch dann sagen, daß jemand weniger, als recht ist, von sich hält, wenn man sieht, daß er aus Furcht vor Schande das nicht wagt, was andere wagen. Diesen Affekt kann man also dem Stolz entgegenstellen. Ich will ihn Kleinmut nennen; denn wie aus der Selbstzufriedenheit der Stolz entsteht, so entsteht aus der Niedergeschlagenheit der Kleinmut, den ich daher so definiere:

Definition 29. Kleinmut ist, wenn man aus Traurigkeit weniger, als recht ist, von sich hält.

Erklärung. Man pflegt jedoch oft den Stolz die Demut entgegenzustellen; dann wird aber mehr ihre Wirkung als ihre Natur beachtet. Man pflegt nämlich den stolz zu nennen, der sich übertrieben rühmt (III. L. 30 E.), der nur seine Tugenden und nur anderer Fehler erzählt, der allen vorgezogen sein will und der endlich mit solcher Würde und Schmuck einhergeht, wie die pflegen, welche weit über ihm stehen. Dagegen nennt man den demütig, der oft errötet, der seine Fehler eingesteht, von anderer Tugenden spricht, der allen Platz macht und der endlich mit geneigtem Haupte wandelt und sich herauszuputzen verabsäumt. Übrigens sind die Affekte der Demut und des Kleinmutes nur selten, denn die menschliche Natur an sich stellt sich ihnen, soviel sie kann, entgegen (III. L. 15 34); deshalb sind die, welche man für die Demütigsten und Kleinmütigsten hält, meist die Ehrgeizigsten und Neidischsten.

Definition 30. Der Ruhm ist die Fröhlichkeit, begleitet von der Vorstellung einer eigenen Handlung, welche andere nach unserer Meinung loben.

Definition 31. Der Schimpf ist eine Traurigkeit, begleitet von der Vorstellung einer eigenen Handlung, welche andere, nach unserer Meinung, tadeln.

Erklärung. Man sehe hierüber III. L. 30 E. Hier ist der Unterschied zwischen Schimpf und Scham zu bemerken. Der Schimpf ist eine Traurigkeit, welche einer Handlung folgt, deren man sich schämt. Die Scham ist aber eine Furcht oder Sorge vor dem Schimpf, durch welche der Mensch abgehalten wird, etwas Schlechtes zu begehen. Der Scham pflegt die Unverschämtheit entgegengestellt zu werden, welche in Wahrheit kein Affekt ist, wie ich später zeigen werde, denn die Namen der Affekte (wie ich erinnert habe) beziehen sich mehr auf ihren Gebrauch als auf ihre Natur.

Hiermit habe ich die Affekte der Freude und Traurigkeit beendet, deren Erklärung ich mir vorgesetzt habe. Ich gehe nun zu denen über, welche ich auf die Begierde zurückführe.

Definition 32. Die Sehnsucht ist die Begierde oder das Streben nach dem Besitz eines Gegenstandes, welches durch die Erinnerung an diesen Gegenstand gesteigert wird und zugleich durch die Erinnerung anderer Gegenstände, welche die Existenz des begehrten Gegenstandes ausschließen, gehemmt wird.

Erklärung. Wenn wir uns eines Gegenstandes entsinnen, so werden wir, wie oft erwähnt, bestimmt, ihn mit demselben Affekt zu betrachten, als wenn er gegenwärtig wäre. Dieser Zustand oder dieses Streben wird indes im Wachen meist von den Vorstellungen anderer Gegensätze gehemmt, welche die Existenz dessen ausschließen, an dem man denkt. Wenn wir uns also eines Gegenstandes entsinnen, der uns mit einer Art von Fröhlichkeit erfüllt, so streben wir lediglich deshalb ihn mit demselben Affekt der Fröhlichkeit, wie er bei einem gegenwärtigen statt hat, zu betrachten. Dieses Streben wird aber sofort gehemmt durch die Erinnerung an die Dinge, welche seine Existenz ausschließen. Deshalb ist Sehnsucht in Wahrheit eine Traurigkeit, welche jener Fröhlichkeit entgegengesetzt ist, die aus der Abwesenheit eines gehaßten Gegenstandes entspringt (III. L. 47 E.). Weil indes der Name Sehnsucht sich auf das Begehren zu beziehen scheint, so rechne ich diesen Affekt zu denen des Begehrens.

Definition 33. Der Wetteifer ist das Begehren nach einem Gegenstand, welches in uns dadurch erzeugt wird, daß wir glauben, andere haben dasselbe Begehren.

Erklärung. Wenn jemand flieht, weil er andere fliehen sieht, oder fürchtet, weil er andere fürchten sieht, oder wenn jemand, welcher einen anderen die Hand sich verbrennen sieht, deshalb seine eigene Hand zurückzieht oder sich benimmt, als wenn seine Hand verbrenne, so nennt man dies Nachahmung des Affekts, aber nicht Wetteifer. Es geschieht dies nicht, weil wir für beide einen Unterschied in ihren Ursachen kennen, sondern weil es gebräuchlich ist, daß man nur von dem Menschen Wetteifer aussagt, der das nachahmt, was man für recht, nützlich oder angenehm hält. Über die Ursache des Wetteifers sehe man III. L. 27 E. Weshalb mit dem Wetteifer meist der Neid sich verbindet, sehe man III. L 30 E.

Definition 34. Die Erkenntlichkeit oder Dankbarkeit ist ein Begehren oder Eifer der Liebe, mit dem wir dem wohl zu tun streben, der uns aus einem gleichen Affekt der Liebe wohlgetan hat (III. L. 39, 41 F.)

Definition 35. Das Wohlwollen ist ein Begehren, dem wohlzutun, für den wir Mitleiden haben (III. L. 27 E.).

Definition 36. Der Zorn ist ein Begehren, wo wir durch Haß angetrieben sind, dem Gehaßten ein Übel zuzufügen (III. L. 39).

Definition 37. Die Rache ist ein Begehren, wo wir durch einen erwiderten Haß angetrieben werden, dem ein Übel zuzufügen, der uns in gleichem Affekt einen Schaden zugefügt hat (III. L. 40 Z. 2 u. E.).

Definition 38. Die Grausamkeit oder Wut ist ein Begehren, wo jemand angetrieben wird, dem ein Übel zuzufügen, den wir lieben oder bemitleiden.

Erklärung. Der Grausamkeit steht die Milde gegenüber, welche kein Leiden, sondern eine Macht der Seele ist, durch welche der Mensch den Zorn oder die Rache mäßigt.

Definition 39. Die Fürsorge ist das Begehren, ein größeres Übel, was wir fürchten, durch ein kleineres zu vermeiden (III. L. 39 E.).

Definition 40. Die Kühnheit ist das Begehren, durch welches jemand angetrieben wird, etwas mit einer Gefahr zu tun, welche Seinesgleichen zu übernehmen sich scheuen.

Definition 41. Die Ängstlichkeit wird von dem ausgesagt, dessen Begehren durch die Furcht vor einer Gefahr gehemmt wird, welche Menschen seinesgleichen zu übernehmen wagen.

Erklärung. Die Ängstlichkeit ist daher die Furcht vor einem Übel, welches die meisten nicht zu fürchten pflegen; ich rechne sie deshalb nicht zu den Begehren. Doch habe ich sie hier erwähnen wollen, weil, insoweit man auf das Begehren achtet, sie in Wahrheit den Gegensatz der Kühnheit bildet.

Definition 42. Die Verzagtheit wird von dem ausgesagt, dessen Begehren, ein Übel zu vermeiden, durch dessen Bewunderung des Übels, was er fürchtet, gehemmt ist.

Erklärung. Die Verzagtheit ist daher eine Art der Ängstlichkeit. Weil sie aber aus einer doppelten Furcht entsteht, so kann man sie bequemer definieren als eine Furcht, welche einen betäubten oder schwankenden Menschen so erfaßt, daß er das Übel nicht abzuwenden vermag. Ich sage betäubt, soweit man sich vorstellt, daß sein Begehren, ein Übel abzuhalten, durch Bewunderung gehemmt ist; schwankend aber, sofern man annimmt, daß sein Begehren durch die Furcht vor einem anderen Übel gehemmt ist, welches ihn ebenso peinigt, so daß er nicht weiß, welches von beiden er abwenden soll. Hierüber sehe man III. L. 39 E. u. L. 52 E. Übrigens sehe man über die Ängstlichkeit und die Kühnheit III. L. 51 E.

Definition 43. Die Leutseligkeit oder Bescheidenheit ist ein Begehren, das zu tun, was den Menschen gefällt, oder zu unterlassen, was ihnen mißfällt.

Definition 44. Die Ehrsucht ist ein unmäßiges Begehren nach Ruhm.

Erklärung. Die Ehrsucht ist eine Begierde, welche alle Affekte steigert oder verstärkt; daher kann dieser Affekt kaum überwunden werden (III. L. 27, 31). Denn solange jemand von irgendeiner Begierde erfaßt ist, ist er zugleich von dieser erfaßt. Cicero sagt: „Die besten Menschen sind ehrgeizig; selbst die Philosophen setzen ihren Namen auf die Bücher, welche sie über Verachtung des Ruhmes schreiben."

Definition 45. Die Schwelgerei ist die unmäßige Begierde nach Schmausen oder die Liebe zu solchem.

Definition 46. Die Trunksucht ist das unmäßige Begehren oder die Liebe zum Trunk.

Definition 47. Der Geiz ist die unmäßige Begierde oder Liebe zum Reichtum.

Definition 48. Die Wollust ist die unmäßige Begierde und Liebe zur fleischlichen Vermischung.

Erklärung. Man nennt es Wollust, mag die Begierde nach Begattung mäßig sein oder nicht. Ferner haben diese fünf Begierden kein Gegenteil (wie in III. L. 56 E. bemerkt worden ist). Denn die Bescheidenheit ist eine Art des Ehrgeizes (worüber III. L. 29 E.). Von der Mäßigkeit, Nüchternheit und Keuschheit habe ich bereits gesagt, daß sie eine Macht der Seele und keinen leidenden Zustand bezeichnen. Wenn es auch möglich ist, daß ein geiziger, ehrsüchtiger oder furchtsamer Mensch des Übermaßes im Essen, Trinken oder in der Begattung sich enthält, so sind trotzdem der Geiz, die Ehrsucht und die Furchtsamkeit nicht die Gegensätze von Verschwendung, Trunkenheit und Keuschheit. Denn der Geizige wünscht meistens mit fremder Speise und Trank sich vollzufüllen; der Ehrsüchtige aber wird sich, wenn er hofft, daß es nicht bekannt wird, in keiner Weise mäßigen, und wenn er unter Trunkenbolden oder Wollüstlingen lebt, wird er seiner Ehrsucht wegen um so mehr zu ihren Lastern neigen. Der Furchtsame endlich tut, was er nicht will. Denn wenn er auch, um das Leben zu retten, seine Reichtümer in das Meer wirft, bleibt er doch geizig, und wenn ein wollüstiger Mensch traurig ist, weil er seiner Lust nicht frönen kann, so hört er damit nicht auf, wollüstig zu sein. Überhaupt beziehen sich diese Affekte weniger auf die Handlungen des Verschwendens, des Trinkens usw. als auf das Begehren und die Liebe selbst. Man kann deshalb diesen Affekten nichts entgegenstellen als den Edelmut und die Seelenstärke, worüber in dem Folgenden.

Die Definitionen der Eifersucht und der übrigen Schwankungen der Seele übergehe ich, teils weil sie aus der Verbindung von Affekten entstehen, die schon definiert worden sind, teils weil die meisten keinen Namen haben, was zeigt, daß eine Kenntnis derselben der Gattung nach für die Zwecke des Lebens hinreicht. Diese Definitionen der dargelegten Affekte ergeben, daß sie alle aus dem Begehren, aus der Fröhlichkeit oder aus der Trauer entspringen oder vielmehr nur eines von diesen dreien sind, die nur wegen ihrer verschiedenen äußerlichen Beziehungen und Merkmale mit verschiedenen Namen bezeichnet zu werden pflegen.

Wenn man auf diese ursprünglichen Affekte und das oben über die Natur der Seele Gesagte acht hat, so können die Affekte, wenn man sie nur auf die Seele bezieht, so definiert werden:

ALLGEMEINE DEFINITION DER AFFEKTE

Der Affekt, der ein leidender Zustand der Seele genannt wird, ist eine verworrene Vorstellung, wodurch die Seele eine stärkere oder schwächere Kraft zu existieren, als vorher in bezug auf ihren Körper oder einen Teil desselben bejaht, und wodurch auch die Seele selbst bestimmt wird, mehr an dies als an anderes zu denken.

Erklärung. Ich sage zuerst: „Der Affekt oder das Leiden der Seele ist eine verworrene Vorstellung." Denn ich habe gezeigt, daß die Seele nur so weit leidet, als sie verworrene oder unzureichende Vorstellungen hat (III. L. 3). Ich sage ferner: „wodurch die Seele eine größere oder geringere Kraft zu existieren, als vorher, bei ihrem Körper oder einem Teil desselben bejaht." Denn alle Vorstellungen von Körpern, die wir haben, bezeichnen mehr die wirkliche

Verfassung unseres Körpers (II. L. 16 Z. 2) als die Natur der fremden Körper; das aber, was das Wirkliche des Affektes ausmacht, muß die Verfassung unseres Körpers oder eines Teils desselben bezeichnen oder ausdrücken, welche unser Körper oder sein Teil deshalb hat, weil seine Macht zu handeln oder Kraft zu existieren vermehrt oder vermindert, unterstützt oder gehemmt wird. Mit den Worten „eine größere oder geringere Kraft zu existieren, als vorher“, meine ich nicht, daß die Seele die gegenwärtige Verfassung des Körpers mit einer früheren vergleicht, sondern daß die Vorstellung, welche den Affekt eigentlich ausmacht, vom Körper etwas bejaht, was in Wahrheit mehr oder weniger Realität als vorher enthält. Und weil das Wesen der Seele darin besteht (II. L. 11, 13), daß sie die wirkliche Existenz ihres Körpers bejaht, und da ich unter Vollkommenheit das Wesen eines Gegenstandes selbst verstehe, so folgt, daß die Seele zu einer größeren oder geringeren Vollkommenheit übergeht, wenn es sich trifft, daß sie von ihrem Körper oder einem Teil desselben etwas bejaht, was mehr oder weniger Realität als vorher enthält. Wenn ich also oben gesagt habe, „daß der Seele Kraft zu denken vermehrt oder vermindert werde“, so habe ich gemeint, daß die Seele eine Vorstellung ihres Körpers oder eines Teiles desselben gebildet hat, welche mehr oder weniger Realität ausdrückt, als sie vorher von ihrem Körper bejaht hatte. Denn die Vorzüglichkeit der Vorstellungen und die wirkliche Macht zu denken wird nach der Vorzüglichkeit des Gegenstandes geschätzt. Ich habe endlich noch hinzugefügt „durch welche die Seele bestimmt wird, mehr an dies als an anderes zu denken,“ um neben der Natur der Fröhlichkeit und Traurigkeit, welche der erste Teil der Definition darlegt, auch die Natur des Begehrens auszudrücken.

VIERTER TEIL

Von der menschlichen Knechtschaft oder von den Kräften der Affekte

---

VORREDE

Die Ohnmacht des Menschen in Mäßigung oder Hemmung seiner Affekte nenne ich Knechtschaft; denn der von seinen Affekten abhängige Mensch ist nicht Herr seiner selbst, sondern dem Schicksal untertan. Er befindet sich in solchem Grad in dessen Hand, daß er oft gezwungen ist, dem Schlimmen zu folgen, obgleich er das Bessere sieht. Die Ursachen hiervon und das Gute und Schlimme, was die Affekte selbst haben, will ich in diesem vierten Teil darlegen. Vorher ist es indes ratsam, über Vollkommenheit und Unvollkommenheit und über gut und schlecht noch einiges vorauszuschicken.

Wer sich vorgenommen hat, eine Sache zu fertigen und sie dann vollendet hat, hält nicht allein die Sache für vollkommen, sondern ebenso jeder, welcher die Absicht und den Zweck des Urhebers des Werkes richtig kennt oder zu kennen meint. Wer z. B. einen Bau (der noch nicht vollendet sein soll) sieht und weiß, daß die Absicht des Bauherren ist, ein Haus zu bauen, wird sagen, daß das Haus unvollkommen ist; wenn er aber sieht, daß der Bau so weit fertiggebracht ist, als ihn der Baumeister bringen wollte, so wird er ihn für vollkommen oder vollständig erklären. Wenn aber jemand ein Werk erblickt, von dem er bis jetzt nichts ähnliches gesehen hat, von dem er auch die Absicht des Werkmeisters nicht kennt, der wird offenbar nicht wissen, ob er das Werk für vollendet oder nicht vollendet halten soll. Dies scheint die erste Bedeutung dieser Worte gewesen zu sein.

Nachdem indes die Menschen angefangen hatten, universelle Begriffe zu bilden und sich die Muster-Bilder für Häuser, Gebäude, Türme auszudenken und eines dem anderen vorzuziehen, so ist es gekommen, daß jeder das vollkommen nennt, was dem universellen Begriff, den er von dergleichen Gegenständen hat, entspricht, und daß er das für unvollkommen erklärt, was mit dem von ihm gebildeten Begriff weniger übereinstimmt, obgleich es nach des Werkmeisters Ansicht ganz vollendet ist.

Derselbe Grund ist es auch, weshalb die natürlichen Dinge, welche des Menschen Hand nicht gefertigt hat, gemeinhin vollkommen oder unvollkommen genannt werden. Denn die Menschen pflegen ebenso von natürlichen Dingen, wie von den gefertigten universelle Vorstellungen sich zu bilden, die sie wie ihre Muster behandeln. Diese schaut nach ihrer Meinung die Natur an und setzt sie als Muster sich vor (da sie meinen, die Natur handle nur nach Zwecken). Wenn sie mithin in der Natur etwas entstehen sehen, was mit dem vorgefaßten Muster dieses Gegenstandes weniger übereinstimmt, so glauben sie, daß auch die Natur gefehlt oder gesündigt und die Sache unvollkommen gelassen habe.

Man sieht also, daß die Menschen gewohnt sind, die natürlichen Dinge mehr nach Vorurteilen als nach deren wahrer Erkenntnis vollkommen oder unvollkommen zu nennen. Denn ich habe im Anhang zum ersten Teil gezeigt, daß die Natur nicht nach Zwekken handelt, da jenes ewige und unendliche Wesen, was ich Gott oder Natur nenne, mit derselben Notwendigkeit handelt wie existiert; und ich habe gezeigt, daß es aus der Notwendigkeit, mit der es existiert, auch handelt (I. L. 16). Der Grund oder die Ursache, weshalb Gott oder die Natur handelt und weshalb sie existiert, ist ein und dasselbe. So wie die Natur also um keines Zweckes willen da ist, so handelt sie auch um keines Zweckes willen; vielmehr hat sie für ihre Existenz, wie für ihr Handeln kein Prinzip oder Zweck. Was man Zweck nennt, ist nur das menschliche Begehren, aufgefaßt als Prinzip oder erste Ursache eines Gegenstandes. Wenn wir z. B. sagen, das Wohnen sei der Zweck dieses oder jenes Hauses gewesen, so meint man damit nur, daß der Mensch um der Vorteile eines häuslichen Lebens willen das Begehren, ein Haus zu bauen, gehabt hat. Das Wohnen als Zweck ist deshalb nur dies einzelne Begehren; dieses ist die wahre Ursache, und sie gilt als die anfängliche, weil die Menschen gewöhnlich die Ursache ihrer Begehren nicht kennen; denn sie sind, wie ich oft gesagt, wohl ihrer Handlungen und Begehren sich bewußt, aber sie kennen die Ursachen nicht, von denen sie zu diesem Begehren bestimmt werden. Die Redensarten, daß die Natur manchmal fehle oder sündige und unvollkommene Dinge zu Stande bringe, zähle ich deshalb zu den Erdichtungen, über die ich im Anhang zum ersten Teil gesprochen habe.

Vollkommenheit und Unvollkommenheit sind deshalb in Wahrheit nur Weisen des Denkens, d. h. Begriffe, die wir aus der Vergleichung der Einzeldinge einer Art oder Gattung zu bilden pflegen. Deshalb habe ich oben (II. D. 6) gesagt, daß ich unter Realität und Vollkommenheit dasselbe verstehe; denn man pflegt alle Einzeldinge der Natur auf eine einzige Gattung als die allgemeinste zu beziehen, nämlich auf den Begriff des Seienden, welcher unbedingt allen Einzeldingen der Natur zukommt. Wenn man daher die Einzeldinge der Natur auf diesen Gattungsbegriff bezieht und miteinander vergleicht, so bemerkt man, daß einige mehr Sein oder Realität als andere haben, und man nennt deshalb jene vollkommener als diese.

Soweit man aber ihnen etwas zuteilt, das eine Verneinung enthält, wie Grenze, Ende, Ohnmacht, nennt man sie unvollkommen, weil sie die Seele nicht ebenso erregen wie jene, die man vollkommen nennt. Es geschieht dies also nicht deshalb, weil etwas ihnen Zugehöriges fehlt, und weil die Natur gefehlt hat, denn zur Natur einer Sache gehört nur, was aus der Notwendigkeit der Natur der wirkenden Ursache folgt, und es geschieht notwendig, was aus dieser Notwendigkeit und Natur der wirkenden Ursache folgt.

Was das Gute und das Schlechte anlangt, so bezeichnen sie auch nichts Positives in den Dingen, wenn sie an sich betrachtet werden. Sie sind nur Arten des Denkens oder Begriffe, die man aus der Vergleichung der Dinge bildet. Denn eine und dieselbe Sache kann zu gleicher Zeit gut, schlecht und auch gleichgültig sein. So ist z. B. eine Musik gut für den Schwermütigen, schlecht für den Trauernden, aber für den Tauben weder gut noch schlecht. Obgleich sich dies so verhält, muß ich dennoch diese Worte beibehalten. Denn weil ich einen Begriff des Menschen als Muster der menschlichen Natur, auf das man hinblicke, zu bilden wünsche, wird es nützlich sein, diese Worte in dem erwähnten Sinne beizubehalten. Unter gut werde ich also im Folgenden das verstehen, was wir gewiß als ein Mittel kennen, welches mehr und mehr zu dem uns vorgesetzten Muster der menschlichen Natur hinführt; unter schlecht aber das, von dem wir überzeugt sind, daß es uns hindert, das Muster darzustellen. Ebenso werde ich die Menschen vollkommener oder unvollkommener nennen, je nachdem sie sich diesem Muster mehr oder weniger nähern. Denn vor allem ist festzuhalten, daß, wenn ich sage, jemand geht von einer niederen zu einer größeren Vollkommenheit über und umgekehrt, ich nicht meine, daß sein Wesen und Wirkliches sich in ein anderes verwandle (denn das Pferd geht z. B. zugrunde, mag es in einen Menschen oder in ein Insekt verwandelt werden), sondern weil ich annehme, daß seine Macht zu handeln, insofern sie seine eigene Natur bildet, sich vermehrt oder vermindert.

Endlich verstehe ich unter Vollkommenheit, wie gesagt, im allgemeinen die Realität, d. h. das Wesen jeder Sache, sofern sie in bestimmter Weise existiert und wirkt, ohne dabei auf ihre Dauer Rücksicht zu nehmen. Denn keine Sache kann deshalb vollkommener als eine andere genannt werden, weil sie längere Zeit im Existieren verharrt; denn die Dauer der Dinge kann aus ihrem Wesen nicht bestimmt werden, da dies keine feste und bestimmte Zeit der Existenz einschließt; vielmehr kann die vollkommenere Sache, ebenso wie die unvollkommenere, mit der gleichen Kraft, in der sie begonnen, auch zu existieren fortfahren, so daß alle Dinge hierin einander gleich sind.

Definition 1. Unter gut verstehe ich das, von dem wir gewiß wissen, daß es uns nützlich ist.

Definition 2. Unter schlecht verstehe ich das, von dem wir gewiß wissen, daß es uns verhindert, ein Gutes zu erreichen.

Hierüber sehe man den Schluß der obigen Vorrede.

Definition 3. Die Einzeldinge nenne ich zufällig, insofern ihre bloße Wesenheit nichts enthält, was deren Existenz notwendig setzt oder notwendig aufhebt.

Definition 4. Ich nenne dieselben Einzeldinge möglich, insofern man in bezug auf die Ursachen, aus denen sie hervorgehen sollen, nicht weiß, ob diese bestimmt sind, sie hervorzubringen.

In I. L. 33 E. 1 habe ich zwischen Möglichem und Zufälligem nicht unterschieden, weil es dort nicht nötig war, sie beide genau zu unterscheiden.

Definition 5. Unter entgegengesetzten Affekten verstehe ich im Folgendem die, welche den Menschen nach entgegengesetzten Richtungen ziehen, wenn sie auch gleicher Art sind, wie Schwelgerei und Geiz, welche beide Arten der Liebe sind; sie sind auch nicht von Natur, sondern nur zufällig Gegensätze.

Definition 6. Was ich unter Affekt für einen zukünftigen, gegenwärtigen oder vergangenen Gegenstand verstehe, habe ich in III. L. 18 E. 1, 2 erläutert.

Es muß hier aber noch besonders erwähnt werden, daß der Mensch Zeitgrößen wie Raumgrößen nur bis zu einer gewissen

Grenze sich bildlich vorstellen kann. So wie man pflegt, alle Gegenstände, welche über 200 Fuß von uns abstehen, oder deren Entfernung von unserer Stelle weiter ist, als man sich deutlich vorstellen kann, sich als gleich entfernt oder gleichsam in derselben Fläche befindlich vorzustellen, so geschieht dies ebenso mit Gegenständen, die nach unserer Vorstellung von der Gegenwart zeitlich weiter entfernt sind, als man sich bestimmt bildlich vorzustellen pflegt. Man hält sie alle gleich weit von der Gegenwart entfernt und stellt sie gleichsam in einen Zeitpunkt.

Definition 7. Unter Zweck, wegen dessen wir etwas tun, verstehe ich das Verlangen.

Definition 8. Unter Tugend und Macht verstehe ich dasselbe; d. h. die Tugend in bezug auf den Menschen (III. L. 7) ist des Menschen eigenes Wesen oder Natur, insoweit sie die Macht hat, etwas zu bewirken, was durch die bloßen Gesetze ihrer Natur erkannt werden kann.

Axiom. Es gibt in der Natur keine einzelne Sache, die mächtiger und stärker wäre als alle andern; vielmehr gibt es über jede gegebene noch eine stärkere, von der sie zerstört werden kann.

Lehrsatz 1. *Alles, was eine falsche Vorstellung Positives enthält, wird durch die Gegenwart des Wahren als Wahren nicht aufgehoben.*

Beweis. Das Falsche besteht aus einem bloßen Mangel der Kenntnis, welchen die unzureichenden Vorstellungen enthalten, und sie werden wegen keines in ihnen enthaltenen Positiven falsch genannt (II. L. 35, 33), im Gegenteil, auf Gott bezogen, sind sie wahr (II. L. 32). Wenn daher das Positive einer falschen Vorstellung durch die Gegenwart des Wahren als Wahren aufgehoben würde, so höbe die wahre Vorstellung sich selbst auf, was widersinnig ist (III. L. 4).

Erläuterung. Dieser Lehrsatz ergibt sich deutlicher aus II. L. 16 Z. 2. Denn die bildliche Vorstellung ist eine Vorstellung, welche mehr die gegenwärtige Verfassung des menschlichen Körpers als die Natur eines fremden Körpers anzeigt, und zwar nicht bestimmt, sondern verworren; daher kommt es, daß man sagt, die Seele irrt. Wenn man z. B. die Sonne ansieht, so hält man sie für ungefähr 200 Fuß von sich entfernt, und man irrt so lange hierin, als man ihre wahre Entfernung nicht kennt. Mit der Kenntniss dieser verschwindet zwar der Irrtum, aber nicht die bildliche Vorstellung, d. h. die Vorstellung der Sonne, welche deren Natur nur soweit darlegt, als der Körper von ihr erregt wurde. Obgleich wir also die wahre Entfernung der Sonne kennen, wird doch die bildliche Vorstellung bleiben, wonach sie nahe bei uns ist. Denn wie ich in II. L. 35 E. gesagt habe, stellt man die Sonne nicht deshalb als nahe vor, weil man ihre wahre Entfernung nicht kennt, sondern weil die Seele die Größe der Sonne nur soweit auffaßt, als der Körper von ihr erregt wird. Ebenso werden wir uns bildlich vorstellen, daß die Sonne im Wasser ist, wenn die auf die Oberfläche des Wassers fallenden Sonnenstrahlen nach unseren Augen zurückgeworfen werden, obgleich wir ihren wahren Ort kennen. Dasselbe gilt von den übrigen bildlichen Vorstellungen, durch welche die Seele getäuscht wird; mögen sie nur die natürliche Verfassung des Körpers oder eine Vermehrung oder Verminderung seiner Macht zu handeln anzeigen; sie sind nicht die Gegensätze des Wahren und erlöschen nicht durch dessen Gegenwart. Es kommt zwar vor, daß, wenn wir fälschlich ein Übel fürchten, die Furcht bei Anhörung der wahren Nachricht erlischt; aber ebenso erlischt auch die Furcht vor einem wirklich kommenden Übel beim Hören der falschen Nachricht. Die bildlichen Vorstellungen erlöschen daher nicht durch die Gegenwart des Wahren als Wahren, sondern weil stärkere auftreten, welche der eingebildeten Dinge gegenwärtige Existenz ausschließen, wie ich II. L. 17 gezeigt habe.

Lehrsatz 2. *Wir leiden insoweit, als wir ein Teil der Natur sind, welcher für sich und ohne anderes nicht vorgestellt werden kann.*

Beweis. Wir leiden, wenn etwas in uns entsteht, wovon wir nur die partielle Ursache sind (III. D. 2) d. h. etwas, was aus den bloßen Gesetzen unserer Natur nicht abgeleitet werden kann (III. D. 1). Wir leiden daher, soweit wir ein Teil der Natur sind, welcher für sich und ohne anderes nicht vorgestellt werden kann.

Lehrsatz 3. *Die Kraft, mit der ein Mensch in seiner Existenz verharrt, ist beschränkt und wird von der Macht fremder Ursachen unendlich übertroffen.*

Beweis. Dies ergibt aus dem obigen Axiom, denn gibt es einen Menschen, so gibt es auch etwas anderes, etwa A, was stärker ist, und ist A gegeben, so gibt es ferner etwas anderes, etwa B, was stärker als A ist, und so fort ohne Ende. Die Macht eines Menschen wird deshalb durch die Macht eines anderen Gegenstandes beschränkt und von der Macht fremder Ursachen unendlich übertroffen.

Lehrsatz 4. *Es ist unmöglich, daß ein Mensch keinen Teil der Natur bilde und nur Veränderungen erleide, welche durch seine*

Natur allein erkannt werden können, und deren zureichende Ursache er ist.

Beweis. Die Macht, durch welche die Einzeldinge und folglich auch der Mensch ihr Sein bewahren, ist Gottes oder der Natur Macht selbst (II. L. 24 Z.), und zwar nicht als unendliche, sondern soweit sie durch des Menschen wirkliches Wesen dargelegt werden kann (III. L. 7). Die Macht des Menschen ist daher, soweit sie sich durch sein eigenes Wesen darlegt, ein Teil von Gottes oder der Natur unendlicher Macht, d. h. von ihrem Wesen (I. L. 34). Dies war das erste. Wenn es ferner möglich wäre, daß der Mensch keine Veränderungen zu erleiden brauchte als solche, welche durch seine Natur allein erkannt werden können, so würde folgen, daß er nicht untergehen könnte (II. L. 4, 6), sondern daß er immer notwendig existierte. Dieses müßte aber aus einer Ursache folgen, deren Macht unendlich oder endlich wäre, nämlich entweder aus der bloßen Macht des Menschen, der dann vermöchte, alle anderen Veränderungen durch fremde Körper von sich abzuhalten, oder aus der unendlichen Macht der Natur, von der dann alles einzelne so geleitet werden müßte, daß der Mensch keine anderen Veränderungen erlitt, als die zu seiner Erhaltung dienten.

Das erste ist widersinnig (nach IV. L. 3, dessen Beweis allgemein gilt und auf alle Einzeldinge anwendbar ist). Wenn es also möglich wäre, daß ein Mensch nur aus seiner Natur erkennbare Veränderungen erlitt, mithin, wie gezeigt, immer notwendig existierte, so müßte dies aus der unendlichen Macht Gottes folgen, und folglich müßte aus der Notwendigkeit der göttlichen Natur (I. L. 16), sofern sie durch die Vorstellung eines Menschen erregt aufgefaßt wird, die Ordnung der ganzen Natur, sofern sie nach den Attributen der Ausdehnung und des Denkens aufgefaßt wird, daraus abgeleitet werden. Daraus ergibt sich (II. L. 21), daß der Mensch unendlich wäre, was (nach dem ersten Teil dieses Beweises) widersinnig ist. Es ist deshalb unmöglich, daß der Mensch nur solche Veränderungen erleide, von denen er die zureichende Ursache ist.

Zusatz. Hieraus ergibt sich, daß der Mensch notwendig immer den Leidenschaften ausgesetzt ist, der allgemeinen Ordnung der Natur folgt, ihr gehorcht und sich ihr fügt, soweit es die Natur der Dinge fordert.

Lehrsatz 5. *Die Kraft und der Zuwachs jeder Leidenschaft und ihre Beharrlichkeit zu existieren wird nicht durch die Macht be-*

stimmt, mit der wir streben, in unserem Sein zu beharren, sondern durch die Macht der fremden Ursache im Vergleich mit unserer Macht.

Beweis. Das Wesen der Leidenschaft kann nicht durch unser Wesen allein dargelegt werden (III. D. 1, 2), d. h. die Macht der Leidenschaft kann nicht bestimmt werden durch die Macht, mit der wir in unserem Sein zu verharren streben (III. L. 7), sondern sie muß notwendig bestimmt werden durch die Macht einer fremden Ursache in Vergleich mit unserer Macht.

Lehrsatz 6. *Die Kraft einer Leidenschaft oder eines Affektes kann des Menschen übrige Handlungen oder Macht so übersteigen, daß der Affekt hartnäckig an dem Menschen haftet.*

Beweis. Die Kraft und der Zuwachs jeder Leidenschaft und ihre Beharrlichkeit zu sein wird durch die Macht einer fremden Ursache bestimmt, im Vergleich zu unserer Macht (IV. L. 5), deshalb kann sie die Macht des Menschen so übersteigen, daß usw.

Lehrsatz 7. *Ein Affekt kann nur gehemmt oder aufgehoben werden durch einen Affekt, der entgegengesetzt und stärker ist, als der zu hemmende.*

Beweis. Der Affekt, auf die Seele bezogen, ist eine Vorstellung, mit welcher die Seele eine gegen früher größere oder geringere Kraft zu existieren bei ihrem Körper bejaht (III. Die allgemeine Definition der Affekte). Wenn also die Seele von einem Affekt erfaßt ist, ist zugleich der Körper so erregt, daß seine Kraft zu handeln wächst oder abnimmt. Nun erhält diese Erregung des Körpers ihre Kraft, im Sein zu verharren, von ihrer Ursache; sie kann mithin nur von einer körperlichen Ursache gehemmt oder aufgehoben werden (II. L. 6), welche den Körper in einer entgegengesetzten und stärkeren Weise erregt (III. L. 5 und IV. A.). Folglich wird die Seele von der Vorstellung einer Erregung erfaßt, die stärker und der früheren entgegengesetzt ist (II. L. 12); d. h. die Seele wird von einem stärkeren und dem früheren entgegengesetzten Affekt erfaßt, welcher die Existenz des früheren ausschließen und aufheben wird (III. Allgemeine Definition). Mithin kann ein Affekt nur durch einen entgegengesetzten und stärkeren Affekt gehoben oder gehemmt werden.

Zusatz. Der Affekt der Seele kann nur gehemmt oder gehoben werden durch die Vorstellung einer entgegengesetzten Erregung des Körpers, die zugleich stärker ist als die gegenwärtige. Denn ein Affekt, unter dem wir leiden, kann nur durch einen stärkeren und entgegengesetzten Affekt gehemmt oder gehoben werden

(IV. L. 6), d. h. nur durch die Vorstellung einer körperlichen Erregung, die stärker und jenem entgegengesetzt ist.

Lehrsatz 8. *Die Kenntniss des Guten und Schlechten ist nur ein Affekt der Fröhlichkeit oder Traurigkeit, sofern wir uns dessen bewußt sind.*

Beweis. Wir nennen das gut oder schlecht, was der Erhaltung unseres Seins nützt oder schadet (IV. D. 1, 2), d. h. was unsere Macht zu handeln mehrt oder mindert, unterstützt oder hemmt (III. L. 7). Sofern wir also bemerken, daß eine Sache uns mit Fröhlichkeit oder Traurigkeit erfüllt, nennen wir sie gut oder schlecht (III. L. 11 E. mit den Definitionen der Fröhlichkeit und Traurigkeit). Daher ist die Kenntnis des Guten und Schlechten nur die Vorstellung der Fröhlichkeit oder Trauer, welche aus dem Affekte der Fröhlichkeit oder Trauer selbst notwendig folgt (II. L. 22). Diese Vorstellung ist aber in derselben Weise mit dem Affekt geeint, wie die Seele mit dem Körper (II. L. 21); d. h. diese Vorstellung unterscheidet sich von dem Affekt selbst (II. L. 21 E., III. Allgemeine Definition der Affekte) oder von der Vorstellung des betreffenden Körperzustandes in Wahrheit nur im Denken. Daher ist diese Kenntnis des Guten und Schlechten immer der Affekt selbst, sofern wir uns seiner bewußt sind.

Lehrsatz 9. *Ein Affekt, dessen Ursache wir als gegenwärtig und uns nahe vorstellen, ist stärker, als wenn wir uns diese Ursache nicht als gegenwärtig vorstellen.*

Beweis. Die bildliche Vorstellung ist eine Vorstellung, in welcher die Seele einen Gegenstand als gegenwärtig betrachtet (II. L. 17 E.), welcher aber doch mehr die Verfassung des menschlichen Körpers als die Natur der fremden Sache anzeigt (II. L. 16 Z. 2). Der Affekt ist also eine bildliche Vorstellung, insofern sie die Verfassung des Körpers anzeigt (III. Allgemeine Definition). Aber die bildliche Vorstellung ist stärker, solange wir uns nichts vorstellen, was die gegenwärtige Existenz der fremden Sache ausschließt (II. L. 17). Deshalb wird auch ein Affekt, dessen Ursache wir für gegenwärtig und uns nahe vorstellen, in sich mächtiger oder stärker sein, als wenn wir uns vorstellen, daß sie nicht gegenwärtig ist.

Erläuterung. Als ich oben (III. L. 18) sagte, daß wir aus dem Bild einer kommenden oder vergangenen Sache zu demselben Affekt aufgeregt werden, als wenn die vorgestellte Sache gegenwärtig wäre, so habe ich ausdrücklich bemerkt, daß dies nur wahr sei, insofern wir bloß auf das Bild der Sache acht haben (denn dieses bleibt von gleicher Natur, mögen wir es uns vorgestellt haben oder nicht); aber ich habe nicht bestritten, daß es schwächer werde, wenn wir andere Dinge als gegenwärtig betrachten, welche die Gegenwart der zukünftigen Sache ausschließen. Es ist dies damals nicht geschehen, weil ich über die Kräfte der Affekte erst in diesem vierten Teil handeln wollte.

Zusatz. Das Bild einer kommenden oder vergangenen Sache, d. h. einer Sache, welche wir mit Ausschluß der gegenwärtigen Zeit, in Beziehung auf die kommende oder vergangene Zeit betrachten, ist unter sonst gleichen Umständen schwächer als das Bild einer gegenwärtigen Sache, und folglich wird auch ein Affekt für eine kommende oder vergangene Sache, unter sonst gleichen Umständen, gemäßigter sein als ein Affekt für eine gegenwärtige Sache.

Lehrsatz 10. *Für eine kommende Sache, deren baldiges Dasein man annimmt, wird man stärker erregt, als wenn man glaubt, daß die Zeit ihrer Existenz länger von der Gegenwart absteht; und durch das Andenken an einen Gegenstand, den man für noch nicht lange vergangen hält, wird man ebenfalls stärker erregt, als wenn man ihn für länger vergangen hält.*

Beweis. Denn soweit man den Gegenstand für bald kommend oder für nicht lange vergangen hält, stellt man damit etwas vor, was die Gegenwart des Gegenstandes weniger ausschließt, als wenn man glaubt, daß die Zeit seiner Existenz länger von der Gegenwart absteht, oder ihn für schon lange vergangen hält (wie von selbst klar ist), deshalb wird man auch stärker für ihn erregt werden (IV. L. 9).

Erklärung. Aus dem zu IV. D. 6 Bemerkten ergibt sich, daß, wenn die Gegenstände von der Gegenwart durch einen längeren Zeitraum getrennt sind, als man sich diesen bildlich vorstellen kann, sie uns nur gleich schwach berühren, wenn wir auch wissen, daß sie untereinander durch einen großen Zeitraum getrennt sind.

Lehrsatz 11. *Der Affekt für einen als notwendig vorgestellten Gegenstand wird unter sonst gleichen Umständen stärker sein als für einen möglichen oder zufälligen, d. h. nicht notwendigen Gegenstand.*

Beweis. Soweit man sich einen Gegenstand als notwendig vorstellt, soweit bejaht man dessen Existenz und umgekehrt vereint man diese, soweit man sich ihn als nicht notwendig vorstellt (I. L. 33 E.). Daher wird der Affekt für einen notwendigen Gegenstand unter sonst gleichen Umständen (IV. L. 9) stärker sein als für einem nicht notwendigen.

Lehrsatz 12. *Der Affekt für einen Gegenstand, von dem man weiß, daß er notwendig nicht existiert, und den man sich als möglich vorstellt, wird unter sonst gleichen Umständen stärker sein als für einen zufälligen Gegenstand.*

Beweis. Soweit man sich eine Sache als zufällig vorstellt, ist man von dem Bild keiner anderen Sache erregt, welche die Existenz jener setzte (IV. D. 3), vielmehr stellt man (nach der Annahme) etwas vor, was deren gegenseitige Existenz ausschließt. Soweit man sich aber die Sache als in Zukunft möglich vorstellt, soweit stellt man sich etwas vor, was ihre Existenz setzt (IV. D. 4) d. h., was die Hoffnung oder die Furcht nährt (III. L. 18). Deshalb wird der Affekt für einen möglichen Gegenstand heftiger sein.

Zusatz. Der Affekt für einen als gegenwärtig nicht existierend und als zufällig vorgestellten Gegenstand ist viel schwächer, als wenn man sich den Gegenstand als gegenwärtig vorstellt.

Beweis. Der Affekt für einen als gegenwärtig existierend vorgestellten Gegenstand ist stärker, als wenn man ihn sich bloß als einen zukünftigen vorstellt (IV. L. 9 Z.), und ist heftiger, wenn man sich vorstellt, daß die kommende Zeit von der gegenwärtigen nicht weit absteht (IV. L. 10). Daher ist der Affekt für einen Gegenstand, dessen Zeit der Existenz man von der Gegenwart für weit entfernt vorstellt, viel schwächer, als wenn er als gegenwärtig vorgestellt wird. Nichtsdestoweniger wird er stärker sein, als wenn man den Gegenstand als zufällig vorstellt. Deshalb ist der Affekt für einen zufälligen Gegenstand weit schwächer als für einen, den man sich als gegenwärtig vorstellt.

Lehrsatz 13. *Der Affekt für einen zufälligen Gegenstand, von dem man weiß, daß er in der Gegenwart nicht existiert, ist, unter sonst gleichen Umständen, schwächer als der Affekt für einen vergangenen Gegenstand.*

Beweis. Soweit man sich den Gegenstand als zufällig vorstellt, wird man durch das Bild keines anderen Gegenstandes erregt, welches seine Existenz setzt (IV. D. 3). Man stellt sich im Gegenteil (nach der Annahme) etwas vor, was dessen gegenwärtige Existenz ausschließt. Wenn man sich aber denselben Gegenstand mit Beziehung auf eine vergangene Zeit vorstellt, so muß man sich insoweit etwas vorstellen, was ihn in das Gedächtnis bringt oder was das Bild des Gegenstandes erweckt (II. L. 18 E.) und damit bewirkt, daß man den Gegenstand als einen gegenwärtigen betrachtet (II. L. 17 Z.). Daher wird der Affekt für einen zufälligen Gegenstand, von dem man weiß, daß er gegenwärtig nicht existiert, unter sonst gleichen Umständen schwächer sein als der Affekt für einen vergangenen Gegenstand.

Lehrsatz 14. *Die wahre Kenntnis des Guten und Schlechten kann, als wahre, keinen Affekt hemmen, sondern nur, sofern sie als Affekt aufgefaßt wird.*

Beweis. Der Affekt ist eine Vorstellung, durch welche die Seele eine Kraft ihres Körpers zu existieren bejaht, die größer oder kleiner ist als vorher (III. Allgemeine Definition.) Dieses Positive kann durch die Gegenwart des Wahren nicht aufgehoben werden (IV. L. 1), und deshalb kann die wahre Kenntnis des Guten und Schlechten, als solche, keinen Affekt hemmen. Aber soweit sie Affekt ist (IV. L. 8), kann sie, wenn sie stärker als jener ist (IV. L. 7), ihn hemmen.

Lehrsatz 15. *Die Begierde, welche aus der wahren Kenntnis des Guten und Schlechten entspringt, kann durch viele andere Begierden, die aus sich bekämpfenden Affekten entspringen, erstickt oder gehemmt werden.*

Beweis. Aus der wahren Kenntnis des Guten und Schlechten, soweit sie Affekt ist (IV. L. 8), entspringt notwendig eine Begierde (IV. D. 1), welche um so größer ist, je größer der Affekt ist, aus dem sie entsteht (III. L. 37). Weil aber diese Begierde (nach der Annahme) aus einem wahren Wissen entspringt, so erfolgt sie in uns, soweit wir handeln (III. L. 3), und muß also durch unser Wesen allein erkannt werden (III. D. 2), und folglich muß Kraft und Wachstum in derselben durch die menschliche Macht allein bestimmt werden. Ferner sind die Begierden, welche aus sich bekämpfenden Affekten entspringen, um so größer, je heftiger diese Affekte sind; deren Kraft und Wachstum muß also durch die Macht fremder Ursachen bestimmt werden (IV. L. 5), welche im Vergleich mit unserer Macht diese weit übersteigt (IV. L. 3). Daher können die Begierden, welche aus dergleichen Affekten entspringen, stärker sein als jene, welche aus der wahren Kenntnis des Guten und Schlechten entspringen und sie mithin hemmen oder ersticken (IV. L. 7).

Lehrsatz 16. *Das Begehren, was aus der Kenntnis des Guten und Schlechten in Beziehung auf einen künftigen Gegenstand entspringt, kann leicht durch das Begehren nach Dingen, die in der Gegenwart angenehm sind, gehemmt und ausgelöscht werden.*

Beweis. Der Affekt für einen zukünftigen Gegenstand ist

schwächer als für einen gegenwärtigen (IV. L. 9 Z.). Aber das aus der Erkenntnis des Guten und Schlechten entspringende Begehren kann, selbst wenn es sich auf gegenwärtige gute Dinge bezieht, durch irgendein unbesonnenes Begehren erstickt oder gehemmt werden (III. L. 15, dessen Beweis allgemein ist). Daher wird ein Begehren, was aus solcher Kenntnis für einen zukünftigen Gegenstand entspringt, um so leichter gehemmt oder getilgt werden können usw.

Lehrsatz 17. *Das Begehren aus der Erkenntnis des Guten und Schlechten, insoweit es einen zufälligen Gegenstand betrifft, wird noch viel leichter durch ein Begehren nach gegenwärtigen Dingen gehemmt werden können.*

Beweis. Der Beweis dieses Lehrsatzes wird auf dieselbe Weise von der des vorgehenden aus IV. L. 12 Z. geführt.

Erläuterung. Damit glaube ich die Ursachen dargelegt zu haben, weshalb die Menschen mehr von ihren Meinungen als von der wahren Vernunft sich bestimmen lassen, und weshalb die Kenntnis des Guten und Schlechten die Seele unruhig macht und oft jeder Art von Lust den Platz räumt. Daher rührt jener Vers des Dichters: „Ich seh und billige das Bessere, aber dem Schlechteren folge ich nach." Dasselbe scheint auch der Prediger im Sinn gehabt zu haben, als er sagte: „Was das Wissen mehrt, mehrt den Schmerz." Ich sage dies aber nicht deshalb, um zu folgern, daß das Nicht-Wissen besser sei als das Wissen, oder daß der Verständige in Mäßigung der Affekte sich von dem Dummen nicht unterscheide, sondern weil es notwendig ist, daß man sowohl die Macht wie die Ohnmacht seiner Natur kenne, um bestimmen zu können, was die Vernunft in Mäßigung der Affekte vermag und nicht vermag. Und in diesem vierten Teil habe ich nur von der Ohnmacht des Menschen handeln wollen, denn die Macht der Vernunft über die Affekte werde ich besonders behandeln.

Lehrsatz 18. *Das Begehren, was aus der Fröhlichkeit entspringt, ist, bei sonst gleichen Umständen, stärker als das Begehren, was aus der Traurigkeit entspringt.*

Beweis. Das Begehren ist das Wesen des Menschen selbst (IV. D. 1), d. h. das Streben des Menschen, in seinem Sein zu verharren (III. L. 7). Deshalb wird das Begehren, was aus der Fröhlichkeit entspringt, durch den Affekt der Fröhlichkeit selbst unterstützt oder vermehrt. (Man sehe die Definition der Fröhlichkeit in E. zu III. L. 11.) Dagegen wird das Begehren, was aus der Traurigkeit entspringt, durch den Affekt der Traurigkeit selbst verhindert oder gehemmt (III. L. 11 E.). Deshalb muß die Kraft des Begehrens, was aus der Fröhlichkeit selbst entspringt, sowohl durch die Macht des Menschen als durch die Macht der fremden Ursache bestimmt werden, aber die der Trauer nur durch die Macht des Menschen; deshalb wird jenes stärker als dieses sein.

Erläuterung. Damit habe ich in Kürze die Ursachen der menschlichen Ohnmacht und Unbeständigkeit dargelegt und weshalb die Menschen die Lehren der Vernunft nicht innehalten. Ich habe nun noch zu zeigen, was das ist, was uns die Vernunft vorschreibt, und welche Affekte mit den Vorschriften der menschlichen Vernunft übereinstimmen und welche ihnen entgegen sind. Ehe ich jedoch dies in meiner ausführlichen geometrischen Weise darzulegen beginne, möchte ich zuvor noch die Vorschriften der Vernunft selbst hier kurz aufzeigen, damit meine Ansicht leichter gefaßt werden kann.

Da die Vernunft nichts gegen die Natur fordert, so fordert sie also selbst, daß ein jeder sich liebe, seinen Nutzen, soweit er wahrhaft Nutzen ist, suche und alles, was den Menschen zu einer größeren Vollkommenheit wirklich führt, erstrebe; überhaupt, daß jeder sein Sein, soviel er vermag, zu erhalten strebe. Dies ist sicherlich so wahr als der Satz, daß das Ganze größer ist als sein Teil (III. L. 4). Da nun die Tugend nichts anderes als ein Handeln nach den Gesetzen seiner eigenen Natur ist (IV. D. 8), und jedermann nur nach den Gesetzen seiner eigenen Natur sein Sein zu erhalten strebt (III. L. 7), so ergibt sich daraus erstens, daß die Grundlage der Tugend in dem Streben besteht, sein Sein zu erhalten, und das Glück darin, daß der Mensch sein Sein erhalten kann. Es folgt zweitens, daß man die Tugend um ihrer selbst willen zu erstreben hat, und daß es nichts Vorzüglicheres oder uns Nützlicheres gibt, dessentwegen man die Tugend begehren müßte. Endlich folgt drittens, daß die Selbstmörder ihres Verstandes nicht mächtig sind, und daß sie von fremden Ursachen, welche ihrer Natur entgegengesetzt sind, überwunden werden.

Ferner folgt aus II. L. 4, daß es uns unmöglich ist, für die Erhaltung unseres Seins nichts außerhalb unserer zu bedürfen und ohne allen Verkehr mit äußerlichen Gegenständen zu leben; auch wäre unser Wissen, wenn man noch die Seele in Betracht nimmt, sicherlich unvollkommener, wenn die Seele allein wäre und nichts kennt, als sich selbst. Vielmehr gibt es vieles außerhalb unser, was uns nützlich und deshalb zu erstreben ist. Von diesem kann man sich nichts Besseres vorstellen, als das, was mit unserer Natur ganz übereinstimmt. Wenn z. B. zwei von derselben Natur sich gegenseitig verbinden, so stellen sie ein Einzelding dar, was noch einmal so stark ist als jedes für sich. Es gibt deshalb für den Menschen nichts Nützlicheres als der Mensch. Ich sage, es können die Menschen sich nichts Besseres für die Erhaltung ihres Seins wünschen, als daß alle mit allen so übereinstimmen, daß die Seelen und Körper aller gleichsam eine Seele und einen Körper bilden, alle soviel als möglich ihr Sein zu erhalten suchen und alle das für alle Nützliche aufsuchen. Daraus ergibt sich, daß Menschen, die von der Vernunft geleitet werden, d. h. die ihren Nutzen nach Anleitung der Vernunft suchen, nichts für sich erstreben, was sie nicht auch für die übrigen Menschen wünschten, daß folglich solche Menschen gerecht, treu und ehrlich sind.

Dies sind die Gebote der Vernunft, welche ich hier in der Kürze darlegen wollte, ehe ich beginne, sie in ausführlicher Weise zu beweisen. Es ist dies geschehen um, wo möglich, die Aufmerksamkeit derer für mich zu gewinnen, welche meinen, daß das Prinzip, wonach jeder nur seinen Nutzen zu suchen brauche, die Grundlage der Gottlosigkeit sei, aber nicht die der Tugend und Frömmigkeit. Nachdem ich also kurz gezeigt habe, daß die Sache sich umgekehrt verhalte, gehe ich auf dem bisher betretenen Wege zu dem Beweis davon über.

Lehrsatz 19. *Jeder begehrt oder verabscheut notwendig nach den Gesetzen seiner Natur das, was er für gut oder schlecht betrachtet.*

Beweis. Die Kenntnis des Guten und Schlechten ist der Affekt der Fröhlichkeit oder Traurigkeit selbst (IV. L. 8), insofern man sich desselben bewußt ist; deshalb begehrt notwendig jeder das, was er für gut hält, und verabscheut, was er für schlecht hält (III. L. 28). Diese Begehren sind aber nur das Wesen und die Natur des Menschen selbst (III. L. 9 E. u. D. 1). Deshalb begehrt oder verabscheut jeder usw.

Lehrsatz 20. *Je mehr jemand seinen Nutzen zu suchen, d. h. sein Sein zu erhalten strebt und vermag, mit desto größerer Tugend ist er begabt. Umgekehrt, soweit jemand seinen Nutzen, d. h. die Erhaltung seines Seins vernachlässigt, so weit ist er ohnmächtig.*

Beweis. Die Tugend ist die menschliche Macht selbst, welche nur durch das Wesen des Menschen bestimmt wird (IV. D. 8), d. h. welche nur durch das Streben, womit der Mensch in seinem Sein zu verharren strebt, bestimmt wird (III. L. 1). Je mehr also jemand sein Sein zu erhalten strebt und vermag, desto mehr ist er mit Tugend begabt, und also ist der, welcher sein Sein zu erhalten verabsäumt, insoweit ohnmächtig (III. L. 4, 6).

Erläuterung. Nur der, welcher von fremden, seiner Natur widersprechenden Ursachen überwunden ist, versäumt seinen Nutzen zu suchen und sein Sein zu erhalten. Niemand, sage ich, verabscheut aus der Notwendigkeit seiner Natur, sondern nur infolge Zwanges durch fremde Ursachen das Essen oder nimmt sich das Leben, was auf viele Art geschehen kann. So tötet sich jemand, weil ein anderer ihn zwingt, indem dieser seine Hand, mit der er zufällig ein Schwert ergriffen hatte, umdreht und ihn zwingt, das Schwert in sein Herz zu stoßen; oder weil er, wie Seneca, durch den Befehl eines Tyrannen gezwungen wird, sich die Adern zu öffnen, d. h. weil er ein größeres Übel durch ein kleineres zu vermeiden strebt; oder endlich, weil verborgene äußere Ursachen seine Einbildung so bestimmen und seinen Körper so erregen, daß dieser eine andere, der früheren entgegengesetzte Natur annimmt, deren Vorstellung in der Seele nicht möglich ist (III. L. 10). Daß aber der Mensch aus der Notwendigkeit seiner eigenen Natur streben sollte, nicht zu sein oder sich in ein anderes Wesen zu verwandeln, ist ebenso unmöglich, wie daß aus nichts etwas werde, und jeder wird bei mäßigem Nachdenken dies einsehen.

Lehrsatz 21. *Niemand kann wünschen, glücklich zu sein, gut zu handeln und gut zu leben, wenn er nicht zugleich wünscht, zu sein, zu handeln und leben, d. h. wirklich zu existieren.*

Beweis. Der Beweis dieses Lehrsatzes oder vielmehr die Sache selbst ist durch sich allein klar und ergibt sich auch aus der Definition des Begehrens. Denn das Begehren, glücklich und gut zu leben, zu handeln, ist das eigene Wesen des Menschen (IV. D. 1), d. h. das Streben, wodurch sich jeder in seinem Sein zu erhalten sucht (III. L. 7). Deshalb kann niemand wünschen usw.

Lehrsatz 22. *Keine Tugend kann vor dieser (nämlich vor dem Streben, sich selbst zu erhalten) gedacht werden.*

Beweis. Das Streben, sich zu erhalten, ist das Wesen jedes Gegenstandes selbst (III. L. 7). Wenn also eine Tugend vor diesem Streben vorgestellt werden könnte, so würde das eigene Wesen eines Gegenstandes eher als er selbst gedacht (IV. D. 8), was (wie sich ergibt) widersinnig ist. Deshalb kann keine Tugend vor dieser usw.

Zusatz. Das Bestreben, sich zu erhalten, ist die erste und einzige Grundlage der Tugend. Denn vor diesem Prinzip kann kein anderes vorgestellt werden (IV. L. 22), und keine Tugend kann ohne dasselbe (IV. L. 21) gedacht werden.

Lehrsatz 23. *Soweit ein Mensch zu einer Handlung dadurch bestimmt wird, daß er unzureichende Vorstellungen hat, kann man nicht unbedingt sagen, daß er aus Tugend handle, sondern nur, soweit er durch etwas bestimmt wird, was er erkennt.*

Beweis. Soweit ein Mensch zum Handeln dadurch bestimmt wird, daß er unzureichende Vorstellungen hat, soweit leidet er (III. L. 1), d. h. er tut etwas, was aus seinem Wesen allein nicht erkannt werden kann, d. h. was aus seiner Tugend nicht folgt (IV. D. 8). Soweit er aber zur Handlung durch etwas bestimmt wird, was er erkennt, soweit handelt er (III. L. 1), d. h. er tut etwas (III. D. 2), was durch sein Wesen allein aufgefaßt wird, oder was aus seiner Tugend allein hinreichend folgt (IV. D. 8).

Lehrsatz 24. *Unbedingt aus Tugend handeln ist nichts anders in uns, als nach Leitung der Vernunft auf der Grundlage des Strebens nach diesem eigenen Nutzen handeln, leben und sein Sein bewahren. (Diese drei bedeuten dasselbe.)*

Beweis. Unbedingt aus Tugend handeln ist dasselbe, wie nach den Gesetzen der eigenen Natur handeln (IV. D. 8). Aber wir handeln nur, soweit wir erkennen (III. L. 3), deshalb ist aus Tugend handeln nichts anderes in uns, als nach Leitung der Vernunft handeln, leben und sein Sein bewahren, und zwar auf der Grundlage des Strebens nach seinem eigenen Nutzen (IV. L. 22 Z.).

Lehrsatz 25. *Niemand strebt, sein Sein eines anderen Gegenstandes wegen zu erhalten.*

Beweis. Das Streben, wodurch jede Sache sich in ihrem Sein zu erhalten sucht, wird bloß durch das Wesen dieser Sache bestimmt (III. L. 7) und folgt nur aus ihm allein mit Notwendigkeit, aber nicht aus dem Wesen einer fremden Sache (III. L. 6). Dieser Lehrsatz ergibt sich auch aus IV. L. 22 Z. Denn wenn der Mensch sein Sein wegen einer andern Sache zu erhalten strebte, so wäre diese Sache die erste Grundlage der Tugend (wie von sich selbst ergibt), und dies ist widersinnig (IV. L. 22 Z.). Deshalb strebt niemand, sein Sein usw.

Lehrsatz 26. *Alles, was man aus Vernunft erstrebt, ist nur die Erkenntnis, und die Seele hält, soweit sie sich ihrer Vernunft bedient, nur das zur Erkenntnis führende für nützlich.*

Beweis. Das Streben sich zu erhalten ist nichts anderes als das Wesen des Gegenstandes (III. L. 7), der vermöge seiner Existenz die Kraft hat, im Sein zu verharren und zu tun, was aus seiner

Natur notwendig folgt (III. L. 9 E. D. vom Begehren). Das Wesen der Vernunft ist aber nichts anderes als unsere Seele, sofern sie klar und deutlich erkennt (II. L. 40 E. 2). Deshalb geht alles, was man aus Vernunft erstrebt, nur auf Erkenntnis (II. L. 40).

Da ferner dieses Streben der Seele, wodurch sie, soweit sie vernünftig denkt, ihr Sein zu erhalten strebt, nur das Erkennen ist (wie eben gezeigt worden), so ist dieses Streben nach Erkenntnis die erste und einzige Grundlage der Tugend (IV. L. 22 Z.), und man strebt nicht eines Zweckes wegen nach Erkenntnis (IV. L. 25), vielmehr kann die Seele, soweit sie vernünftig verfährt, nichts für sich gut halten, als das, was zur Erkenntnis führt (IV. D. 1).

Lehrsatz 27. *Wir wissen nur von dem gewiß, daß es gut ist, was zur Erkenntnis wirklich führt, und nur von dem, daß es schlecht ist, was die Erkenntnis hindern kann.*

Beweis. Die Seele verlangt, soweit sie ihre Vernunft gebraucht, nur zu erkennen und hält nichts für sich nützlich, als was zur Erkenntnis führt (IV. L. 26). Die Seele hat aber nur Gewißheit von den Dingen, soweit sie zureichende Vorstellungen hat (III. L. 41, 43 E.) oder (was dasselbe ist II. L. 40 E.) insofern sie ihre Vernunft gebraucht.

Daher hält man nur das mit Gewißheit für gut, was wahrhaft zur Erkenntnis führt, und umgekehrt das für schlecht, was die Erkenntnis hindern kann.

Lehrsatz 28. *Das höchste Gut der Seele ist die Erkenntnis Gottes, und die höchste Tugend der Seele Gott erkennen.*

Beweis. Das Höchste, was die Seele erkennen kann, ist Gott, d. h. (I. D. 6) das unbedingt unendliche Wesen, ohne das nichts sein noch vorgestellt werden kann (I. L. 15); daher ist (IV. L. 26, 27) das höchste Nützliche und Gut (IV. D. I) der Seele die Erkenntnis Gottes. Ferner handelt die Seele nur, soweit sie erkennt (III. L. 1, 3), und nur dann kann man unbedingt von ihr sagen, daß sie aus Tugend handelt (IV. L. 23). Die unbedingte Tugend der Seele ist daher das Erkennen, das Höchste aber, was die Seele erkennen kann, ist Gott (wie bereits gezeigt worden), folglich ist die höchste Tugend der Seele, Gott zu erkennen oder zu begreifen.

Lehrsatz 29. *Jeder einzelne Gegenstand, dessen Natur von der unsrigen durchaus verschieden ist, kann unsere Macht zu handeln weder unterstützen noch hindern, überhaupt kann nur derjenige Gegenstand für uns gut oder schlecht sein, der etwas mit uns gemeinsam hat.*

Beweis. Die Macht eines jeden einzelnen Gegenstandes und folglich auch des Menschen (II. L. 10 Z.), durch welche er existiert und wirkt, wird nur von einer andern einzelnen Sache bestimmt (I. L. 28), deren Natur durch dasselbe Attribut erkannt werden muß (II. L. 6), durch welches die menschliche Natur begriffen wird. Unsere Macht zu handeln, wie man sie auch vorstellen mag, kann daher nur von der Macht einer andern einzelnen Sache bestimmt und folglich unterstützt oder gehemmt werden, welche mit uns etwas Gemeinsames hat, und nicht durch die Macht einer Sache, deren Natur von der unsrigen ganz verschieden ist. Weil wir aber gut und schlecht nur das nennen, was Ursache der Fröhlichkeit oder Traurigkeit ist (IV. L. 8), d. h. was unsere Macht zu handeln mehrt oder mindert, unterstützt oder hemmt (III. L. 11 E.), so kann eine Sache, die von unserer Natur durchaus verschieden ist, für uns weder gut noch schlecht sein.

Lehrsatz 30. *Kein Gegenstand kann durch das, was er mit unserer Natur gemeinsam hat, schlecht sein, vielmehr ist er, soweit er für uns schlecht ist, uns entgegengesetzt.*

Beweis. Wir nennen das schlecht, was Traurigkeit verursacht (IV. L. 8), d. h. was unsere Macht zu handeln mindert oder hemmt (III. L. 11 E.). Wenn daher eine Sache durch das, was sie mit uns gemeinsam hat, für uns schlecht wäre, so könnte die Sache dieses selbst, was sie mit uns gemeinsam hat, vermindern oder hemmen; was widersinnig ist (III. L. 4). Keine Sache kann daher durch das, was sie mit uns gemein hat, für uns schlecht sein, vielmehr ist sie nur insoweit schlecht, als sie unsere Macht zu handeln mindern oder hemmen kann (wie eben gezeigt worden), d. h. soweit sie uns entgegengesetzt ist (III. L. 5).

Lehrsatz 31. *Soweit ein Gegenstand mit unserer Natur übereinstimmt, ist er notwendig gut.*

Beweis. Soweit ein Gegenstand mit unserer Natur übereinstimmt, kann er nicht schlecht sein (IV. L. 30). Er muß also entweder gut oder gleichgültig sein. Im letzten Fall nämlich, daß er weder gut noch schlecht ist, folgt aus seiner Natur nichts, was der Erhaltung unserer Natur nützt (IV. A. 3), d. h. (nach der Annahme) nichts, was der Erhaltung seiner eigenen Natur nützt. Dieses ist aber widersinnig (III. L. 6). Er muß also, soweit er mit unserer Natur übereinstimmt, notwendig gut sein.

Zusatz. Hieraus ergibt sich, daß je mehr ein Gegenstand mit unserer Natur übereinstimmt, er um so nützlicher und besser für uns ist; und umgekehrt, je nützlicher ein Gegenstand für uns ist, um so mehr stimmt er mit unserer Natur überein. Denn soweit er damit nicht übereinstimmt, muß er von unserer Natur verschieden oder ihr entgegengesetzt sein. Ist ersteres, so kann er weder gut noch schlecht sein (IV. L. 29); ist er entgegengesetzt, so ist er auch dem entgegengesetzt, was mit unserer Natur übereinstimmt, d. h. er ist dem Guten entgegengesetzt, oder schlecht (IV. L. 30). Es kann daher nur das mit unserer Natur Übereinstimmende gut sein, und je mehr es damit übereinstimmt, desto nützlicher ist es, und umgekehrt.

Lehrsatz 32. *Soweit die Menschen ihren Leidenschaften unterworfen sind, kann man nicht sagen, daß sie von Natur übereinstimmen*

Beweis. Wenn man von Dingen sagt, daß sie von Natur übereinstimmen, so meint man, daß sie in der Macht übereinstimmen (III. L. 7), aber nicht in der Ohnmacht oder Verneinung, und folglich auch nicht in einem leidenden Zustand (II. L. 3 E.). Man kann daher von den Menschen, die den Leidenschaften unterworfen sind, nicht sagen, daß sie von Natur übereinstimmen.

Erläuterung. Der Satz ergibt sich auch aus sich selbst, denn wer sagt, daß weiß und schwarz nur darin übereinstimmen, daß beide nicht rot sind, der bejaht unbedingt, daß weiß und schwarz in nichts übereinstimmen. Ebenso ist es, wenn jemand sagt, daß ein Stein und ein Mensch nur darin übereinstimmen, daß sie beide endlich, ohnmächtig sind, oder daß sie nicht durch die Notwendigkeit ihrer Natur existieren, oder daß sie von der Macht fremder Ursachen ohne Schranke übertroffen werden; denn er bejaht damit, daß der Stein und der Mensch in nichts übereinstimmen. Denn Dinge, die nur in der Verneinung oder in dem, was sie nicht haben, übereinstimmen, stimmen in Wahrheit in nichts überein.

Lehrsatz 33. *Die Menschen können von Natur sich voneinander unterscheiden, soweit sie von Affekten, welche Leidenschaften sind, aufgeregt werden, und insoweit ist auch ein und derselbe Mensch veränderlich und unbeständig.*

Beweis. Die Natur oder das Wesen der Affekte kann nicht aus unserem Wesen und unserer Natur allein erklärt werden (III. D. 1, 2), sondern sie muß durch die Macht, d. h. durch die Natur fremder Ursachen in Vergleichung mit unserer Natur, bestimmt werden (III. L. 7).

Daher kommt es, daß es von jedem Affekt so viele Arten gibt, als Arten der Gegenstände sind, von denen man erregt wird (III. L. 56), und daß die Menschen von ein und demselben Gegenstand verschieden erregt werden (III. L. 56) und insoweit sich von Natur unterscheiden; endlich daß derselbe Mensch von demselben Gegenstand auf verschiedene Weise erregt wird und insoweit veränderlich ist (III. L. 51).

Lehrsatz 34. *Soweit die Menschen von Affekten erfaßt sind, welche Leidenschaften sind, können sie einander entgegengesetzt sein.*

Beweis. Ein Mensch, z. B. Peter, kann Ursache sein, daß der Paul sich betrübt, weil er einem Gegenstand ähnlich ist, welchen Paul haßt (III. L. 16), oder weil Peter einen Gegenstand besitzt, welchen auch Paul liebt (III. L. 32 E.), oder aus anderen Gründen. (Die erheblichen sehe man III. L. 55 E.) So kann es kommen, daß Paul den Peter haßt (III. D. 7), und folglich ist es leicht möglich, daß Peter den Paul wiederhaßt (III. L. 40 E.). Sie werden sich also gegenseitig Übles zuzufügen suchen (III. L. 39), d. h. sie werden einander entgegengesetzt sein (IV. L. 30). Die Affekte der Traurigkeit sind aber immer leidende Zustände (III. L. 59). Deshalb können Menschen, soweit sie von Affekten erfaßt sind, welche eine Leidenschaft enthalten, einander entgegengesetzt sein.

Erläuterung. Ich habe gesagt, daß der Paul den Peter hasse, weil er sich vorstellt, daß jener das besitze, was er selbst auch liebt. Auf den ersten Blick scheint daraus zu folgen, daß beide, weil sie ein und dasselbe lieben und folglich, weil sie von Natur übereinstimmen, einander zum Schaden sind. Wäre dies richtig, so würden die Lehrsätze IV. 30 u. 31 falsch sein. Untersucht man die Sache jedoch unparteiisch, so wird man alles in Übereinstimmung finden. Denn Paul und Peter sind sich einander nicht lästig, soweit sie von Natur übereinstimmen, d. h., soweit jeder dasselbe liebt, sondern soweit sie voneinander abweichen. Denn soweit jeder dasselbe liebt, wird eines jeden Liebe dadurch gesteigert (III. L. 31), d. h., soweit wird jede Fröhlichkeit dadurch gesteigert (III. D. 6). Soweit sie also dasselbe lieben und von Natur übereinstimmen, sind sie weit entfernt, einander lästig zu sein; vielmehr ist die Ursache dessen nur, daß sie von Natur sich unterscheiden; denn wir hatten angenommen, Peter habe die Vorstellung des geliebten Gegenstandes als eines, den ersterer in Besitz hat, Paul dagegen die Vorstellung des geliebten Gegenstandes als eines verlorenen. Daher kommt es, daß dieser von Trauer und jener von Fröhlichkeit erfüllt ist, und daß sie insoweit einander entgegen sind. Auf diese Weise kann man leicht zeigen, daß alle Ursachen des Hasses daher kommen, daß die Menschen von Natur sich unterscheiden, aber nicht von etwas, worin sie übereinstimmen.

Lehrsatz 35. *Soweit die Menschen nach der Leitung der Vernunft leben, insoweit allein stimmen sie von Natur notwendig immer überein.*

Beweis. Soweit die Menschen von Affekten erfaßt sind, welche ein Leiden sind, können sie von Natur verschieden sein (IV. L. 33) und einander entgegen (IV. L. 34). Aber von den Menschen kann man nur insofern sagen, daß sie handeln, als sie nach der Leitung der Vernunft leben (III. L. 3), folglich muß alles, was aus der menschlichen Natur, soweit sie von der Vernunft bestimmt wird, folgt, durch die menschliche Natur allein, als ihrer nächsten Ursache, erkannt werden (III. D. 2). Weil aber jeder nach den Gesetzen seiner Natur das begehrt, was er für gut, und das verabscheut, was er für schlecht hält (IV. L. 19), und weil alles, was man nach dem Ausspruch der Vernunft für gut oder schlecht hält, notwendig gut oder schlecht ist (II. L. 41), so tun die Menschen insoweit, als sie nach der Vernunft leben, notwendig das, was der menschlichen Natur und folglich auch jedwedem einzelnen Menschen notwendig gut ist, d. h. das, was mit der Natur eines jeden Menschen übereinstimmt (IV. L. 31 Z.). Folglich müssen auch die nach der Leitung der Vernunft lebenden Menschen notwendig unter sich immer übereinstimmen.

Zusatz 1. Nichts Einzelnes gibt es in der Natur, was dem Menschen nützlicher wäre, als ein Mensch, der nach der Vernunft lebt. Denn dem Menschen ist das am nützlichsten, was mit seiner Natur am meisten übereinstimmt (IV. L. 31 Z.), d. h. der Mensch (wie sich von selbst ergibt). Der Mensch handelt aber unbedingt nach den Gesetzen seiner Natur, wenn er nach Leitung der Vernunft lebt (III. D. 2), und nur insoweit stimmt er mit der Natur des andern Menschen notwendig überein (IV. L. 34). Es gibt also für den Menschen unter den Einzeldingen nichts Nützlicheres als den Menschen.

Zusatz 2. Je mehr ein Mensch nur seinen Nutzen sucht, desto mehr sind die Menschen einander gegenseitig nützlich. Denn je mehr ein Mensch seinen Nutzen sucht und sich zu erhalten strebt, desto tugendhafter ist er (IV. L. 20), oder, was dasselbe ist, desto mehr Macht hat er, nach den Gesetzen seiner Natur zu handeln (IV. D. 8), d. h. nach Leitung der Vernunft zu leben (III. L. 3). Die Menschen stimmen aber dann am meisten überein, wenn sie nach der Vernunft leben (IV. L. 34), folglich werden sich die Menschen dann am nützlichsten sein, wenn ein jeder am meisten seinen eigenen Nutzen sucht (IV. L. 35 Z. 1).

Erläuterung. Was ich hier dargelegt habe, wird auch täglich von der Erfahrung so oft und durch so viele schlagende Zeugnisse bestätigt, daß es hiernach ein Sprichwort geworden: Der Mensch ist dem Menschen ein Gott. Es geschieht jedoch selten, daß die Menschen nach der Vernunft leben, sondern es ist mit ihnen so bestellt, daß sie meist neidisch und einander lästig sind. Dessenungeachtet können sie kaum ein einsames Leben führen; den meisten gefällt deshalb die Definition sehr, daß der Mensch ein geselliges Tier sei. In Wahrheit verhält sich auch die Sache so, daß aus dem gemeinsamen Zusammenleben den Menschen mehr Nutzen als Schaden entsteht. Mögen also die Satiriker die menschlichen Dinge verspotten, soviel sie wollen, mögen die Theologen sie verwünschen und die Schwermütigen das rohe und bäurische Leben preisen, soviel sie können, und die Menschen verachten und die unvernünftigen Tiere bewundern, so werden sie doch die Erfahrung machen, daß die Menschen durch gegenseitigen Beistand ihren Bedarf weit besser sich verschaffen und nur mit vereinten Kräften die ihnen überall drohenden Gefahren vermeiden können. Dabei will ich gar nicht erwähnen, daß es viel vorzüglicher und unserer Erkenntnis würdiger ist, die Handlungen der Menschen als die der unvernünftigen Tiere zu betrachten. Doch hierüber an einem anderen Ort ausführlicher.

Lehrsatz 36. *Das höchste Gut derer, welche die Tugend folgen, ist allen gemein, und alle können sich dessen in gleicher Weise erfreuen.*

Beweis. Tugendhaft handeln, ist nach der Leitung der Vernunft handeln (IV. L. 24), und alles, was wir nach der Vernunft zu tun streben, ist zu erkennen (IV. L. 26). Folglich ist das höchste Gut derer, welche der Tugend folgen, Gott zu erkennen (IV. L. 28), d. h. das Gut (II. L. 47 F.), welches allen Menschen gemein ist und von allen Menschen, soweit sie gleicher Natur sind, in gleicher Weise besessen werden kann.

Erläuterung. Wenn aber jemand früge, wie nun, wenn das höchste Gut derer, welche der Tugend folgen, nicht allen gemein ist? Ob daraus nicht folge, wie oben (IV. L. 34), daß die Menschen, welche der Vernunft folgen, d. h. die Menschen, soweit sie von Natur übereinstimmen, einander entgegen sein müssen? Diesem diene zur Antwort, daß es nicht durch Zufall, sondern aus der eigenen Natur der Vernunft kommt, daß des Menschen höchstes Gut ein allen gemeinsames ist; weil es nämlich aus dem menschlichen Wesen, soweit es durch die Vernunft bestimmt ist, abgeleitet wird, und weil der Mensch nicht sein und nicht begriffen werden könnte, wenn er nicht die Macht hätte, sich dieses höchsten Gutes zu erfreuen. Denn es gehört zum Wesen der menschlichen Seele (II. L. 47), eine zureichende Kenntnis von dem ewigen und unendlichen Wesen Gottes zu haben.

Lehrsatz 37. *Das Gut, was jeder, welcher der Tugend folgt, für sich begehrt, wünscht er auch den übrigen Menschen, und zwar um so mehr, je größer seine Erkenntnis Gottes ist.*

Beweis. Die Menschen sind sich am nützlichsten, soweit sie nach der Vernunft leben (IV. L. 35 Z.), und deshalb werden wir unter Leitung der Vernunft notwendig zu bewirken streben, daß die Menschen nach der Leitung der Vernunft leben (IV. L. 19). Das Gut aber, was jeder, der nach Leitung der Vernunft lebt, d. h. welcher der Tugend folgt (IV. L. 24), für sich begehrt, ist zu erkennen (IV. L. 26). Deshalb wird jeder, welcher der Tugend folgt, das Gut, was er begehrt, auch den Übrigen wünschen.

Ferner ist das Begehren in Beziehung auf die Seele ihr Wesen selbst (IV. D. 1); das Wesen der Seele besteht aber im Erkennen (II. L. 11), welches die Kenntnis Gottes einschließt (II. L. 47), und ohne welche die Seele weder sein noch vorgestellt werden kann (I. L. 15). Eine je größere Kenntnis Gottes daher das Wesen der Seele einschließt, desto größer wird das Begehren sein, mit welchem der, welcher der Tugend folgt, das Gut, was er für sich begehrt, auch anderen wünscht.

Beweis 2. Ein anderer Beweis. Das Gut, was der Mensch verlangt oder liebt, wird er beharrlicher lieben, wenn er sieht, daß andere dasselbe lieben (III. L. 31), und er wird deshalb streben, daß auch andere es lieben (III. L. 31 Z.), und weil dies Gut allen gemein ist (IV. L. 36) und alle sich seiner erfreuen können, so wird er deshalb streben (aus demselben Grund), daß alle sich dessen erfreuen und zwar um so mehr, je mehr er selbst dieses Gut genießt (III. L. 37).

Erläuterung 1. Wer aus bloßem Affekt verlangt, daß die Übrigen das lieben, was er liebt, und daß die Übrigen nach seiner Weise leben, handelt in bloßer Aufwallung und ist deshalb widerwärtig, vorzüglich denen, die andere Neigungen haben, und die ebenfalls sich bestreben und mit derselben Aufwallung verlangen, daß die Übrigen vielmehr nach ihrer Weise leben. Weil ferner das höchste Gut, was die Menschen im Affekt begehren, oft der Art ist, daß nur einer dessen teilhaftig werden kann, so kommt es, daß die, welche lieben, sich in ihrem Sinne nicht gleichbleiben, und daß sie, während sie mit Freude Löbliches von dem geliebten Gegenstand erzählen, dabei fürchten, daß man ihnen glaube.

Wer dagegen die anderen durch Vernunft zu leiten sucht, handelt nicht in der Hitze, sondern menschlich und sanft und bleibt sich in seinem Sinn am meisten gleich. Ferner rechne ich alles, was wir wünschen und tun, wovon wir die Ursache sind, soweit wir die Vorstellung von Gott haben, oder soweit wir Gott kennen, zur Religion. Ferner nenne ich das Begehren wohlzutun, was daraus entspringt, daß wir nach der Leitung der Vernunft leben, Frömmigkeit. Das Begehren endlich, von dem ein Mensch, der nach der Leitung der Vernunft lebt, erfüllt ist, sich andere in Freundschaft zu verbinden, nenne ich Ehrbarkeit, und ehrbar das, was die Menschen loben, die nach der Vernunft leben, und umgekehrt das sündlich, was der freundschaftlichen Verbindung entgegen ist. Außerdem habe ich auch gezeigt, welches die Grundlagen des Staates sind.

Ferner ergibt sich der Unterschied zwischen der wahren Tugend und der Ohnmacht leicht aus dem Obigen. Die wahre Tugend ist nämlich nur das Leben in Leitung der Vernunft; die Ohnmacht besteht daher nur darin, daß der Mensch von Dingen, die außer ihm sind, sich führen läßt und von diesen bestimmt wird, das zu tun, was die gemeinsame Verfassung der äußerlichen Dinge fordert, und nicht das, was seine eigene Natur, für sich betrachtet, verlangt. Dies ist das, was ich in IV. L. 18 E. zu beweisen versprochen habe, woraus sich ergibt, daß jenes Gesetz, die unvernünftigen Tiere nicht zu schlachten, mehr in einem eitlen Aberglauben und einem weibischen Mitleid als in gesunder Vernunft begründet ist. Denn die Vernunft lehrt uns wohl, in Verfolgung unseres Nutzens freundschaftliche Bande mit den Menschen zu knüpfen, aber nicht mit den unvernünftigen Tieren, oder mit Dingen, deren Natur von der menschlichen Natur verschieden ist; vielmehr lehrt die Vernunft, daß dasselbe Recht, was jene gegen uns haben, wir auch gegen sie haben. Ja, da eines jeden Recht sich nach seiner Tugend oder Macht bestimmt, so haben die Menschen weit mehr ein Recht gegen die Tiere, als diese gegen die Menschen.

Ich bestreite deshalb nicht die Empfindung bei den Tieren, aber ich bestreite, daß es deshalb nicht erlaubt sein soll, auf unseren Nutzen Bedacht zu nehmen, sich ihrer nach Belieben zu bedienen und sie so zu behandeln, wie es uns am besten paßt, indem sie ja in der Natur nicht mit uns übereinstimmen und ihre Affekte von den menschlichen von Natur verschieden sind (III. L. 57).

Es bleibt noch übrig, daß ich erkläre, was Recht und was Unrecht ist, was Sünde und was Verdienst ist. Die folgende Erläuterung ist hierüber einzusehen.

Erläuterung 2. Im Anhang zu Teil I. habe ich versprochen, zu erläutern, was Lob und Tadel, Verdienst und Sünde, Recht und Unrecht sei. In bezug auf Lob und Tadel ist es III. L. 29 E. geschehen; von den übrigen soll es hier geschehen. Vorher ist aber noch einiges über den natur- und bürgerlichen Zustand der Menschen zu sagen.

Jeder existiert nach dem höchsten Recht der Natur, und deshalb tut jeder mit dem höchsten Recht der Natur das, was aus der Notwendigkeit seiner Natur folgt, und deshalb beurteilt jeder mit dem höchsten Recht der Natur, was gut, was schlecht ist, und sorgt für seinen Nutzen nach seinem Sinn (IV. L. 19, 20) und rächt sich (III. L. 40 Z. 2) und strebt, das zu erhalten, was er liebt, und das zu zerstören, was er haßt (III. L. 28). Lebten nun die Menschen nach Leitung der Vernunft, so würde jeder von diesem seinem Recht Gebrauch machen, ohne irgendeinen Schaden des andern (IV. L. 35 Z.). Weil sie aber den Affekten unterworfen sind (IV. L. 4 Z.), welche die Macht oder Tugend des Menschen weit übersteigen (IV. L. 6), so werden sie oft nach entgegengesetzten Richtungen gezogen (IV. L. 34) und sind sich einander entgegen (IV. L. 34), während sie doch gegenseitiger Hilfe bedürfen (IV. L. 35 E.).

Damit also die Menschen in Eintracht leben und sich einander zu Hilfe sein können, ist es nötig, daß sie ihr natürliches Recht aufgeben und sich gegenseitig die Sicherheit gewähren, nichts tun zu wollen, was zu eines anderen Schaden gereichen könnte. Wie aber dies möglich ist, daß Menschen, die notwendig den Affekten unterworfen (IV. L. 4 Z.) und unbeständig und veränderlich sind (IV. L. 33), sich gegenseitig Sicherheit gewähren und Wort halten können, ergibt sich aus IV. L. 7 und III. L. 39; nämlich daraus, daß jeder Affekt nur durch einen stärkeren und entgegengesetzten gehemmt werden kann, und daß ein jeder sich der Beschädigung anderer enthält aus Furcht vor eigenem größeren Schaden. Durch dieses Gesetz kann die Gesellschaft gesichert werden, sobald sie das Recht sich aneignet, was ein jeder hat, sich zu rächen und über gut und schlecht das Urteil zu fällen. Sie muß daher die Macht haben, die gemeinsamen Regeln des Lebens vorzuschreiben und Gesetze zu geben und diese nicht durch Vernunftgründe, welche die Affekte zu hemmen nicht vermögen, sondern durch Drohungen zu befestigen (IV. L. 17 E.). Eine solche Gesellschaft, die durch Gesetze und die Macht, sich zu erhalten, befestigt ist, heißt Staat, und diejenigen, welche durch dessen Recht geschützt sind, heißen Bürger.

Hieraus ist leicht abzunehmen, daß es in dem Naturzustand nichts gibt, was nach der Übereinstimmung aller gut oder schlecht ist; da in dem Naturzustand jeder nur für seinen Nutzen sorgt und durch kein Gesetz gebunden ist, einem anderen als sich selbst zu folgen. Im Naturzustand gibt es deshalb keine Sünde, wohl aber im bürgerlichen Zustand, wo durch allgemeine Übereinstimmung bestimmt wird, was gut und was schlecht ist, und wo jeder dem Staat zu gehorchen gehalten ist. Die Sünde ist daher nur ein Ungehorsam, welcher deshalb nur durch das Staatsgesetz bestraft wird, und umgekehrt gilt der Gehorsam den Bürgern als Verdienst, indem er dadurch für würdig erachtet wird, die Vorteile des Staates zu genießen.

Ferner ist im Naturzustand niemand nach allgemeiner Übereinstimmung Eigentümer einer Sache, und in der Natur gibt es nichts, was diesem oder jenem Menschen gehören könnte. Vielmehr gehört alles allen gemein, und man kann deshalb im Naturzustand auch keinen Willen annehmen, jemandem das Seinige zu geben oder einem das, was sein ist, zu nehmen, d. h. es geschieht nichts, was Recht oder Unrecht genannt werden könnte; wohl aber im bürgerlichen Zustand, wo durch gemeinsame Übereinkunft festgestellt wird, was diesem oder was jenem gehören soll.

Hieraus ergibt sich, daß das Recht oder das Unrecht, die Sünde oder das Verdienst äußerliche Begriffe sind und kein Attribut, welche die Natur der Seele ausdrücken. Doch genug hiervon.

Lehrsatz 38. *Was den menschlichen Körper so bestimmt, daß er auf mehrere Arten erregt werden kann, oder was ihn befähigt, fremde Körper auf mehrere Arten zu erregen, ist dem Menschen nützlich, und um so nützlicher, je mehr der Körper dadurch befähigt wird, auf mehrere Weise erregt zu werden und andere Körper zu erregen. Umgekehrt ist das schädlich, was den Körper weniger fähig dazu macht.*

Beweis. Je mehr der Körper hierzu fähig gemacht wird, desto fähiger wird die Seele zum Auffassen (II. L. 14), folglich ist das, was den Körper in dieser Weise bestimmt und ihn hierzu befähigt, notwendig gut oder nützlich (IV. L. 26, 27) und um so nützlicher, je mehr es den Körper dazu befähigen kann. Umgekehrt ist etwas schädlich (II. L. 14. u. IV. L. 26, 27), wenn es den Körper hierzu weniger geschickt macht.

Lehrsatz 39. *Was bewirkt, daß das Verhältnis von Bewegung und Ruhe, was unter den Teilen des menschlichen Körpers besteht, erhalten bleibt, ist gut, und umgekehrt ist das schlecht, was bewirkt, daß die Teile des menschlichen Körpers ein anderes gegenseitiges Verhältnis von Bewegung und Ruhe annehmen.*

Beweis. Der menschliche Körper bedarf, um zu bestehen, vieler anderer Körper (II. H. 4). Das aber, was das Wirkliche in dem menschlichen Körper ausmacht, besteht darin, daß seine Teile sich ihre Bewegung in einer festen Weise gegenseitig mitteilen (II. L. 13 Ln. 4 D.). Was also auf Erhaltung dieses Verhältnisses von Bewegung und Ruhe zwischen den Teilen des Körpers hinwirkt, das erhält das Sein des menschlichen Körpers und bewirkt folglich (II. H. 3 und 6), daß er auf viele Weise erregt werden und fremde Körper auf viele Weise erregen kann, und das ist deshalb gut (IV. L. 38). Was dagegen den Teilen des menschlichen Körpers ein anderes Verhältnis von Bewegung und Ruhe mitteilt, das bewirkt, daß der menschliche Körper eine andere Wirklichkeit annimmt (II. L. 13 Ln. 4 D.), d. h., daß er zerstört wird und folglich unfähig gemacht wird (wie von selbst klar ist und am Schluß der Vorrede bemerkt worden ist), auf verschiedene Weise erregt zu werden, und deshalb ist es schlecht (IV. L. 38).

Erläuterung. Wieviel dies der Seele schaden oder nützen kann, wird im Teil V. erörtert werden. Hier ist nur zu bemerken, daß ich dann annehme, daß der Körper stirbt, wenn seine Teile so bestimmt werden, daß sie ein anderes Verhältnis von gegenseitiger Bewegung und Ruhe bekommen.

Denn ich wage es nicht zu bestreiten, daß der menschliche Körper mit Beibehaltung des Blutumlaufs und von anderem, weshalb er für lebend gehalten wird, dennoch in eine andere, von seiner völlig verschiedenen Natur umgewandelt werden kann. Denn kein Grund nötigt mich, anzunehmen, daß der Körper nur sterbe, wenn er sich in einen Leichnam verwandelt; ja schon die Erfahrung lehrt es anders. Denn es trifft sich mitunter, daß ein Mensch solche Veränderungen erleidet, daß ich ihn nicht wohl mehr für denselben halten würde. So habe ich von einem spanischen Dichter gehört, daß er von einer Krankheit befallen worden war, und obgleich er von ihr genas, doch die Erinnerung an sein früheres Leben so gänzlich verloren hatte, daß er die Erzählungen und Trauerspiele, welche er gemacht hatte, nicht mehr für die seinigen hielt, und daß mancher ihn für ein großes Kind hätte halten müssen, wenn er auch seine Muttersprache vergessen gehabt hätte.

Und wenn dies unglaublich erscheint, was soll man von den kleinen Kindern sagen? Der erwachsene Mensch hält deren Natur von der seinigen so verschieden, daß man ihn nicht würde überreden können, daß er je ein Kind gewesen sei, wenn er nicht nach den anderen dasselbe auch von sich vermutete. Um indes den abergläubischen Leuten nicht Stoff zu neuen Fragen zu geben, will ich lieber hier abbrechen.

Lehrsatz 40. *Was zur Vergesellschaftung des Menschen führt oder die Menschen zu einem einträchtigen Leben bestimmt, ist nützlich, und dagegen ist das schlecht, was Zwietracht in den Staat einführt.*

Beweis. Denn das, was die Menschen einträchtig leben macht, bestimmt sie auch zu einem Leben nach Leitung der Vernunft (IV. L. 35) und ist deshalb gut (IV. L. 26, 27), und umgekehrt ist (aus denselben Gründen) das schlecht, was Uneinigkeit erregt.

Lehrsatz 41. *Die Fröhlichkeit ist nicht geradezu schlecht, sondern gut; die Traurigkeit ist aber geradezu schlecht.*

Beweis. Die Fröhlichkeit ist ein Affekt, welcher des Körpers Macht zu handeln vermehrt oder unterstützt (IV. L. 11 E.); die Traurigkeit ist dagegen ein Affekt, welcher des Körpers Macht zu handeln mindert oder hemmt (IV. L. 38), folglich ist die Fröhlichkeit geradezu gut usw.

Lehrsatz 42. *Das Wohlbehagen kann kein Übermaß haben, sondern ist immer gut; der Trübsinn ist dagegen immer schlecht.*

Beweis. Das Wohlbehagen (man sehe seine Definition III. L. 11 E.) ist eine Fröhlichkeit, welche in bezug auf den Körper darin besteht, daß alle Teile des Körpers in gleicher Weise erregt sind, d. h. wo des Körpers Macht zu handeln vermehrt oder unterstützt wird (III. L. 11), so daß alle Teile das gleiche Verhältnis gegenseitiger Bewegung und Ruhe innehalten, daher ist das Wohlbehagen immer gut und kann kein Übermaß haben (IV. L. 39). Aber der Trübsinn (man sehe dessen Definition III. L. 11 E.) ist eine Traurigkeit, welche in bezug auf den Körper darin besteht, daß des Körpers Macht zu handeln unbedingt gemindert oder gehemmt wird; deshalb ist er immer schlecht (IV. L. 38).

Lehrsatz 43. *Die Wollust kann ein Übermaß haben oder schlecht sein; der Schmerz aber kann insoweit gut sein, als die Wollust oder die Fröhlichkeit schlecht ist.*

Beweis. Die Wollust ist eine Fröhlichkeit, welche in bezug auf den Körper darin besteht, daß einer oder einige seiner Teile vor den übrigen erregt werden (III. L. 11 E.) Die Macht dieses Affektes kann so groß werden, daß er die übrigen Tätigkeiten des Körpers unterdrückt (IV. L. 6) und ihm zäh anhaftet. So verhindert er die Fähigkeit des Körpers, auf mehrere Weise erregt zu werden und kann deshalb schlecht werden (IV. L. 38). Ferner kann der Schmerz, welcher die Traurigkeit ist, für sich betrachtet, nicht gut sein (IV. L. 41); da indes seine Kraft und sein Zuwachs durch die Macht einer fremden Ursache im Vergleich mit unserer bestimmt wird (IV. L. 5), so kann man von diesem Affekt sich unzählig viele Arten und Grade der Stärke vorstellen (IV. L. 3) und sich ihn auch so vorstellen, daß er die Wollust von dem Übermaße zurückhält und somit hindert, daß der Körper unfähiger wird (nach dem ersten Teil dieses Lehrsatzes). Insoweit wird der Schmerz gut sein.

Lehrsatz 44. *Die Liebe und das Begehren können ein Übermaß haben.*

Beweis. Die Liebe ist eine Fröhlichkeit, begleitet von der Vorstellung einer fremden Ursache (IV. D. 6). Die Wollust, begleitet von der Vorstellung einer fremden Ursache, ist also Liebe (III. L. 11 E.); folglich kann die Liebe ein Übermaß haben (IV. L. 43). Ferner ist das Begehren um so stärker, je stärker der Affekt ist, aus dem es entspringt (III. L. 37). So wie nun ein Affekt die übrigen Tätigkeiten des Menschen unterdrücken kann (IV. L. 6), so kann auch das aus solchem Affekt entspringende Begehren die übrigen Begehren unterdrücken und deshalb dasselbe Übermaß haben, was im vorgehenden Lehrsatz von der Wollust dargelegt worden ist.

Erläuterung. Das Wohlbehagen, das ich für gut erklärt habe, wird leichter vorgestellt als beobachtet. Denn die Affekte von denen wir täglich erfaßt werden, beziehen sich meistenteils auf einen Teil des Körpers, der vor den übrigen erregt wird. Deshalb haben die Affekte meist ein Übermaß und halten die Seele in Betrachtung eines Gegenstandes so fest, daß sie an nichts anderes denken kann. Wenn nun auch die Menschen mehreren Affekten ausgesetzt sind oder diejenigen Menschen selten sind, die immer nur von ein oder demselben Affekt erfaßt werden, so gibt es doch Menschen, welchen ein und derselbe Affekt hartnäckig anhaftet. Denn man sieht manchmal Menschen von einem Gegenstand so erregt, daß sie denselben vor sich zu haben glauben, obgleich er nicht gegenwärtig ist. Wenn dies einem wachenden Menschen begegnet, so hält man ihn für irr- oder wahnsinnig; ebenso werden die für wahnsinnig gehalten, welche von Liebe entbrannt sind und Tag und Nacht nur von der Geliebten oder Buhlerin träumen, denn sie werden meist ausgelacht. Aber wenn der Geizige dagegen nur an Gewinn und Gold denkt und der Ehrsüchtige nur an Ruhm, so werden diese nicht für wahnsinnig gehalten, weil sie gewöhnlich listig sind und eher für hassenswert erachtet werden. Indes sind in Wahrheit Geiz, Ehrsucht, Wollust usw. sämtlich Arten des Wahnsinns, obgleich sie nicht zu den Krankheiten gezählt werden.

Lehrsatz 45. *Der Haß kann niemals gut sein.*

Beweis. Einen Menschen, den man haßt, sucht man zu vernichten (III. L. 39), d. h. man strebt nach etwas, was schlecht ist (III. L. 37), deshalb usw.

Erläuterung. Man bemerke, daß ich unter Haß hier und im Folgenden nur den gegen die Menschen verstehe.

Zusatz 1. Der Neid, der Spott, die Verachtung, der Zorn, die Rache und die obrigen zu dem Haß gehörenden oder aus ihm entspringenden Affekte sind schlecht. Dies ergibt sich auch aus III. L. 39 und IV. L. 37.

Zusatz 2. Alles, was wir von Haß erregt begehren, ist schlecht und im Staate unrecht. Dies ergibt sich auch aus III. L. 39 und aus der Definition von schlecht und Unrecht in IV. L. 37 E.

Erläuterung. Zwischen Spott (den ich in Z. 1 schlecht genannt habe) und Lachen erkenne ich einen großen Unterschied an. Denn das Lachen, wie der Scherz, ist reine Fröhlichkeit und ist deshalb, soweit sie nicht in das Übermaß gerät, gut (IV. L. 41). Nur der finstere und traurige Aberglaube kann die Fröhlichkeit verbieten. Denn weshalb ziemt es sich mehr, Hunger und Durst zu stillen, als den Trübsinn zu vertreiben? Dies ist meine Ansicht und meine Gesinnung. Kein höheres Wesen und nur der Neidische erfreut sich an meiner Ohnmacht und meinem Schaden und rechnet die Tränen, das Schluchzen, die Furcht und ähnliche Zeichen eines ohnmächtigen Geistes für Tugend an. Im Gegenteil, je fröhlicher wir sind, zu desto größerer Vollkommenheit gehen wir über, d. h. desto mehr müssen wir an der göttlichen Natur Teil nehmen. Ein weiser Mann gebraucht deshalb die Dinge und ergötzt sich an ihnen soviel als möglich (nur nicht bis zum Ekel, denn dies ist kein Ergötzen mehr). Ein weiser Mann, sage ich, stärkt und erfreut sich durch mäßige und angenehme Speisen und Getränke, ebenso an Wohlgerüchen, an der Schönheit kräftiger Pflanzen, an Schmuck, Musik, Kampfspielen, Theater und ähnlichem, was jeder ohne Nachteil des andern genießen kann. Denn der menschliche Körper besteht aus vielen Teilen ungleicher Natur, welche fortwährend des neuen und wechselnden Unterhalts bedürfen, damit der ganze Körper zu allem, was aus seiner Natur folgen kann, gleich geschickt sei, und damit folglich auch die Seele gleich geschickt sei, mehreres zugleich zu erkennen. Diese Lebensweise stimmt vortrefflich mit meinen Grundsätzen und mit der allgemeinen Sitte. Daher ist, wenn irgendeine, diese Lebensweise die beste und empfehlenswerteste, und ich brauche nicht deutlicher und ausführlicher darüber zu sprechen.

Lehrsatz 46. *Wer in Leitung der Vernunft lebt, strebt, soviel er kann, eines andern Haß, Zorn, Verachtung usw. gegen sich durch Liebe oder Edelmut zu vergelten.*

Beweis. Alle Affekte des Hasses sind schlecht (IV. L. 45 Z. 1). Wer daher nach der Vernunft lebt, wird die Affekte des Hasses, soviel er vermag, von sich abzuhalten suchen (IV. L. 19), und er wird folglich auch andere von diesen Affekten abzuhalten suchen (IV. L. 37). Der Haß wird aber durch die Erwiderung desselben vergrößert und kann umgekehrt durch Liebe getilgt werden (III. L. 33), so daß der Haß sich in Liebe verwandelt (III. L. 44). Folglich wird der, der nach der Vernunft lebt, eines anderen Haß usw. mit Liebe auszugleichen suchen, d. h. mit Edelmut (siehe dessen Definition III. L. 59 E.).

Erläuterung. Wer Beleidigungen mit Haß erwidert und dadurch rächen will, lebt wahrhaftig elend. Wer dagegen den Haß durch Liebe zu überwinden sucht, der kämpft fröhlich und sicher; der widersteht ebenso leicht vielen, wie einem Menschen und bedarf der Hilfe des Glücks am wenigsten. Die aber, welche er besiegt, weichen ihm fröhlich, und zwar nicht aus Mangel an Kraft, sondern aus Zunahme derselben. Dies alles folgt so klar aus den bloßen Definitionen der Liebe und des Verstandes, daß ich es nicht einzeln zu beweisen brauche.

Lehrsatz 47. *Die Affekte der Hoffnung und Furcht können für sich nicht gut sein.*

Beweis. Die Affekte der Hoffnung und Furcht sind nicht ohne Traurigkeit, denn die Furcht ist eine Traurigkeit (IV. D. 13), und Hoffnung gibt es nicht ohne Furcht (IV. D. 12, 13); deshalb können diese Affekte für sich nicht gut sein (IV. L. 41), sondern nur soweit, als sie das Übermaß der Fröhlichkeit zu hemmen vermögen (IV. L. 43).

Erläuterung. Dazu kommt, daß diese Affekte einen Mangel der Erkenntnis und ein Unvermögen der Seele anzeigen. Deshalb sind auch die Zuversicht, die Verzweiflung, das Entzücken und die Gewissensbisse Zeichen eines ohnmächtigen Geistes. Denn wenngleich die Zuversicht und das Entzücken Affekte der Fröhlichkeit sind, so setzen sie doch voraus, daß ihnen eine Trauer vorausgegangen ist, nämlich eine Hoffnung oder Furcht. Je mehr man daher nach der Vernunft zu leben sucht, desto mehr wird man sich von der Hoffnung unabhängig und von der Furcht frei zu machen und dem Schicksal soweit als möglich zu gebieten und seine Handlungen nach der bestimmten Weisung der Vernunft einzurichten suchen.

Lehrsatz 48. *Die Affekte der Überschätzung und der Geringschätzung sind immer schlecht.*

Beweis. Denn diese Affekte widerstreben der Vernunft (III. D. 21, 22) und sind also schlecht (IV. L. 26, 27).

Lehrsatz 49. *Die Überschätzung macht den Menschen, welchen man überschätzt, leicht stolz.*

Beweis. Wenn wir sehen, daß jemand aus Liebe mehr, als recht ist, von uns hält, so werden wir leicht aufgeblasen (III. L. 41 E.) oder von Freude erfüllt (IV. D. 29), und wir glauben leicht das Gute, was wir über uns sprechen hören (III. L. 25); folglich werden wir aus Liebe leicht mehr, als recht ist, von uns halten, d. h. wir werden leicht stolz werden (IV. D. 27).

Lehrsatz 50. *Das Mitleiden ist bei einem Menschen, der nach der Vernunft lebt, für sich schlecht und unnütz.*

Beweis. Denn das Mitleiden ist eine Traurigkeit (III. D. 18) und deshalb an sich schlecht (IV. L. 41); das Gute aber, was aus ihm folgt, nämlich, daß man den bemitleideten Menschen von seinem Elend zu befreien sucht (III. L. 27 Z. 3), strebt man schon aus dem bloßen Gebot der Vernunft zu tun (IV. L. 37). Auch kann man das, was man gewiß für gut hält, nur aus dem bloßen Vernunft-Gebot tun (IV. L. 27). Daher ist das Mitleiden bei einem Menschen, der nach der Vernunft lebt, an sich schlecht und unnütz.

Zusatz. Hieraus ergibt sich, daß ein Mensch, welcher nach den Geboten der Vernunft lebt, soviel als möglich strebt, nicht vom Mitleiden erfaßt zu werden.

Erläuterung. Wer erkannt hat, daß alles aus der Notwendigkeit der göttlichen Natur folgt und nach den ewigen Regeln und Gesetzen der Natur geschieht, der wird fürwahr nichts finden, was Haß, Lachen oder Verachtung verdient; er wird auch niemanden bemitleiden, sondern, soweit die menschliche Tugend es mit sich bringt, streben, gut zu handeln, wie man sagt, und froh zu sein. Dazu kommt, daß der, welcher sich leicht vom Mitleiden erfassen läßt, oft etwas tut, was ihn später selbst reut; teils weil man im Affekt nichts tut, was man sicher als gut anerkennt, teils weil man leicht durch falsche Tränen getäuscht wird. Ich spreche hier nur von einem Menschen, der nach der Vernunft lebt; denn wer sich weder durch Vernunft noch durch Mitleiden bestimmen läßt, anderen zu helfen, wird mit Recht unmenschlich genannt; denn er scheint einem Menschen nicht ähnlich zu sein (III. L. 27).

Lehrsatz 51. *Das Wohlwollen widerspricht nicht der Vernunft, sondern kann mit ihr übereinstimmen und aus ihr entstehen.*

Beweis. Denn das Wohlwollen ist eine Liebe für den, welcher einem andern wohlgetan hat (III. D. 19); man kann es daher auf die Seele beziehen, soweit sie als handelnd aufgefaßt wird (III. L. 59), d. h. soweit sie erkennt, und folglich kann das Wohlwollen mit der Vernunft übereinstimmen usw. (III. L. 3).

Anderer Beweis. Wer nach der Vernunft lebt, wünscht das Gute, was er für sich verlangt, auch dem anderen (IV. L. 37); deshalb wird, wenn er sieht, daß jemand einem anderen wohltut, sein Streben wohlzutun auch gesteigert, d. h. er wird fröhlich werden (III. L. 11), und zwar begleitet von der Vorstellung dessen, der einem anderen wohlgetan hat (nach der Annahme), und deshalb wird er ihm wohlwollen (III. D. 19).

Erläuterung. Der Unwille, wie er von mir definiert worden (III. D. 20), ist notwendig schlecht (IV. L. 45). Doch ist festzuhalten, daß, wenn die höchste Staatsgewalt in der Absicht den Frieden zu sichern, einen Bürger straft, welcher einen andern verletzt hat, ich nicht annehme, daß sie auf diesen Bürger unwillig sei; denn sie straft nicht von Haß getrieben, um den Bürger zu verderben, sondern aus Rechtlichkeit.

Lehrsatz 52. *Die Selbstzufriedenheit kann aus der Vernunft entspringen, und nur die daraus entspringende ist die höchste, welche es geben kann.*

Beweis. Die Selbstzufriedenheit ist eine Fröhlichkeit, welche daraus entspringt, daß der Mensch sich und seine Macht zu handeln betrachtet (III. D. 25). Aber des Menschen wahre Macht zu handeln oder Tugend ist die Vernunft selbst (III. L. 3), welche der Mensch klar und bestimmt betrachtet (II. L. 40, 43); folglich entspringt die Selbstzufriedenheit aus der Vernunft. Ferner faßt der Mensch, während er sich selbst betrachtet, nur das klar und bestimmt oder zureichend auf, was aus seiner Macht zu handeln folgt (III. D. 2), d. h. was aus seiner Macht zu erkennen folgt (III. L. 3). Folglich entspringt aus dieser Betrachtung allein die höchste Selbstzufriedenheit, welche möglich ist.

Erläuterung. Die Selbstzufriedenheit ist in Wahrheit das

Höchste, was man erhoffen kann. Dann (wie in IV. L. 25 gezeigt worden) erstrebt niemand die Erhaltung seines Seins um eines Zwecks willen; und weil diese Selbstzufriedenheit mehr und mehr durch Lob gesteigert und gestärkt wird (L. 55 Z.) und umgekehrt durch Tadel mehr und mehr gestört wird (III. L. 55 Z.), so gilt uns der Ruhm als das Höchste, und deshalb kann man ein Leben in Schande kaum ertragen.

Lehrsatz 53. *Die Niedergeschlagenheit ist keine Tugend oder entspringt nicht aus der Vernunft.*

Beweis. Die Niedergeschlagenheit ist eine Traurigkeit, welche daraus entspringt, daß der Mensch seine Ohnmacht betrachtet (III. D. 26). Soweit aber der Mensch sich selbst durch die wahre Vernunft erkennt, soweit gilt er als ein solcher, der sein Wesen erkennt, d. h. seine Macht (III. L. 7). Wenn daher ein Mensch bei Betrachtung seiner selbst eine Ohnmacht seiner bemerkt, so kommt dies nicht davon, daß er sich erkennt, sondern davon, daß seine Macht zu handeln gehemmt ist (III. L. 55). Wenn wir aber annehmen, daß ein Mensch seine Ohnmacht davon ableitet, daß er etwas Mächtigeres, als er selbst ist, erkennt, durch dessen Erkenntnis er seine eigene Macht zu handeln begrenzt, so haben wir dann nur vorgestellt, daß der Mensch sich selbst bestimmt erkennt (IV. L. 26), was seine Macht zu handeln unterstützt. Deshalb entspringt die Niedergeschlagenheit oder Traurigkeit, welche aus der Betrachtung der eigenen Ohnmacht hervorgeht, nicht aus einer wahren Betrachtung oder aus der Vernunft und ist auch keine Tugend, sondern ein leidender Zustand.

Lehrsatz 54. *Die Reue ist keine Tugend oder entspringt nicht aus der Vernunft, sondern der, der eine Handlung bereut, ist zwiefach elend oder ohnmächtig.*

Beweis. Der erste Teil dieses Lehrsatzes wird so bewiesen, wie der vorgehende Lehrsatz; der zweite Teil ergibt sich aus der bloßen Definition dieses Affektes (III. D. 27). Denn ein solcher Mensch läßt sich erst durch eine schlechte Begierde und dann durch Traurigkeit überwinden.

Erläuterung. Da die Menschen selten nach der Vernunft leben, so bringen diese beiden Affekte, nämlich die Niedergeschlagenheit und die Reue und neben ihnen auch die Hoffnung und die Furcht mehr Nutzen als Schaden, und wenn mithin einmal gesündigt werden soll, so möge man mehr nach dieser Seite hin sündigen. Denn wenn die ihrer Vernunft nicht mächtigen Menschen alle gleich stolz wären, so würden sie sich keiner Sache schämen, und sie würden nichts fürchten und durch keine Bande gefesselt werden können. „Der Pöbel ist fürchterlich, wenn er nicht fürchtet." Man darf sich daher nicht wundern, daß die Propheten, welche den Nutzen aller und nicht einzelner im Auge hatten, die Niedergeschlagenheit, Reue und Ehrfurcht so stark empfohlen haben. Und in Wahrheit können die Menschen, welche diesen Affekten untertan sind, viel leichter als andere dahin gebracht werden, daß sie nach der Vernunft leben, d. h., daß sie frei sind und das Leben eines Seligen genießen.

Lehrsatz 55. *Der höchste Stolz und der höchste Kleinmut ist die höchste Unkenntnis seiner selbst.*

Beweis. Dies ergibt sich aus III. D. 28, 29.

Lehrsatz 56. *Der höchste Stolz und der höchste Kleinmut bezeichnet die größte Ohnmacht der Seele.*

Beweis. Die erste Grundlage der Tugend ist, sein Sein zu erhalten (IV. L. 22 Z.), und zwar nach Vorschrift der Vernunft (IV. L. 24). Wer also sich selbst nicht kennt, kennt die Grundlage aller Tugenden und folglich auch diese selbst nicht. Ferner ist das Handeln aus Tugend nur das Handeln nach Vorschrift der Vernunft (IV. L. 24), und wer nach Vorschrift der Vernunft handelt, muß sich notwendig dessen bewußt sein (II. L. 43). Wer also sich selbst und folglich (wie eben gesagt worden) die Tugenden durchaus nicht kennt, der handelt nicht aus Tugend, d. h. er ist geistig am ohnmächtigsten (IV. D. 8). Mithin ist der höchste Stolz oder der höchste Kleinmut ein Zeichen der höchsten geistigen Ohnmacht (IV. L. 55).

Zusatz. Hieraus ergibt sich, daß der Stolze und der Kriechende am meisten den Affekten unterworfen sind.

Erläuterung. Die Kriecherei kann indes leichter verbessert werden als der Stolz, da dieser ein Affekt der Fröhlichkeit, jener aber einer der Trauer ist; der Stolz ist deshalb stärker als die Selbsterniedrigung (IV. L. 18).

Lehrsatz 57. *Der Stolze liebt die Gegenwart der Schmarotzer und Schmeichler, aber haßt die der Edelmütigen.*

Beweis. Stolz ist eine Fröhlichkeit, welche daher kommt, daß der Mensch mehr als recht ist von sich hält (III. D. 28 und 6), welche Meinung der Stolze möglichst zu steigern sucht (III. L. 13 E.). Deshalb wird er die Gegenwart der Schmarotzer und Schmeichler lieben (deren Definition ich, als allbekannt, weggelassen habe) und wird die der Edelsinnigen fliehen, die von ihm, was recht ist, denken.

Erläuterung. Es wäre zu lang, wollte ich hier alle Übel des Stolzes aufzählen, da die Stolzen allen Affekten unterworfen sind und am meisten denen der Liebe und des Mitleidens. Indes darf hier nicht verschwiegen werden, daß auch derjenige stolz genannt wird, welcher die übrigen für geringer, als recht ist, hält. In diesem Sinne ist der Stolz eine Fröhlichkeit, welche aus der falschen Meinung entspringt, daß ein Mensch sich über die anderen erhebt. Die Selbsterniedrigung, als das Gegenteil dieses Stolzes, ist die Traurigkeit, welche aus der falschen Meinung entspringt, daß ein Mensch sich für niedriger als die andern hält. Bei dieser Annahme begreift man leicht, daß der Stolze notwendig neidisch ist (III. L. 35 E.) und zugleich die hassen wird, welche wegen ihrer Tugenden gerühmt werden, und daß er diesen seinen Haß nicht leicht durch Liebe oder Wohltaten wird besiegen lassen (III. L. 41 E.) und sich nur an der Gegenwart derer erfreuen wird, die seinem ohnmächtigen Geist den Willen tun und aus einem Dummen einen Verrückten machen. Die Selbsterniedrigung, obgleich dem Stolz entgegengesetzt, ist doch dem Stolze am nächsten. Denn da die Traurigkeit des ersten daraus entspringt, daß er seine Ohnmacht nach der anderen Macht oder Tugend beurteilt, so wird seine Traurigkeit erleichtert, d. h. er wird fröhlich werden, wenn sein Vorstellen sich mit der Betrachtung der Fehler anderer beschäftigt. Daher kommt das Sprichwort: „Trost für die Unglücklichen ist's, Genossen des Unglücks zu haben." Umgekehrt wird er desto mehr betrübt, je mehr er unter anderen zu stehen glaubt; deshalb sind die Kriechenden am meisten zum Neid geneigt; auch suchen sie am meisten das Tun des Menschen zu beobachten, mehr, um zu verleumden als zu bessern; ebenso loben sie nur die Erniedrigung und rühmen sich ihrer, aber so, daß sie immer den Schein der Niedrigkeit bewahren.

Dies alles folgt aus diesem Affekt so notwendig, als aus der Natur des Dreiecks, daß seine drei Winkel gleich zwei rechten sind. Ich habe schon gesagt, daß ich diese Affekte schlechte nenne, insofern ich bloß auf den Nutzen des Menschen Rücksicht nehme. Aber die Naturgesetze nehmen auf die allgemeine Ordnung der Natur, von der der Mensch nur ein Teil ist, Rücksicht. Ich habe dies im Vorbeigehen hier bemerken wollen, damit nicht jemand meine, ich wollte hier nur die Fehler und Verrücktheiten der Menschen erzählen und nicht die Natur und die Eigenschaften der Dinge darlegen. Denn, wie ich in der Vorrede zum dritten Teil gesagt habe, betrachte ich die menschlichen Affekte und deren Eigenschaften ganz wie natürliche Gegenstände. Und sicherlich sind die menschlichen Affekte die Zeichen der Macht oder Kunst, wenn nicht der Menschen, doch der Natur nicht minder, als vieles andere, was man bewundert, und an dessen Betrachtung man sich erfreut. Doch fahre ich fort, von den Affekten das aufzuzählen, was den Menschen nützt und was ihnen schadet.

Lehrsatz 58. *Der Ruhm widerstrebt nicht der Vernunft, sondern kann aus ihr entspringen.*

Beweis. Dies ergibt sich aus III. D. 30 und aus der Definition des Ehrbaren IV. L. 37 E. 1.

Erläuterung. Der sogenannte eitle Ruhm ist die Selbstzufrieden, welche bloß von der Meinung der Menge genährt wird und, wenn diese aufhört, selbst aufhört. Sie ist das höchste Gut (IV. L. 52 E.), was jeder liebt. Daher kommt es, daß, wer seinen Ruhm auf die Meinung der Menge stützt, in täglicher Sorge sich müht, arbeitet und versucht, seinen Ruhm zu erhalten. Denn die Menge ist unbeständig und veränderlich, läßt schnell nach, wenn der Ruf sich nicht erhält; ja, da alle nach dem Beifall der Menge streben, so drängt einer leicht den Ruf des anderen zurück. Daraus entspringt, weil es sich nach ihrer Schätzung um das höchste Gut handelt, ein ungeheurer Eifer, einander auf jede Weise zu unterdrücken, und wer endlich als Sieger hervorgeht, rühmt sich mehr dessen, daß er den anderen geschadet, als daß er sich genützt habe. Daher ist dieser Ruhm oder diese Selbstzufriedenheit in Wahrheit eitel, weil sie keine ist.

Was über die Scham zu sagen ist, läßt sich leicht aus dem abnehmen, was ich über das Mitleid oder die Reue gesagt habe. Ich füge nur das hinzu, daß das Erbarmen, wie die Scham, zwar keine Tugend, aber doch gut ist, insofern sie erkennen läßt, daß dem Menschen, der von Scham überlaufen wird, das Streben, rechtlich zu leben, innewohnt; ebenso wie der Schmerz insoweit für gut gilt, als er anzeigt, daß der verletzte Teil noch nicht verfault ist. Wenngleich also ein Mensch, der sich einer Handlung schämt, in Wahrheit traurig ist, so ist er doch besser als der Unverschämte, welcher gar keinen Willen, ehrbar zu leben, hat.

Dies ist es, was ich über die Affekte der Fröhlichkeit und Traurigkeit bemerken wollte. Was die Begierden anlangt, so sind sie gut oder schlecht, je nachdem sie aus guten oder schlechten Affekten entspringen. Doch sind sie in Wahrheit blind, soweit sie aus Affekten in uns erzeugt werden, welche ein Leiden sind (wie leicht aus dem zu IV. L. 44 Gesagten zu entnehmen ist). Sie hätten keinen Nutzen, wenn die Menschen leicht dahin gebracht werden könnten, bloß nach den Geboten der Vernunft zu leben, wie ich jetzt mit wenigem zeigen will.

Lehrsatz 59. *Zu allen Handlungen, zu welchen wir aus einem ein Leiden enthaltenden Affekt bestimmt werden, können wir, auch ohne solchen, durch die Vernunft bestimmt werden.*

Beweis. Aus der Vernunft handeln ist nichts anderes (III. L. 3 D. 2), als das tun, was aus der Notwendigkeit unserer Natur an sich folgt. Aber die Traurigkeit ist soweit schlecht, als sie diese Macht zu handeln mindert oder hemmt (IV. L. 41); mithin können wir durch diesen Affekt zu keiner Handlung bestimmt werden, die wir nicht vornehmen könnten, wenn die Vernunft uns leitete. Ferner ist die Fröhlichkeit nur insoweit schlecht, als sie die Fähigkeit des Menschen zum Handeln hindert (IV. L. 41, 43), und auch insoweit können wir zu keiner Handlung bestimmt werden, die wir nicht auch in Leitung der Vernunft vornehmen könnten.

Soweit endlich die Fröhlichkeit gut ist, stimmt sie mit der Vernunft überein (denn sie besteht in einer Vermehrung oder Unterstützung der Macht des Menschen zu handeln), und sie ist nur ein Leiden, soweit des Menschen Macht zu handeln nicht soweit gesteigert wird, daß er sich und seine Handlungen zureichend begreift (III. L. 3 E). Wenn daher der durch Fröhlichkeit erregte Mensch zu solcher Vollkommenheit gebracht würde, daß er sich und seine Handlungen zureichend begriffe, so wäre er zu denselben Handlungen, zu denen er jetzt durch die ein Leiden enthaltenden Affekte bestimmt wird, befähigt, ja noch mehr als jetzt. Alle Affekte fallen aber unter die Fröhlichkeit, Traurigkeit oder das Begehren (III. D. 4), und das Begehren ist nur das Streben zu handeln selbst (III. D. 1). Deshalb kann man zu allen Handlungen, zu welchen ein leidender Affekt bestimmt, auch ohne solchen durch die bloße Vernunft bestimmt werden.

Ein anderer Beweis. Jede Handlung gilt insoweit als schlecht, als sie aus dem Haß oder einem anderen schlechten Affekt entspringt (IV. L. 45 Z. 1). Keine Handlung aber ist an sich gut oder schlecht (IV. Vorrede), sondern dieselbe Handlung ist bald gut, bald schlecht. Folglich kann man zu einer Handlung, die jetzt schlecht ist, oder die aus einem schlechten Affekt entspringt, durch die Vernunft bestimmt werden (IV. L. 19).

Erläuterung. Ein Beispiel wird dies deutlicher machen. Die Handlung des Prügelns, physisch betrachtet und nur so aufgefaßt, daß der Mensch seinen Arm hebt, die Hand schließt, den ganzen

Arm mit Kraft rückwärts bewegt, ist eine Tugend, welche sich aus dem Bau des menschlichen Körpers erklärt. Wenn also ein Mensch aus Zorn oder Haß die Hand schließt oder den Arm bewegt, so geschieht es, wie ich in Teil II. gezeigt habe, weil dieselbe Handlung mit mehreren Vorstellungen von Dingen verknüpft werden kann. Man kann daher sowohl durch verworrene bildliche Vorstellungen der Dinge, wie durch klare und bestimmte zu einer und derselben Handlung bestimmt werden. Es ergibt sich also, daß das Begehren, was aus leidenden Affekten entspringt, überflüssig wäre, wenn die Menschen durch die Vernunft sich führen ließen.

Wir wollen nun sehen, weshalb die Begierde, welche aus einem leidenden Affekt entspringt, von mir blind genannt worden ist.

Lehrsatz 60. *Ein Begehren, was aus einer Fröhlichkeit oder Traurigkeit entspringt, welche nur auf einen oder einige, nicht aber auf alle Teile des Körpers sich bezieht, hat keinen Nutzen für den ganzen Menschen.*

Beweis. Man nehme z. B. an, daß der Teil A des Körpers durch die Kraft einer fremden Ursache so verstärkt wird, daß er den anderen überlegen ist (IV. L. 6), so wird dieser Teil nicht streben, seine Kraft zu verlieren, damit die übrigen Teile des Körpers in ihrer Verrichtung bleiben, denn er müßte dann eine Kraft oder Macht haben, seine Kräfte zu verlieren, was widersinnig ist (III. L. 6). Jener Teil und folglich auch die Seele werden also streben, diesen Zustand zu erhalten (III. L. 7, 12), und deshalb nimmt das aus einem solchen Affekt der Fröhlichkeit entspringende Begehren keine Rücksicht auf das Ganze. Nimmt man umgekehrt an, daß der Teil A so gehemmt wird, daß die übrigen ihm überlegen sind, so ergeben die gleichen Schlußfolgerungen, daß auch das aus der Traurigkeit entspringende Begehren keine Rücksicht auf das Ganze nimmt.

Erläuterung. Da mithin die Fröhlichkeit sich meistenteils nur auf einen Teil des Körpers bezieht (IV. L. 44 E.), so strebt man meistenteils, sein Sein zu erhalten, ohne Rücksicht auf den ganzen Gesundheitszustand. Dazu kommt, daß die Begierden, von denen man am meisten erfaßt wird (IV. L. 9 Z.), nur Rücksicht auf die Gegenwart und nicht auf die Zukunft nehmen.

Lehrsatz 61. *Ein Begehren, was aus der Vernunft entspringt, kann kein Übermaß haben.*

Beweis. Das Begehren an sich und unbedingt betrachtet (III. D. 1) ist das Wesen des Menschen selbst, soweit es aufgefaßt wird als irgendwie zu einem Handeln bestimmt. Deshalb ist das Begehren, welches aus der Vernunft entspringt, d. h. welches in uns erzeugt wird, während wir handeln (III. L. 3), des Menschen Wesen oder Natur selbst, insoweit sie vorgestellt wird als bestimmt, das zu tun, was durch das bloße Wesen des Menschen zureichend begriffen wird (III. D. 2). Wenn daher dieses Begehren ein Übermaß haben könnte, so könnte die menschliche Natur, für sich betrachtet, sich selbst überschreiten, oder sie könnte mehr als sie kann, was ein offenbarer Widerspruch ist. Mithin kann ein solches Begehren kein Übermaß haben.

Lehrsatz 62. *Soweit die Seele einen Gegenstand nach der Vorschrift der Vernunft auffaßt, wird sie gleich erregt, mag die Vorstellung die eines kommenden oder eines vergangenen oder eines gegenwärtigen Gegenstandes sein.*

Beweis. Alles, was die Seele unter Leitung der Vernunft auffaßt, geschieht unter ein und derselben Beziehung auf die Ewigkeit oder Notwendigkeit (II. L. 44 Z. 2) und hat die gleiche Gewißheit (II. L. 43 E.). Mag also die Vorstellung die einer kommenden oder einer vergangenen oder einer gegenwärtigen Sache sein, so erfaßt die Seele die Sache immer mit derselben Notwendigkeit und hat dieselbe Gewißheit, und die Vorstellung wird gleich wahr sein, mag sie die einer kommenden Sache sein oder einer vergangenen oder einer gegenwärtigen (II. L. 41); d. h. sie wird immer die Eigenschaften einer zureichenden Vorstellung haben (II. D. 4). Soweit also die Seele einen Gegenstand nach der Vorschrift der Vernunft auffaßt, wird sie gleich erregt, mag die Vorstellung die einer kommenden, vergangenen oder gegenwärtigen sein.

Erläuterung. Wenn wir eine zureichende Kenntnis über die Dauer der Dinge hätten und vermöchten, die Zeit ihrer Existenz durch die Vernunft zu bestimmen, so würden wir die kommenden und die gegenwärtigen Dinge mit demselben Affekt betrachten, und die Seele würde das Gute, was sie sich als zukünftig vorstellt, ebenso wie ein gegenwärtiges begehren. Sie würde dann ein geringeres gegenwärtiges Gute notwendig einem größeren zukünftigen Gute nachsetzen und das gegenwärtige Gute, sobald es die Ursache eines größeren zukünftigen Übels ist, nicht begehren, wie ich gleich zeigen werde. Allein wir können über die Dauer der Dinge nur eine sehr unzureichende Kenntnis erlangen (II. L. 31), und wir bestimmen die Zeit der Existenz der Dinge lediglich nach dem bildlichen Vorstellen (II. L. 41 E.), welches von dem Bilde einer gegenwärtigen und einer zukünftigen Sache nicht gleich erregt wird.

Daher kommt es, daß unsere wahre Kenntnis des Guten und Schlechten nur abstrakt oder universal ist, und daß dies Urteil, was wir über die Ordnung und ursächliche Verknüpfung der Dinge fällen, um das für die Gegenwart Gute und Schlechte zu bestimmen, mehr Einbildung als Wirklichkeit ist. Man darf sich daher nicht wundern, daß ein Begehren, was aus der Kenntnis des Guten und Schlechten, soweit es das Zukünftige betrifft, entspringt, leicht durch ein Begehren nach Dingen gehemmt werden kann, welche in der Gegenwart angenehm sind (IV. L. 18).

Lehrsatz 63. *Wer durch die Furcht sich bestimmen läßt und das Gute tut, um das Schlechte zu vermeiden, handelt nicht in Leitung der Vernunft.*

Beweis. Alle Affekte, welche sich auf die Seele, sofern sie handelt, d. h. welche sich auf die Vernunft beziehen (III. L. 3), sind nur Affekte der Fröhlichkeit und des Begehrens (III. L. 49). Wer sich also von der Furcht bestimmen läßt (III. D. 13) und das Gute nur aus Scheu vor dem Übel tut, der wird nicht von der Vernunft geleitet.

Erläuterung. Frömmler, welche mehr verstehen, die Laster zu tadeln, als die Tugenden zu lehren, und welche die Menschen nicht durch die Vernunft leiten, sondern in Furcht erhalten wollen, damit sie mehr das Schlechte fliehen, als die Tugend lieben, haben nichts anderes im Sinne, als daß die anderen ebenso elend werden wie sie selbst; man kann sich daher nicht wundern, wenn sie den Menschen meist lästig und verhaßt sind.

Zusatz. Bei dem aus der Vernunft entspringenden Begehren sucht man das Gute geradezu und flieht das Übel nur mittelbar.

Beweis. Denn das aus der Vernunft kommende Begehren kann nur aus dem Affekt der Fröhlichkeit, welche kein Leiden ist, entstehen (III. L. 59), d. h. aus einer Fröhlichkeit, welche kein Übermaß haben kann (IV. L. 61), und nicht aus einer Traurigkeit. Ferner entspringt dieses Begehren aus der Kenntnis des Guten und nicht des Schlechten (IV. L. 8); folglich erstrebt man in Leitung der Vernunft das Gute geradezu und flieht nur deshalb das Übel.

Erläuterung. Ich will diesen Zusatz durch das Beispiel eines Kranken und Gesunden erläutern. Der Kranke nimmt das, was er verabscheut, aus Furcht vor dem Tod ein; der Gesunde freut sich aber der Speise und genießt deshalb sein Leben mehr, als wenn er den Tod fürchtete und ihn geradezu vermeiden wollte. Ebenso wird ein Richter, welcher nicht aus Haß oder Zorn, sondern aus Liebe für das öffentliche Wohl einen Schuldigen zum Tode verurteilt, nur von der Vernunft bestimmt.

Lehrsatz 64. *Die Kenntnis des Schlechten ist eine unzureichende Kenntnis.*

Beweis. Die Kenntnis des Schlechten ist die Traurigkeit selbst (IV. L. 8), welche sich ihrer bewußt ist. Die Traurigkeit ist aber ein Übergang zu einer geringeren Vollkommenheit (III. D. 3), welche daher durch das Wesen des Menschen nicht erkannt werden kann (III. L. 6, 7), und deshalb ist sie ein Leiden (III. D. 2), welches von unzureichenden Vorstellungen abhängt (III. L. 3), und deshalb ist ihre Kenntnis, d. h. die des Schlechten (II. L. 29), eine unzureichende.

Zusatz. Hieraus ergibt sich, daß wenn die menschliche Seele nur zureichende Vorstellungen hätte, sie den Begriff des Schlechten nicht bilden würde.

Lehrsatz 65. *Von zwei Gütern wird das größere und von zwei Übeln das kleinere in Führung der Vernunft verfolgt.*

Beweis. Ein Gut, was uns an dem Genuß eines größeren hindert, ist in Wahrheit ein Übel. Denn schlecht und gut wird (wie in IV. Vorrede gezeigt worden) von den Dingen, sofern sie mit einander verglichen werden, ausgesagt. Ebenso ist das geringere Übel in Wahrheit ein Gut (aus gleichem Grund). Deshalb werden wir, wenn wir der Vernunft folgen (IV. L. 64 Z.), nur das größere Gut und das geringere Übel begehren oder verfolgen.

Zusatz. Wir werden ein geringeres Übel um eines größeren Gutes willen in Führung der Vernunft verfolgen und ein geringeres Gut, wenn es die Ursache eines größeren Übels ist, beiseite lassen. Denn das hier als das kleinere bezeichnete Übel ist in Wahrheit ein Gut, und dagegen das Gut ein Übel; wir werden daher jenes begehren und dieses beiseite lassen (IV. L. 64 Z.).

Lehrsatz 66. *In Leitung der Vernunft wird man das größere zukünftige Gut einem kleineren gegenwärtigen vorziehen, und ebenso ein kleineres gegenwärtiges Übel, was die zukünftige Ursache eines Gutes ist.*

Beweis. Wenn die Seele die zureichende Kenntnis einer zukünftigen Sache haben könnte, so würde sie von derselben ebenso wie von einer gegenwärtigen erregt werden (IV. L. 62.); beachtet man hier nur die Vernunft, wie hier vorausgesetzt worden ist, so bleibt es sich gleich, ob ein größeres Gut oder Übel als zukünftig oder als gegenwärtig aufgefaßt wird, und deshalb wird man ein zukünftiges größeres Gut mehr als ein kleineres gegenwärtiges begehren usw.

Zusatz. Ein kleineres gegenwärtiges Übel, was die Ursache eines größeren zukünftigen Gutes ist, werden wir, der Vernunft folgend, begehren und ein geringeres gegenwärtiges Gut, was die Ursache eines größeren kommenden Übels ist, beiseite lassen. Dieser Z. verhält sich zu L. 66 wie der Z. zu L. 65.

Erläuterung. Wenn man dies mit dem vergleicht, was ich in diesem Teil IV. bis zu L. 18 über die Kräfte der Affekte dargelegt habe, so kann man leicht sehen, wodurch sich ein Mensch, der sich nur vom Affekt und von der Meinung leiten läßt, von dem unterscheidet, welchen die Vernunft leitet. Denn jener will und verabscheut und tut das, was er am wenigsten kennt; dieser aber folgt nur sich selbst und tut nur das, was er als das Wichtigste im Leben erkannt hat, und was er deshalb am meisten begehrt. Jenen nenne ich deshalb einen Sklaven, und diesen nenne ich einen Freien. Über dessen Geist und Lebensweise will ich noch einiges bemerken.

Lehrsatz 67. *Der freie Mensch denkt an nichts weniger als an den Tod, und seine Weisheit besteht im Nachdenken über das Leben und nicht über den Tod.*

Beweis. Der freie Mensch, d. h. der nur nach den Geboten der Vernunft lebt, wird von der Todesfurcht nicht bestimmt (IV. L. 63), sondern er begehrt geradezu das Gute (IV, L. 63 Z.), d. h. er will handeln, leben und sein Dasein erhalten auf der Grundlage der Verfolgung seines eigenen Nutzens (IV. L. 24). Er denkt daher am wenigsten an den Tod, vielmehr ist seine Weisheit ein Nachdenken über das Leben.

Lehrsatz 68. *Wenn die Menschen frei geboren würden, so würden sie keine Begriffe von gut und schlecht bilden, solange sie frei blieben.*

Beweis. Ich habe den frei genannt, welcher bloß von der Vernunft geleitet wird; wer daher frei geboren wird und bleibt, hat daher nur zureichende Vorstellungen und mithin keinen Begriff von schlecht (IV. L. 64 Z.), und folglich auch nicht von gut, da dies Wechselbegriffe sind.

Erläuterung. Es ergibt sich aus IV. L. 4, daß die Voraussetzung dieses Lehrsatzes eine falsche ist und nur angenommen werden kann, wenn man bloß auf die menschliche Natur oder vielmehr auf Gott acht hat, nicht sofern er unendlich ist, sondern sofern er bloß die Ursache ist, warum der Mensch existiert. Dieses und anderes, was ich hier dargelegt habe, scheint schon von Moses in jener Geschichte vom ersten Menschen angedeutet zu sein. In dieser wird nämlich keine andere Macht Gottes angenommen, als die, wodurch er den Menschen geschaffen hat, d. h. die Macht, welche nur für den Nutzen des Menschen gesorgt hat. Deshalb sagt die Erzählung, daß Gott den freien Menschen verboten habe, von dem Baume der Erkenntnis des Guten und Schlechten zu essen, und daß, sobald er davon esse, er mehr den Tod fürchten als zu leben wünschen würde. Ferner, daß, als der Mann das Weib fand, welches mit seiner Natur ganz übereinstimmte, er erkannte, daß es in der Natur nichts gäbe, was ihm nützlicher als dieses sein könnte; als er aber später glaubte, daß die unvernünftigen Tiere ihm ähnlich seien, habe er sofort deren Affekte nachzuahmen begonnen (III. L. 27) und seine Freiheit verloren, welche die Erz-Väter später wiedergewonnen haben, geführt vom Geiste Christi, d. h. geführt von der Vorstellung Gottes, welche allein es bedingt, daß der Mensch frei ist, und das Gute, was er für sich begehrt, auch für andere Menschen begehrt, wie ich oben gezeigt habe (IV. L. 37.).

Lehrsatz 69. *Die Tugend des freien Menschen zeigt sich gleich groß in Vermeidung wie in Überwindung der Gefahren.*

Beweis. Die Affekte können nur gehemmt und aufgehoben werden durch einen entgegengesetzten und stärkeren Affekt (IV. L. 9). Die Tollkühnheit und die Furcht sind Affekte, die man sich als gleich groß (IV. L. 5, 3.) vorstellen kann. Es ist daher eine gleich große Tugend oder Stärke der Seele notwendig, um die Tollkühnheit wie die Furcht zu hemmen (III. L. 59 E.), d. h. der freie Mensch vermeidet die Gefahren mit derselben Tugend, mit welcher er sie zu überwinden sucht (IV. D. 40, 41).

Zusatz. Dem freien Menschen wird deshalb die zeitige Flucht für eine ebenso große Herzhaftigkeit wie der Kampf angerechnet, oder der freie Mensch wählt mit derselben Herzhaftigkeit oder Geistesgegenwart den Kampf wie die Flucht.

Erläuterung. Was die Herzhaftigkeit ist und ich darunter verstehe, habe ich III. L. 59 E. erklärt. Unter Gefahr verstehe ich aber alles, was die Ursache eines Übels, also der Traurigkeit, des Hasses, der Uneinigkeit usw., sein kann.

Lehrsatz 70. *Der freie Mensch, welcher unter Unwissenden lebt, sucht soviel als möglich deren Wohltaten zu vermeiden.*

Beweis. Jeder beurteilt nach seinem Verstand, was gut ist (III. L. 39 E.). Deshalb wird der Unwissende, welcher einem anderen eine Wohltat erwiesen hat, diese nach seiner Meinung abschätzen und sich betrüben, wenn er sieht, daß der Empfänger sie geringer schätzt (III. L. 42). Aber ein freier Mensch sucht die Übrigen durch Freundschaft sich zu verbinden (IV. L. 37) und ihnen keine Wohltaten wieder zu erweisen, welche jene nach ihren Affekten für gleich groß halten, sondern sich und die anderen nach der freien Bestimmung der Vernunft zu leiten und nur das zu tun, was er als das Höchste erkannt hat. Daher wird der freie Mensch, um nicht bei den Unwissenden in Haß zu geraten und um nur der Vernunft, aber nicht ihren Begierden zu folgen, soviel als möglich deren Wohltaten vermeiden.

Erläuterung. Ich spreche „so viel als möglich." Denn wenn die Menschen auch unwissend sind, so sind sie doch Menschen, welche in der Not menschliche Hilfe gewähren können, über die es nichts Besseres gibt. Daher ist es nötig, Wohltaten von ihnen anzunehmen und folglich auch, ihnen nach ihrem Sinn dankbar zu sein. Es kommt hinzu, daß auch bei Vermeidung der Wohltaten Vorsicht notwendig ist, damit es nicht scheine, als verachte man sie oder scheute aus Geiz die Wieder-Vergeltung, so daß, während wir ihren Haß zu vermeiden suchen, wir gerade dadurch sie beleidigen. Es ist deshalb bei Vermeidung der Wohltaten Rücksicht auf das Nützliche und den Anstand zu nehmen.

Lehrsatz 71. *Nur die freien Menschen sind die dankbarsten gegeneinander.*

Beweis. Nur die freien Menschen sind einander die nützlichsten und sind durch die Bande der Freundschaft am stärksten miteinander verbunden (IV. L. 35 Z. 1) und streben mit gleichem Liebeseifer, einander wohlzutun (IV. L. 37). Daher sind nur die freien Menschen die dankbarsten gegeneinander (III. D. 34).

Erläuterung. Die gefällige Gesinnung, welche Menschen füreinander haben, welche von der blinden Begierde geführt werden, ist meistenteils mehr Handel und Köder als Dankbarkeit. Ferner ist die Undankbarkeit kein Affekt; doch ist sie häßlich, weil sie meistens anzeigt, daß der Mensch zu sehr von Haß, Zorn, Stolz oder Geiz erfüllt ist. Denn wer aus Dummheit die Geschenke nicht erwidern kann, ist nicht undankbar, und noch weniger der, welcher sich durch die Geschenke einer Buhlerin nicht zum Diener ihrer Lüste machen läßt, oder durch die des Diebes zum Hehler seiner Diebstähle oder durch ähnliche Dinge. Denn dies zeigt vielmehr von Standhaftigkeit der Sinnesart, die sich durch keine Geschenke zu seinem oder dem allgemeinen Verderben verführen läßt.

Lehrsatz 72. *Der freie Mensch handelt niemals in böser Absicht, sondern immer ehrlich.*

Beweis. Wenn ein freier Mensch als solcher etwas in böser Absicht täte, so müßte er es als Gebot der Vernunft tun (denn nur insoweit gilt er uns als frei). Mithin wäre das Handeln aus böser Absicht eine Tugend (IV. L. 24), und folglich wäre es für jeden klüger, zur Erhaltung seines Seins aus böser Absicht zu handeln (IV. L. 24), d. h. die Menschen täten klüger, nur in Worten einig zu sein, in der Sache aber Gegner, was widersinnig ist (IV. L. 31 Z.); deshalb wird ein freier Mensch usw.

Erläuterung. Wenn man die Frage stellt, ob nicht, wenn ein Mensch sich durch Treulosigkeit von einer gegenwärtigen Todesgefahr befreien könne, die Vernunft zur Erhaltung seines Daseins fordere, daß er treulos werde, so kann man in derselben Weise antworten, daß, wenn die Vernunft dies rate, sie es dann auch allen Menschen rate; folglich die Vernunft den Menschen überhaupt rate, nur in böser Absicht den Vertrag auf Verbindung ihrer Kräfte und den Besitz gemeinen Rechtes abzuschließen, d. h. in Wahrheit einen Vertrag dahin, kein gemeinsames Recht zu haben, was widersinnig ist.

Lehrsatz 73. *Ein Mensch, der von der Vernunft geleitet wird, ist mehr frei in einem Staate, wo er nach gemeinsamen Beschluß lebt, als in der Einsamkeit, wo er sich allein gehorcht.*

Beweis. Ein von der Vernunft geleiteter Mensch wird nicht durch die Furcht zum Gehorsam bestimmt (IV. L. 63), sondern soweit er nach dem Gebote der Vernunft sein Dasein zu erhalten strebt, d. h. soweit er frei zu leben strebt (IV. L. 66 E.), wünscht er die Weise eines gemeinschaftlichen Lebens und Nutzens einzuhalten (IV. L. 37) und folglich (wie in IV. L. 37 E. 2 gezeigt worden) nach dem gemeinsamen Beschluß des Staats zu leben. Der von der Vernunft geleitete Mensch sucht deshalb, um freier zu leben, die gemeinsamen Rechte des Staats einzuhalten.

Erläuterung. Dies und ähnliches, was ich über die wahre Freiheit des Menschen dargelegt habe, bezieht sich auf die Seelenstärke, d. h. auf die Geistesgegenwart und den Edelmut (III. L. 59 E.). Ich halte es aber nicht für nötig, alle Eigenschaften der Seelenstärke hier besonders darzulegen, und noch weniger, daß der tapfere Mann niemanden haßt, beneidet, über niemand sich erzürnt oder unwillig wird, niemanden verachtet und noch weniger stolz ist. Denn dies alles, was zu dem wahren Leben und der Religion gehört, ist leicht aus IV. L. 37, 46 abzuleiten, indem der

Haß durch die Liebe besiegt werden soll, und jeder, der nach der Vernunft lebt, das Gute, was er für sich erstrebt, auch für die anderen wünscht. Hierzu kommt, was ich in IV. L. 50 E. und anderwärts bemerkt habe, nämlich daß ein seelenstarker Mann vorzüglich das bedenkt, daß alles aus der Notwendigkeit der göttlichen Natur folgt. Er weiß deshalb, daß alles, was er für lästig und übel hält, so wie alles, was als gottlos, abscheulich, ungerecht und schändlich erscheint, nur davon kommt, daß er die Dinge selbst verstört, verstümmelt und verworren auffaßt. Deshalb strebt er vor allem, die Dinge, wie sie in sich sind, zu begreifen und die Hindernisse der Erkenntnis zu entfernen, wie den Haß, den Neid, den Zorn, den Spott, den Stolz und anderes dergleichen, was ich früher behandelt habe. Deshalb sucht er, wie gesagt, soviel er vermag, gut zu handeln und fröhlich zu sein. Wie weit aber die menschliche Tugend reicht, um dies zu erlangen, und was sie vermag, werde ich im folgenden Teil darlegen.

ANHANG

Das, was ich in diesem Teil über die rechte Weise zu leben dargelegt habe, ist nicht so geordnet, daß man es mit einem Blick übersehen könnte, sondern es ist zerstreut von mir begründet worden, je nachdem ich nämlich das eine leichter aus dem anderen ableiten konnte. Ich will es daher hier noch einmal zusammenfassen und in Hauptsätzen zusammenstellen.

Satz 1. Alle unsere Bestrebungen oder Begierden folgen so aus der Notwendigkeit unserer Natur, daß sie entweder aus ihr allein, als ihrer nächsten Ursache, erkannt werden können, oder sofern wir ein Teil der Natur sind, welche für sich und ohne die übrigen Einzeldinge nicht zureichend begriffen werden kann.

Satz 2. Die Begehren, welche aus unserer Natur so folgen, daß sie aus ihr allein erkannt werden können, sind die auf die Seele sich beziehenden, soweit diese als aus zureichenden Vorstellungen bestehend vorgestellt wird. Die übrigen Begehren treffen die Seele nur, soweit sie sich die Dinge unzureichend vorstellt; die Kraft und das Wachstum dieser Begehren kann nicht durch die menschliche Macht, sondern muß durch die der fremden Dinge bestimmt werden. Deshalb heißen jene Begehren mit Recht Handlungen, und diese leidende Zustände; jene sind immer ein Zeichen unserer

Macht, diese dagegen unserer Ohnmacht und mangelhaften Kenntnis.

Satz 3. Unsere Handlungen, d. h. jene Begehren, welche durch die Macht oder Vernunft des Menschen bestimmt werden, sind immer gut; die übrigen können gut oder schlecht sein.

Satz 4. Es ist deshalb im Leben das Nützlichste, den Verstand oder die Vernunft soviel als möglich zu vervollkommnen; darin allein besteht des Menschen höchstes Glück oder seine Seligkeit. Denn die Seligkeit ist die Seelenruhe, welche aus der anschaulichen Erkenntnis Gottes entspringt. Die Vervollkommnung unseres Verstandes besteht aber auch nur in der Erkenntnis Gottes, seiner Attribute und seiner Handlungen, welche aus seiner Natur mit Notwendigkeit folgen. Deshalb ist das höchste Ziel eines von der Vernunft geleiteten Menschen, d. h. sein stärkstes Begehren, wodurch er alle andere zu mäßigen strebt, sich und alles, was seiner Erkenntnis erreichbar ist, zureichend zu begreifen.

Satz 5. Es gibt daher kein vernünftiges Leben ohne Erkenntnis, und die Dinge sind nur insoweit gut, als sie den Menschen helfen, das Leben seiner Seele zu genießen, was in der Erkenntnis besteht. Was dagegen den Menschen hindert, die Vernunft zu vervollkommnen und ein vernünftiges Leben zu führen, dies allein ist das Übel.

Satz 6. Weil aber alles, dessen wirkende Ursache der Mensch ist, notwendig gut ist, so kann dem Menschen das Übel nur von äußeren Ursachen kommen, nämlich soweit er ein Teil der ganzen Natur ist, deren Gesetzen die menschliche Natur zu gehorchen und auf beinahe unzählige Arten ihr sich anzubequemen genötigt ist.

Satz 7. Es ist unmöglich, daß der Mensch nicht ein Teil der Natur ist und der gemeinsamen Ordnung nicht zu folgen braucht; vielmehr wird, wenn er mit solchen Wesen verkehrt, welche mit seiner Natur übereinstimmen, gerade dadurch die Macht des Menschen gesteigert und unterstützt. Ist der Mensch aber unter Wesen, welche mit seiner Natur sehr wenig übereinstimmen, so wird er kaum ohne große Veränderung seiner selbst sich ihnen anbequemen können.

Satz 8. Alles, was wir in der Natur für ein Übel halten, d. h. was uns hindern kann, zu existieren und ein vernünftiges Leben zu führen, das dürfen wir von uns abhalten, und zwar auf die Weise, welche als die sicherste erscheint; was wir dagegen für gut und nützlich halten, um unser Dasein zu erhalten und ein vernünftiges

Leben zu genießen, das dürfen wir in Besitz nehmen und auf alle Weise gebrauchen. Überhaupt ist nach dem höchsten Recht der Natur jedem das zu tun erlaubt, was nach seiner Meinung zu seinem Nutzen beiträgt.

Satz 9. Nichts kann mehr mit der Natur eines Dinges übereinstimmen als die anderen Einzeldinge derselben Art; deshalb gibt es für den Menschen (nach Satz 7) nichts Nützlicheres zur Erhaltung seines Daseins und für den Genuß eines vernünftigen Lebens als ein der Vernunft folgender Mensch. Da wir ferner unter den Einzeldingen nichts kennen, was besser wäre als ein von der Vernunft geleiteter Mensch, so kann man durch nichts mehr zeigen, wieviel man an Kraft und Einsicht vermag, als durch Erziehung der Menschen auf solche Art, daß sie zuletzt nach dem eigenen Gebot der Vernunft leben.

Satz 10. Soweit die Menschen von Neid oder einem andern Affekt des Hasses gegeneinander erfüllt sind, insoweit sind sie einander entgegen und folglich um so mehr zu fürchten, als sie mehr als die andern Einzelwesen der Natur vermögen.

Satz 11. Die Gemüter werden jedoch nicht durch die Waffen, sondern durch Liebe und Edelmut gewonnen.

Satz 12. Den Menschen ist es besonders nützlich, in Sitten sich aneinanderzuschließen und die Bande zwischen sich zu knüpfen, durch welche sie am besten aus allen nur einen machen und unbedingt das zu tun, was zur Befestigung der Freundschaften beiträgt.

Satz 13. Doch dazu gehört Kunst und Wachsamkeit; denn die Menschen sind veränderlich (denn die, welche nach der Vorschrift der Vernunft leben, sind selten) und doch meist neidisch und mehr zur Rache als zum Mitleid geneigt.

Es ist deshalb eine besondere Kraft des Gemüts notwendig, um jeden nach seiner Sinnesart zu ertragen und sich vor Nachahmung seiner Affekte zu hüten. Wer aber dagegen versteht, die Menschen zu verkleinern und mehr ihre Laster zu schelten als die Tugenden zu lehren und das Gemüt der Menschen nicht zu stärken, sondern zu brechen, der ist sich und anderen zur Last. Deshalb haben viele aus zu großer Ungeduld ihres Gemüts und falschem religiösen Eifer lieber unter den wilden Tieren als unter den Menschen leben wollen; so wie die Knaben und Jünglinge, welche das Schelten der Eltern nicht mit Gleichmut ertragen können, zu den Soldaten gehen und die Lasten des Krieges und die Herrschaft der Tyrannei dem häuslichen Frieden und den väterlichen Ermahnungen vorziehen und lieber jede Last sich auflegen lassen, nur um sich an den Eltern zu rächen.

Satz 14. Obgleich daher die Menschen alles meist nach ihren Neigungen einrichten, so ergeben sich doch aus deren gemeinsamem Vereine viel mehr Vorteile als Nachteile. Deshalb ist es besser, ihre Unbilden mit Gleichmut zu ertragen und mit Eifer dem nachzugehen, was der Eintracht und der Schließung der Freundschaften dient.

Satz 15. Was die Eintracht erzeugt, ist das, was zur Gerechtigkeit, Billigkeit und Ehrlichkeit gehört. Den die Menschen werden nicht bloß durch das Ungerechte und das Unbillige verletzt, sondern auch durch das Häßliche und dadurch, daß man die herrschenden Sitten des Landes verachtet. Zur Gewinnung ihrer Liebe ist aber das vor allem nötig, was sich auf Religion und Frömmigkeit bezieht. Man sehe hierüber IV. L. 37 E. 1, 2 und L. 46 E. und L. 73 E.

Satz 16. Es pflegt außerdem der Frieden meist aus der Furcht hervorzugehen, aber ohne Verlaß. Man rechne hinzu, daß die Furcht aus der Ohnmacht der Seele entspringt und deshalb nicht zum Gebrauch der Vernunft gehört, sowenig wie das Mitleiden, wenngleich es den Schein der Frömmigkeit annehmen sollte.

Satz 17. Die Menschen werden außerdem durch Freigebigkeit gewonnen, vorzüglich jene, welche keine Gelegenheit haben, sich ihren Lebensunterhalt zu erwerben. Jedoch übersteigt es weit die Kräfte und den Nutzen eines Privatmannes, jedem Bedürftigen zu helfen; denn der Reichtum eines einzelnen ist viel zu unzureichend, um dies zu bestreiten. Außerdem ist eines Menschen geistige Fähigkeit zu beschränkt, um alle sich in Freundschaft verbinden zu können. Deshalb liegt die Sorge für die Armen der ganzen Gesellschaft ob und zielt nur auf den allgemeinen Nutzen ab.

Satz 18. Ganz anders muß aber die Fürsorge sein in Empfang von Wohltaten und Erstattung des Dankes, worüber IV. L. 70 E. und L. 71 E. nachzusehen sind.

Satz 19. Die buhlerische Liebe, d. h. die Wollust, welche aus der äußeren Gestalt entspringt, und überhaupt alle Liebe, welche eine andere Ursache als die Freiheit der Seele hat, geht leicht in Haß über, wofern sie nicht, was schlimmer ist, eine Art Wahnsinn ist und dann mehr durch Streit als durch Einigkeit gesteigert wird (III. L. 31 Z.).

Satz 20. Was die Ehe anlangt, so ist sicher, daß sie mit der Vernunft sich verträgt, wenn die Geschlechtslust nicht bloß aus der äußeren Gestalt, sondern auch aus dem Streben, Kinder zu erzeugen und weise zu erziehen, entspringt, und wenn außerdem die Liebe beider, d. h. des Mannes und der Frau, nicht bloß das Äußere, sondern vorzüglich die Freiheit der Seele zur Quelle hat.

Satz 21. Außerdem erzeugt Schmeichelei den Frieden, aber durch das häßliche Vergehen der Knechtschaft oder durch Treulosigkeit; denn niemand läßt sich mehr durch Schmeichelei betören, als die Stolzen, welche die Ersten sein wollen, aber nicht sind.

Satz 22. Der Selbsterniedrigung wohnt eine falsche Art von Frömmigkeit und Religion inne; und obgleich sie das Gegenteil des Stolzes ist, so steht doch der sich Wegwerfende dem Stolzen am nächsten (IV. L. 57 E.).

Satz 23. Es nützt übrigens die Scham der Eintracht nur in solchen Dingen, die nicht verhehlt werden können. Übrigens gehört die Scham, als eine Art der Traurigkeit, nicht zum Gebiet der Vernunft.

Satz 24. Die übrigen auf andere gerichteten Affekte der Traurigkeit sind das gerade Gegenteil der Gerechtigkeit, Billigkeit, Ehrlichkeit, Frömmigkeit und Religiosität, und obgleich der Unwille den Schein der Billigkeit an sich trägt, so lebt man doch da ohne Gesetz, wo jeder über fremde Handlungen richten und sich oder einem anderen selbst Recht verschaffen kann.

Satz 25. Die Bescheidenheit, d. h. das Bestreben, den Menschen zu gefallen, gehört, wenn sie sich nach der Vernunft bestimmt, zur Frömmigkeit (IV. L. 37 E.). Entspringt sie aber aus einem Affekt, so ist sie ein Ehrgeiz oder Begehren, welches durch den falschen Schein der Frömmigkeit gewöhnlich Streit und Aufruhr unter den Menschen erregt. Denn wer seine Nebenmenschen durch Rat oder Tat zu unterstützen strebt, damit sie des höchsten Gutes sich erfreuen, der wird vorzüglich suchen, sich ihre Liebe zu erwerben, aber nicht sie zur Bewunderung zu verleiten, so daß seine Lehre von ihm den Namen erhalte, und durchaus keinen Grund zum Neid geben.

In der geselligen Unterhaltung wird er sich hüten, die Fehler der Menschen zu hinterbringen, und über die menschliche Schwäche wird er nur sparsam sprechen, aber reichlich über menschliche Tugend oder Macht und über die Mittel, durch welche man es erreichen kann, daß die Menschen somit nicht aus Furcht oder Abscheu, sondern nur aus dem Affekt der Fröhlichkeit nach den Vorschriften der Vernunft als solcher zu leben sich bemühen.

Satz 26. Außer den Menschen kenne ich kein Einzelding in der

Natur, an dessen Seele man sich erfreuen und es durch Freundschaft und eine Art des Umganges sich verbinden könnte. Daher fordert die Vernunft unseres Nutzens wegen nicht, irgend etwas neben den Menschen in der Natur zu erhalten; sondern sie lehrt uns, je nachdem es der Bedarf verlangt, es zu erhalten, zu zerstören oder auf irgendeine Weise unserem Gebrauch anzupassen.

Satz 27. Der Nutzen, den man von fremden Sachen zieht, ist außer der Erfahrung und Kenntnis, welche wir aus deren Beobachtung und Umgestaltung gewinnen, vorzüglich die Erhaltung unseres Körpers, und aus diesem Grunde sind vorzüglich jene Dinge nützlich, welche den Körper so erhalten und ernähren können, daß alle seine Teile ihre Verrichtungen richtig vollziehen können. Denn je mehr der menschliche Körper fähig ist, auf viele Arten erregt zu werden, desto fähiger ist der Mensch zum Denken (IV. L. 38, 39). Von solchen Dingen scheint es aber nur sehr wenige in der Natur zu geben, deshalb muß man zur richtigen Ernährung des Körpers von vielerlei Nahrungsmitteln Gebrauch machen. Denn der menschliche Körper besteht aus sehr vielen Teilen verschiedener Natur, welche fortwährend der mannigfachen Ernährung bedürfen, damit der Körper zu allem, was aus seiner Natur folgen kann, gleich geschickt sei, und damit folglich die Seele gleich geschickt sei, Verschiedenes zu begreifen.

Satz 28. Zur Erlangung dessen würden kaum die Kräfte des einzelnen hinreichen, wenn die Menschen sich nicht gegenseitig unterstützten. Aber die bündigste Darstellung von allem hat erst das Geld gebracht; deshalb pflegt sein Bild den Sinn der Menge am meisten zu beschäftigen; denn sie können kaum eine Art von Fröhlichkeit sich denken, wo nicht die Vorstellung des Geldes als Ursache dabei ist.

Satz 29. Zu einem Fehler wird dies aber nur bei denen, welche nicht aus Bedürfnis und der Notwendigkeiten wegen das Geld suchen, sondern weil sie die Künste des Spiels gelernt haben, mit denen sie sich in die Höhe bringen. Im übrigen sorgen sie aus Gewohnheit für ihren Körper, aber nur knapp, weil sie soviel von ihren Gütern zu verlieren meinen, als sie auf Erhaltung ihres Körpers verwenden. Wer indes den wahren Nutzen des Geldes kennt und das Maß des Reichtums nach dem Bedarf abmißt, der lebt mit Wenigem zufrieden.

Satz 30. Da nun das gut ist, was die Teile des Körpers in ihren Verrichtungen unterstützt, und da die Fröhlichkeit darin besteht, daß sie die Macht des Menschen, rücksichtlich seiner Seele und seines Körpers, unterstützt und mehrt, so ist alles gut, was fröhlich macht. Da indes die Dinge nicht zu dem Zweck tätig sind, um uns fröhlich zu machen, oder deren Macht zu wirken nicht durch unsern Nutzen geregelt wird, und endlich, weil die Fröhlichkeit sich meist nur auf einen Teil des Körpers hauptsächlich bezieht, so haben die Affekte der Fröhlichkeit (wenn nicht Vernunft und Wachsamkeit dabei ist) und folglich die aus ihnen entspringenden Begehren meist ein Übermaß. Dazu kommt, daß man im Affekte zunächst das Angenehme der Gegenwart im Auge hat und das Zukünftige nicht mit gleicher Gemütsruhe abzuschätzen vermag (III. L. 44 E., L. 60 E.).

Satz 31. Der Aberglaube erklärt dagegen das für gut, was Traurigkeit bringt, und das für schlecht, was Fröhlichkeit bringt. Indes, wie schon erwähnt (IV. L. 45 E.), erfreut sich nur der Neidische an meiner Ohnmacht und meinem Schaden. Denn je fröhlicher wir sind, desto vollkommener werden wir und nehmen mehr an der göttlichen Natur Teil, und die Fröhlichkeit, welche von der wahren Vernunft nach unserem Nutzen gemäßigt wird, kann niemals schlecht sein. Wer dagegen aus Furcht das Gute tut, um das Schlechte zu vermeiden, handelt nicht vernünftig.

Satz 32. Die menschliche Macht ist meist sehr beschränkt und wird von der Macht der äußeren Ursachen weit übertroffen; wir haben daher keine unbedingte Macht, die äußeren Dinge nach unserem Bedarf einzurichten. Demnach werden wir die Nachteile, welche dem entgegen uns treffen, mit Gleichmut ertragen, wenn wir uns bewußt sind, daß wir unsere Pflicht erfüllt haben und daß unsere Macht nicht so weit gereicht hat, um dies vermeiden zu können, und daß wir ein Teil der ganzen Natur sind, deren Ordnung wir folgen.

Wenn wir dies klar und deutlich erkennen, so wird der Teil von uns, der die Erkenntnis bildet, d. h. der bessere Teil in uns, damit sich beruhigen und in dieser Ruhe zu beharren streben. Denn mit dieser Erkenntnis können wir nur das Notwendige verlangen und nur in dem Wahren uns unbedingt zufrieden geben. Soweit wir also dies richtig einsehen, soweit stimmt das Streben unseres besseren Teiles mit der Ordnung der ganzen Natur überein.

FÜNFTER TEIL

Über die Macht des Verstandes oder über die menschliche Freiheit

---

VORREDE

Ich komme nun endlich zu dem anderen Teil der Ethik, welcher die Weise oder den Weg betrifft, der zur Freiheit führt. In diesem Teil werde ich also die Macht der Vernunft untersuchen und zeigen, was diese Vernunft über die Affekte vermag, und ferner, was die Freiheit der Seele oder die Seligkeit ist. Es wird sich daraus ergeben, um wieviel der Weise mächtiger ist als der Unwissende. In welcher Weise aber und auf welchem Wege die Erkenntnis vervollkommt werde und mit welcher Kunst der Körper zu pflegen sei, damit er das seinige recht verrichte, gehört nicht hierher, sondern letzteres zur Medizin und ersteres zur Logik.

Ich werde also, wie erwähnt, hier nur von der Macht der Seele oder Vernunft handeln, und ich werde vor allem zeigen, wie groß und welcher Art ihre Gewalt über die Affekte ist, um sie zu hemmen oder zu mäßigen. Denn ich habe schon oben dargelegt, daß wir keine unbedingte Herrschaft über die Affekte haben. Die Stoiker meinten zwar, daß sie lediglich von unserem Willen abhängig seien, und daß wir sie unbedingt beherrschen könnten; indes wurden sie durch die entgegengesetzte Erfahrung, aber nicht durch ihre Prinzipien genötigt, einzugestehen, daß nicht wenig Übung und Eifer zur Mäßigung der Affekte erforderlich sei. Es hat dies jemand durch das Beispiel zweier Hunde (wenn ich mich recht entsinne), eines Haushundes und eines Jagdhundes, zu zeigen versucht, indem er es durch Übung endlich dahin bringen konnte, daß der Haushund zu jagen sich gewöhnte und der Jagdhund der Verfolgung der Hasen sich enthielt.

Dieser Ansicht ist Cartesius sehr zugetan, denn er nimmt an, daß der Geist oder die Seele vorzugsweise mit einem Gehirnteile, welcher die Zirbeldrüse heißt, verbunden sei, durch deren Hilfe die Seele alle im Körper erweckten Bewegungen und äußeren Gegenstände wahrnimmt, und welche die Seele durch ihr bloßes Wollen beliebig bewegen könne. Diese Eichel soll nach seiner Annahme so in der Mitte des Gehirns schweben, daß sie durch den leisesten Hauch der Lebensgeister bewegt worden könne. Endlich nimmt er an, daß diese Eichel auf so verschiedene Weise in der Mitte des Gehirns schwebend erhalten werde, als die Lebensgeister auf sie andringen, und daß ebenso viele verschiedene Spuren in sie eingedrückt werden, als verschiedene Gegenstände die Lebensgeister gegen die Eichel anstoßen. Daher komme es, daß wenn die Eichel später von dem Willen der Seele, der sie verschieden bewege, auf diese oder jene Weise schwebend erhalten werde, auf der sie einmal von den Lebensgeistern erhalten worden, als diese so oder so erregt wurden, daß diese Eichel die Lebensgeister ebenso fortstößt und bestimmt, wie sie früher von der ähnlichen Schwebung derselben zurückgestoßen worden sind. Er nimmt außerdem an, daß jedes Wollen der Seele mit einer bestimmten Bewegung der Eichel von Natur verbunden sei. Wenn z. B. jemand die Absicht habe, einen entfernten Gegenstand zu betrachten, so bewirke dieses Wollen, daß der Augenstern sich erweitere. Wenn er aber nur an die Erweiterung des Augensterns denke, so nütze ihm ein solches Wollen dazu nichts, weil die Natur die Bewegung der Eichel, welche dient, die Lebensgeister gegen den Sehnerven zu treiben, um den Augenstern entsprechend zu erweitern oder zu verengen, nicht mit dem Wollen dieser Erweiterung oder Verengerung verbunden habe, sondern nur mit dem Wollen, entfernte oder nahe Gegenstände anzuschauen. Endlich nimmt er an, daß zwar jede Bewegung dieser Eichel mit einzelnen Gedanken von Anfang unseres Lebens ab von Natur verknüpft zu sein scheine, indes könne sie auch durch Übung mit anderen verbunden werden, wie er Art. 50 Teil I. von den Leidenschaften der Seele zu beweisen sucht.

Hieraus folgert Cartesius, daß keine Seele so ohnmächtig sei, um nicht bei richtiger Leitung die unbedingte Herrschaft über ihre Leidenschaften erwerben zu können. Denn diese sind nach seiner Definition „Auffassungen oder Empfindungen oder Bewegungen der Seele, die sich auf sie insbesondere beziehen, und welche durch eine Bewegung der Lebensgeister hervorgebracht, erhalten und verstärkt werden.“ (Man sehe Art. 27 Teil I. Über die Leidenschaften.) Da man nun mit jedem Wollen eine Bewegung der Eichel und folglich auch der Lebensgeister verbinden könne und diese Bestimmung unseres Wollens bloß von unserer Macht abhänge, so könne man eine vollständige Herrschaft über die Leidenschaften gewinnen, wenn man seinen Willen nach festen und gewissen Urteilen bestimme, nach denen man die Handlungen seines Lebens einrichten wolle, und mit diesen Urteilen die Erregung der Leidenschaften verbinde, welche man haben wolle.

Dies ist (soviel ich aus seinen Worten entnehme) die Meinung dieses berühmten Mannes. Ich würde kaum glauben, daß sie von einem so großen Manne herrühre, wenn sie weniger scharfsinnig wäre. In Wahrheit kann ich mich nicht genug wundern, daß ein Philosoph, der als Grundsatz aufgestellt hat, alles nur aus Prinzipien abzuleiten, die durch sich selbst klar seien, und nur das klar und bestimmt Eingesehene zu behaupten, und der so oft die Scholastiker getadelt hat, daß sie dunkle Dinge durch verborgene Qualitäten erklären wollen, eine Hypothese aufstellt, die dunkler ist, als alle dunklen Qualitäten. Was versteht er, frage ich, unter: Verbindung der Seele und des Körpers? Welche klare und bestimmte Vorstellung hat er von der engsten Einigung des Denkens mit einem Teilchen eines ausgedehnten Gegenstandes? Ich wünschte wohl, daß er diese Einigung durch ihre nächste Ursache erklärt hätte. Aber Cartesius hatte Seele und Körper so voneinander geschieden, daß er weder für deren Einheit noch für die Seele selbst irgendeine einzelne Ursache angeben konnte und genötigt war, auf die Ursache des ganzen Universums, d. h. auf Gott, zurückzugehen.

Dann möchte ich wohl wissen, wieviel Grade von Bewegung die Seele jener Zirbeldrüse mitteilen und mit welcher Kraft sie sie schwebend erhalten kann? Denn ich habe keine Kenntnis, ob diese Eichel langsamer oder schneller von der Seele bewegt wird als von den Lebensgeistern, und ob die Bewegung der Leidenschaften, die man an feste Urteile eng geknüpft hat, nicht wieder durch körperliche Ursachen abgetrennt werden kann. Denn daraus würde folgen, daß, wenn auch die Seele sich vorgenommen hätte, den Gefahren entgegenzugehen und mit diesem Wollen den Affekt der Kühnheit verbunden hätte, dennoch die Eichel durch den Anblick der Gefahr so schwebend gestellt werden könnte, daß die Seele nur an die Flucht denken könnte. Da es kein Verhältnis des Wollens zur Bewegung gibt, so ist auch keine Vergleichung zwischen der Macht oder den Kräften der Seele und des Körpers möglich, und folglich können die Kräfte dieses nie nach den Kräften jener bestimmt werden. Dazu nehme man, daß diese Eichel in keiner solchen Lage in der Mitte des Gehirns angetroffen wird, daß sie so leicht und so mannigfach herumbewegt werden könnte, und daß nicht alle Nerven bis in diese Höhlung des Gehirns sich erstrecken.

Ich lasse endlich alles beiseite, was Cartesius von dem Willen und dessen Freiheit behauptet, da ich dessen Unwahrheit genügend dargetan habe. Wenn sonach die Macht der Seele, wie oben gezeigt worden, nur durch die Erkenntnis bestimmt wird, so werden die Hilfsmittel gegen die Affekte, welche alle wohl, wie ich glaube, an sich erfahren, aber nicht genau beobachten und bestimmt erkennen, nur aus der Erkenntnis der Seele zu entnehmen sein, und ich werde daraus alles, was ihre Seeligkeit betrifft, ableiten.

Axiom 1. Wenn in demselben Subjekt zwei entgegengesetzte Handlungen erweckt werden, so muß notwendig entweder in beiden Handlungen oder in einer eine Verwunderung eintreten, bis sie aufhören, entgegengesetzt zu sein.

Axiom 2. Die Macht der Wirkung wird durch die Macht ihrer Ursache bestimmt, soweit ihr Wesen durch das Wesen ihrer Ursache erklärt oder bestimmt wird.

Dieses Axiom ergibt sich aus III. L. 7.

Lehrsatz 1. *So, wie die Gedanken und die Vorstellungen der Dinge sich in der Seele ordnen und verknüpfen, genauso ordnen und verknüpfen sich die körperlichen Erregungen oder Bilder der Dinge im Körper.*

Beweis. Die Ordnung und Verknüpfung der Vorstellungen ist dieselbe (II. L. 7) wie die Ordnung und Verknüpfung der Dinge, und umgekehrt ist die Ordnung und Verknüpfung der Dinge dieselbe (II. L. 6 Z. u. L. 7) wie die Ordnung und Verknüpfung der Vorstellungen. So, wie daher die Ordnung und Verknüpfung der Vorstellungen in der Seele nach der Ordnung und Verknüpfung der Zustände im Körper erfolgt (II. L. 18), so umgekehrt ordnen und verknüpfen sich die Zustände des Körpers wie die Gedanken und Vorstellungen der Dinge in der Seele (III. L. 2).

Lehrsatz 2. *Wenn man die Erregung der Seele oder den Affekt von der Vorstellung der äußeren Ursache trennt und mit anderen Gedanken verbindet, so werden die Liebe oder der Haß gegen die* *äußere Ursache, so, wie die Schwankungen der Seele, welche aus diesen Affekten entspringen, beseitigt werden.*

Beweis. Denn das, was das Eigentümliche der Liebe oder des Hasses ausmacht, ist die Fröhlichkeit oder Traurigkeit, begleitet von der Vorstellung einer äußeren Ursache (III. D. 6, 7); wird also diese Vorstellung beseitigt, so hört auch die Liebe und der Haß auf, und diese Affekte mit ihren Folgen werden beseitigt.

Lehrsatz 3. Der Affekt, welcher ein Leiden ist, hört auf, ein solches zu sein, sobald man seine klare und bestimmte Vorstellung bildet.

Beweis. Der Affekt, welcher ein Leiden ist, ist eine verworrene Vorstellung (III. Allgemeine Definition). Wenn man sich also von diesem Affekt selbst eine klare und bestimmte Vorstellung bildet, so wird diese Vorstellung von dem auf die Seele allein bezogenen Affekt nur im Denken unterschieden (II. L. 22 E.), mithin hört der Affekt auf, ein Leiden zu sein (III. L. 3).

Zusatz. Ein Affekt ist also um so mehr in unserer Gewalt, und die Seele leidet um so weniger von ihm, je bekannter er uns ist.

Lehrsatz 4. *Es gibt keine Erregung des Körpers, von der wir nicht eine klare und bestimmte Vorstellung bilden können.*

Beweis. Das allem Gemeine kann nicht anders als zureichend vorgestellt werden (III. L. 38). Daher gibt es keine Erregung des Körpers (II. L. 12 Ln. 2 hinter L. 13 E.), von der man nicht eine klare und bestimmte Vorstellung bilden kann.

Zusatz. Hieraus ergibt sich, daß man von jedem Affekt sich eine bestimmte und klare Vorstellung bilden kann. Denn der Affekt ist die Vorstellung einer Erregung des Körpers (III. Allgemeine Definition), welche deshalb (nach V. L. 3) eine klare und bestimmte Vorstellung einschließen muß.

Erläuterung. Da es nichts gibt, aus dem nicht eine Wirkung folgt (III. L. 36), und da man alles, was aus einer zureichenden Vorstellung in uns folgt, klar und deutlich einsieht (III. L. 40), so ergibt sich, daß jeder die Macht hat, sich und seine Affekte, wenn auch nicht unbedingt, doch zum Teil klar und deutlich zu erkennen und folglich zu bewirken, daß er von ihnen weniger leidet. Man hat daher vor allem seine Anstrengungen dahin zu richten, daß man jeden Affekt, soviel als möglich, klar und bestimmt erkenne, damit die Seele von dem Affekt aus zu dem Denken dessen geführt werde, was sie deutlich und bestimmt einsieht und worin sie sich vollkommen beruhigt; ferner, daß der Affekt von der Vorstellung der äußeren Ursache sich ablöse und mit wahren Gedanken sich verbinde. Dann werden nicht nur Liebe, Haß usw. verschwinden (V. L. 2), sondern es können auch die Gelüste oder Begehren daraus dann nicht in das Übermaß geraten (IV. L. 62).

Denn man muß vor allem festhalten, daß es ein und dasselbe Begehren ist, wonach der Mensch sowohl als handelnd wie als leidend gilt. So habe ich z. B. gezeigt, daß die menschliche Natur so beschaffen ist, daß jeder will, die anderen sollen nach seinem Sinne leben (III. L. 31 E.). Dieses Begehren ist bei einem nicht von der Vernunft geleiteten Menschen ein Leiden, was Ehrgeiz heißt und vom Stolz nicht weit entfernt ist; dagegen ist es bei einem den Geboten der Vernunft nachlebenden Menschen eine Tätigkeit oder Tugend, welche Frömmigkeit genannt wird (IV. L. 37 E. 1 mit dem zweiten Beweis). In dieser Weise sind alle Verlangen oder Begierden nur insoweit ein Leiden, als sie aus unzureichenden Vorstellungen entspringen, und sie gehören zur Tugend, sobald sie von zureichenden Vorstellungen erweckt oder erzeugt werden. Denn alle Begierden, welche uns zum Handeln bestimmen, können sowohl von zureichenden wie unzureichenden Vorstellungen entspringen (IV. L. 59). Und (um zum Ausgang zurückzukehren) so kann kein besseres, von unserer Macht abhängiges Mittel gegen die Affekte erdacht werden, als das, was in ihrer wahren Erkenntnis enthalten ist. Denn es gibt in der Seele keine andere Macht, als zu denken und zureichende Vorstellungen zu bilden, wie oben (III. L. 3) gezeigt worden.

Lehrsatz 5. *Der Affekt für einen Gegenstand, den man einfach vorstellt und nicht als einen notwendigen oder möglichen oder zufälligen Gegenstand vorstellt, ist bei gleichen sonstigen Umständen von allen der stärkste.*

Beweis. Der Affekt für einen Gegenstand, den man für frei hält, ist größer als der für einen notwendigen Gegenstand (III. L. 49) und daher auch größer als für den, welchen man als einen möglichen oder zufälligen vorstellt (IV. L. 11). Aber eine Sache als frei vorstellen kann nichts anderes sein, als sie sich einfach vorzustellen, ohne daß man Ursachen, von denen sie zum Handeln bestimmt worden, kennt (II. L. 35 E.). Mithin ist ein Affekt für einen Gegenstand, den man einfach sich vorstellt, unter sonst gleichen Umständen größer als für einen notwendigen, möglichen oder zufälligen Gegenstand, mithin der größte von allen.

Lehrsatz 6. *Soweit die Seele alle Dinge als notwendig erkennt, soweit hat die Seele eine größere Macht über die Affekte oder leidet weniger von ihnen.*

Beweis. Die Seele erkennt, daß alle Dinge notwendig sind (I. L. 29) und durch die unendliche Verknüpfung der Ursachen zur Existenz und Tätigkeit bestimmt werden (I. L. 28), folglich bewirkt sie dadurch, daß sie von den Affekten, welche die Dinge erwecken, weniger leidet (III. L. 48) und weniger für sie erregt wird.

Erläuterung. Je mehr diese Erkenntnis, daß nämlich die Dinge notwendig sind, sich auf die Einzeldinge, die man bestimmter und lebhafter vorstellt, sich ausdehnt, desto größer wird dadurch diese Macht der Seele über die Affekte, wie selbst die Erfahrung bezeugt. Denn man sieht Traurigkeit über ein verlorenes Gut sich mäßigen, sobald der Mensch, der es verloren hat, bedenkt, daß es auf keine Weise hätte erhalten werden können. So sieht man auch, daß niemand die kleinen Kinder bedauert, daß sie nicht gehen, sprechen und Vernunftschlüsse machen können und so viele Jahre gleichsam bewußtlos verleben. Wenn aber die meisten Menschen als erwachsen und nur hie und da einer als Kind geboren würde, dann würde jeder die Kinder bedauern, weil er dann die Kindheit nicht als eine natürliche und notwendige Sache, sondern als einen Fehler oder Verstoß der Natur betrachten würde. In dieser Weise könnte ich noch bei vielem andern das gleiche aufzeigen.

Lehrsatz 7. *Die Affekte, welche aus der Vernunft entspringen oder erweckt werden, sind, wenn auf die Zeit Rücksicht genommen wird, stärker als die, welche sich auf Einzeldinge beziehen, die man als abwesend betrachtet.*

Beweis. Eine anwesende Sache betrachtet man nicht mit dem Affekt, mit dem man sie bildlich vorstellt, sondern so, daß der Körper auch durch einen andern Affekt erregt ist, welcher die Existenz dieser Sache ausschließt (II. L. 27). Deshalb ist ein Affekt bezüglich einer als abwesend erachteten Sache nicht der Art, daß er die übrigen Handlungen des Menschen und seine Macht übersteigt (IV. L. 6), sondern vielmehr der Art, daß er von den Affekten, welche die Existenz der äußeren Ursache jenes Affektes ausschließen, in gewisser Art gehemmt werden kann (IV. L. 9). Ein aus der Vernunft entspringender Affekt bezieht sich aber notwendig auf die gemeinsamen Eigenschaften der Dinge (II. L. 40 E. 2), die man immer als gegenwärtig betrachtet (denn es kann nichts geben, was ihre gegenwärtige Existenz ausschlösse), und die man immer auf dieselbe Weise bildlich vorstellt (II. L. 38). Deshalb bleibt ein solcher Affekt immer derselbe, und folglich werden die Affekte (V. A. 1), die ihm entgegen sind oder die von ihren äußeren Ursachen nicht unterstützt werden, sich ihm mehr und mehr anbequemen müssen, bis sie nicht mehr entgegengesetzt sind, und insoweit ist der aus der Vernunft entspringende Affekt der mächtigere.

Lehrsatz 8. *Von je mehr zugleich zutreffenden Ursachen ein Affekt erregt wird, desto stärker ist er.*

Beweis. Mehr Ursachen vermögen mehr als wenigere (III. L. 7), deshalb wird ein Affekt, von je mehr Ursachen er zugleich erweckt wird, desto stärker sein (IV. L. 5).

Lehrsatz 9. *Ein Affekt, der aus vielen und verschiedenen Ursachen entspringt, die die Seele mit dem Affekt zugleich betrachtet, ist weniger schädlich, und man leidet weniger von ihm, und man wird für die einzelnen Ursachen desselben weniger erregt als von einem anderen ebenso starken Affekt, der nur auf eine oder wenigere Ursachen sich bezieht.*

Beweis. Ein Affekt ist nur insoweit schlecht oder schädlich, als die Seele von ihm am Denken gehindert wird (IV. L. 26, 27). Mithin ist ein Affekt, durch welchen die Seele zur Betrachtung mehrerer Gegenstände auf einmal bestimmt wird, weniger schädlich, als ein anderer, gleich starker Affekt, welcher die Seele nur durch die Kraft eines oder weniger Gegenstände so in der Betrachtung festhält, daß sie an andere Dinge nicht denken kann. Dies war das erste. Da ferner das Wesen der Seele, d. h. ihre Macht (III. L. 7), im bloßen Denken besteht (III. L. 11), so wird die Seele durch einen Affekt, der sie zur Betrachtung von mehrerem bestimmt, weniger leiden als durch einen gleich großen Affekt, welcher die Seele mit der Betrachtung eines oder weniger Gegenstände beschäftigt. Dies war das zweite. Endlich ist dieser Affekt, sofern er auf mehrere äußere Ursachen bezogen wird, auch für jede einzelne schwächer (III. L. 18).

Lehrsatz 10. *Solange wir nicht von Affekten erfaßt sind, die unserer Natur entgegen sind, solange haben wir die Macht, die Erregungen des Körpers nach der Ordnung des Verstandes zu ordnen und zu verknüpfen.*

Beweis. Affekte, die unserer Natur entgegen sind, d. h. die schlecht sind (IV. L. 30), sind insoweit schlecht, als sie die Seele an dem Erkennen hindern (IV. L. 37). Solange wir also nicht von Affekten erfaßt sind, die unserer Natur entgegen sind, solange wird die Kraft der Seele, womit sie die Dinge zu erkennen strebt, nicht gehemmt (IV. L. 26), und solange hat sie also die Macht, klare und bestimmte Vorstellungen zu bilden und eine von der andern abzuleiten (II. L. 40 E. 2, L. 47 E.), und solange werden wir folglich die Macht haben (V. L. 1), die Erregungen des Körpers nach der Ordnung des Verstandes zu ordnen und zu verknüpfen.

Erläuterung. Durch diese Macht, die Erregungen des Körpers richtig zu ordnen und zu verknüpfen, kann man bewirken, daß man nicht leicht durch schlechte Affekte erregt wird. Denn es gehört eine größere Kraft dazu (V. L. 7), die nach der Ordnung des Verstandes geordneten und verknüpften Affekte zu hemmen, als die unbestimmten und schwankenden. Das Beste also, was man tun kann, solange man nicht die vollkommene Erkenntnis seiner Affekte hat, ist, die rechte Weise zu leben oder die festen Grundsätze des Lebens sich vorzustellen, sie in das Gedächtnis einzuprägen und sie auf die einzelnen im Leben oft vorkommenden Dinge fortwährend anzuwenden, damit unsere Einbildungskraft weithin von ihnen erregt werde, und sie uns immer zur Hand sind. So habe ich z. B. als Lebensregel aufgestellt (IV. L. 46 E.), daß man den Haß durch Liebe und Edelmut besiegen und nicht durch Erwiderung des Hasses vergelten solle. Damit man aber diese Vorschrift der Vernunft immer gegenwärtig habe, wo es nötig ist, muß man an die gewöhnlichen Schadenszufügungen der Menschen denken und häufig erwägen, wie und auf welchem Wege sie am besten durch Edelmut ferngehalten werden. So wird man das Bild der Beschädigung mit der Vorstellung dieser Regel verknüpfen, und sie wird uns immer gegenwärtig sein, wenn uns ein Schaden zugefügt wird (II. L. 18).

Wenn man nun auch die Rücksicht auf den wahren Nutzen und das Gute sich gegenwärtig hält, welches aus der gegenseitigen Freundschaft und gemeinsamen Geselligkeit entspringt, und ferner, daß aus der rechten Lebensweise die höchste Seelenruhe entspringt (IV. L. 52) und daß die Menschen, wie alles, aus der natürlichen Notwendigkeit handeln, so wird das Unrecht oder der Haß, der aus ihm zu entspringen pflegt, den geringsten Teil unseres Vorstellens einnehmen und leicht überwunden werden.

Wenn auch der Zorn, der aus den größten Beleidigungen zu entspringen pflegt, sich nicht so leicht überwindet, so wird er doch überwunden werden, obgleich nicht ohne Schwankungen des Gemüts, und zwar in kürzerer Zeit, als wenn man dies nicht so vorbedacht gehabt hätte, wie sich aus V. L. 6, 7, 8 ergibt.

Ebenso muß man über die Entschlossenheit denken, um die Furcht abzulegen. Man muß sich nämlich die gewöhnlichen Gefahren des Lebens aufzählen und häufig vorstellen, wie sie durch Geistesgegenwart und Tapferkeit am besten vermieden und überwunden werden können. Aber besonders muß man bei Ordnung seiner Gedanken und Vorstellungen immer acht haben auf das, was in jeder Sache das Gute ist, und so sich immer durch den Affekt der Fröhlichkeit zum Handeln bestimmen. Z. B. wenn jemand bemerkt, daß er zu sehr dem Ruhme nachstrebt, so muß er über dessen rechten Nutzen nachdenken und zu welchem Ende ihm nachzustreben sei und durch welche Mittel er erworben werden könne; aber nicht über den Mißbrauch und die Eitelkeit des Ruhmes und über die Unbeständigkeit der Menschen und anderes dergleichen, woran niemand als der Seelenkranke denkt. Denn durch solche Gedanken betreiben sich die Ehrgeizigen am meisten, sobald sie an der Erlangung der erstrebten Ehren verzweifeln und weise scheinen wollen, während sie Zorn ausspeien. Diejenigen sind deshalb sicherlich am geizigsten nach Ruhm, welche das meiste Geschrei über dessen Mißbrauch und die Eitelkeit der Welt erheben. Auch ist dies keine Eigentümlichkeit der Ehrgeizigen, sondern allen gemeinsam, welchen das Glück widrig ist, und die schwach von Geist sind. Denn selbst der arme Geizige hört nicht auf, über den Mißbrauch des Geldes und die Laster der Reichen zu schwatzen, womit er nur sich selbst betrübt und anderen zeigt, daß er nicht bloß seine Armut, sondern auch den Reichtum der anderen mit Mißmut erträgt. So denken auch die, welche von der Geliebten schlecht empfangen worden sind, nur an die Unbeständigkeit und den trügerischen Sinn der Frauen und an die übrigen überall besprochenen Fehler der Frauen; dies alles wird aber sofort von ihnen vergessen, wenn sie von der Geliebten wieder angenommen werden. Wer also seine Affekte und Begierden durch die bloße Liebe der Freiheit mäßigen will, wird möglichst streben, die Tugenden und deren Ursache zu erkennen und die Seele mit der Freude zu erfüllen, welche aus deren Erkenntnis entspringt, keineswegs aber die menschlichen Laster betrachten und die Menschen schelten und sich an einem falschen Bild der Freiheit ergötzen. Wer dies fleißig beachtet und ausübt (denn es ist nicht schwer), wird sicherlich in kurzer Zeit seine Handlungen meist nach den Geboten der Vernunft einrichten können.

Lehrsatz 11. *Je mehr ein Bild auf mehrere Gegenstände sich bezieht, desto häufiger kommt es, oder desto öfter besteht es, und desto mehr erfüllt es die Seele.*

Beweis. Denn je größer die Zahl der Gegenstände ist, auf welche ein Bild oder Affekt sich bezieht, desto mehr Ursachen gibt es, von welchen es erregt und gesteigert werden kann, welche die Seele sämtlich (nach der Annahme) in dem Affekt zugleich betrachtet. Deshalb wird der Affekt um so häufiger kommen oder um so öfter bestehen und die Seele mehr erfüllen (V. L. 8).

Lehrsatz 12. *Die Bilder der Gegenstände verbinden sich leichter mit Bildern, welche sich auf Gegenstände beziehen, welche man klar und deutlich einsieht, als mit anderen.*

Beweis. Die klar und bestimmt erkannten Gegenstände sind entweder die gemeinsamen Eigenschaften der Dinge oder was aus ihnen abgeleitet wird (II. L. 40 E. 2), und folglich werden sie häufiger in uns erweckt (V. L. 11); es kann daher leichter geschehen, daß wir andere Gegenstände eher mit diesen als mit anderen zugleich betrachten, und folglich leichter mit diesen als mit andern verbinden (II. L. 18).

Lehrsatz 13. *Je größer die Zahl der Bilder ist, mit denen ein anderes Bild verbunden ist, desto häufiger besteht das letztere.*

Beweis. Denn wenn ein Bild mit vielen anderen verbunden ist, so gibt es auch mehr Ursachen (IV. L. 18), von denen es erweckt werden kann.

Lehrsatz 14. *Die Seele kann es bewirken, daß alle Erregungen des Körpers oder Bilder der Dinge auf die Vorstellung Gottes bezogen werden.*

Beweis. Es gibt keine Erregung des Körpers, von welcher die Seele nicht eine einigermaßen klare und bestimmte Vorstellung sich bilden könnte (V. L. 4), folglich kann sie bewirken (I. L. 15), daß alle auf die Vorstellung Gottes sich beziehen.

Lehrsatz 15. *Wer sich und seine Affekte klar und bestimmt erkennt, liebt Gott, und zwar um so mehr, je mehr er sich und seine Affekte erkennt.*

Beweis. Wer sich und seine Affekte klar und deutlich erkennt, ist fröhlich (III. L. 53), und zwar begleitet von der Vorstellung Gottes (V. L. 14), folglich liebt er Gott (III. D. 6), und zwar aus demselben Grunde um so mehr, je mehr er sich und seine Affekte erkennt.

Lehrsatz 16. *Diese Liebe zu Gott muß die Seele am meisten erfüllen.*

Beweis. Denn diese Liebe ist mit allen Erregungen des Körpers verbunden (V. L. 14), wird durch sie alle gesteigert (V. L. 15) und muß daher (V. L. 11) die Seele am meisten erfüllen.

Lehrsatz 17. *Gott ist frei von allen leidenden Zuständen und* *wird durch keinen Affekt der Fröhlichkeit oder der Traurigkeit erregt.*

Beweis. Alle auf Gott bezogenen Vorstellungen sind wahr (II. L. 32), d. h. sie sind zureichend (II. D. 4), und folglich ist Gott frei von leidenden Zuständen (III. Allg. Definition der Affekte). Ferner kann Gott weder zu einer größeren noch zu einer geringeren Vollkommenheit übergehen (I. L. 20 Z. 2), folglich von keinem Affekt der Fröhlichkeit oder Trauer erfaßt werden (IV. D. 2 3).

Zusatz. Gott liebt im eigentlichen Sinne niemand und haßt niemand. Denn Gott wird durch keinen Affekt der Fröhlichkeit oder Traurigkeit erregt (V. L. 17), und folglich liebt und haßt er niemand (III. D. 6, 7).

Lehrsatz 18. *Niemand kann Gott hassen.*

Beweis. Die Vorstellung Gottes in uns ist zureichend und vollkommen (II. L. 46, 47), folglich sind wir bei Betrachtung Gottes handelnd (III. L. 3), und folglich kann es keine Traurigkeit, begleitet von der Vorstellung Gottes, geben (III. L. 59), d. h. niemand kann Gott hassen (III. D. 7).

Zusatz. Die Liebe zu Gott kann sich nicht in Haß verwandeln.

Erläuterung. Man kann einwenden, daß, da wir Gott als die Ursache aller Dinge erkennen, damit Gott auch als die Ursache der Traurigkeit ansehen. Hierauf erwidere ich, daß, soweit man die Ursache der Traurigkeit erkennt, diese soweit aufhört, ein Leiden zu sein (V. L. 3), d. h. soweit hört sie auf, eine Traurigkeit zu sein (III. L. 59), mithin sind wir, soweit wir Gott als Ursache der Traurigkeit erkennen, fröhlich.

Lehrsatz 19. *Wer Gott liebt, kann nicht wollen, daß Gott ihn wiederliebe.*

Beweis. Wenn ein Mensch dies wollte, so wünschte er (V. L. 17 Z.), daß Gott, den er liebt, nicht Gott wäre, und folglich wünschte er, sich zu betrüben (III. L. 19), was widersinnig ist (III. L. 28). Folglich kann, wer Gott liebt u. s. w.

Lehrsatz 20. *Diese Liebe zu Gott kann weder durch den Affekt des Neides noch den der Eifersucht verunreinigt werden, sondern wird um so mehr genährt, je mehr Menschen durch dasselbe Band der Liebe mit Gott verbunden angenommen werden.*

Beweis. Diese Liebe zu Gott ist das höchste Gut, was wir nach dem Gebot der Vernunft erstreben können (IV. L. 28), und sie ist allen Menschen gemeinsam (IV. L. 36), und wir wünschen, daß sich alle ihrer erfreuen (IV. L. 37), folglich kann sie durch den

Affekt des Neides nicht befleckt werden (III. D. 23) und auch nicht durch den Affekt der Eifersucht (V. L. 18 u. III. L. 35 E.), sondern muß um so mehr gesteigert werden (III. L. 31), als mehr Menschen nach unserer Meinung sich ihrer erfreuen.

Erläuterung. Man kann auf dieselbe Weise zeigen, daß es keinen Affekt gibt, welcher dieser Liebe geradezu entgegen ist, und von dem diese Liebe zerstört werden könnte. Daher kann man schließen, daß diese Liebe zu Gott von allen Affekten der beständigste ist, und daß sie, soweit sie sich auf den Körper bezieht, nur mit dem Körper zugleich zerstört werden kann. Von welcher Natur aber diese Liebe ist, wenn sie bloß auf die Seele bezogen wird, werden wir später sehen.

Damit habe ich alle Mittel gegen die Affekte dargelegt, d. h. alles, was die Seele, für sich betrachtet, gegen die Affekte vermag. Es ergibt sich daraus, daß die Macht der Seele über die Affekte besteht: 1) in der Erkenntnis dieser Affekte (V. L. 4 E.); 2) darin, daß die Seele den Affekt von der Vorstellung einer äußern Ursache, die man sich verworren vorstellt, trennt (V. L. 4 L. 2 E.); 3) in dem Zeitraume, in welchem die Affekte für Gegenstände, die man erkennt, jene Affekte überwinden, welche sich auf verworren und verstümmelt vorgestellte Gegenstände beziehen (V. L. 7); 4) in der Menge der Ursachen, durch welche jene Affekte genährt werden, die sich auf gemeinsame Eigenschaften der Dinge oder auf Gott beziehen (V. L. 9, 11); 5) endlich in der Ordnung, mit welcher die Seele ihre Affekte ordnen und gegenseitig verknüpfen kann (V. L. 10 E., L. 12, 13, 14).

Damit indes diese Macht der Seele über die Affekte besser erkannt werde, ist festzuhalten, daß man die Affekte stark nennt, wenn man den Affekt des einen Menschen mit dem eines andern vergleicht, und wenn man sieht, daß der eine mehr davon erfaßt ist als der andere, oder wenn man die mehreren Affekte desselben Menschen miteinander vergleicht und ihn von dem einen Affekt mehr als von dem andern erregt und bewegt sieht. Denn die Kraft jedes Affektes bestimmt sich nach der Macht der fremden Ursache im Verhältnis zu der unsrigen. Die Macht der Seele wird aber bloß durch die Erkenntnis bestimmt, und ihre Ohnmacht oder ihr Leiden dagegen durch den bloßen Mangel der Erkenntnis, d. h. diese Ohnmacht wird nach dem gemessen, weshalb die Vorstellungen unzureichend heißen. Daraus ergibt sich, daß jene Seele am meisten leidet, deren größten Teil unzureichende Vorstellungen ausmachen, so daß sie mehr an dem, was sie leidet, als an dem, was sie tut, erkannt wird. Dagegen ist diejenige Seele hauptsächlich tätig, deren größeren Teil zureichende Vorstellungen erfüllen, so daß, wenn auch beiden Seelen gleich viel unzureichende Vorstellungen innewohnen, die letztere doch mehr durch jene Vorstellungen, welche der menschlichen Tugend zugehören, als durch die, welche von der menschlichen Ohnmacht zeugen, sich unterscheidet.

Man muß ferner bedenken, daß die Sorgen und das Unglück ihren Ursprung hauptsächlich aus der zu großen Liebe für einen Gegenstand ableiten, welcher vielen Veränderungen ausgesetzt ist, und dessen wir niemals mächtig sein können. Denn jeder ist nur in Sorge und Angst um der Dinge willen, die er liebt, und die Beschädigungen, Verdächtigungen, Feindschaften usw. kommen nur aus der Liebe zu Dingen, deren niemand in Wahrheit mächtig sein kann. Hieraus kann man leicht abnehmen, was die klare und bestimmte Erkenntnis über die Affekte vermag, und insbesondere jene dritte Art der Erkenntnis (II. L. 47 E.), deren Grundlage die Erkenntnis Gottes selbst ist. Wenn auch diese Erkenntnis die Affekte, soweit sie ein Leiden sind, nicht unbedingt beseitigt (V. L. 3, L. 4 E.), so bewirkt sie doch, daß sie den kleinsten Teil der Seele ausmachen (V. L. 14). Ferner erzeugt diese Erkenntnis die Liebe zu dem unveränderlichen und ewigen Gegenstand (V. L. 15), dessen wir in Wahrheit mächtig sind (II. L. 45), und deshalb kann sie durch die Fehler, mit welchen die gemeine Liebe behaftet ist, nicht verunreinigt werden, sondern sie muß immer mehr zunehmen (V. L. 15), den größten Teil der Seele erfüllen (V. L. 16) und sie in weiter Ausdehnung erregen.

Damit habe ich das beendet, was das gegenwärtige Leben angeht. Denn man wird leicht bemerken, daß, wie ich im Beginn dieser Erläuterung gesagt, ich mit diesem wenigen alle Mittel gegen die Affekte erschöpft habe, sobald man beachtet, was in dieser Erläuterung und bei den Definitionen der Seele und ihrer Affekte und endlich zu III. L. 1, 3 gesagt worden ist. Es ist daher nun Zeit, daß ich zu dem übergehe, was die Dauer der Seele, ohne Beziehung auf den Körper, betrifft.

Lehrsatz 21. *Die Seele kann nur während der Dauer ihres Körpers sich etwas bildlich vorstellen und der vergangenen Dinge erinnern.*

Beweis. Die Seele drückt nur während des Bestehens ihres Körpers die wirkliche Existenz ihres Körpers aus und faßt nur währenddem die Erregungen ihres Körpers als wirkliche auf (II. L.

8 Z.); folglich stellt sie keinen Körper als wirklich existierend vor (II. L. 26), als nur während der Dauer ihres Körpers, und folglich kann sie sich auch nichts bildlich vorstellen (II. L. 17 E.), noch an Vergangenes sich erinnern, als nur während ihr Körper besteht (II. L. 18 E.).

Lehrsatz 22. *In Gott gibt es jedoch notwendig eine Vorstellung, welche das Wesen dieses und jenes menschlichen Körpers unter der Form der Ewigkeit ausdrückt.*

Beweis. Gott ist nicht bloß die Ursache von der Existenz dieses und jenes menschlichen Körpers, sondern auch von dessen Wesenheit (I. L. 25). Diese muß deshalb durch die Wesenheit Gottes notwendig begriffen werden (I. A. 4), und zwar mit einer gewissen ewigen Notwendigkeit (I. L. 16), und diese Vorstellung muß notwendig in Gott sein (II. L. 3).

Lehrsatz 23. *Die menschliche Seele kann nicht durchaus mit dem Körper zerstört werden, sondern es bleibt von ihr etwas, was ewig ist.*

Beweis. In Gott gibt es notwendig einen Begriff oder eine Vorstellung, welche das Wesen des menschlichen Körpers ausdrückt (V. L. 22), welche Vorstellung deshalb mit Notwendigkeit etwas ist, was zum Wesen der menschlichen Seele gehört (II. L. 13). Aber man teilt der menschlichen Seele nur eine durch die Zeit bestimmbare Dauer zu, soweit sie die wirkliche Existenz ihres Körpers, welche durch Dauer bezeichnet und zeitlich bestimmt werden kann, ausdrückt, d. h. man erteilt der Seele (III. L. 8 Z.) nur Dauer während der Dauer ihres Körpers. Da indessen doch dasjenige etwas ist, was mit einer gewissen ewigen Notwendigkeit durch die eigene Wesenheit Gottes vorgestellt wird (V. L. 22), so wird dieses Etwas, was zum Wesen der Seele gehört, notwendig ewig sein.

Erläuterung. Es ist, wie gesagt, diese Vorstellung, welche das Wesen des Körpers in der Form der Ewigkeit ausdrückt ein bestimmter Zustand des Denkens, welcher zur Wesenheit der Seele gehört, und welcher notwendig ewig ist. Es ist indes unmöglich, daß wir eine Erinnerung von unserem Dasein vor dem Körper haben, da es im Körper keine Spuren davon geben, und die Ewigkeit weder durch die Zeit definiert noch irgendein Verhältnis mit der Zeit haben kann. Dessenungeachtet fühlen und erfahren wir, daß wir ewig sind. Denn die Seele weiß ebenso die Dinge, welche sie im Erkennen sich vorstellt, als die, welche sie im Gedächtnis hat. Denn die Augen der Seele, durch welche sie die Dinge sieht und beobachtet, sind die Begründungen.

Obgleich wir uns daher nicht erinnern, vor dem Körper existiert zu haben, so wissen wir doch, daß unsere Seele, insoweit sie das Wesen des Körpers in der Form der Ewigkeit enthält, ewig ist, und daß diese ihre Existenz durch die Zeit nicht erklärt und durch die Dauer nicht erläutert werden kann. Man kann deshalb von der Seele nur insoweit sagen, daß sie dauert, und ihre Existenz kann nur insoweit durch eine gewisse Zeit ausgedrückt werden, als sie die wirkliche Existenz des Körpers enthält, und als sie insoweit allein die Macht hat, die Existenz der Dinge durch die Zeit zu messen und sie als Dauer aufzufassen.

Lehrsatz 24. *Je mehr man die einzelnen Dinge erkennt, desto mehr erkennt man Gott.*

Beweis. Dies ergibt sich aus I. L. 25 Z.

Lehrsatz 25. *Das höchste Streben der Seele und die höchste Tugend ist, die Dinge in der dritten Art des Wissens zu erkennen.*

Beweis. Die dritte Art des Wissens schreitet von der zureichenden Vorstellung einiger Attribute Gottes zur zureichenden Kenntnis des Wesens der Dinge fort (II. L. 40 E. 2). Je mehr man die Dinge so erkennt, desto mehr erkennt man Gott (V. L. 24), und deshalb ist die höchste Tugend der Seele (IV. L. 28), d. h. die Macht oder Natur der Seele (IV. D. 8), oder ihr höchstes Bestreben (III. L. 7), die Dinge in der dritten Art des Wissens zu erkennen.

Lehrsatz 26. *Je fähiger die Seele zur Erkenntnis der Dinge in dieser dritten Art des Wissens ist, desto mehr strebt sie, die Dinge in dieser Art des Wissens zu erkennen.*

Beweis. Dies ergibt sich von selbst; denn soweit man sich die Seele vorstellt als fähig, die Dinge in dieser dritten Art des Wissens zu erkennen, insoweit stellt man sich dieselbe auch vor als bestimmt zu dieser Erkenntnis; folglich begehrt die Seele sie um so mehr (III. D. 1), je fähiger sie dazu ist.

Lehrsatz 27. *Aus dieser dritten Art des Wissens entspringt die höchste mögliche Seelenruhe.*

Beweis. Die höchste Tugend der Seele ist Gott erkennen (IV. L. 28) oder in der dritten Art des Wissens einzusehen (V. L. 25). Diese Tugend wird um so größer, je mehr die Seele in dieser Wissensart die Dinge erkennt (V. L. 24); mithin erreicht der, welcher die Dinge in dieser Wissensart erfaßt, die höchste menschliche Vollkommenheit und wird folglich von der höchsten Fröhlichkeit erfüllt (III. D. 2), und zwar begleitet von den Vorstellungen seiner und seiner Tugend (II. L. 43). Mithin entspringt aus dieser

Art der Erkenntnis die höchste Seelenruhe, die möglich ist (III. D. 25).

Lehrsatz 28. *Das Streben oder Begehren, die Dinge in dieser dritten Art des Wissens zu erkennen, kann nicht aus der ersten Art des Wissens entspringen, aber wohl aus der zweiten Art.*

Beweis. Dieser Lehrsatz ist durch sich selbst klar. Denn was man klar und bestimmt erkennt, das erkennt man entweder durch sich oder durch ein anderes, welches durch sich vorgestellt wird, d. h. die Vorstellungen, welche in uns klar und bestimmt sind oder welche zur dritten Art des Wissens gehören (II. L. 40 E. 2), können nicht aus verstümmelten oder verworrenen Vorstellungen hervorgehen, welche zur ersten Art des Wissens gehören (II. L. 40. E. 2), sondern nur aus zureichenden Vorstellungen, d. h. aus der zweiten und dritten Art des Wissens (II. L. 40 E. 2), und deshalb kann das Streben nach Erkenntnis in der dritten Art des Wissens nicht aus der ersten, wohl aber aus der zweiten Art des Wissens entspringen (III. D. 1).

Lehrsatz 29. *Alles, was die Seele in der Form der Ewigkeit erkennt, erkennt sie nicht dadurch, daß sie die gegenwärtige wirkliche Existenz des Körpers erfaßt, sondern dadurch, daß sie das Wesen des Körpers in der Form der Ewigkeit erfaßt.*

Beweis. Soweit die Seele die gegenwärtige Existenz ihres Körpers erfaßt, insoweit stellt sie auch eine Dauer vor, welche nach der Zeit gemessen werden kann, und insoweit hat sie nur die Macht, die Dinge mit Beziehung auf die Zeit vorzustellen (II. L. 26 V. L. 21). Aber die Ewigkeit kann durch die zeitliche Dauer nicht erklärt werden (I. D. 8), mithin hat die Seele insoweit nicht die Macht, die Dinge in der Form der Ewigkeit zu erfassen, sondern sie hat diese Macht, weil es zur Natur der Vernunft gehört, die Dinge in der Form der Ewigkeit zu erfassen (II. L. 44 Z. 2), und weil es zur Natur der Seele gehört, das Wesen des Körpers in der Form der Ewigkeit zu erfassen (V. L. 23) und außer diesen beiden nichts weiter zu dem Wesen der Seele gehört (II. L. 13). Mithin gehört diese Macht, die Dinge in der Form der Ewigkeit aufzufassen, nur insoweit zur Seele, als sie das Wesen des Körpers in der Form der Ewigkeit auffaßt.

Erläuterung. Die Dinge werden von uns in zwiefacher Weise als wirkliche aufgefaßt, entweder insoweit wir sie uns vorstellen mit Beziehung auf eine bestimmte Zeit und Art oder als in Gott enthalten und aus der Notwendigkeit seiner göttlichen Natur folgend. Die auf diese zweite Art als wahr und wirklich aufgefaßten

Dinge werden in der Form der Ewigkeit aufgefaßt, und ihre Vorstellungen enthalten das unendliche und ewige Wesen Gottes, wie in II. L. 45 und E. daselbst gezeigt worden ist.

Lehrsatz 30. *Soweit unsere Seele sich und den Körper in der Form der Ewigkeit kennt, insoweit hat sie notwendig die Erkenntnis Gottes und weiß, daß sie in Gott ist und durch Gott vorgestellt wird.*

Beweis. Die Ewigkeit ist Gottes Wesen selbst, soweit dieses die notwendige Existenz einschließt (I. D. 8). Daher ist die Erkenntnis der Dinge in der Form der Ewigkeit die Erkenntnis derselben, soweit sie durch das Wesen Gottes als seiende Dinge aufgefaßt werden, d. h. soweit sie durch das Wesen Gottes die Existenz enthalten. Daher hat unsere Seele, soweit sie sich und den Körper in der Form der Ewigkeit auffaßt, notwendig die Erkenntnis Gottes und weiß usw.

Lehrsatz 31. *Die dritte Art des Wissens ist bedingt von der Seele als der wirklichen Ursache, insofern, als die Seele selbst ewig ist.*

Beweis. Die Seele erfaßt in der Form der Ewigkeit nichts, sofern sie nicht das Wesen ihres Körpers in der Form der Ewigkeit erfaßt (V. L. 29), d. h. nur insoweit sie ewig ist (V. L. 21, 23). Soweit sie aber ewig ist (V. L. 30), hat sie die Erkenntnis Gottes, welche notwendig zureichend ist (II. L. 46); mithin ist die Seele, soweit sie ewig ist, zur Erkenntnis von allem geschickt, was durch diese gegebene Erkenntnis erlangt werden kann (II. L. 40), d. h. zur Erkenntnis der Dinge in der dritten Art des Wissens (II. L. 40. E. 2), und deshalb ist die Seele, soweit sie ewig ist, hiervon die zureichende oder wirkliche Ursache (III. D. 1).

Erläuterung. Je mehr also jemand in dieser Art der Erkenntnis stark ist, desto besser kennt er sich und Gott, d. h. desto vollkommener und glücklicher ist er, wie aus dem Folgenden noch deutlicher hervorgehen wird. Wenngleich wir also gewiß sind, daß die Seele ewig ist, soweit sie Dinge in der Form der Ewigkeit auffaßt, so wollen wir doch, um das Darzulegende faßbarer und verständlicher zu machen, die Seele so betrachten, wie es bisher geschehen ist, als ob sie einen Anfang im Sein hätte und einen Anfang in der Erkenntnis der Dinge unter der Form der Ewigkeit. Es wird dies ohne Gefahr eines Irrtums geschehen können, sofern wir sorgfältig acht haben, nur aus klaren Vordersätzen Schlüsse zu ziehen.

Lehrsatz 32. *Was man in der dritten Art des Wissens erkennt, daran erfreut man sich, und zwar begleitet von der Vorstellung Gottes als Ursache.*

Beweis. Aus dieser Art der Erkenntnis entsteht die höchste mögliche Seelenruhe oder Fröhlichkeit (III. D. 25), und zwar begleitet von der Vorstellung seiner (V. L. 27) und mithin auch begleitet von der Vorstellung Gottes als Ursache (V. L. 30).

Zusatz. Aus der dritten Art des Wissens entsteht notwendig die geistige Liebe zu Gott. Denn aus dieser Art der Erkenntnis entsteht eine Fröhlichkeit, begleitet von der Vorstellung Gottes als Ursache (V. L. 31), d. h. die Liebe zu Gott (III. D. 6), nicht insofern wir ihn als gegenwärtig bildlich vorstellen (V. L. 29), sondern sofern wir Gott als ewig seiend erkennen (V. L. 29), und dies ist es, was ich die geistige Liebe zu Gott nenne.

Lehrsatz 33. *Die geistige Liebe zu Gott, welche aus der dritten Art des Wissens entsteht, ist ewig.*

Beweis. Denn die dritte Art des Wissens ist ewig (V. L. 31 u. I. A. 3). Folglich ist die Liebe, welche aus ihr entspringt, auch notwendig ewig (I. A. 3).

Erläuterung. Obgleich diese Liebe zu Gott keinen Anfang hat (V. L. 33), so hat sie doch alle Vollkommenheiten der Liebe ebenso, als wenn sie entstanden wäre, wie in V. L. 32 Z. angenommen worden ist. Es ist hier kein Unterschied, außer, daß die Seele dieselben Vollkommenheiten, welche wir dort als hinzutretend angenommen haben, von Ewigkeit gehabt hat, und zwar begleitet von der Vorstellung Gottes als ewiger Ursache. Wenn die Fröhlichkeit in dem Übergang zu einer größeren Vollkommenheit besteht, so muß die Seligkeit sicherlich darin bestehen, daß die Seele mit der Vollkommenheit selbst begabt ist.

Lehrsatz 34. *Die Seele ist nur, solange der Körper besteht, denjenigen Affekten unterworfen, welche ein Leiden enthalten.*

Beweis. Die Einbildung ist ein Vorstellen, wobei die Seele den Gegenstand als gegenwärtig betrachtet (II. L. 17 E.), welche Vorstellung aber mehr den gegenwärtigen Zustand des menschlichen Körpers als die Natur des fremden Körpers angibt (II. L. 16 Z. 2). Daher ist der Affekt eine bildliche Vorstellung, soweit sie den gegenwärtigen Zustand des eigenen Körpers darstellt. (III. Allg. Definition), und folglich ist die Seele nur während der Dauer ihres Körpers den Affekten, welche ein Leiden enthalten, ausgesetzt.

Zusatz. Hieraus ergibt sich, daß keine andere Liebe, außer der geistigen, ewig ist.

Erläuterung. Wenn man auf die gewöhnliche Meinung der Menschen acht hat, so sieht man, daß sie zwar der Ewigkeit ihrer Seele sich bewußt sind, aber diese Ewigkeit mit der zeitlichen

Dauer verwechseln und sie in das bildliche Vorstellen oder in das Gedächtnis verlegen, was ihrer Meinung zufolge nach dem Tode bleibt.

Lehrsatz 35. *Gott liebt sich selbst mit einer unendlichen geistigen Liebe.*

Beweis. Gott ist unbedingt unendlich (I. D. 6), d. h. Gottes Natur erfreut sich einer unendlichen Vollkommenheit (II. D. 6), und zwar begleitet von der Vorstellung seiner (II. L. 3), d. h. von der Vorstellung seiner als Ursache (I. L. 11 und A. 1), und dies ist, was in V. L. 32 Z. die geistige Liebe genannt worden ist.

Lehrsatz 36. *Die geistige Liebe der Seele zu Gott ist Gottes eigene Liebe, durch welche Gott sich selbst liebt; nicht soweit er unendlich ist, sondern soweit er durch das in der Form der Ewigkeit erfaßte Wesen der menschlichen Seele dargelegt werden kann, d. h. die geistige Liebe der Seele zu Gott ist ein Teil der unendlichen Liebe, womit Gott sich selbst liebt.*

Beweis. Diese Liebe der Seele gehört zu den Handlungen derselben (V. L. 32 Z. u. III. L. 3) und ist eine Handlung, wodurch die Seele sich selbst betrachtet unter Begleitung der Vorstellung Gottes als Ursache (V. L. 32 Z.), d. h. eine Handlung, wodurch Gott, insoweit er durch die menschliche Seele dargelegt werden kann, sich selbst betrachtet (I. L. 25 Z. und II. L. 11 Z.) unter Begleitung der Vorstellung seiner. Mithin ist diese Liebe der Seele (V. L. 35) ein Teil der unendlichen Liebe, mit der Gott sich selbst liebt.

Zusatz. Hieraus ergibt sich, daß Gott, insofern er sich selbst liebt, die Menschen liebt, und folglich, daß die Liebe Gottes zu den Menschen und die geistige Liebe der Seele zu Gott ein und dasselbe sind.

Erläuterung. Hieraus kann man deutlich erkennen, worin unser Heil oder unsere Seligkeit oder Freiheit besteht, nämlich in der beharrlichen und weisen Liebe zu Gott oder in der Liebe Gottes zu den Menschen. Und diese Liebe oder Seligkeit wird in den heiligen Schriften nicht mit Unrecht Ruhm genannt; denn mag diese Liebe auf Gott oder auf die Seele bezogen werden, so kann sie mit Recht die Ruhe der Seele genannt werden, welche sich in Wahrheit von dem Ruhm nicht unterscheidet (III. D. 25, 30). Denn soweit sie auf Gott bezogen wird, ist es die Fröhlichkeit (V. L. 35) (wenn es noch gestattet ist, dieses Wort zu gebrauchen) unter Begleitung der Vorstellung Gottes, und dasselbe gilt, wenn diese Fröhlichkeit auf die Seele bezogen wird (V. L. 27). Weil ferner das Wesen unserer Seele nur in der Erkenntnis besteht, deren Prinzip und Grundlage Gott ist (I. L. 15 und II. L. 47 E.), so wird nun dadurch verständlich, wie und auf welche Weise unsere Seele nach ihrer Wesenheit und Existenz aus der göttlichen Natur folgt und fortwährend von Gott abhängt. Ich habe dieses hier erwähnen wollen, um an diesem Beispiel zu zeigen, wieviel jene Kenntnis der Einzeldinge, welche ich die intuitive oder die dritte Art des Wissens genannt habe (II. L. 40. E. 2), vermag, und die Erkenntnis des Allgemeinen überwiegt, welche ich die zweite Art des Wissens genannt habe. Denn obgleich ich im I. Teil überhaupt gezeigt habe, daß alles, und mithin auch die menschliche Seele, von Gott nach Wesenheit und Existenz abhängig ist, so ist doch jener Beweis, obgleich er richtig und über alle Zweifel erhaben ist, doch für unseren Verstand nicht so überzeugend, als wenn dies aus der eigenen Wesenheit jeder einzelnen Sache, welche von Gott abhängig erklärt worden, gefolgert wird.

Lehrsatz 37. *Es gibt in der Natur nichts, was dieser geistigen Liebe entgegen ist oder sie aufheben könnte.*

Beweis. Die geistige Liebe folgt notwendig aus der Natur der Seele, sofern sie als eine ewige Wahrheit durch die Natur Gottes aufgefaßt wird (V. L. 33, 29). Wenn es also einen Gegensatz gegen diese Liebe gäbe, so wäre dies ein Gegensatz gegen das Wahre, und mithin bewirkte das, was diese Liebe aufzuheben vermöchte, daß das Wahre falsch würde, was (wie von selbst klar ist) widersinnig ist. Es gibt deshalb nichts in der Natur usw.

Erläuterung. Das Axiom im Teil IV. bezieht sich auf die Einzeldinge, sofern sie in bezug auf eine bestimmte Zeit und Ort aufgefaßt werden, worüber, wie ich glaube, niemand zweifeln wird.

Lehrsatz 38. *Je mehr Dinge die Seele auf die zweite und dritte Art des Wissens erkennt, desto weniger leidet sie von Affekten, die schlecht sind, und fürchtet desto weniger den Tod.*

Beweis. Das Wesen der Seele besteht in der Erkenntnis (II. L. 11); je mehr Dinge daher die Seele in der zweiten und dritten Art des Wissens erkennt, ein um so größerer Teil von ihr erhält sich bleibend (V. L. 29, 35), und folglich wird ein um so größerer Teil nicht von Affekten erregt (V. L. 37), die unserer Natur zuwider sind, d. h. welche schlecht sind (IV. L. 30). Je mehr Dinge deshalb die Seele auf die zweite und dritte Art des Wissens erkennt, desto größer ist ihr Teil, welcher unverletzt bleibt und deshalb weniger von den Affekten leidet.

Erläuterung. Hiermit versteht man das in IV. L. 39 E. Berührte, was ich in diesem Teil zu erklären versprochen habe, nämlich daß der Tod um so weniger schädlich ist, je größer die klare und bestimmte Erkenntnis der Seele ist, und folglich, je mehr die Seele Gott liebt. Weil ferner (V. L. 27) aus der dritten Art des Wissens die höchste mögliche Seelenruhe entspringt, so folgt, daß die menschliche Seele von solcher Art sein kann, daß das, was von ihr mit dem Körper untergeht (V. L. 21), im Vergleich zu dem, was von ihr bleibt, von keiner Erheblichkeit ist. Doch hierüber bald ausführlicher.

Lehrsatz 39. *Wer einen Körper hat, der zu vielem geschickt ist, hat eine Seele, deren größter Teil ewig ist.*

Beweis. Wer einen Körper hat, der geschickt ist, vieles zu tun, wird von schlechten Affekten am wenigsten erfaßt (IV. L. 38), d. h. von Affekten, die unserer Natur zuwider sind (IV. L. 30), und er hat deshalb die Macht (V. L. 10), die Erregungen des Körpers zu ordnen und zu verbinden nach der Ordnung im Verstand, und mithin zu bewirken (V. L. 14), daß alle Erregungen des Körpers auf die Vorstellung Gottes bezogen werden, wodurch er von einer Liebe gegen Gott erfaßt werden wird (V. L. 15), welche den größten Teil der Seele einnehmen oder ausmachen muß (V. L. 16). Mithin hat er eine Seele, deren größter Teil ewig ist (V. L. 33).

Erläuterung. Weil der menschliche Körper zu sehr vielem geschickt ist, so kann er unzweifelhaft von solcher Natur sein, daß er auf eine Seele sich bezieht, welche eine große Erkenntnis ihrer und Gottes hat, und deren größter oder vorzüglichster Teil ewig ist, so daß sie mithin den Tod nicht fürchtet. Damit indes dies deutlicher erkannt werde, ist hier zu bemerken, daß wir in einer steten Veränderung leben, und je nachdem wir uns in das Bessere oder Schlechtere verwandeln, dadurch glücklich oder unglücklich heißen. Denn wer von einem Kind oder Knaben in eine Leiche sich verwandelt hat, heißt unglücklich, und umgekehrt wird es dem Glück zugeschrieben, wenn man die ganze Lebenszeit mit gesunder Seele in gesundem Körper hat verleben können. Und in Wahrheit hat, wer einen Körper wie ein Kind hat oder wie ein Knabe, der nur zu wenigem geschickt ist und hauptsächlich von äußeren Ursachen abhängig ist, eine Seele, die, für sich betrachtet, weder von sich noch von Gott, noch von den Dingen etwas weiß; wer dagegen einen Körper hat, der zu vielem geschickt ist, hat eine Seele, welche, für sich betrachtet, viel von sich, von Gott und den Dingen weiß. Wir müssen daher in diesem Leben vorzüglich darauf bedacht sein, daß der Körper der Kindheit, soweit seine

Natur es gestattet und es ihm zuträglich ist, sich in einen andern verwandle, der zu vielem geschickt ist, und der auf eine Seele sich beziehe, welche ihrer und Gottes und der Dinge am meisten bewußt ist; und zwar so, daß alles, was zu ihrer Erinnerung oder ihrem bildlichen Vorstellen gehört, im Vergleich zu ihrer Erkenntnis kaum von Erheblichkeit ist, wie ich bereits in V. I. 38 E. gesagt habe.

Lehrsatz 40. *Je mehr Vollkommenheit ein Ding besitzt, um so mehr handelt es und um so weniger leidet es, und umgekehrt, je mehr es handelt, desto vollkommener ist es.*

Beweis. Je vollkommener ein Gegenstand ist, desto mehr Realität hat er (II. A. 6), und folglich handelt er um so mehr und leidet um so weniger (III. L. 3 E.); dieser Beweis gilt auch in umgekehrter Ordnung, und daraus folgt umgekehrt, daß ein Ding um so vollkommener ist, je mehr es handelt.

Zusatz. Hieraus ergibt sich, daß der Teil der Seele, welcher sich erhält, mag er so groß sein, wie er will, besser als der übrige ist. Denn der ewige Teil der Seele ist der Verstand (V. L. 23, 29), durch den allein wir als handelnd gelten (III. L. 3); das aber, was, wie gezeigt, untergeht, ist das bildliche Vorstellen (V. L. 21), durch das allein wir leidend sind (III. L. 3 und Allg. Definition), und deshalb ist jener, mag er so groß sein, wie er will, der vollkommenere.

Erläuterung. Das ist es, was ich über die Seele, insofern sie ohne Beziehung auf die Existenz des Körpers aufgefaßt wird, habe darlegen wollen. Es ergibt sich daraus, so wie aus I. L. 21 und anderem, daß unsere Seele, als erkennende, ein ewiger Zustand des Denkens ist, welcher durch einen andern ewigen Zustand des Denkens bestimmt wird; dieser wird wieder von einem andern bestimmt und so fort ohne Ende; so daß alle zugleich den ewigen und unendlichen Verstand Gottes ausmachen.

Lehrsatz 41. *Wenn wir auch nicht wüßten, daß unsere Seele ewig ist, so würden wir doch die Frömmigkeit und die Religion und überhaupt alles, was sich nach der Darlegung in Teil IV. auf die Seelenstärke und den Edelsinn bezieht, für das Höchste halten.*

Beweis. Die erste und einzige Grundlage der Tugend oder der richtigen Lebensweise ist die Sorge für seinen Nutzen (IV. L. 22 Z. L. 24). Um aber das zu bestimmen, was die Vernunft für nützlich erklärt, haben wir keine Rücksicht auf die Ewigkeit der Seele genommen, die wir erst in diesem fünften Teil kennengelernt haben. Obgleich wir also damals nicht wußten, daß die Seele ewig ist, so haben wir doch das für das Höchste geschätzt, was, wie gezeigt, sich auf die Seelenstärke und den Edelsinn bezog. Wenn wir daher jetzt diese Ewigkeit auch nicht wüßten, so würden wir doch diese Vorschriften der Vernunft für die höchste halten,

Erläuterung. Die gewöhnliche Ansicht der Menge scheint eine andere zu sein. Denn die meisten scheinen sich nur insoweit für frei zu halten, als sie ihren Lüsten nachgehen dürfen, und sie meinen insoweit ihre Selbstständigkeit zu verlieren, als sie gehalten sind, nach den Vorschriften des göttlichen Gesetzes zu leben. Sie halten deshalb die Frömmigkeit und die Religion und alles, was sich auf die Geistesstärke bezieht, für listig und hoffen davon nach dem Tode frei zu werden und den Preis dieser Knechtschaft, d. h. dieser ihrer Frömmigkeit und Religion, zu empfangen.

Sie werden auch nicht bloß durch diese Hoffnung, sondern auch und vorzüglich durch die Furcht, nämlich daß sie nach dem Tode nicht mit schrecklichen Martern gestraft werden, bestimmt, daß sie nach der Vorschrift des göttlichen Gesetzes leben, soweit ihre Schwächlichkeit und ihre ohnmächtige Seele es vermag. Wohnte nicht diese Hoffnung und diese Furcht in den Menschen, und glaubten sie, die Seele ginge mit dem Körper unter, und es stände den Elenden, mit der Last der Frömmigkeit Beladenen nicht ein längeres Leben bevor, so würden sie auf ihren eigenen Sinn zurückgehen und lieber wollen, daß alles nach der Lust ginge, und daß sie lieber dem Glück als sich selbst untertan wären. Solches scheint mir ebenso widersinnig, als wenn jemand, weil er weiß, daß er durch gute Nahrungsmittel seinen Leib nicht in alle Ewigkeit erhalten kann, sich lieber mit Gift und tödlichen Sachen sättigen wollte, oder weil er sieht, daß die Seele nicht ewig oder unsterblich ist, lieber verrückt sein und ohne Verstand leben wollte. Dieses ist so widersinnig, daß es kaum eine Erörterung verdient.

Lehrsatz 42. *Die Seligkeit ist nicht der Lohn der Tugend, sondern die Tugend selbst, und man erfreut sich ihrer nicht, weil man die Lüste im Zaum hält, sondern weil man sich ihrer erfreut, kann man die Lüste im Zaum halten.*

Beweis. Die Seligkeit besteht in der Liebe zu Gott (V. L. 36 E.), welche Liebe aus der dritten Art des Wissens entspringt (V. L. 32 Z.), und deshalb muß diese Liebe (III. L. 59 und 3) auf die Seele, soweit sie handelt, bezogen werden, und soweit ist sie die Tugend selbst (IV. D. 8). Dies ist das erste.

Ferner erkennt die Seele um so mehr, je mehr sie sich dieser göttlichen Liebe oder Seligkeit erfreut (V. L. 32), d. h. um so größere Macht hat sie über die Affekte (V. L. 3 Z.), und desto weniger leidet sie von Affekten, die schlecht sind (V. L. 38). Folglich hat die Seele dadurch, daß sie sich dieser göttlichen Liebe oder Seligkeit erfreut, die Macht zur Hemmung der Lüste, weil die menschliche Macht über die Affekte nur in der Erkenntnis enthalten ist. Niemand genießt deshalb die Seligkeit, weil er die Affekte gehemmt hat, sondern umgekehrt, die Kraft, diese Affekte zu hemmen, entspringt aus der Seligkeit selbst.

Erläuterung. Hiermit ist das beendet, was ich rücksichtlich der Macht der Seele über die Affekte und über die Freiheit der Seele habe darlegen wollen. Hieraus ergibt sich, wieviel der Weise den Unwissenden überwiegt und mächtiger als dieser ist, der nur von den Lüsten getrieben wird. Denn der Unwissende wird nicht allein von äußeren Ursachen auf viele Weise getrieben und erreicht nie die wahre Seelenruhe, sondern er lebt auch in Unkenntnis von sich, von Gott und von den Dingen, und so, wie sein Leiden aufhört, hört auch sein Dasein auf; während dagegen der Weise, als solcher, kaum eine Erregung in seinem Geiste empfindet, sondern in der gewissermaßen notwendigen Erkenntnis seiner, Gottes und der Dinge niemals aufhört zu sein, und immer der wahren Seelenruhe genießt. Wenn auch der Weg, welchen ich als da hinführend aufgezeichnet habe, sehr schwierig erscheint, so kann er doch aufgefunden werden. Und allerdings mag er beschwerlich sein, weil er so selten gefunden wird. Denn wie wäre es möglich, daß, wenn das Heil bei der Hand wäre und ohne große Hilfe gefunden werden könnte, es von allen fast vernachlässigt würde? Indes ist alles Erhabene ebenso schwer wie selten.

Ende der Ethik.

ERLÄUTERUNGEN

ERSTER TEIL

Von Gott

1. Die Überschrift. Spinoza hat sein Werk Ethik genannt; allein der Inhalt ergibt, daß er ein besonderes Prinzip des Sittlichen neben dem Prinzip des Nutzens und der Selbsterhaltung nicht anerkennt. Spinozas Ethik kann deshalb nicht als eine solche im gewöhnlichen Sinne gelten, sie ist mehr eine Philosophie der Natur und der Seele. Der erste Teil „Von Gott" enthält die Philosophie der Natur; der zweite Teil: „Von der Seele" enthält die Philosophie des Wissens; der dritte Teil: „Von den Affekten" enthält die Philosophie der seienden Zustände der Seele, d. h. der Gefühle und Begehrungen; der vierte Teil: „Von der menschlichen Knechtschaft" enthält die Lehre von dem Widerstreit der Gefühle und Begehren und von der Klugheit; der fünfte Teil: „Von der menschlichen Freiheit" enthält die Lehre von der Macht des Denkens über die Gefühle. Indes wird diese Einteilung von Spinoza nicht streng innegehalten; so enthält der fünfte Teil auch die Lehre von der Unsterblichkeit der Seele. Ebenso ist Spinoza durch seine geometrische Beweismethode an einer übersichtlichen Einteilung und Folgeordnung des Inhalts gehindert. Er springt oft plötzlich von einem Gegenstande weit ab, nur um in einem Lehrsatz die Unterlagen zu dem Beweis eines späteren, der dem Gedankengange sich erst wieder anschließt, zu gewinnen.

2. Definition 1. Der Ausdruck: Ursache seiner enthält in seinem Wortsinn einen Widerspruch; denn etwas kann nicht zugleich Ursache und Wirkung dieser Ursache sein, d. h. es kann nicht sein vor seinem Sein, und es kann sich nicht erzeugen, ehe es existiert. Man könnte deshalb meinen, daß mit diesem Worte nur das Ursachlose, das Nicht-Erzeugte bezeichnet werden solle; allein der Ausdruck will mehr sagen als bloß eine solche Verneinung. Die idealistische Philosophie hat später den Begriff der Entwicklung daraus gebildet, wo die Wirkung zwar sich von der Ursache unterscheidet, aber dabei doch mit der Ursache nur ein und dasselbe bleibt, so daß das Ding durch seine Entwicklung nur seine eigene Natur offenbart und durch diese Entwicklung nicht zu einem anderen wird. Dieser Begriff, den erst Hegel vollständig ausgebildet hat, ist bei Spinoza nur erst im Keime vorhanden. Spinoza nimmt jedoch in der Definition, die er hier von der „Ursache seiner" gibt, diesen Gedanken noch nicht auf, sondern gibt diesem Wort hier zunächst die ganz andere Bedeutung, wonach es nur die Untrennbarkeit des Wesens von der Existenz bezeichnet. Anselm von Canterbury hatte zuerst behauptet, daß aus dem bloßen Begriff Gottes auch seine Existenz folge; Cartesius hatte diesen Satz, den man als den ontologischen Beweis Gottes bezeichnet, aufgenommen, gebilligt und zu verstärken gesucht. Von Cartesius ist dieser Satz auf Spinoza übergegangen, der ihn allgemein von jeder Substanz behauptet, indes mittelbar dann ebenfalls auf Gott beschränkt, weil nach Spinoza es keine Substanz außer Gott gibt.

Kant hat später die Nichtigkeit dieses Beweises dargelegt; wenn auch Hegel wieder darauf zurückgegangen ist, so erkennt die neuere Philosophie doch allgemein an, daß aus der bloßen Vorstellung eines Gegenstandes in der menschlichen Seele nicht auf das Dasein desselben außerhalb derselben geschlossen werden könne. So selbstverständlich dies der Gegenwart selbst für den Gottesbegriff erscheint, so war doch zu Spinozas Zeit die Philosophie noch zu sehr von den religiösen Vorstellungen durchzogen und getränkt, als daß die Ableitung des Seins Gottes aus seinem Begriff der Philosophie nicht als etwas durchaus Natürliches und Zulässiges hätte gelten sollen. So ist denn auch Spinoza von der Wahrheit dieses Satzes durchdrungen und daher erklärt es sich, daß er denselben in naiver Weise als Definition bietet, während es doch vor allem darauf angekommen wäre, die Wahrheit dieses Satzes zu beweisen.

Spinoza spricht in D. 1 vom Wesen *(essentia),* ohne dessen Begriff näher zu entwickeln. In II. D. 2 gibt er zwar eine Definition vom Wesen; allein sie ist durchaus formal, da sie nur die Untrennbarkeit des Wesens und der Sache aussagt, womit über die eigene Natur oder den Inhalt des Wesens kein Aufschluß gegeben ist.

Dennoch bildet der Begriff des Wesens einen der wichtigsten in der Ethik Spinozas; ja, er ist bedeutender als der der Substanz; er zieht sich durch alle Teile der Ethik, während der der Substanz in dem 3., 4. und 5. Teil nur selten hervortritt. Dieser Begriff des Wesens ist von Spinoza aus der scholastischen Philosophie übernommen. Es wäre falsch, das Wesen als mit Begriff im heutigen Sinne identisch zu nehmen; unter letzterem versteht man gewöhnlich eine nur vorgestellte oder eine mehreren gemeinsame Bestimmung, Spinoza unterscheidet aber die *notiones universales* und *transscendentales* sehr bestimmt von der *Essentia* und nimmt diese als ein Seiendes, was auch für eine einzelne Sache gilt, wie aus II. L. 37 und V. L. 22 sich ergibt. Am besten erklärt das Wesen sich aus dem von Spinoza aufgestellten Gegensatz des bildlichen Vorstellens und des Erkennens im menschlichen Denken. Das Wesen kann nicht durch jenes, sondern nur durch dieses erfaßt werden; es ist deshalb eine „ewige Wahrheit", welche zwar Existenz hat, aber dennoch außerhalb der Zeit steht, so daß eine zeitliche Dauer, ein Anfang oder Ende von dem Wesen jedes Dinges, das in Gott als eine ewige Wahrheit ist, nicht ausgesagt werden kann. Man sehe hierüber die Vorrede zu Teil IV. Allerdings ist auch damit kein Inhalt für den Begriff des Wesens gewonnen. Näher betrachtet erklärt sich dies daraus, daß das Wesen zu den Beziehungsformen gehört, welche, da sie kein Bild des Seienden sind, deshalb auch keinen Inhalt haben, vielmehr sich beliebig jedem Inhalt anfügen lassen. Es gibt deshalb auch kein Wesen ohne etwas Unwesentliches, und man wird dem Begriff, den Spinoza mit Wesen verbindet, am nächsten kommen, wenn man von dem einzelnen Gegenstand sein Unwesentliches entfernt, als welches Spinoza die zeitliche und von etwas anderem verursachte Existenz desselben ansieht.

3. Definition 2. Diese Definition des Endlichen und Unendlichen ist schwankend und dunkel. Die Grenze versteht man gewöhnlich nur von räumlich oder zeitlich Ausgedehntem; man sieht deshalb nicht ein, wie ein Gedanke als solcher den anderen begrenzen soll; ja, wäre dies der Fall, so könnte es überhaupt keinen Gedanken des Unendlichen geben, was gegen Spinoza wäre. Spinoza kam zu dieser Auffassung dadurch, daß er die Grenze nur als Beziehung faßte, d. h. als Verneinung. Damit hängt sein Satz zusammen, daß alle Bestimmung *(determinatio)* eine Verneinung sei. So aufgefaßt ist nämlich ein anderes gleicher Art notwendig, wenn für das erste eine Grenze entstehen soll. Allein die Grenze kann auch bejahend oder seiend aufgefaßt werden, welche Auffassung gewöhnlich mit der Vorstellung des Bestimmten sich verbindet. Dann ist zur Endlichkeit des einen gar nicht das Dasein eines andern gleicher Art notwendig. Dies zeigt sich am deutlichsten bei den Qualitäten und Gestalten, welche mit der Größe nichts zu tun haben. So würde das Rot endlich oder bestimmt bleiben, wenn es auch keine anderen Farben daneben gäbe; ebenso würde das Dreieck endlich bleiben, wenn es auch keine andere Gestalten daneben gäbe.

4. Definition 3. Die Substanz hat man für den wichtigsten Begriff in der Philosophie Spinozas erklärt. Indes macht Spinoza nur in dem ersten Teil einen häufigen Gebrauch davon, und selbst da wird dieser Begriff ebensooft von der Ursächlichkeit verdrängt oder mit ihr vermischt. Für das Verständnis der Ethik sind die Begriffe des Handelns und der Freiheit, welche später folgen, viel wichtiger. Was die hier gegebene Definition der Substanz anlangt, so wird der Leser sagen, daß er sich bei diesem „In sich sein" nichts denken könne. – Der Begriff der Substanz ähnelt dem Begriff des Dinges mit seinen Eigenschaften und wird oft damit verwechselt. Weil man die Eigenschaften, das Rote, das Harte, das Schwere nicht für sich allein wahrnimmt, sondern immer in Verbindung mit anderem, so gelten diese Eigenschaften als das Unselbstständige, was einem anderen, dem Selbstständigen, inhäriert. Dies letztere wurde damit die Materie, der Stoff und, als Beziehung, die Substanz. Substanz bedeutet deshalb das Selbständige, das Beharrende, das keines anderen zu seinem Sein Bedürftige; während das Accidenz (Zustand, *Modus*) das ist, was nicht für sich bestehen kann. Wenn Spinoza weiter sagt, daß die Vorstellung der Substanz keiner anderen Vorstellung bedarf, so nimmt Spinoza dabei die Substanz als das allen Dingen Gemeinsame, ohne das sie nicht vorgestellt werden können.

5. Definition 4. Der Begriff des Attributs hat viele Angriffe gegen Spinoza veranlaßt, und man hat die mannigfachsten Versuche gemacht, ihn zu rechtfertigen. Sind die Substanz und die Accidenzen nur eine Beziehungsform des Denkens, so kann allerdings kein drittes zwischen sie eingeschoben werden, sowenig wie zwischen Ursache und Wirkung.

6. Definition 5. Spinoza bezeichnet das Korrelat der Substanz in seiner Ethik nicht mit dem gebräuchlicheren Wort Accidenz, sondern mit dem Wort Modus, was hier mit Zustand übersetzt worden ist. Der Modus umfaßt nicht bloß die Eigenschaften, sondern auch die zeitlich wechselnden Zustände. Aus dem vierten von Spinozas Briefen ergibt sich übrigens, daß er unter Modus dasselbe wie unter Accidenz versteht.

7. **Definition 6.** Spinoza gibt hier die Definition Gottes als eine zunächst von ihm gebildete, deren Wahrheit erst später bewiesen werden soll.

8. **Definition 7.** Spinoza kennt keine Willkür, sondern nur Notwendigkeit. Die Freiheit ist bei ihm nur eine Art der Notwendigkeit, nämlich die, welche aus der eigenen Natur des Gegenstandes folgt. Soweit jemand aus der Notwendigkeit seiner eigenen Natur handelt, handelt er nach Spinoza frei; unfrei, soweit diese Notwendigkeit von außen kommt. Spinoza kommt auf diesen Punkt später ausführlicher zurück. Hegel hat genau denselben Begriff der Freiheit von Spinoza übernommen.

9. **Definition 8.** Die Ewigkeit ist bei Spinoza die zeitlose Existenz. In E. 2 zu I. L. 33 sagt Spinoza: „Da es in dem Ewigen kein Wenn und kein Vor und kein Nach gibt." Dieser Begriff wird nur dann faßbar, wenn man die Zeit aus irgendeinem Vorgestellten ganz abtrennt und entfernt. So geschieht es z. B. in den Lehrsätzen und Begriffen der meisten Wissenschaften; z. B. in der Logik, Geometrie, Moral usw. Die Lehrsätze dieser Wissenschaften enthalten keine Zeitbestimmung in sich und gelten deshalb als ewige Wahrheiten. Die Scholastiker und Spinoza geben diesen ewigen Wahrheiten eine besondere Existenz, und damit erreichen sie den Begriff einer Existenz außerhalb der Zeit, oder einer Ewigkeit ohne Zeitablauf. Dieser Begriff ist bei Spinoza sehr wichtig; denn diese ewigen, zeitlosen Wahrheiten oder Gesetze bilden nach Spinoza die Substanz Gottes, während alles zeitliche Bestehen und Vergehen und alles Einzelne und Endliche zu Gottes Zuständen gehört.

10. **Axiom 1.** Die vorstehend von Spinoza aufgestellten acht Definitionen sind als solche zu nehmen, welche Spinoza zunächst willkürlich aufgestellt hat, und bei denen er den Beweis des Daseins von Gegenständen, welche ihnen entsprechen, sich noch vorbehält.

Es folgen nun die Axiome und die Lehrsätze. Beide unterscheiden sich von den Definitionen dadurch, daß sie die Wahrheit oder das Sein des von ihnen Ausgesagten behaupten, was in den Definitionen dahingestellt bleibt. Bei den Axiomen wird diese Wahrheit als selbstverständlich oder unbeweisbar angenommen; wenn dagegen ein Satz sich nicht von selbst versteht, so bildet er einen Lehrsatz, der daher für seine Wahrheit eines Beweises bedarf.

Alle besonderen Wissenschaften müssen von Axiomen ausgehen; und Spinoza hat diese Methode, insbesondere in Nachahmung der Geometrie, hier aufgenommen.

11. Axiom 1 und 2. Die Axiome 1 und 2 wiederholen nur die vorher gegebenen Definitionen der Substanz und der Zustände.

12. Axiom 3. Ganz dasselbe gilt für dieses dritte Axiom. Ursache und Wirkung sind untrennbar.

13. Axiom 4. Dieses Axiom geht viel weiter als Axiom 3. Es bildet ein Hauptfundament zu den spätern Beweisen Spinozas. Nach Spinoza kennt man die Wirkung, wenn man die Ursache kennt, und umgekehrt ist die Kenntnis der Wirkung ohne Kenntnis ihrer Ursache unmöglich.

Spinoza nimmt zur Rechtfertigung seiner Ansicht eine Gemeinsamkeit zwischen Ursache und Wirkung an (I. L. 3). In seinem vierten Brief sagt er: „Wenn in der Wirkung nichts Gemeinsames mit der Ursache wäre, so würde die Wirkung alles, was sie hat, von nichts haben." Also ist nach Spinoza die Wirkung, soweit sie Wirkung ist, mit der Ursache identisch; ein Satz, den auch Hegel von Spinoza übernommen hat.

14. Axiom 5. Dieses Axiom wird durch die vorstehende Erläuterung verständlich werden, soweit es bei der Unklarheit der hier von Spinoza benutzten Begriffe möglich ist. Man kann einen Begriff und seinen Gegenstand in Teile, Eigenschaften oder Elemente zerlegen, und was dann von diesen Trennstecken an sich gilt, gilt von ihnen auch ihrer Verbindung mit anderem. So gelten die Lehrsätze des Dreiecks auch im Kreis, soweit im Kreis Dreiecke wieder auftreten. Insofern mag man bei der Definition eines Gegenstandes sagen, die Vorstellungen des Gegenstandes schließen die Vorstellung seiner Merkmale oder einzelner Bestimmungen ein.

15. Axiom 6. Dieses Axiom ist kein Axiom, sondern die alte Definition der Wahrheit. Da indes nach Spinoza zwischen dem Gedanken und den Körpern gar keine Gemeinschaft und kein Einfluß besteht, so gilt diese Definition der Wahrheit dem Spinoza nur als eine äußerliche, und es wird später in der zureichenden (adäquaten) Vorstellung ein ganz anderer Begriff der Wahrheit auftreten (II. D. 4).

16. Axiom 7. Dieses Axiom ist nur die Wiederholung der D. 1 in verneinender Form, und hat der ontologische Beweis keine Wahrheit, so hat auch dieses Axiom keine Wahrheit. Es ist dieser Schluß vom Wissen auf das Sein bei Spinoza um so auffallender, als beide auf den verschiedenen Attributen des Denkens und der

Ausdehnung beruhen und diese Attribute nach Spinoza in gar keinem Einfluß aufeinander stehen.

17. Lehrsatz 1. Mit L. 1 beginnen die Lehrsätze, welche sich nicht von selbst verstehen und deshalb von Spinoza mit Beweisen versehen werden. Das Vor *(prior)* in L. 1 ist zweideutig; es kann ein Vor der Zeit nach oder dem Grund nach bedeuten. In der Geometrie gehen die früheren Lehrsätze den späteren vor, im Sinne der Gründe, aber nicht der Zeit. Was Spinoza hier meint, bleibt ungewiß. Aus dem Beweis, der sich bloß auf die D. 3 und 5 stützt, scheint zu folgen, daß Spinoza kein zeitliches Vor meint, sondern nur das Vor, welches der Substanz vermöge ihrer Selbstständigkeit gegenüber dem Accidenz zukommt.

18. Lehrsatz 2. In diesem L. 2 kehrt die Zweideutigkeit des Wortes Gemein *(commune)* wieder. Man kann Spinoza entgegenhalten, daß er sich in diesem L. selbst widerspreche; denn indem die verschiedenen Attribute doch sämtlich Attribute sind, haben sie eben damit ein Gemeinsames, so wie zwei Menschen in dem Begriff des Menschen ihr Gemeinsames haben, was zugleich ein Seiendes ist (E. 18). Spinoza ist jedoch in dieser Beziehung durchaus Nominalist; er erkennt kein Sein solcher universalen Begriffe an; sie sind für ihn als *Notiones transscendentales* und *universales* nur Erdichtungen des bildlichen Vorstellens ohne Wahrheit und Sein, wie er in II. L. 40 E. 1 näher ausführt. Dagegen hat das mehreren Gegenständen Gemeinsame *(Commune)* bei Spinoza Wirklichkeit und bildet die Essentia der Dinge. Dieses Gemeinsame ist für Spinoza deshalb mehr als ein bloß Begrifflich-Gleiches; es hat vielmehr die Natur eines Teiles oder Elementes oder einer Eigenschaft, und so kann Spinoza den L. 2 festhalten, wonach verschiedene Attribute nichts unter sich gemein haben.

19. Lehrsatz 3. Dieser Lehrsatz ist nur die Wiederholung der A. 4 und 5.

20. Lehrsatz 4. Auch dieser Lehrsatz wiederholt nur die in dem Beweise angezogenen Definitionen und Axiome. Sonderbar ist dabei das Einschiebsel: „außer der Erkenntnis" *(extra intellectum)*. Wenn die Substanzen und Zustände alles umfassen, so muß auch die Erkenntnis oder der Verstand des Menschen zu einem von beiden gehören; es ist dies auch nach Spinozas späteren Ausführungen der Fall, und man sieht deshalb nicht, wie hier die Erkenntnis außerhalb der Substanzen und Zustände gestellt werden kann.

21. Lehrsatz 5. Erst in diesem L. 5 tritt ein Neues auf, was die bisherigen D. und A. nicht enthalten. In diesem Lehrsatz wird die Mehrheit der Substanzen gleichen Attributs geleugnet. Dies scheint auf den ersten Blick sehr sonderbar und wird nur verständlich, wenn man bedenkt, daß Sp. das Vereinzeltsein nach Ort und Zeit zu den Zuständen der Substanz rechnet. Ist dies der Fall, so müssen allerdings alle Körper nach Beiseitelassung ihrer Zustände in eine unterschiedslose Substanz des Ausgedehnten zusammenfallen, und ähnliches muß dann für die einzelnen Menschenseelen als denkenden Wesen gelten. Nun läßt sich wohl eine solche Abtrennung des Ortes und der Zeit an jedem Seienden im Denken ausführen, und darauf beruht auch die Einheit des Begriffes gegenüber der Vielheit seiner Exemplare. Allein was im Denken ausführbar ist, ist es noch nicht im Sein (*E.* 13); deshalb findet im Sein ein solches Zusammensinken des Einzelnen in eine Substanz nicht statt; die Abtrennung des Ortes und der Zeit ist hier unmöglich, und deshalb wird aus den vielen auch nie die eine Substanz.

22. Lehrsatz 6. Der Inhalt des Beweises dieses L. 6 liegt in den Definitionen der Ursache und des Gemeinsamen in A. 4 und 5. Nach Sp. haben Ursache und Wirkung ein Gemeinsames; wo ein solches fehlt, ist deshalb eine Ursächlichkeit nicht möglich. Diesen Grund benutzt Sp. in beiden von ihm gegebenen Beweisen; sie sind deshalb nicht unterschieden, wie Sp. meint.

23. Lehrsatz 7. Man kann Sp. zugeben, daß die Substanz nicht hervorgebracht werden kann; dann folgt doch nicht, daß sie existieren muß; es bleibt das dritte, daß sie nicht existiert, weil sie eben nicht hervorgebracht werden kann. Man sieht also, daß in dem Beweis schon die Existenz vorausgesetzt ist, die erst bewiesen werden soll. Aber freilich war für Sp. die Substanz ein so Gewisses und Klares, daß ihre Existenz sich ihm von selbst verstand und er deren Erschleichung in diesem Beweis nicht bemerkte.

24. Lehrsatz 8. Hier benutzt Sp. den in D. 2 gegebenen Begriff des Endlichen und Unendlichen zum Beweis der Unendlichkeit der Substanz. Dieser Beweis ist logisch richtig; sein Mangel liegt nur in der Unwahrheit jener Definition, die dabei als Prämisse benutzt wird. Wird die Grenze bloß als Beziehung (Nicht dieses) genommen, so ist ein Zweites gleicher Natur zur Grenze und Endlichkeit notwendig, und der Beweis Spinozas ist richtig. Aber die Grenze oder Bestimmtheit ist auch ein Seiendes, wie in Nr. 3 dargelegt worden; insoweit ist die Endlichkeit nicht durch ein Zweites gleicher Natur bedingt und der Beweis falsch. Da es sich hier nun um das Sein der Substanz handelt, so ist es unzulässig, die Beziehungsformen des Denkens zu dem Beweise zu benutzen.

In E. 1 wird das Unendliche als das Bejahende erklärt und das Endliche nur als die teilweise Verneinung jenes anerkannt. Es ist dies ein Hauptsatz der Philosophie Spinozas. Diese Ansicht herrscht schon bei Plato; Sp. hat sie aus der scholastischen Philosophie übernommen und Hegel hat sie weiterzuentwickeln gesucht.

25. Erläuterung 2 zu Lehrsatz 8. In dieser Erläuterung sucht zwar Sp. den L. 7 näher zu begründen, indes bleibt es im Grunde bei den vorgehenden Definitionen und Ausführungen, nur in anderen Wendungen. Alles dreht sich darum, daß, weil mit dem Begriff der Substanz die Existenz als untrennbar verbunden gedacht werde, deshalb dieses vorgestellte Sein auch Wirklichkeit haben müsse. Diese Meinung hat die Philosophie jahrhundertelang beherrscht, bis Kant den Irrtum aufzeigte.

In dem zweiten Teil der Erläuterung wird anerkannt, daß aus der Definition (Vorstellung) einer Sache die Anzahl ihrer daseienden Exemplare nicht folgt; daß mithin für diese Anzahl eine besondere Ursache vorhanden sein müsse. Man erwartet nun, daß Sp. zeigen werde, daß aber bei der Substanz das Dasein aus der Definition allein folge. Statt dessen dreht Sp. den Beweis um, indem er sagt: „Da es aber zur Natur der Substanz gehört zu existieren, so muß ihre Definition die Existenz einschließen, und folglich kann man aus ihrer Definition die Existenz folgern." Dies ist ein Schluß im Zirkel, so offenbar, daß man staunt, wie dem Sp. dies entgehen konnte.

26. Lehrsatz 9. In diesem Lehrsatz tritt der Begriff der Realität zum ersten Mal auf; er spielt bei Sp., wie in der scholastischen Philosophie, eine wichtige Rolle. Dennoch gibt Sp. keine Definition davon. Er sagt nur: „Realität oder Sein."

27. Lehrsatz 10 Beweis, Erläuterung. Weil die Attribute das Wesen der Substanz sind, so muß das „in sich" und „durch sich", was von der Substanz gilt, nach Sp. auch von den Attributen gelten.

28. Lehrsatz 11 Beweis. Da Sp. in L. 7 bereits die Existenz jeder Substanz bewiesen hat, so konnte es bei Lehrsatz 11 nur darauf ankommen, zu beweisen, daß auch eine Verbindung unendlich vieler Attribute zu einer Substanz, wie sie in Gottes Definition von Sp. gesetzt ist, existiert.

29. Beweis 2 zu Lehrsatz 11. Dieser zweite Beweis für das Dasein Gottes beruht darauf, daß auch jedes Nichtdasein seine Ursache haben müsse; da nun eine Ursache für das Nichtdasein Gottes unmöglich sei, so bleibe nur sein Dasein übrig. Das Nichts wird hier wie ein Etwas oder Seiendes behandelt; deshalb wird es ohne Ursache nicht zugelassen.

30. Beweis 3 Erläuterung zu Lehrsatz 11. Dieser dritte Beweis enthält den ontologischen Beweis Anselms. Die wirkliche Existenz gilt dabei als eine höhere Vollkommenheit gegenüber der bloß vorgestellten Existenz; Sp. nennt jenes Vermögen, dieses Unvermögen. Ein höchst vollkommenes (unendliches) Wesen muß deshalb nach diesem Beweise auch das wirkliche Existieren an sich haben, da dies zur höchsten Vollkommenheit gehört. Die Sophistik dieses Satzes liegt darin, daß das wirkliche Sein als ein bloßes Mehr des vorgestellten Seins behandelt wird, während beides der Art nach völlig verschieden und gar nicht vergleichbar ist. Jede noch so große Vollkommenheit im Sein kann auch in das Vorstellen aufgenommen werden; der Inhalt ist immer in beiden gleich vollkommen. Das, was sie unterscheidet, ist die Form des Seins und des Wissens, in welche dieser Inhalt gefaßt ist. Von diesen Formen ist die eine kein Mehr oder Weniger der andern, sondern sie sind reine Gegensätze und nur unterschieden. Selbst die höchste Steigerung des Inhaltes ändert nicht die Natur der Wissensform, in der er vorgestellt wird, und gestattet keinen Schluß auf das Dasein dieses Inhaltes.

31. Lehrsatz 12. Man muß auch hier festhalten, daß nach L. 5 das Verteiltsein der einen Substanz in verschiedenen Orten und Zeiten nur zu den Zuständen der Substanz gehört, also keine Teilung der Substanz selbst darstellt. Dasselbe gilt von den verschiedenen Eigenschaften. Daraus folgt schon, daß nach dem von Sp. aufgestellten Begriffe der Substanz eine Teilung derselben nur dann vorhanden wäre, wenn die Teilung nach den verschiedenen Attributen erfolgte. Die Unmöglichkeit einer solchen Teilung stützt Sp. nur auf L. 6, wonach keine Substanz von einer anderen hervorgebracht werden kann. Indes ist Teilen durchaus ein anderes als Hervorbringen; Sp. nennt es auch hier *constituere*, während er es dort (L. 6) *producere* nennt. Selbst wenn L. 6 wahr wäre, würde er mithin hier nicht als Beweisgrund benutzt werden können.

32. Lehrsatz 13 Beweis. Dieser L. soll die Unteilbarkeit Gottes beweisen; der Beweis ist logisch richtig, wenn L. 11, der dabei als Prämisse dient, wahr ist, was aber nach dem Obigen nicht der Fall ist.

33. Zusatz zu Lehrsatz 13. Man halte fest, daß das Vereinzeltsein in Raum und Zeit oder das Dasein in verschiedenen voneinander getrennten Körpern nach Spinoza nicht die körperliche Substanz als solche trifft, sondern nur ihre Zustände; dann wird das Verständnis dieses Zusatzes keine Schwierigkeit haben.

34. Erläuterung zu Lehrsatz 13. Auch dieser Beweis gilt nur für die Teilung der Substanz in gleichartige Teile, wo jeder Teil dieselben Attribute enthält, aber nicht für die Teilung nach Attributen, wo jeder Teil ein anderes Attribut enthält. Hier würde kein Teil die Unendlichkeit des andern beschränken, weil verschiedene Attribute nach Sp. einander nicht beschränken.

35. Lehrsatz 14 Beweis. Wenn Gott alle möglichen Attribute in sich vereinigt, so folgt nach dem Frühern allerdings, daß neben ihm keine Substanz bestehen kann. Der zweite Teil des Lehrsatzes folgt daraus, daß im Sinne Spinozas die Vorstellung einer Substanz, ohne daß sie existiert, nicht möglich ist.

36. Zusatz 2 zu Lehrsatz 14. Wenngleich Gott nach Sp. unendlich viele Attribute in sich enthält, so hat doch die menschliche Seele nur die Vorstellung von zweien, welche Sp. später als Ausdehnung und Denken bezeichnet (II. L. 1 und 2). Man erkennt darin leicht den Inhalt der Sinnes- und der Selbst-Wahrnehmung, so daß in dieser Beziehung Sp. mit der Auffassung des Realismus zusammentrifft. Hierauf beruht der Z. 2.

37. Lehrsatz 15 Beweis. Der Beweis dieses Lehrsatzes ist logisch richtig; Abgesehen hiervon liegt der Kern des in L. 15 ausgesprochenen Gedankens in dem: „In Gott". Es fragt sich, wie ist dieses In vorzustellen? Für die Attribute ist bereits oben gezeigt, daß das einende Band, dieses In, fehlt. Für die Zustände liegt es in der Inhärenz, womit sie einer Substanz anhaften. Aber auch diese Inhärenz gibt keine bildliche Vorstellung, sondern bezeichnet nur eine Beziehungsform des Denkens. Insbesondere darf darunter nicht die Verbindung verstanden werden, in der die Eigenschaften und Zustände der seienden Dinge zu einem Gegenstand durch Aneinander und Ineinander geeint sind; denn nach Sp. inhärieren auch die einzelnen Körper und Seelen trotz ihrer räumlichen und zeitlichen Trennung und Selbstständigkeit der göttlichen Substanz.

38. Erläuterung zu Lehrsatz 15. Diese Erläuterung ist nur wichtig für Spinozas Begriff der Substanz. Er erkennt eine körperliche Substanz an, leugnet aber ihre Teilbarkeit. Dies widerspricht der gewöhnlichen Vorstellung von Körper und Raum; insbesondere kann die Teilbarkeit von letzterem nicht abgehalten werden. Wie unterscheidet sich also die körperliche Substanz von den Körpern und von dem Raum? Sp. setzt den Unterschied in die Art des menschlichen Auffassens, je nachdem die Größe bildlich vorgestellt oder mit dem Verstande erfaßt werde. Allein wie bei der Größe (dem Raum) ein solcher Unterschied im Auffassen möglich sein soll, bleibt unverständlich; das Räumliche muß auch der Verstand in seiner Vorstellung behalten, wenn nicht der Begriff verschwinden soll, und dann ist die Teilbarkeit zugleich gegeben. Auch das Beispiel mit dem Wasser ist dunkel.

Vorher hat Sp. die Unteilbarkeit der körperlichen Substanz darauf gestützt, daß es kein *Vakuum* gibt; „deshalb können die Teile der körperlichen Substanz nicht real voneinander unterschieden werden"; „alle Teile müssen zusammentreffen"; „deshalb lassen sich die Teile nur zuständlich *(modaliter)*, aber nicht wirklich *(realiter)* unterscheiden". Hiernach ergibt sich, daß Sp. sich die körperliche Substanz als die eine unendliche und erfüllte Ausdehnung des Raumes vorstellt, welche in der Wirklichkeit nicht geteilt werden kann, weil die Stetigkeit des Raumes und seiner Erfüllung im Mangel eines Leeren nie unterbrochen werden kann. Alles, was dem bildlichen Vorstellen als solche Unterbrechung gilt, bezieht sich nur auf die Eigenschaften der den Raum erfüllenden Materie und gehört deshalb nur zu den Zuständen der einen, stetigen unendlichen Erfüllung, oder des Attributs der Ausdehnung. Solche Teilung oder Trennung ist keine Teilung der Substanz selbst. Dies wird der Sinn des Satzes sein. Was die E. sonst noch enthält, besteht in Widerlegung religiöser Vorstellungen und ist von keinem philosophischen Interesse.

39 Lehrsatz 16 Beweis. Bis hier ist Gott oder die unendliche Substanz nur als ein Seiendes, Ruhendes, Unbewegtes von Sp. dargelegt worden; es hat sich nur um die Existenz, Unendlichkeit, Ursprünglichkeit, Einzigkeit, Unteilbarkeit der Substanz oder Gottes gehandelt. Es fragt sich nun, wie kommt die Bewegung in diese Substanz, und widerspricht die Veränderung nicht der Unendlichkeit und Ewigkeit der Substanz? Gehört das Werden, die Bewegung und Veränderung zur Substanz als solcher oder zu ihren Zuständen? Diese Fragen sind für das System Spinozas von der höchsten Bedeutung; sie schließen die Frage ein, wie das Endliche aus dem Unendlichen sich ableitet.

Es ist für das Verständnis der Ethik Spinozas von Wichtigkeit, die Identität von Ursache und Grund sich immer gegenwärtig zu halten. Sp. behandelt Gott und die Welt ganz wie eine geometrische Figur. So werden in der Geometrie z. B. aus der Definition des Kreises oder aus einer einzelnen wesentlichen Eigenschaft desselben (gleiche Entfernung aller Punkte des Umrings vom Mittelpunkt) alle weiteren Lehrsätze, welche für den Kreis gelten, abgeleitet, und diese weiteren Lehrsätze, wie z. B. von der Natur der Tangente, von der doppelten Größe des Zentriwinkels, erscheinen als etwas Neues, was nicht in der Definition des Kreises enthalten ist und doch mit Notwendigkeit aus derselben folgt. Allein in Wahrheit enthalten diese Lehrsätze nichts Neues, sondern nur Wiederholungen früherer Lehrsätze von dem Dreieck, und der Schein des Neuen entspringt nur daraus, daß die Gestalten des Dreickes verhüllt *(implicite)* in der Gestalt des Kreises enthalten sind, und das Enthaltensein jener in diesem nicht sofort jedem in die Augen fällt, sondern erst mittels der Hilfskonstruktionen anschaulich *(explicite)* gemacht wird.

Diese Verhältnisse überträgt nun Sp. auf Gott. Gott ist ihm gleichsam der Kreis in seinem Wesen oder in seiner Definition, aus dem die einzelnen Dinge, wie die besonderen Lehrsätze aus dem Kreise, mit Notwendigkeit folgen. Die einzelnen Dinge sind deshalb bereits ihrem Wesen nach (wie Lehrsätze) in dem Wesen oder der Definition Gottes enthalten, und so wie bei dem Kreise keine Zeitlichkeit in bezug auf die besonderen Lehrsätze statt hat, so auch nicht zwischen dem Wesen Gottes und dem Wesen der besonderen Dinge.

Dieses ist die Auffassung Spinozas, und nur wenn man diese festhält, kann man seine Ethik verstehen.

40. Zusatz 1, 2, 3 zu Lehrsatz 16. Die wirksame Ursache *(causa efficiens)* ist nur ein Pleonasmus; es wird damit das bezeichnet, was man jetzt unter Ursache überhaupt versteht. Bei den Scholastikern und noch zu Spinozas Zeit unterschied man nach dem Vorgang des Aristoteles von der *causa efficiens* die *causa finalis,* welche man jetzt Zweck nennt. Man glaubte, der Zweck habe eine eigene erzeugende Kraft, wodurch er sich aus der bloßen Vorstellung zur Wirklichkeit umsetze. Allein der Zweck ist ohne Wollen unmöglich, und wenn dieses Wollen zu der Vorstellung hinzutritt, so fällt es genau unter den Begriff der Ursache oder *causa efficiens.*

Für Sp. hat es keine Schwierigkeit, die unendliche Reihe der Ursachen abzubrechen und in Gott die erste Ursache zu setzen. Es ist dies aber eine Gewaltsamkeit gegen den Begriff der Ursächlichkeit, wie Kant in seinen Antinomien gezeigt hat.

41. Lehrsatz 17 Beweis, Zusatz 1, 2. Dieser Lehrsatz mit seinen Zusätzen folgt unzweifelhaft aus den von Sp. herangezogenen Prämissen. Neu ist dabei nur der Begriff des Handelns. Bis hier hat Sp. nur von den Folgen *(sequi)* der Natur Gottes gesprochen. Die Definition des Handelns und Leidens gibt Sp. erst in Teil III. D. 2. Im gewöhnlichen Sinne ist Handeln und Folgen durchaus verschieden; jenes besteht innerhalb des Seins, dieses innerhalb des Denkens, jenes geht von dem Wollen der Seele aus und hat einen zeitlichen Anfang: die Folgen (z. B. eines Lehrsatzes) sind vom Wollen ganz unabhängig und haben kein zeitliches Entstehen, weil die Zeit von dem Lehrsatz abgetrennt ist. Sp. kann diesen Begriff des Handelns nicht beibehalten, nachdem er die Ursache und den Erkenntnisgrund als dasselbe gesetzt hat. Wenn bei ihm alles Werden aus dem Wesen Gottes, wie die Lehrsätze aus den Definitionen der geometrischen Figuren, folgt, so muß auch das menschliche Handeln sich in ein bloß logisches Folgen aus dem zeitlosen Wesen Gottes umwandeln. Damit fällt natürlich auch die Wahlfreiheit hinweg.

Es ist wichtig, daß man diesen Spinozistischen Begriff des Handelns festhalte; man muß jederzeit die logische Folge darunter verstehen und darf sich durch den gewöhnlichen Sinn dieses Wortes hierin nicht irren lassen.

42. Erläuterung zu Lehrsatz 17. In dieser Erläuterung wird das hier unter Nr. 40 und 41 Bemerkte bestätigt; die Beispiele für die Natur Gottes sind hier sämtlich aus der Geometrie entnommen, und Sp. sagt ausdrücklich, „daß alles, wie bei dem Dreieck, aus der Natur Gottes hervorgegangen ist oder immer folgt." Das Hervorgehen enthält den Zeitverlauf, das Folgen nicht; diesen wichtigen Unterschied überspringt Sp. als unwesentlich. Die Allmacht Gottes liegt für Sp. nicht in der Verwirklichung eines Wollens, sondern in der reinen logischen Folge des Besonderen aus der Substanz oder dem Wesen Gottes. Es ist daher auch nur konsequent, wenn Sp. das menschliche Wollen aus der Natur Gottes ganz entfernt. Gott ist nur der Inbegriff der unendlich vielen Attribute, aus denen in geometrischer Weise die Folgen, d. h. das Besondere, sich von selbst und mit Notwendigkeit ergeben.

43. Lehrsatz 18 Beweis. Die Philosophie ist stolz darauf, Gott als die inwohnende oder immanente Ursache der Welt erkannt zu haben. Nach den Religionen ist Gott zwar auch die Ursache (der Schöpfer) der Welt, aber diese ist außerhalb Gottes und nur sein Werk; nach der Auffassung Spinozas ist dagegen diese Ursächlichkeit Gottes eine inwohnende; die Wirkung ist nicht außerhalb Gottes. Untersucht man diesen Begriff der immanenten Ursache näher, so ist sein Unterschied von der äußeren Ursache schwer festzuhalten. Ein räumliches Drinsein der Ursache ist offenbar nicht gemeint; vielmehr folgt aus dem Gegensatz der *causa transiens*, daß die Wirkung bei der *causa immanens* nichts Fremdes d. h. nichts anderes als die Ursache ist; daß die Ursache, wie Hegel sagt, in ihrer Wirkung bei sich selbst bleibt. Die *causa immanens* ist daher nur ein anderes Wort für die *causa sui*, und der in dieser enthaltene Widerspruch ist schon oben dargelegt worden.

Sp. denkt bei der *causa immanens* an die Substanz und ihre Modi; er nimmt die Modi als Wirkungen und da diese in der Substanz sind, so ist die Substanz eine inwohnende Ursache. Dies ist die schon gerügte Vermischung der Ursächlichkeit mit der Substantialität, die bei Sp. fortwährend hervortritt; in keinem Falle ist damit ein neuer Begriff gewonnen.

44. Lehrsatz 19 Beweis, Erläuterung. Unter ewig ist hier nicht ein unendlicher Zeitverlauf zu verstehen, sondern eine Existenz außerhalb der Zeit, wo mithin weder Entstehen noch Vergehen noch Dauer möglich ist, welche Begriffe den Zeitablauf voraussetzen. Sp. stellt diesem das Sein entgegen, was mit dem Begriff oder der Definition zugleich gegeben ist. Der Beweis in Spinozas Prinzipien des Cartesius lautet dahin: „Gott ist das vollkommenste Wesen und daraus folgt seine Existenz. Wollte man ihm nur eine beschränkte Existenz zuteilen, so würde Gott, als der höchste Verstand, diese Schranken erkennen; also würde Gott jenseits dieser Schranken sich, d. h. das vollkommenste Wesen, als nicht existierend erkennen, was widersinnig ist.“ – Man sieht, daß dieser Beweis sich im Kreise dreht; zuerst wird ein Beweis versprochen, daß mit der Vollkommenheit die Ewigkeit verbunden ist, und nachher wird dieser Beweis dadurch geführt, daß die Vollkommenheit sich mit der Endlichkeit nicht vertrage.

45. Lehrsatz 20 Zusatz 1, 2. Es wird hier von Sp., wie später von Hegel, der Begriff des Identischen fragwürdig definiert. Sp. hätte richtiger sagen müssen: Wesen und Dasein sind bei Gott untrennbar verbunden, das eine mag selbst als die logische Folge des andern gelten, deshalb sind sie aber noch nicht identisch.

46. Lehrsatz 21 Beweis. Das Verständnis des Beweises dieses Lehrsatzes hat seine großen Schwierigkeiten. Man kann sich zunächst über die Umständlichkeit dieses Beweises wundern, da in dem Begriffe der logischen Folge ohne weiteres liegt, daß die Folge untrennbar von der Prämisse ist, und mithin, wenn diese ewig oder außerzeitlich ist, es auch die Folge sein muß; wie es z. B. mit den aus der Gestalt des Dreiecks abgeleiteten geometrischen Lehrsätzen der Fall ist. Man begreift also nicht, weshalb Sp. nicht einfach diese Natur der Folge zum Beweis benutzt.

Sodann ist der Beweis deshalb dunkel, weil das Wort: „Vorstellung Gottes" *(idea dei)* zweideutig ist; es kann eine Vorstellung von Gott, wo Gott den Gegenstand bildet, bezeichnen; es kann auch eine Vorstellung bezeichnen, die Gott als Subjekt zugehört. Hier ist es in beiderlei Sinn zu nehmen, also so, daß damit Gottes eigene Vorstellung von sich zu verstehen ist. Nur dann ist der Beweis verständlich.

47. Lehrsatz 22 Beweis. Dieser Satz sowie L. 23 hat den Auslegern viel Schwierigkeiten gemacht. Es wird hier der Begriff einer „Modifikation" des Attributs eingeführt, und es bleibt zweifelhaft, ob darunter dasselbe wie unter Modus (Zustand) zu verstehen ist. Nach L. 23 muß man dies annehmen; sonach führt hier Sp. einen Unterschied in den Zuständen ein, wonach einige ewig und unendlich sind, wie die Attribute, andere dagegen endlich und vergänglich (L. 24). Da nun beide Arten ihre Ursache in Gott haben oder aus ihm folgen, so bleibt dieser Unterschied unerklärlich; denn wenn die Ewigkeit der ersten Art auf ihr Folgen aus Gott gestützt wird, so müßten auch die Zustände der zweiten Art ewig sein, da sie ja auch aus Gott folgen. Sp. hilft sich hier, wie sich später ergeben wird (L. 28), mit der Unterscheidung unmittelbarer und mittelbarer Folgen. Bei den endlichen und veränderlichen Zuständen ist nur die ganze Reihe derselben zusammengenommen die unmittelbare Folge Gottes; die einzelnen Dinge sind aber nur die unmittelbaren Folgen eines anderen Einzeldinges. Hier ist also nur die Totalität aller endlichen Zustände eine ewige (zeitlose) Folge aus Gott. Dagegen sind die Zustände der ersten Art an sich selbst ewig.

Es entsteht nun die Frage: Welche Zustände gehören hierher? Sp. hat dies hier ganz unerörtert gelassen, obgleich die Frage für sein System von der höchsten Wichtigkeit ist. In dem 65. Brief fragt ein Freund nach solchen Beispielen, und zwar 1) nach Beispielen von dem, was Gott unmittelbar hervorgebracht hat, und 2) von dem, was durch eine unendliche Modifikation von ihm hervorgebracht wird. Sp. nennt in seiner Antwort (Brief 66) als Beispiele der ersten Art im Denken den unbedingt unendlichen Verstand und in der Ausdehnung die Bewegung und Ruhe; als Beispiel der zweiten Art: die Gestalt des ganzen Universums, welche immer dieselbe bleibt, obgleich sie in unendlich vielen Zuständen wechselt. – Dies wird indes dem Leser schwerlich genügen. Diese Unklarheit ist die unvermeidliche Folge davon, daß Sp. die Attribute zwischen Substanz und ihren Zuständen eingeschoben hat. Indem dadurch ein Inhalt, also gewisse Eigenschaften, in die Substanz selbst kommen, konnte Sp. nur das Allgemeinste davon zulassen, damit es durch diese Allgemeinheit sich in allem Wechsel der Zustände erhielt und somit der Ewigkeit der Substanz nicht widerstritt. Als solches schien dem Sp. nur das Geistige und das Körperliche zu passen, und indem er Gottes eine Vorstellung vorlag, in welcher Wissen oder Wesen und Sein als untrennbar gelten, so war man genötigt, für die endlichen Dinge ein Wesen anzunehmen, was die Existenz nicht einschließt.

Nachdem diese Gedankenbildung vollendet war, drehte man sie um, nahm ihr Ende für den Anfang und konnte nun, wie hier geschieht, beweisen, daß das Wesen der endlichen Dinge die Existenz nicht einschließt. Es ist also hier im Grunde nur ein Spiel des Denkens mit sich selbst vorhanden, und wenn man das Sein wieder in Anfang und Fortdauer spaltet, so ist klar, daß, nachdem der Begriff des Wesens in der vorbezeichneten Art gebildet worden war, Gott die Ursache von dem Anfang und der Fortdauer der Existenz des Endlichen sein muß, obgleich dies letztere ein Luxus ist, da nach III. L. 8 B. diese Fortdauer sich von selbst versteht.

50. Lehrsatz 25 Beweis, Erläuterung, Zusatz. Auch hier ist der wahre Gedankengang der umgekehrte gewesen. Der Begriff Gottes, als die unendliche, alles in sich enthaltende Substanz, ist erst durch trennendes und beziehendes Denken aus der Vorstellung der einzelnen Dinge abgeleitet worden; hier wird er aber als das Ursprüngliche vorgestellt; da ist es ganz natürlich, daß man aus diesem Begriffe Gottes das ableiten kann, was man zuvor in denselben hineingelegt hat.

51. Lehrsatz 26 Beweis. Der Begriff des Wirkens *(operari)* wird hier als ein neuer eingeführt, ohne daß er näher bestimmt wird. Er ist nicht identisch mit handeln *(agere)*, sondern weiter; er umfaßt alles Hervorgehen der Wirkungen aus den Ursachen, selbst aus partiellen, während das *agere* nur von solchen Ursachen gilt, die für sich allein die Wirkung zur Folge haben.

Der Inhalt des L. ist übrigens rein analytisch aus dem Gottesbegriff des L. 15 abgeleitet; deshalb ist der Beweis so leicht.

52. Lehrsatz 27 Beweis. Der Beweis dieses L. gelingt nur dadurch, daß Sp. das Aufhören einer Wirksamkeit wieder als etwas Positives nimmt, was dann natürlich seine besondere Ursache verlangt, die nur in Gott enthalten sein kann. Allein das Aufhören zu wirken ist ein bloßes Nichtsein, ein Nichts, und es ist schon oben gezeigt worden, wie unzulässig und verkehrt es ist, das Nichts als ein Etwas zu behandeln und noch eine Ursache für das Nichts zu fordern.

53. Lehrsatz 28 Beweis, Erläuterung. Das Verständnis dieses L. ist bereits bei L. 21 vorbereitet worden. Die Schwäche des Beweises ist leicht zu erkennen. Unzweifelhaft kann alles, was aus der unendlichen Natur Gottes (logisch) folgt, nur ebenso unendlich und zeitlos sein, wie Gott selbst. Die Konsequenz dieses Satzes führt also zur Unmöglichkeit der endlichen Dinge. Deshalb haben auch Plato und andere diese unendlichen Dinge nur für Schein erklärt; allein Sp. mochte sich dazu nicht entschließen, für ihn sind die endlichen Dinge wirklich, und so mußte daher sein Beweis die sonderbare Wendung erhalten, daß, da aus Gottes Natur, als unendlicher, nur Unendliches hervorgehen kann, das Endliche aber doch auch da ist und Gott auch die Ursache von ihnen sein muß, dieses Endliche aus Gott folge, „insofern er in gewisser Weise erregt angesehen wird" *(quatenus aliquo modo affectus consideratur)*, oder „insofern er mit einem Zustand behaftet ist, der endlich ist" *(quatenus modificatus est modificatione, quae finita est)*. Dies ist aber, wie jeder erkennt, keine Ableitung des Endlichen aus dem Unendlichen, sondern ein leeres Spiel mit Worten.

Übrigens folgt hieraus noch nicht der kausale Zusammenhang des Endlichen unter sich; Sp. hat dafür keine andere Erklärung, als: Es muß so sein.

Aus diesem kausalen Zusammenhang des Einzelnen folgt, daß Gott nur mittelbar als die Ursache der späteren Glieder in der Reihe des Endlichen gelten kann, indem er nur das erste Glied unmittelbar zu bewirken hatte, die andern folgten aus diesem. Diese Unterscheidung von mittelbar und unmittelbar ist für die Ursächlichkeit an sich ohne Bedeutung; deshalb kann Sp. sie (in der E. zu 2) wieder aufheben.

54. Lehrsatz 29 Beweis, Erläuterung. Dieser Lehrsatz ist bereits in den vorgehenden Lehrsätzen enthalten und deshalb rein analytisch aus ihnen abzuleiten; er enthält nichts Neues und ist nicht synthetisch im Sinne Kants. Der Beweis ist deshalb leicht zu führen.

In der E. berührt Sp. die scholastischen Begriffe der *natura naturans* und *natura naturata;* Sp. setzt erstere für identisch mit seiner Substanz und ihren Attributen; die Zustände der Substanz sind dann die *natura naturata.* Sp. macht von diesen Ausdrücken keinen weiteren Gebrauch. Die Entstehung dieser sonderbaren Ausdrücke wird nur verständlich durch das in der scholastischen Philosophie herrschende Bestreben, einmal die Einheit Gottes und der Welt zu erreichen und dann Gott von der Welt auch unterschieden zu halten. Gott, als Ursache der Welt aufgefaßt, ist von ihr unterschieden; allein da Ursache und Wirkung untrennbar sind, so sind beide damit auch wieder eines. Indem man diesen Unterschied und diese Einheit in ein Wort zu fassen sich bestrebte, erfand man jene barbarischen Ausdrücke.

55. Lehrsatz 30 Beweis. Sp. springt hier von den bisherigen ontologischen Betrachtungen ab und spricht in L. 30 und 31 von dem Verstand. Sp. unterscheidet den Verstand *(intellectus)* vom Denken *(cogitare);* jener ist nur ein Zustand des Denkens, welches letztere zu den Attributen Gottes gehört und neben dem Verstand auch das Begehren, Wollen, die Liebe usw. als Zustände enthält.

56. Lehrsatz 31 Beweis, Erläuterung. Es ist festzuhalten, daß nach diesem Lehrsatz selbst der unendliche Verstand nicht zur Substanz und nicht zu den Attributen Gottes gehört, sondern zu seinen Zuständen, und zwar zu den unendlichen Modifikationen der Attribute (L. 21). Daraus folgt, daß in Gott, als Substanz, überhaupt kein Wissen, selbst kein unendliches Wissen besteht, sondern bloß eine unendliche *cogitatio.* Wie diese ohne Wissen zu fassen ist, ist allerdings schwer begreiflich.

57. Lehrsatz 32 Beweis, Zusatz 1, 2. Unter Wille *(voluntas)* versteht Sp. hier nicht das, was gewöhnlich damit bezeichnet wird; in E. zu L. 48 II. sagt er ausdrücklich, daß er unter Wille nicht das Begehren verstehe, sondern die Fähigkeit zu bejahen und zu verneinen; Sp. rechnet deshalb auch konsequent den Willen zu dem Verstand, indem er Wille und Verstand für ein und dasselbe erklärt (Z. zu L. 49 II.). Dieser eigentümliche Begriff des Willens, den Sp. von Cartesius übernommen hat, muß also auch hier festgehalten werden. Indes würde der L. 32 seine Gültigkeit behalten, auch wenn man hier unter Willen das Begehren verstände, und es ist sogar möglich, daß Sp. selbst das Wort hier in diesem natürlichen Sinne gebraucht hat.

Die Frage der eigentlichen Willensfreiheit wird erst später zur Erörterung kommen. Hier wird sie sehr kurz erledigt.

58. Lehrsatz 33 Beweis. Indem die Entwicklung und Bewegung in Gott nur die Natur von logischen Folgen aus dem Erkenntnisgrund hat, ist dieser Lehrsatz von selbst klar. Die Dinge, als die Folgen, können keine anderen sein, als sie sind, sonst wären sie keine Folgen; so wie die aus der Natur des Dreiecks sich ergebenden besonderen Lehrsätze keine anderen sein können, als sie sind, und jede kleine Veränderung in einem dieser Lehrsätze auch die Natur des Dreieckes selbst aufheben würde.

59. Erläuterung 1 zu Lehrsatz 33. Wenn in der Natur die Notwendigkeit allgemein gilt, wie Sp. behauptet, so kann es in ihr keinen Zufall geben, und Sp. verlegt dann ganz richtig den Zufall nur in das Wissen; das Zufällige ist nur das Nicht-Wissen der an sich vorhandenen Ursache und Notwendigkeit.

60. Erläuterung 2 zu Lehrsatz 33. Sp. kämpft hier gegen die religiöse Lehre, welche bei Gott an der Freiheit seines Willens festhält. Die Ausführung ist nicht besonders geistreich und dreht sich im Grunde immer im Kreise. Wenn alle Entwicklung in Gott die Natur der logischen Folgen hat, wie Sp. behauptet, so ist damit allerdings keine Freiheit der Wahl verträglich. Allein die erste Frage bleibt: Ob die Entwicklung und das Handeln in Gott diese Natur hat. Das ganze System Spinozas beruht allerdings auf diesem Gedanken, allein dieser selbst bleibt eine Voraussetzung, für die ein wirklicher Beweis nicht beigebracht ist.

61. Lehrsatz 34 Beweis. Wenn Gott kein Wollen hat, so ist sein Handeln nur ein logisches Folgen aus der Natur seines Wesens, und deshalb die Macht Gottes *(potentia)* nur dieses Folgen. Da nun die Folgen in der Definition und den Prämissen schon enthalten sind, so ist auch die Macht Gottes durch sein Wesen von selbst gegeben und bestimmt, und insofern nennt sie Sp. ein und dasselbe.

62. Lehrsatz 35 Beweis. Wenn die Macht Gottes nur ein logisches Folgen ist, so ist unzweifelhaft alles Einzelne in diesen Folgen notwendig.

63. Lehrsatz 36 Beweis. Bisher hatte Sp. nur den Satz ausgesprochen: Alles muß eine Ursache haben. Jetzt fügt er den Satz hinzu: Alles muß eine Wirkung haben. Diese Sätze sind nicht identisch. So wie der Beweis für den ersten Satz bei Sp. nur scheinbar geführt ist, so bleibt auch der Beweis für den zweiten Satz nur ein Schein. Er ruht auf L. 16, der selbst schon eine Anwendung dieses Satzes auf Gott ist; der Beweis dreht sich also im Kreise.

64. Anhang zu Teil I. In diesem Anhang bekämpft Sp. die Anwendung des Zweck-Begriffes auf Gott und die Natur. Diese Beseitigung des Zweckes aus den Naturerscheinungen gilt auch in der modernen Naturwissenschaft. Bei dieser ist sie die Folge von der Beseitigung aller göttlichen Tätigkeit aus der Natur. Der Zweck ist ohne ein Wissen und Wollen unmöglich; wenn mithin ein wissender und wollender Schöpfer und Erhalter von der Natur ferngehalten wird, so fallen auch die Zwecke in ihr hinweg.

Im dritten Teil dieses Anhangs kommt Sp. auf den Einwand, daß sich mit der von ihm behaupteten Vollkommenheit der jetzigen Welt das Schlechte, Verworrene, Häßliche in derselben nicht vertrage. Hier blieb Sp. keine andere Wendung übrig, als diesen Begriffen des Schlechten usw. die Wahrheit oder Realität abzusprechen; es sind nach Sp. nur Beziehungsbegriffe, welche vom Standpunkt der menschlichen Empfindung und Kenntnis ausgehen, aber für eine Auffassung der Welt als Ganzes keine Wahrheit haben. Sp. sagt deshalb am Schluß: „Die Vollkommenheit der Dinge ist nur nach deren Natur und Macht zu schätzen, und sie sind nicht deshalb mehr oder weniger vollkommen, weil sie den Sinn eines Menschen ergötzen oder verletzen und seiner Natur entsprechen oder nicht."

Für viele dieser Begriffe wird man leicht beistimmen; allein mit dieser Auffassung verlieren auch die sittlichen und ästhetischen Grundbegriffe des Guten und des Schönen ihre Wahrheit und Realität. Das Böse und das Häßliche besteht dann nicht in der Welt, es ist nur ein Schein, der seinen Grund in der Schwäche der menschlichen Erkenntnis hat. Selbst der Muttermord ist dann in Wahrheit nichts Böses, und Sp. scheut sich in dem 36. Brief nicht, dies zuzugeben. Die weitere Erörterung dieser Frage geschieht erst in dem III. und IV. Teil der Ethik.

ZWEITER TEIL

Über die Natur und den Ursprung der Seele

---

1. Die Überschrift. Das Wort *mens* ist hier mit Seele und nicht mit Geist übersetzt worden, da Geist nur den wissenden Teil der Seele bezeichnet, während hier unter *mens* auch die Gefühle und Begehren der Seele von Sp. mit befaßt werden.

2. Definition 1. Nachdem Sp. zuvor bei sich aus den wahrgenommenen einzelnen Körper- und Seelenzuständen das Allgemeine der Körperlichkeit (Ausdehnung) und des Geistigen (Denken) durch begriffliches Trennen gewonnen hat, dreht er das Verhältnis um und macht diese Körperlichkeit und dieses Denken zu dem Ursprünglichen und zu Attributen Gottes, welche vor ihren Zuständen sind (I. L. 1); damit werden die einzelnen Körper- und Seelenzustände das Spätere und zu Zuständen jener Attribute.

3. Definition 2. Die Mängel dieser Definition von Wesen sind bereits zu I. D. 1 dargelegt worden. Man vergleiche II. L. 37.

4. Definition 3 Erläuterung. *Idea* ist nicht mit Begriff, sondern mit Vorstellung übersetzt worden, da Sp. auch die *imaginationes* oder bildlichen Vorstellungen zu den Ideen rechnet.

5. Definition 4 Erläuterung. Die zureichende Vorstellung (*idea adaequata*) bildet einen höchst wichtigen Begriff im System Spinozas, den man sich geläufig machen muß, zumal er gänzlich von dem abweicht, was man gewöhnlich unter wahrer Vorstellung versteht. Nach der gewöhnlichen Auffassung wird der Inhalt einer Vorstellung lediglich durch ihren Gegenstand bedingt und ist davon abhängig. Allein nach dem System Spinozas besteht kein Einfluß, keine Verbindung zwischen den Körpern und ihren Vorstellungen. Beide laufen nur parallel nebeneinander her, ohne das eines das andere bestimmt (II. L. 7). Wenn deshalb auch die Vorstellung mit dem Gegenstand übereinstimmt, so ist dies doch nur eine äußerliche Beziehung, welche das innere Wesen der Vorstellung nicht trifft. Die Definition des Zureichenden bleibt nun hier ganz formal; erst aus III. D. 1 kann man ersehen, daß darunter eine solche Vorstellung zu verstehen ist, welche die alleinige und nicht bloß partielle Ursache der aus ihr folgenden oder von ihr bewirkten Vorstellungen ist. Auch hier hat die Geometrie das Vorbild abgegeben. So ist für Sp. die Vorstellung des Kreises, als einer vom Mittelpunkt überall gleich weit abstehenden Linie, eine zureichende (*adaequate*) Vorstellung, weil aus ihr allein alle die besonderen, für den Kreis geltenden Lehrsätze abgeleitet werden können. Dieses Ableiten nimmt Sp. als die Gewinnung eines neuen Inhaltes.

In Anwendung dieser Methode glaubt Sp. aus den obersten Prinzipien seiner Ethik die Erkenntnis Gottes und der Welt durch reine Folgerungen gewinnen zu können.

6. Definition 5 Erläuterung. Dauer bezeichnet die Existenz innerhalb der Zeit, während die Ewigkeit die Existenz außerhalb der Zeit nach Sp. bezeichnet. Man vergleiche III. L. 4 bis 10.

7. Definition 6. Auch hier wird der natürliche Sinn der Worte verlassen; nach diesem ist Realität eine seiende Bestimmung (Eigenschaft, Geschehen), Vollkommenheit dagegen eine durch einen Zweck bestimmte Beziehungsform, also nur innerhalb des Denkens, wie Sp. im Anhang zu Teil I. selbst ausgeführt hat.

8. Definition 7. Wenn es nach Sp. kein Leeres (*vacuum*) gibt, also alles Stetige zusammenhängt, so kann man fragen: Woher kommt das Einzelne? Was macht die Begrenzung, aus der Sp. die Endlichkeit ableitet? Sp. sagt: ein anderes Endliche.

9. Axiom 1, 2. Der Begriff des Wesens des Menschen ist erst aus den Wahrnehmungen der einzelnen Menschen durch begriffliches Trennen gebildet, und zwar so, daß das Einzelsein dabei beseitigt worden ist. Dieser Ursprung des Wesens wird aber dann vergessen, das Wesen als das erste und Ursprüngliche genommen und so der Schein gewonnen, als wenn die einzelnen Menschen etwas von dem Wesen Verschiedenes wären, und als wenn deshalb jeder einzelne Mensch eine zwiefache Ursache brauche, eine für sein Wesen und eine zweite für seine Existenz.

Axiom 2 ist wieder ein reiner Erfahrungssatz, der ohne weiteres als Axiom hingestellt wird. Unter Denken sind hier alle wissenden und seienden Zustände der Seele zu verstehen.

10. Axiom 3. Auch dies ist ein rein aus der Selbstwahrnehmung entlehnter Satz, der einer viel sorgfältigeren Fassung bedarf, wenn er als Gesetz in die Wissenschaft aufgenommen werden soll. So sind die Gefühle in ihrem Dasein nicht davon bedingt, daß man sich ihrer bewußt ist.

11. Axiom 4. Unter Körper ist hier der eigene Leib gemeint.

12. Axiom 5. Hier wird das Wahrnehmen auf das Körperliche und auf die Seelenzustände beschränkt; es ist die sinnliche und die Selbstwahrnehmung gemeint. Indes ist diese Übereinstimmung nur scheinbar; es wird später sich zeigen, daß Sp. keine unmittelbare Wahrnehmung fremder Körper annimmt. Die Seele ist bei ihm nur auf die Bilder ihres eigenen Körpers beschränkt.

13. Lehrsatz 1 Beweis, Erläuterung, Lehrsatz 2. Indem Sp. für Gott einen Inhalt brauchte, und dieser Inhalt oder die Bestimmtheit nur in den Zuständen zu finden war, so blieb Sp. nur übrig, das Allgemeinste aus diesen Zuständen durch trennendes Denken auszuziehen und dies zu den Attributen Gottes zu erheben. Dies Allgemeinste ist das Körperliche und das Geistige oder, wie Sp. es nennt, die Ausdehnung und das Denken. So erklärt sich psychologisch die Entstellung des Systems. In dem von Sp. gebotenen Beweis ist diese Entstehung verhüllt.

14. Lehrsatz 3 Beweis, Erläuterung. In E. zu I. L. 17 ist der Verstand (*intellectus*) Gott abgesprochen worden; ebenso ist in I. L. 31 der Verstand, sowohl der endliche wie der unendliche, zur gewordenen Natur gestellt worden, also zu den bloßen Zuständen und nicht zu den Attributen Gottes. Dennoch wird hier behauptet, daß in Gott eine Vorstellung (*idea*) bestehe; die Vorstellungen bilden aber gerade das, was man Verstand nennt; auch wird in L. 4 dies ausdrücklich anerkannt. Man wird diesen Widerspruch wohl nur so lösen können, daß man unter dem Gott abgesprochenen Verstand nur einen solchen versteht, welcher in seinen einzelnen Gedanken wechselt und eine zeitliche Bewegung und Veränderung seines Inhaltes hat; hier ist dagegen unter Vorstellung, die Gott hat, nur eine ruhende, aber alles in sich befassende zu verstehen, z. B. so, als wenn ein Kreis zugleich die Vorstellung aller in ihm als Folge enthaltenen Lehrsätze hätte.

Der Beweis ist rein formal auf die Unendlichkeit Gottes gestützt; damit kann freilich alles bewiesen werden.

In der E. wird wiederholt eingeschärft, daß Gottes Macht und Handeln nicht als menschliches Handeln zu fassen ist, sondern in der Art der logischen Folgen.

15. Lehrsatz 4 Beweis. Wenn Gott nur einer ist, so ist auch die Vorstellung Gottes nur eine. Vorstellung von Gott oder Gottes ist hier in dem zwiefachen Sinne zu nehmen, daß die Vorstellung

Gott zum Gegenstand hat und zugleich Gott als die seine angehört.

16. Lehrsatz 5 Beweis. In L. 5, 6, 7 wird die Folgerung aus der Selbständigkeit (*in se esse*) der Attribute gezogen. Da nach Sp. kein Attribut mit dem andern etwas gemein hat, da keines die Ursache von einer Wirkung in einem anderen Attribut sein kann, so folgt allerdings, daß die einzelnen Vorstellungen in dem Menschen nicht von ihren Gegenständen bewirkt werden, sondern von anderen, ihnen zeitlich und ursächlich vorangehenden Vorstellungen, und L. 5 spricht dies offen aus. Die Reihe der ursächlich verknüpften Zustände läuft also in jedem Attribut für sich ab, ohne alle Beeinflussung von einem andern Attribut. Die Wahrheit oder Übereinstimmung der Vorstellungen mit ihren Gegenständen wird aber dadurch nicht aufgehoben; nach L. 7 ist die Ordnung und Verknüpfung in allen Attributen dieselbe; die Reihen laufen in allen parallel, und die verschiedenen Attribute werden in Wahrheit zuletzt für eines erklärt.

17. Lehrsatz 6 Beweis, Erläuterung. Das Nötige ist vorstehend bemerkt. Der L. 6 verallgemeinert nur den Gedanken des L. 5. Übrigens bleibt L. 6 formal, da niemand, und auch Sp. nicht, ein anderes Attribut neben dem Körperlichen und Geistigen (Ausdehnung und Denken) angeben kann.

18. Lehrsatz 7 Beweis, Zusatz. Dieser parallele, einander genau entsprechende Lauf der Vorstellungen und der Dinge ist derselbe Gedanke, den Leibniz unabhängig von Sp. als prästabilierte Harmonie ausgebildet hat.

19. Erläuterung zu Lehrsatz 7. In dieser E. wird ein höchst wichtiger Satz aufgestellt, der deshalb auch formell als Lehrsatz für sich hätte behandelt werden sollen. Der gegenständliche Unterschied der Attribute wird darin aufgehoben; alle Attribute sind ein und dasselbe; der Unterschied kommt nur von der „verschiedenen Auffassung" oder von den „zwei Weisen des Ausdrucks" (*comprehendere, exprimere*). Mit dieser Identität ist allerdings das Sonderbare des parallelen Laufs der Reihen der mehreren Attribute erklärt; allein desto schwieriger wird dadurch der Begriff des Attributs. Man kann fragen: Von wem geht die Auffassung aus, durch deren Unterschied das eine zu vielen wird? Sp. denkt offenbar an die menschliche Auffassung. Allein dann ist der Unterschied der Attribute nur eine Erscheinung im Sinne Kants, eine Ansicht, von welcher sonst keine Spur bei Sp. zu finden ist.

20. Lehrsatz 8 Beweis, Zusatz, Erläuterung. Nachdem Sp. allen

Einfluß zwischen dem Vorstellen und seinen Gegenständen aufgehoben hat, ist damit auch dem Wissen seine eigentümliche Natur genommen; es ist damit ein Sein geworden wie jedes andere, und es ist ein ihm nur äußerliches Verhältnis, das es auf einen Gegenstand weist oder ihn spiegelt.

Deshalb verhalten sich die einzelnen zeitlich auftretenden Vorstellungen zu dem Wesen ihrer innerhalb Gottes Denken ebenso, wie die einzelnen zeitlich auftretenden Körper zu ihrem Wesen in Gottes Ausdehnung. Das Wesen beider ist als eine ewige Wahrheit in Gott enthalten; die zeitliche Existenz entwickelt sich daraus nur innerhalb der kausalen Reihe der Zustände in der Weise von logischen Folgen.

Dies ist es, was dieser L. 8 ausspricht.

Diese Selbständigkeit der Vorstellungsreihe ist für das System Spinozas von den weitgehendsten Folgen. Der gewöhnliche Begriff der Wahrheit, die Übereinstimmung des Wissens mit dem Gegenstand, tritt deshalb bei Sp. ganz zurück; viel wichtiger ist ihm das Zureichende (*adaequate*) der Vorstellungen, welches darin besteht, daß eine Vorstellung die volle, alleinige und nicht bloß partielle Ursache der ihr in der kausalen Reihe folgenden Vorstellung ist. Denselben Gedanken hat Hegel in seinem Begriff der Entwicklung und der Wahrheit aufgenommen.

Nur die zureichenden Vorstellungen sind es, wodurch die Seele handelt; nur solche Vorstellungen sind zugleich die Vorstellungen Gottes als solchen.

Damit ändert sich auch der Begriff des Falschen; das Falsche ist das bloß Partielle, eine Vorstellung, der einzelnes fehlt, durch dessen Hinzutritt sie aber eine zureichende werden kann. Deshalb ist das Falsche nur ein Mangel; in Gott, als der Totalität, ist dieses Partielle nicht vorhanden; indem in ihm auch das dort Fehlende enthalten ist, sind alle seine Vorstellungen zureichende oder wahre (Z. zu II. L. 11).

Daraus erklärt sich weiter, wie Sp. das Erkennen zur Hauptaufgabe und zur Seligkeit des Menschen erheben kann. Bei Sp. sind die Vorstellungen ein Seiendes, wie die Körper; ein bloß im Denken sich bewegender Mensch ist nach Sp. ebenso seiend tätig wie ein Staatsmann oder Feldherr oder Baumeister, ja, seine Tätigkeit ist allein eine freie.

Das Vorstellen ist nie ohne ein ihm entsprechendes Körperliches; diesen Grundsatz führt Sp. mit voller Konsequenz durch. Deshalb ist die Seele nur die Vorstellung ihres Körpers, und deshalb gibt es keine bloßen Vorstellungen, vielmehr entspricht auch diesen immer eine körperliche Gestaltung in ihrem Leibe, deren Spiegel oder Abbild sie ist. Deshalb besteht ferner kein Unterschied zwischen Wahrnehmen und dem bloßen Vorstellen; beide spiegeln einen Zustand ihres Körpers und nichts mehr.

21. Lehrsatz 9 Beweis, Zusatz, Beweis. Dieser Lehrsatz mit seinem Zusatz ist nur die nähere Darlegung der vorgehenden Lehrsätze; er ist die reine Folge von den L. 28, 29 Teil I. und von L. 7 Teil II. Daß die Ableitung des Endlichen aus dem Unendlichen ausbleibt, ist bereits zu I. L. 28 gezeigt worden.

22. Lehrsatz 10 Beweis, Erläuterung, Zusatz. Nach Sp. ist der Mensch wegen seiner Vergänglichkeit und Endlichkeit keine Substanz, sondern nur ein Zustand von oder in Gott. Da das System zuvor die Substanz zu dem Unendlichen erhoben hat, so ist diese Folgerung richtig. Die Frage ist nur, ob der von Sp. aufgestellte Begriff der Substanz die Wahrheit enthält? Das Nötige hierüber ist zu Teil I. bemerkt. Der Streit, ob etwas Substanz oder nur Akzidenz, läuft leicht auf einen Wortstreit hinaus, da Substanz ja nur eine Beziehungsform des Denkens ist und weder ein endliches noch unendliches Sein darstellt.

23. Lehrsatz 11 Beweis, Zusatz, Erläuterung. Nach Sp. ist die wissende Seele nur die Vorstellung ihres Körpers; alle ihre Vorstellungen haben nur ihren Körper und dessen verschiedene Zustände zu ihrem Inhalt. Von fremden Körpern erhält die Seele nur mittelbar Kunde, dadurch, daß ihr Körper einen körperlichen Eindruck von denselben empfängt. Diese Eindrücke haben zum Teil ein Gemeinsames (*commune*) mit den fremden Körpern, und dadurch stimmt die Vorstellung derselben einigermaßen mit ihnen; indes doch nur partiell, verworren und mittelbar. Der unmittelbare Gegenstand jeder Vorstellung bleibt dabei immer nur der eigene Körper.

24. Lehrsatz 12 Beweis, Erläuterung. Da die Reihe der Vorstellungen und die Reihe der Gegenstände parallel laufen, so ist auch kein Gegenstand ohne eine ihm entsprechende Vorstellung, und jede Veränderung in dem Gegenstand ist von einer gleichen Veränderung im Vorstellen begleitet. Ist nun die Seele diese Vorstellung des Gegenstandes, so hat sie auch das Wissen von allem, was in diesem Gegenstand vorgeht. Dieses alles folgt aus den vorgehenden Lehrsätzen.

25. Lehrsatz 13 Beweis, Zusatz, Erläuterung. Der Beweis dieses Lehrsatzes holt ebenfalls von Gott aus; indes ruht er in seinem

Kerne lediglich auf der Selbstbeobachtung. Denn die A. 4 und 5 Teil II, auf denen der Beweis beruht, sind reine Erfahrungssätze.

26. Axiom 1, 2 Lehnsatz 1, 2, 3 mit Axiom 1, 2. Diese hier vorgetragenen Sätze von den einfachen Körpern sind in sich verständlich; sie stimmen zum großen Teil mit den Lehren der modernen Naturwissenschaft überein. Sp. gibt sie teils als Axiome, teils als Lehnsätze, d. h. als Sätze, die aus anderen Wissenschaften entlehnt sind. Nichtsdestoweniger fügt er diesen Lehnsätzen Beweise bei. Axiome 1 und 2 sind reine Erfahrungssätze. Lehnsatz 1 überschreitet durch Hereinziehung des Substanzbegriffes die Erfahrung, ist aber nach I. L. 15 selbstverständlich. Das Übereinstimmen (*convenire*) in Ln. 2 ist ein sehr wichtiger Begriff aus dem Sp. später das Gemeinsame (*Commune*) bildet. Sp. versteht das begrifflich Gemeinsame darunter; deshalb haben alle einzelnen Körper ein Gemeinsames darin, daß sie zu einem Attribut gehören, und alle entweder ruhen oder sich bewegen, was Sp. zu den unendlichen Modifikationen rechnet.

27. Definition zu Lehnsatz 3, Lehnsatz 4, 5, 6, 7. In der D. zu Ln. 3 behandelt Sp. die Einheitsformen des An-einander oder der Berührung und der Verbindung durch Kraft; letztere jedoch zu unbestimmt.

Die einfachen Körper (*Moleküle*) unterscheidet Sp. bloß nach der Ruhe und Bewegung; also weder nach Gestalt noch nach Größe, noch nach materialen Eigenschaften. Da nun die zusammengesetzten Körper ihre Eigenschaften nur von diesen Elementen ableiten können, so ergibt sich, daß sie wohl in Gestalt und Größe, aber nicht in materialen Eigenschaften sich unterscheiden können; folglich sind diese, wie Farbe, Töne, Wärme, Geschmack, Geruch, keine wirklichen Eigenschaften. Cartesius hatte dies bereits ausgesprochen; Locke ist dem später beigetreten, und die moderne Naturwissenschaft lehrt das gleiche. Ihr gelten diese materialen Eigenschaften nur für das Erzeugnis der wahrnehmenden Seele. Sp. äußert sich merkwürdigerweise hierüber nicht. Er konnte freilich diese Wendung nicht benutzen, da bei ihm jeder Vorstellung, also auch der der Farbe und des Tones, ein körperlicher Zustand entsprechen muß.

Das Wesen der zusammengesetzten Körper besteht nach Sp. nur in der Bestimmtheit der Lage und gegenseitigen Bewegung der Elemente. Alles, was diese nicht verändert, verändert auch den Körper nicht. Deshalb sagt Sp. in II. L. 24 B.: „Die Teile, welche den Körper bilden, gehören nur insoweit zu dem Wesen desselben, als sie sich ihre Bewegungen in gewisser Weise gegenseitig mitteilen." Man sehe auch II. L. 19 und IV. L. 39. Diese Lehrsätze sind ein Versuch, das Wesen der organischen Körper, insbesondere des menschlichen Körpers, zu erfassen; er bleibt natürlich innerhalb der rohsten Annahmen stehen; doch sind diese Grundgedanken auch in der modernen Naturwissenschaft festgehalten worden.

28. Hypothese 1 bis Hypothese 6. Diese Hypothesen sind teils aus der Erfahrung abgeleitet, teils reine Hypothesen. Sp. könnte sie ebensogut, wie die früheren, Axiome nennen. In der Geometrie unterscheiden sich Postulate und Axiome dadurch, daß jene ein Tun, z. B. das Ziehen einer Linie fordern, dessen Ausführung durchaus einfach und leicht ist. In diesem Sinne ist hier das Wort nicht gebraucht.

29. Lehrsatz 14 Beweis. Die Seele ist nur das parallel laufende Spiegelbild der Veränderungen ihres Körpers; daraus folgt dieser Lehrsatz.

30. Lehrsatz 15 Beweis. Der hier geführte B. gilt nur für Gott, nicht aber für die menschliche Seele, von welcher der L. spricht. Dieser Unterschied ist wichtig, weil nach L. 24 die Seele nicht die zureichende Kenntnis der Teile (Elemente) ihres Körpers hat. Man wird deshalb den L. 15 so verstehen müssen, daß er entweder nur von der in Gott seienden Vorstellung spricht, oder unter den Teilen des Körpers nicht seine Elemente meint. Die Fassung bleibt zweideutig.

31. Lehrsatz 16 Beweis, Zusatz 1, 2. Dieser Lehrsatz ist für das System sehr wichtig; auf ihm beruht der Grundsatz bei Sp., daß die Seele von fremden Körpern durch das Wahrnehmen nur eine mangelhafte und verworrene Kenntnis erhält, die damit auch dem bildlichen Vorstellen und der Erinnerung anhaftet. Die Seele nimmt dabei mehr ihren als die fremden Körper wahr. Diese Meinung ist eine Folge der Auffassung, daß die Seele nur die Vorstellung ihres Körpers ist. Diese Meinung über das Wahrnehmen bietet sich dem Nachdenken allerdings zunächst dar; die Sinneswerkzeuge des menschlichen Körpers nach ihrem Bau und die bekannten Sinnestäuschungen führen zunächst darauf. Wenn indes diese falschen Zusätze von der Seele selbst als solche erkannt und somit ihre Wahrnehmung der fremden Gegenstände gereinigt und zur Wahrheit erhoben werden kann, so wird damit jene Auffassung bedenklich, und die Natur des Wahrnehmens erfordert deshalb eine viel tiefere Untersuchung, als hier von Sp. geschieht.

32. Lehrsatz 17 Beweis, Zusatz, Erläuterung. Nach diesem L. und Z. erkennt Sp. keinen Unterschied zwischen der Wahrnehmung und der bloßen Vorstellung an. Beide sind bekanntlich im Inhalte und möglicherweise auch in der Stärke ganz gleich; ihr Unterschied liegt lediglich darin, daß jene den Inhalt als gegenwärtig oder wirklich seiend setzt, während in der bloßen Vorstellung dies nicht geschieht. Dieser Unterschied betrifft die Wissensart und ist für das Wissen der Seele von der höchsten Bedeutung. Dadurch allein wird ihr Vorstellen von der steten Gegenwart der Gegenstände frei und kann sich als Erinnerung und Phantasie in den mannigfachsten Weisen bewegen, ohne daß im Sein sich ein Stäubchen zu rühren braucht.

33. Lehrsatz 18 Beweis, Erläuterung. Diese Erklärung des Gedächtnisses ist die Folge von L. 17. Ihre Schwäche ist leicht aufzuzeigen. Sie trifft nicht einmal genau mit der Erfahrung überein. Nach der Erklärung Spinozas müßten beide Vorstellungen zugleich wieder in das Wissen eintreten; dies ist aber falsch; in den meisten Fällen wird die eine von der anderen erweckt und folgt ihr zeitlich erst nach; ja oft währt es lange oder geschieht gar nicht, daß die zweite nachfolgt, was nach Sp. unerklärlich wäre.

34. Lehrsatz 19 Beweis. Hier kehren die Schwierigkeiten des Verständnisses wieder, welche in dem Verhältnis des Vorstellens Gottes und des Menschen nach Spinozas Darstellung liegen. Man schwankt, ob das Vorstellen Gottes ein besonderes für sich ist, oder ob es sich bloß durch die Seelen der endlichen Körper einschließlich des menschlichen verwirklicht. Im ersten Falle besteht kein Sein des Menschen und seiner Seele in Gott, im letzten Falle geht die Einheit Gottes zugrunde. Der Wortsinn bei Sp. deutet mehr auf die erste Alternative; indes ist wahrscheinlich, daß Sp. dennoch die zweite meint, wonach ein besonderes Vorstellen Gottes neben dem Vorstellen der endlichen Wesen nicht besteht, sondern jenes nur aus der Totalität dieser besteht. Dafür spricht auch die Fassung des B. zu II. L. 30 und V. L. 35. 36. Diese Auffassung ist dann in die Philosophie Hegels übergegangen.

35. Lehrsatz 20 Beweis. Sp. geht hier auf das über, was man Selbstbewußtsein nennt. Jedes Wissen der Seele ist nicht bloß ein Wissen seines Inhaltes, sondern auch ein Wissen seiner selbst; man ist sich seiner Vorstellungen als solcher bewußt; dadurch kann man sie beobachten, unterscheiden, ordnen, in Arten einteilen und somit die Gesetze des Wissens, abgesehen von dessen Inhalt, erfassen. Das Selbstbewußtsein ist eine der Natur des Wissens anhaftende Bestimmung, die man durch das Wissen selbst kennenlernt. Sp. verleugnet diesen Weg; er will auch hier das Selbstbewußtsein nur aus höheren Begriffen ableiten.

36. Lehrsatz 21 Beweis, Erläuterung. Hier wird der L. 20 weiter ausgeführt.

37. Lehrsatz 22 Beweis. Während L. 20 und 21 sich auf das Selbstbewußtsein zunächst in Gott beziehen, macht der L. 22 die Anwendung davon auf das der menschlichen Seele innewohnende Bewußtsein ihres Wissens.

38. Lehrsatz 23 Beweis. Da die Seele nur aus den Vorstellungen der Zustände ihres Körpers besteht (L. 19), so folgt von selbst, daß das Selbstbewußtsein der Seele nur auf diese Vorstellungen der Zustände gehen kann, denn diese bilden seinen Gegenstand. Der von Sp. gegebene Beweis ist schwerfällig und dunkel.

39. Lehrsatz 24 Beweis. Dieser L. 24 enthält die Ergänzung des L. 19. Diese Lehrsätze folgen aus dem Begriff, den Sp. vom menschlichen Körper aufstellt. Das Wesen desselben liegt nach Sp. nicht in der Natur der Elemente, welche ihn bilden, sondern nur in den festen und bestimmten Bewegungen und Lagen dieser Elemente zueinander. Sp. mußte dies annehmen, um zu erklären, daß der Stoffwechsel den Körper nicht aufhebt. Die Kenntnis der Seele von ihrem Körper umfaßt also nur diese Lagen und Bewegungen oder die Zustände, wie Sp. sagt, und nicht die Natur der Elemente selbst. Zur zureichenden Kenntnis dieser Elemente gehört aber die Vorstellung ihrer Ursachen oder, wie Sp. sagt, „es gehört dazu eine andere Vorstellung einer einzelnen Sache, welche dem Element selbst vorhergeht." Diese Vorstellungen gehen über die Vorstellungen, welche die menschliche Seele ausmachen, hinaus, und deshalb hat die Seele keine zureichende Kenntnis dieser Elemente.

40. Lehrsatz 25 Beweis. Dieser L. und B. wiederholt den Gedankengang des L. 24; die dort gegebenen Erläuterungen gelten daher auch hier.

41. Lehrsatz 26 Beweis, Zusatz, Beweis. Der L. 26 wiederholt nur den L. 16 und 17.

42. Lehrsatz 27 Beweis. Eine zureichende Kenntnis ist eine solche, welche auch die Ursache ihres Gegenstandes umfaßt. Nun hat die Seele nur die Kenntnis ihrer Zustände, aber nicht die Kenntnis der Elemente ihres Körpers und der fremden Körper, welche die Ursachen dieser Zustände und gegenseitigen Erregungen sind; deshalb ist ihre Kenntnis dieser Zustände ihres Körpers unzureichend und verworren.

43. Lehrsatz 28 Beweis, Erläuterung. Lehrsatz 28 wiederholt nur L. 27. In L. 27 wird der Seele die zureichende Kenntnis des menschlichen Körpers als solchem abgesprochen, in L. 28 die zureichende Kenntnis seiner Zustände. Der Beweis ist für beide Sätze derselbe.

44. Lehrsatz 29 Beweis, Zusatz, Erläuterung. Am Schluß des E. wird der Gegensatz des bildlichen Vorstellens angedeutet; die zureichende Erkenntnis der Dinge soll von innen ausgehen und sich auf die Übereinstimmung, die Unterschiede und die Gegensätze der Dinge richten.

45. Lehrsatz 30 Beweis, Lehrsatz 31 Beweis, Zusatz. Der Inhalt dieser beiden L. ist verständlich und ergibt sich aus den vorhergehenden Lehrsätzen. Wenn die Seele das Einzelne und Endliche nur verworren fassen kann, d. h. wenn sie die Totalität seiner Ursachen nicht erfassen kann, so folgt, daß sie auch deren Dauer oder deren Eintritt in die Zeit und deren Austritt aus derselben nicht kennen kann.

Dagegen ist die Seele nach Sp. im Stande, die zureichende Kenntnis von dem außerhalb der Zeit liegenden Wesen der Dinge und deshalb auch von Gott zu gewinnen, wie das Folgende zeigen wird.

46. Lehrsatz 32 bis Lehrsatz 35. Wenn nach II. L. 7 die Reihe der Vorstellungen in dem Denk-Attribut Gottes genau parallel mit der Reihe der körperlichen Dinge in dem Ausdehnungs-Attribut verläuft, so steht unzweifelhaft fest, daß alle diese Vorstellungen wahr sind; die Übereinstimmung ist in dieser Hypothese vorausgesetzt und diese bildet den Begriff der Wahrheit. (I. A. 6.)

47. Lehrsatz 36 Beweis. Wenn nach Sp. das Falsche und das Verworrene nur ein Mangel ist, welcher aus dem partiellen Vorstellen der Seele entspringt, so muß notwendig dieser Mangel in Gott als der Totalität aller Vorstellungen verschwinden. Die unendliche Reihe der Vorstellungen umfaßt also die wahren wie die falschen Vorstellungen, da letztere in dieser vollständigen Reihe ebenfalls zu den wahren gehören.

48. Lehrsatz 37 Beweis. Mit diesem L. beginnt die wichtige Lehre von dem Gemeinsamen der Körper und von den Vorstellungen dieses Gemeinsamen. Dieses Gemeinsame bildet nach Sp. den Gegenstand der wahren oder zureichenden Erkenntnis. Alles einzelne, endliche kann als solches nach Sp. von der menschlichen Seele nur unzureichend, mangelhaft erkannt werden; das Gemeinsame allein ist zureichend zu erkennen.

Bei dieser Auffassung ist es von der höchsten Wichtigkeit, zu wissen, was Sp. unter diesem „Gemeinsamen" (*commune*) versteht. Seine Darstellung ist indes nicht so ausführlich, wie es die Wichtigkeit der Frage erfordert. Sp. beruft sich wegen des Begriffs des Gemeinsamen auf II. Ln. 2. Auch dort sind nur Beispiele gegeben; indes erkennt man daraus, daß Sp. unter diesem Gemeinsamen die Attribute und die unendlichen Modifikationen derselben versteht. Da die endlichen Zustände nicht für sich bestehen, sondern nur in einem anderen, durch das sie vorgestellt werden, (I. D. 5), so ist es konsequent, wenn Sp. das betreffende Attribut als das Gemeinsame aller seiner endlichen Zustände auffaßt. Ähnliches gilt für die unendlichen Modifikationen, soweit Sp. dabei an Bewegung und Ruhe denkt.

49. Lehrsatz 38 Beweis, Zusatz. Dieser Satz ist für Sp. von hoher Wichtigkeit. Er kann nur voll verstanden werden, wenn man festhält, 1) daß das falsche Wissen nach Sp. nur ein mangelhaftes ist; es fehlt ihm nur etwas zur Wahrheit; 2) daß Sp. hier von einem allen Dingen Gemeinsamen spricht. Indem ein solches Gemeinsame in jedem einzelnen enthalten ist und in jedem Zustand, der aus dem Zusammenwirken mehrerer einzelnen Dinge entsteht, ist es natürlich, daß jede, auch die partielle Kenntnis eines einzelnen, dennoch dies Gemeinsame voll erfassen muß; denn es ist als Gemeinsames in jedem und in jeder Wirkung mehrerer sich gleich und überall als ein und dasselbe vorhanden. Die übrigen einzelnen können nie etwas zu diesem Gemeinsamen Gehöriges enthalten, was nicht schon in der Kenntnis des ersten oder einzelnen Zustandes enthalten wäre. Deshalb gibt es keine partielle oder mangelhafte Vorstellungen von dem allen Gemeinsamen, und deshalb ist auch die Vorstellung dieses Gemeinsamen in der menschlichen Seele immer eine totale, zureichende und wahre.

50. Lehrsatz 39 Beweis, Zusatz. Den Begriff des Gemeinsamen, welches den Gegenstand der wahren Erkenntnis bildet, dehnt Sp. hier auf dasjenige aus, was dem menschlichen Körper und den ihn in dem einzelnen Fall erregenden fremden Körpern gemeinsam ist. Dadurch wird das Gebiet des Gemeinsamen allerdings sehr erweitert; dessenungeachtet bleibt diese Hypothese Spinozas, womit er den Parallelismus zwischen Wissen und Sein retten will, unzureichend.

51. Lehrsatz 40 Beweis, Erläuterung 1, 2. Der B. von L. 40 könnte kürzer sein, da der L. tautologisch ist. Wenn diejenige Vorstellung zureichend ist, welche die Kenntnis ihrer Ursache einschließt, und deren Wirkung aus ihr allein erkannt werden kann, so wiederholt der L. nur diese Definition.

52. Lehrsatz 41 Beweis, Lehrsatz 42 Beweis. Die Kenntnis der ersten Art oder die verworrene umfaßt nach Sp. nicht bloß die transzendentalen und universalen Begriffe, sondern auch die Vorstellungen des einzelnen oder des, was die Sinnes- und Selbstwahrnehmung genannt worden ist.

53. Lehrsatz 43 Beweis, Erläuterung. Sp. behandelt hier die Frage nach dem sogenannten Kriterium der Wahrheit. Man will wissen, woran man die wahren Vorstellungen erkennen kann. Nach Sp. liegt dieses Kriterium in der Gewißheit, d. h. in der subjektiven Überzeugung, daß die Vorstellung wahr sei.

In dieser Gewißheit hatte schon Cartesius das Kennzeichen der Wahrheit gesetzt. In seiner III. Meditation sagt er: „Ich kann es daher als den Fundamentalsatz hinstellen, daß das wahr ist, was ich klar und deutlich erfasse", womit er die Gewißheit meint; auch Sp. tritt diesem Prinzip am Schluß der E. 2 ausdrücklich bei.

54. Lehrsatz 41 Beweis. Die Vernunft besteht nur aus den zureichenden Vorstellungen (II. L. 40 E.), d. h. aus solchen, welche auch ihre Ursachen einschließen, und damit ist die Zufälligkeit ausgeschlossen.

55. Zusatz 1 Erläuterung zu Lehrsatz 41. Dieser Zusatz gibt die Ergänzung zu II. L. 17. Sp. gibt hier eine Erklärung, weshalb man einen Gegenstand, obgleich er nach L. 17 auch in der Erinnerung oder im bloßen Vorstellen immer als gegenwärtig vorgestellt werde, dennoch unter Umständen als vergangen oder zukünftig nehmen könne; nämlich dann, wenn man mit dem Gegenstand zugleich die Zeit vorstellt, in der man ihn gesehen hat.

56. Zusatz 2 Erläuterung zu Lehrsatz 44. Dieser Zusatz erklärt, weshalb Sp. die Zeit nicht wie die Ausdehnung oder den Raum zu den Attributen Gottes gerechnet hat. Da die geometrischen Lehrsätze zeitlos aus den Definitionen folgen, so gilt diese Art der Entwicklung dem Sp. als die allein wahre.

57. Lehrsatz 45, Lehrsatz 46, Lehrsatz 47 mit Beweis und Erläuterung. Während die meisten modernen Systeme Gott infolge seiner Unendlichkeit für unerkennbar erklären, ist Sp. der entgegengesetzten Ansicht, wie die L. 45–47 zeigen.

58. Lehrsatz 48, Lehrsatz 49, Beweis, Zusatz, Beweis, Erläuterung. Die Worte dieser Lehrsätze verleiten zu der Meinung, daß es sich hier um die Frage der Willensfreiheit handele. Allein Sp. versteht nach E. zu L. 48 unter Wille hier nicht das Begehren, sondern die dem Vorstellen anhaftende Gewißheit. Diese Gewißheit ist etwas von dem Begehren oder Wollen im gewöhnlichen Sinne völlig Verschiedenes.

59. Erläuterung zu Lehrsatz 49. In dem zweiten Teil dieser Erläuterung widerlegt Sp. vier Einwürfe seiner Gegner gegen den von ihm aufgestellten Begriff des Willens oder der Gewißheit. Diese Erörterung hat für die Gegenwart wenig Interesse, weil die Einwendungen auf Spitzfindigkeiten der scholastischen Philosophie beruhen.

60. Schluß der Erläuterung zu Lehrsatz 49. In diesem Teil behandelt Sp. nicht mehr die Gewißheit, sondern die Erkenntnis; jene ist nur der Erkenntnis innewohnend. Der Nutzen, welcher aus dem zureichenden Wissen oder aus der Erkenntnis II. oder III. Ordnung, (II. L. 40 E. 2) fließt, wird hier nur historisch dargelegt; die philosophische Begründung folgt in Teil V.

61. Schlußbetrachtung zu Teil II. der Ethik. Mit dem Schluß des II. Teils der Ethik zeigt sich nun, daß er nur eine Philosophie des Wissens ist. Die Zustände der Seele, ihre Gefühle und Begehren behandelt Sp. erst im III. und IV. Teil.

DRITTER TEIL

Von dem Ursprung und der Natur der Affekte

---

1. Vorrede. Das Wort Affekt bezeichnet schon im gewöhnlichen Leben einen Seelenzustand, in dem Gefühle und Begehren zugleich sind. Großartig und für seine Zeit neu ist der Gedanke, bei der Untersuchung der Affekte alle religiösen und sittlichen Rücksichten beiseite zu lassen und dieses Gebiet der Seele wie ein zweites Naturgebiet zu behandeln. Deshalb enthält dieser III. Teil noch keine Erörterungen sittlicher Fragen; diese treten erst im IV. Teil auf.

2. Definition 1. Die Bedenken gegen diese Definition des Zureichenden sind bereits bei II. D. 4 und I. A. 3, 4 entwickelt worden.

3. Definition 2. Hier gibt Sp. die für sein System überaus wichtigen Begriffe des Handelns und Leidens. Sie weichen von dem gewöhnlichen Sinne dieser Worte gänzlich ab; da gilt das von dem Menschen durch sein Wollen und durch die Kraft seines Denkens oder seines Körpers Vollführte als Handeln; und jeder Zustand seiner Seele oder seines Körpers, der die Wirkung eines fremden Handelns ist, gilt als ein Leiden, wobei ein Schmerz nicht erforderlich ist. Nach Sp. ist aber das Handeln nicht ein Wollen und nicht die in Äußerung übergehende Kraft, sondern die logische Folge aus dem Grunde. Handeln und Leiden sind beides solche Folgen; sie unterscheiden sich bei Sp. nur dadurch, daß bei jenem der Mensch die volle, bei dem Leiden nur die partielle Ursache der Folgen ist.

4. Definition 3. Vermöge des Parallelismus der beiden Attribute ist nach Sp. jeder Affekt sowohl in dem Körper wie in der Seele; dort ist er ein körperlicher Zustand, hier ein Zustand des Denkens, und zwar ein Vorstellen, wie Sp. später deutlicher sagt (III. L. 2 E. u. L. 11). Deshalb gelten auch die Begriffe des Handelns und des Leidens sowohl von dem Körper wie von der Seele, und zwar von jedem für sich. Das Handeln der Seele ist deshalb nach Sp. nur das Erkennen oder der Besitz zureichender Vorstellungen, weil aus diesen allein, ohne Mithilfe von anderen, die Folgen innerhalb des Vorstellens sich ableiten (III. D. 1). Deshalb ist für Sp. jeder Affekt auch ein bewußter.

5. Lehrsatz 1 Beweis. Auch hier wird der Beweis schwerfällig durch den Rückgang auf Gott; während der L. aus dem Begriff des Zureichenden und des Handelns von selbst folgt, da er mit den Definitionen 1 und 2 tautologisch ist.

6. Lehrsatz 2 Beweis. Dieser L. ist nur die Wiederholung von II. L. 6 und 7; er bedurfte deshalb keines besonderen Beweises.

7. Erläuterung zu Lehrsatz 2. Hier sucht Sp. die auf der Hand liegenden Einwürfe gegen seine Lehre, daß die Seele keinen Einfluß auf ihren Körper habe, zu widerlegen. Seine Gründe sind schwach. Der erste beweist bloß die Möglichkeit der Hypothese Spinozas; der zweite, daß der Mensch die Mittel, wodurch die Seele auf den Körper wirkt, nicht kennt, widerlegt diese Einwirkung nicht. Die Naturwissenschaft, insbesondere die Medizin, hat viele Gesetze, wo sie die Mittelursachen noch nicht kennt, und wo dennoch die Einwirkung besteht.

8. Lehrsatz 3 Beweis, Erläuterung. Dieser L. 3 wiederholt nur III. L. 1. Die E. zu dem L. erläutert nochmals den Begriff des Zureichenden und dient zur Erläuterung des oben Bemerkten.

9. Lehrsatz 4 Beweis. Dieser Lehrsatz gehört zu den Überresten scholastischer Philosophie. Der Lehrsatz ist wertlos, weil der Begriff der äußeren Ursache völlig schwankend ist. Es kommt eben darauf an, was zu dem Wesen der Sache gerechnet wird. Wenn man den Begriff des Seins in seiner strengen Reinheit nimmt, so fehlt allerdings in ihm das Ende oder das Aufhören ebenso wie das Anfangen; allein deshalb ist das endlose Sein nicht etwas Wirkliches, sondern eben nur ein Sein, von dem im Denken das Ende abgetrennt worden ist, von dem aber diese Trennbarkeit des Endes in der Wirklichkeit durchaus ungewiß bleibt. Mit solchen Spielen des trennenden Denkens glaubte die scholastische Philosophie die Natur erforschen zu können, und Sp. ist noch ganz von dieser Richtung befangen.

10. Lehrsatz 5 Beweis. Auch dieser Lehrsatz ist von solcher Natur. Wenn das Entgegengesetzte etwas ist, was das Dasein aufhebt, so ist L. 5 tautologisch mit L. 4.

11. Lehrsatz 6 Beweis. Hier wird der wichtige Begriff des Strebens (*conatus*) eingeführt, welcher sich dann in das Begehren umwandelt. Dieser Begriff soll hier aus L. 4 oder L. 5 abgeleitet werden; allein diese führen nur dahin, daß ein Ding sich nicht selbst zerstört; aber das Streben, sich zu erhalten, ist etwas ganz anderes, von dem bloßen Dasein wesentlich Verschiedenes. Aus dem bloßen Dasein folgt durchaus nicht, daß das Daseiende sich dem Zerstörenden entgegenstellt, d. h., daß es sich zu erhalten strebt.

12. Lehrsatz 7 Beweis. Nach den vorgehenden L. 4 bis 6 ist das Streben, sich zu erhalten, aus dem Wesen des Dinges abgeleitet; es gehört also zu den Folgen des Wesens oder der Definition, und da die Folgen in der Definition gleichsam eingehüllt enthalten sind (I. L. 16 B.), so kann Sp. sagen, daß Streben und Wesen identisch sind; obgleich dabei auch hier die Identität in einem falschen Sinne von ihm angewendet wird.

13. Lehrsatz 8 Beweis. Hier tritt der Zirkel deutlich hervor, in dem sich dieser scholastische Gedankengang von L. 4 ab bewegt. Erst wird aus der Wahrnehmung einer endlichen oder vergänglichen Sache alles abgetrennt, was sich auf ihr Ende bezieht; damit gelangt das Denken zu dem reinen Sein, was natürlich wegen dieser Abtrennung ein Ende nicht mehr an sich haben kann, und daraus wird nun wieder die unbestimmte Fortdauer dieses Seins bewiesen. Die B. zu L. 6 und L. 8 sind deshalb von Wichtigkeit für die Erkenntnis der Methode Spinozas; sie zeigen, daß die geometrische Begründung über die Tautologie nicht hinauskommt. Alles Neue muß offen oder versteckt aus der Erfahrung entnommen werden.

14. Lehrsatz 9 Beweis, Erläuterung. Der L. 9 ist nur die Anwendung der allgemeinen L. 4 bis L. 8 auf die Seele als einen besonderen Gegenstand; deshalb kann der Beweis rein durch Schlußfolgerung geführt werden; er enthält deshalb aber auch nichts Neues.

Wichtiger ist die E. Hier wird Wille (*voluntas*) wieder im natürlichen Sinn gebraucht. Das Verlangen (*appetitus*) ist nur ein anderes Wort.

15. Lehrsatz 10 Beweis. Dieser Lehrsatz folgt logisch aus den in dem B. angezogenen Prämissen.

16. Lehrsatz 11 Beweis. Vermittelst dieses L. überträgt Sp. den zunächst für den Körper aufgestellten Begriff der Affekte auch auf die Seele. Die Seele stellt nicht bloß die Affekte oder Machtveränderungen des Körpers vor, sondern erleidet auch selbst dergleichen Machtveränderungen und ist deshalb selbst den Affekten unterworfen. Dessenungeachtet ergibt sich aus dem Späteren, daß diese Seelenaffekte nach Sp. nichts anderes als Vorstellungen sind.

17. Erläuterung zu Lehrsatz 11. In dieser E. gibt Sp. die wichtigen Definitionen von Lust und Schmerz, von Fröhlichkeit und Traurigkeit. Jene sollen sich auf Seele und Körper beziehen, diese nur auf die Seele.

18. Schluß der Erläuterung zu Lehrsatz 11. Diesen letzten Teil der E. kann man nur verstehen, wenn man festhält, daß die Seele, obgleich sie nur die Vorstellung der Zustände ihres Körpers ist, dennoch mit ihrem Körper außer aller ursprünglichen Verbindung steht, weil beide zu verschiedenen Attributen gehören. Deshalb ist es ganz konsequent, daß das Ende der Seele nie von dem Ende des Körpers kommen kann, sondern nur durch eine andere, ihr entgegengesetzte, d. h. sie aufhebende Vorstellung, die dann nach dem System Spinozas in Gott verlegt werden muß, soweit er von der Vorstellung eines andern Körpers erregt ist.

19. Lehrsatz 12 Beweis. Wenn das Streben, sich zu erhalten, aus dem Wesen jedes Gegenstandes folgt, und wenn die Machtvermehrung zum Wesen gehört, so folgt allerdings, daß jedes Ding nach Machtvermehrung, d. h. nach Fröhlichkeit und Lust strebt. Ebenso folgt aus dem Parallelismus der Körper- oder Seelenzustände, daß die Machtvermehrung des Körpers auch von einer solchen in der Seele begleitet ist.

20. Lehrsatz 13 Beweis, Zusatz. In L. 12 ist bewiesen, daß die Seele nach der Lust und ihren Ursachen strebt; hier wird bewiesen, daß sie den Schmerz und seine Ursachen verabscheut.

21. Erläuterung zu Lehrsatz 13. Diese Definitionen von Liebe und Haß sind berühmt und werden noch heute vielfach verteidigt.

22. Lehrsatz 14 Beweis. Das Gesetz für die Wiedererweckung der Vorstellungen wird hier auch auf die Affekte ausgedehnt.

23. Lehrsatz 15 Beweis, Zusatz, Beweis, Erläuterung. Hier, wie an vielen Orten, würden Beispiele das Verständnis der Lehrsätze erleichtert haben, allein Sp. tut dies nur ungern.

24. Lehrsatz 16 Beweis. Der L. ist richtig, aber er ruht nicht auf dem L. 14, welcher falsch ist, sondern auf dem Gesetz der Erinnerung, welche erst mittelbar die Gefühle wachruft. Deshalb hat auch der Satz eine nur beschränkte Gültigkeit.

25. Lehrsatz 17 Beweis, Erläuterung. Sp. begnügt sich, das gleichzeitige Dasein von Schmerz und Freude anzuerkennen und ihre Ursachen darzulegen.

26. Lehrsatz 18 Beweis, Erläuterung. Dieser L. 18 folgt logisch aus II. L. 17.

27. Erläuterung 2 zu Lehrsatz 18. Auch diese Definitionen sind bedenklich. Das Wesen der Hoffnung liegt gerade darin, daß sie die Lust aus der kommenden Lust ist. Darin ist ihre Eigentümlichkeit enthalten.

28. Lehrsatz 19 Beweis. Wenn die Ursache der Lust aufhört, folgt nur das Ende der Lust, aber nicht der Anfang des Schmerzes. Deshalb ist auch der Beweis ungenügend; Sp. konnte nicht sagen: „Das Hemmen des Strebens der Seele oder der Fröhlichkeit erfüllt die Seele mit Trauer." Aber solche feinere Beobachtungen lagen außerhalb Spinozas Gesichtskreis.

29. Lehrsatz 20 Beweis. Dieser Lehrsatz ist die Umkehrung von L. 19 und leidet deshalb an demselben Mangel.

30. Lehrsatz 21, 33, Beweis. Hier behandelt Sp. die Gefühle in dem geliebten Gegenstand, welche das Wesen der Liebe bilden, wie oben gezeigt worden ist. Anstatt sie aber als den Kern der Liebe und als das Ursprüngliche zu nehmen, behandelt sie Sp. nur als das Mittel für die eigene Lust. Diese eigene Lust ist nach Sp. zugleich die Liebe für den Gegenstand, der als Ursache dieser Lust erkannt ist. Deshalb liebt man nach Sp. das Leblose ebenso wie das Lebendige, wenn es nur Ursache einer Lust ist. An sich sind die in dem geliebten Gegenstand dabei vorhandenen Gefühle ganz gleichgültig; nur weil dem Liebenden wegen seiner Lust an der Fortdauer des geliebten Gegenstandes gelegen ist, und diese Fortdauer durch die Fröhlichkeit des geliebten Gegenstandes gesteigert und gesichert wird, deshalb ist auch diese Fröhlichkeit des Geliebten den Liebenden eine Ursache der Lust.

31. Lehrsatz 22 Beweis. Dieser Lehrsatz ist die konsequente Folge von L. 21. Er ist insofern richtiger als III. L. 13 E., als hier ein Jemand, d. h. ein lebendiges Wesen als Ursache der Fröhlichkeit gesetzt ist.

32. Erläuterung zu Lehrsatz 22. Das Wort, was Sp. im Lateinischen vermißt, ist im Deutschen in dem Mitgefühl oder in der Mitfreude vorhanden. Das Wort Gunst (*favor*) ist hier in seinem Sinne beschränkt; Sp. hätte dieses Gefühl auch Dankbarkeit nennen können.

33. Lehrsatz 23 Beweis, Erläuterung. Hier und in dem Folgenden gerät Sp. in eine schwerfällige und pedantische Methode. Sätze, welche einfache Folgerungen aus vorgehenden Lehrsätzen sind und deshalb höchstens in einen Zusatz gehört hätten, werden in die wichtige Form von neuen Lehrsätzen gekleidet und mit umständlichen Beweisen ausgestattet. Beinahe scheint es, als hätte die Freude, daß hier die geometrische Beweismethode sich so leicht ausführen läßt, Sp. die Geringfügigkeit des Inhaltes übersehen lassen.

34. Lehrsatz 24 Beweis, Erläuterung. Der Neid gehört nicht zum Haß. Im Haß ist die Hauptsache das Gefühl in der Person des Gehaßten; sein Schmerz macht dem Hassenden Freude und umgekehrt. Im Neid tritt die Person zurück; es wird nur ein Gegenstand begehrt, den der andere besitzt, und dessen Besitz deshalb als ein Hindernis gilt, daß man nicht selbst den Gegenstand besitzen und die Lust daraus genießen kann. Die Person des Besitzenden kann dabei ganz gleichgültig bleiben, ja, der Neid kann sich selbst auf geliebte Personen ausdehnen; Geschwister beneiden einander, obgleich sie sich lieben; beide Gefühle sind keine unmittelbaren Gegensätze.

35. Lehrsatz 25 Beweis. Dieser L. ist nur eine Folge von III. L. 12 und 13.

36. Lehrsatz 26 Beweis. Dieses gilt auch für diesen L., und es wird deshalb auf das zu Nr. 33 Bemerkte Bezug genommen.

37. Erläuterung zu Lehrsatz 26. Die Definition des Stolzes ist nicht richtig. Es gibt auch einen berechtigten Stolz, der sich nicht auf eingebildete, sondern auf wahre Vorzüge stützt; das, was Sp. Stolz nennt, wird gewöhnlich Eitelkeit genannt; nur der Eitle, nicht der Stolze stützt sich auf eingebildete Vorzüge. Die Begriffe der Überschätzung (*existinatio*) und der Verachtung (*despectus*) gehören weit mehr zu den sittlichen Gefühlen als zu denen der Lust.

38. Lehrsatz 27 Beweis, Erläuterung. Hier sucht Sp. die allgemeine Menschenliebe aus Prinzipien zu beweisen. Dieser Beweis ist dunkel und schwach; denn aus der Ähnlichkeit des Gegenstandes folgt nicht die Ähnlichkeit der Erregung, welche der eigene Körper von diesem Gegenstand erleidet. Auch ist der Affekt nicht diese Erregung selbst, sondern nur der Übergang von weniger Macht zu mehr Macht oder umgekehrt. Wie dieser Übergang sich bildlich im Körper darstellen soll, ist unfaßbar.

39. Zusatz 1, 2, 3, Erläuterung zu Lehrsatz 27. Diese Folgesätze sind selbstverständlich. Das Wohlwollen (*benevolentia*) ist überhaupt das aus der Liebe hervorgehende Streben, dem Geliebten Freude zu bereiten und seinen Schmerz zu lindern, und es hat daher seine Quelle keineswegs bloß in dem Mitleiden.

40. Lehrsatz 28 Beweis. Dieser L. ist die Folge aus III. L. 12 und 13.

41. Lehrsatz 29 Beweis. Der L. erhält erst durch die folgende E. seine Deutlichkeit. Es ist das Ehrgefühl, von der L. 29 handelt.

42. Erläuterung zu Lehrsatz 29. Der L. 29 ist so unbestimmt gefaßt, daß er nicht bloß auf das Ehrgefühl, sondern auch auf die allgemeine Menschenliebe bezogen werden kann. Obgleich beide Gefühle sehr verschieden voneinander sind, stellt sie Sp. doch hier zusammen; unter Humanität ist diese Menschenliebe zu verstehen.

43. Lehrsatz 30 Beweis, Erläuterung. Nach diesem L. ist die Lust aus der Ehre nur die Folge des zunächst aus blindem Nachahmungstrieb entspringenden ehrgeizigen Handelns.

44. Lehrsatz 31 Beweis, Zusatz, Erläuterung. Der L. 31 legt ebenfalls viel Gewicht auf die blinde Nachahmung, welche bei Erwachsenen und Verständigen viel weniger wirksam ist, als Sp. meint.

45. Lehrsatz 32 Beweis, Erläuterung. Dieser L. behandelt einen Kollisionsfall von Lust und Schmerz. Es hängt von den besonderen Umständen ab, welches Gefühl das stärkere sein und das Handeln bestimmen wird.

46. Lehrsatz 33 Beweis. Hier sucht Sp. das in der Liebe liegende Verlangen nach Gegenliebe zu beweisen. Die Frage ist von hohem Interesse und wird in den philosophischen Systemen viel zu leicht und meist als selbstverständlich behandelt.

47. Lehrsatz 34 Beweis. In diesem L. wird die Lust aus der Gegenliebe mit der Lust aus der Ehre vermischt, obgleich beide wesentlich verschiedene elementare Gefühle sind.

48. Lehrsatz 35 Beweis, Erläuterung. Die Eifersucht ist der Schmerz aus der mangelnden Gegenliebe und der Neid, weil ein anderer diese Gegenliebe gewonnen hat. Aber sie hebt deshalb nicht die Liebe zu dem Geliebten auf, da diese Liebe gar nicht von dessen Gegenliebe bedingt ist; im Gegenteil, die Eifersucht ist von der Fortdauer der Liebe bedingt.

49. Lehrsatz 36 Beweis, Zusatz, Erläuterung. Auch dieser Lehrsatz trifft nicht den vollen Begriff der Sehnsucht (*desiderium*). Man kann darunter allgemein das Begehren nach der Verwirklichung einer vorgestellten Ursache der Lust verstehen; gewöhnlich wird aber die Sehnsucht auf die Liebe bezogen und ist das Verlangen nach der Gegenwart des Geliebten.

50. Lehrsatz 37 Beweis. Der L. spricht eine triviale Wahrheit aus, d. h. einen Satz, den jeder stündlich an sich selbst erfährt. Dessenungeachtet ist das Unternehmen Spinozas, diesen Satz *a priori* zu beweisen, schwierig.

51. Lehrsatz 38 Beweis. Dieser L. widerspricht in seiner Allgemeinheit der Erfahrung, und der Beweis gelingt Sp. hier nur deshalb, weil er früher den Haß entsprechend definiert hat. Man haßt nicht jeden Menschen, der eine Ursache des Schmerzes ist; oft steigt vielmehr die Liebe durch die Kälte der Geliebten oder durch die Schmerzen, welche sie dem Liebenden bereitet.

Auch folgt nach Spinozas Lehre aus der Hemmung des Begehrens noch keine Traurigkeit; diese ist vielmehr nur eine Veränderung der Macht zu handeln, welche nach dem B. des vorigen L. mit dem Streben, sich zu erhalten, nicht identisch ist.

52. Lehrsatz 39 Beweis, Erläuterung. Dieser L. antizipiert die erst später in Teil IV. folgende Lehre von der Kollision der Gefühle und Begehren. Deshalb bleibt auch der Beweis mangelhaft, obgleich der L. wahr ist. Die Kollision der Begehren und die Beurteilung ihrer Stärke erfordert eine sehr eindringende Untersuchung, welche erst später folgt.

53. Lehrsatz 40 Beweis, Erläuterung, Zusatz 1. Dieser L. ist in dieser Allgemeinheit nicht wahr; er berührt, wie andere in diesem Teil III., nicht mehr einfache Gefühle und Begehren, sondern Kollisionsfälle widerstrebender Gefühle und Begehren, und solche Kollisionen lassen sich nie in dieser Weise durch Regeln entscheiden, weil alles von der unterschiedenen Stärke der kollidierenden Gefühle abhängt. Wo deshalb eine starke Liebe besteht, oder bei gutmütigen Menschen, wird der Haß keinen Gegenhaß erwecken.

Auch ist der B. nur auf die Nachahmung der Affekte gestützt (III. L. 27), während der Gegenhaß offenbar nicht aus einer solchen kindischen Nachahmung des Gegners entspringt. Sp. erkennt dies in der E. selbst an.

54. Zusatz 2 Beweis, Erläuterung zu Lehrsatz 40. Sp. gibt hier eine sinnreiche Erklärung, weshalb die Rache sich zunächst in Wiedervergeltung des gleichen Übels geltend macht.

55. Lehrsatz 41 Beweis, Zusatz, Erläuterung. Das unter Nr. 54 Bemerkte gilt auch hier; der L. 41 ist nicht unbedingt wahr.

56. Lehrsatz 42 Beweis. Der Beweis dieses an sich unzweifelhaften L. leidet, wie viele dieses Teiles, an Schwerfälligkeit.

57. Lehrsatz 43 Beweis, Lehrsatz 44 Beweis, Erläuterung. Das zu Nr. 56 Bemerkte gilt auch für L. 43 und 44.

58. Lehrsatz 45 Beweis. Wenn der Haß, wie zu Nr. 57 bemerkt worden, nicht immer als Traurigkeit behandelt werden kann, so fällt auch der auf dieser Auffassung beruhende Beweis des L. 45.

59. Lehrsatz 46 Beweis. Der Beweis des L. 46 ruht auf III. L. 16. Dieser L. hat aber, wie zu Nr. 24 gezeigt worden, nur eine beschränkte Gültigkeit; deshalb gilt auch L. 46 nicht allgemein.

60. Lehrsatz 47 Beweis, Erläuterung. Auch L. 47 ist in dieser Allgemeinheit nicht richtig. Starker Haß hebt die Regel der allgemeinen Menschenliebe völlig auf; deshalb empfindet der stark Hassende bei dem Schmerz oder der Demütigung des Gehaßten nur Freude, ohne Beimischung von Schmerz

61. Lehrsatz 48 Beweis. Dieser L. 48 erscheint ziemlich trivial; Sp. hat ihn nur aufgestellt, weil er ihn zum Beweis des L. 49 braucht.

62. Lehrsatz 49 Beweis, Erläuterung. Wenn die Menschen nach der gewöhnlichen Meinung für frei gehalten werden, so bleibt für das Unfreie nur das Tierreich und das Leblose.

63. Lehrsatz 50 Beweis, Erläuterung. Der Lehrsatz 50 und sein Beweis bedürfen keiner Erläuterung. Wichtiger ist der Satz in der E., daß man das Gehoffte leicht glaubt und das Gefürchtete schwer glaubt. Dieser Satz hat die Erfahrung für sich.

64. Lehrsatz 51 Beweis. Durch diesen L. 51 wird die Gesetzlichkeit in den Affekten, welche Sp. bis jetzt festgehalten und in ihrer Besonderung dargelegt hat, wieder völlig vernichtet oder wenigstens zu einer für den Menschen unerkennbaren gemacht. Der Beweis bleibt dabei mangelhaft, da der Unterschied in den menschlichen Körpern der einzelnen nicht bewiesen, sondern nur vorausgesetzt ist.

65. Erläuterung zu Lehrsatz 51. Sp. geht zu weit, wenn er behauptet, das Urteil über die Neigungen, Temperamente und Charaktere der Menschen stütze sich lediglich auf die individuelle Gefühlsweise des Urteilenden. Es mag dieser Moment sich oft in das Urteil mitbestimmend einmischen; allein bei verständigen Personen tritt es zurück gegen das allgemeine Maß, was sich aus dem Durchschnitt aller und aus der allgemeinen Sitte ergibt.

66. Lehrsatz 52 Beweis. Sp. kommt in diesem L. und seiner Erläuterung zu einer Frage von hoher Wichtigkeit. Obgleich Sp. nach dem Bisherigen keine anderen Affekte kennt als die der Freude und des Schmerzes, so führte ihn die Beobachtung doch auch zu Zuständen, welche zwar auch zu den Gefühlen gehören, aber doch weder Lust noch Schmerz enthalten. Es sind dies jene

Gefühle, die man im Mangel eines besseren Wortes mit dem Namen der Achtungs-Gefühle bezeichnen kann, und zu denen auch die sittlichen und religiösen Gefühle gehören.

67. **Erläuterung zu Lehrsatz 52.** Die Zustände der Bewunderung sind kein Wissen, keine Aufmerksamkeit, sondern Gefühle, mit denen sich nur folgeweise die aufmerksame Betrachtung des Bewunderten verbinden kann. In der Bewunderung liegt die Lähmung des Ichs, während in den Lustgefühlen die Stärkung des Ichs enthalten ist; dabei kann sich die Aufmerksamkeit und das Neue mit beiden verbinden.

68. **Lehrsatz 53 Beweis, Zusatz.** Dieser L. ist erfahrungsmäßig wahr; Sp. behandelt hier die Lust aus der Macht und die Lust aus dem Leben oder Dasein an sich. Denn nach III. L. 11 ist Freude nur der Übergang zu größerer Macht; ändert sich die Macht zu handeln nicht, so kann keine Freude entstehen, und folglich kann auch die Betrachtung dieser Macht keine Freude enthalten, wie hier behauptet wird.

69. **Lehrsatz 54 Beweis.** Dieser L. 54 ist nur die Wiederholung früherer Lehrsätze, insbesondere des L. 12 und L. 26 III.; L. 54 dient nur zur Vorbereitung von L. 55.

70. **Lehrsatz 55 Beweis, Zusatz 1, 2, Erläuterung.** Der Beweis des L. 55 leidet an demselben Mangel, der bei L. 63 gerügt worden ist. Die bloße Ohnmacht ist noch kein Schmerz; diese liegt nur in dem Übergang aus einer größeren zu einer geringeren Macht. Nicht die Ohnmacht oder Schwäche als ein sich gleichbleibender Zustand, sondern die Verminderung der Macht ist nach Sp. die Traurigkeit.

71. **Lehrsatz 56 Beweis, Erläuterung.** In L. 51 ist gesagt, daß die Affekte nach der Eigentümlichkeit des Menschen verschieden sind. Hier folgt das zweite, daß die Affekte auch nach der Eigentümlichkeit der sie erweckenden Gegenstände sich unterscheiden. Der B. des Sp. dafür ist in seinem Sinne richtig; er ruht auf seinen selbstgemachten Definitionen.

72. **Lehrsatz 57 Beweis, Erläuterung.** Dieser Lehrsatz 57 ist nur eine Verallgemeinerung von L. 51; er hätte deshalb vor diesen gehört. Sp. kann den Beweis nur dadurch führen, daß er hier nicht bloß das Begehren mit dem Wesen eines Dinges identifiziert, sondern auch die Traurigkeit und Fröhlichkeit mit dem Begehren für ein und dasselbe erklärt.

73. **Lehrsatz 58 Beweis, Lehrsatz 59 Beweis, Erläuterung.** Der L. 58 folgt unzweifelhaft aus den Definitionen des Sp. Wenn die

Macht zu handeln die Freude ist, so muß natürlich diese Freude in einem Zustand reinen Handelns auch enthalten sein.

In der E. behandelt Sp. die Tugenden, welche nach seiner Ansicht aus der Tätigkeit der Seele entstehen; wo mithin die Seele handelt oder, was dasselbe bei Sp. sagt, wo die Vernunft sie leitet. Dies ist ein neues Prinzip, was Sp. hier nur beiläufig erwähnt; erst im IV. und V. Teil wird es entwickelt. Sp. führt durch dieses Prinzip des Handelns, welches als solches schon die Tugend sein soll, einen Gegensatz gegen das Prinzip der Selbsterhaltung und des Nutzens ein, was er bisher allein behandelt hat. Diesen Gegensatz beseitigt Sp. auch später nicht vollständig; es kann hier vorläufig nur angedeutet werden, daß das vernünftige Handeln nach Sp. mit dem auf die Lust und den Nutzen gerichteten Handeln in dem Inhalt zusammenfällt.

74. **Erläuterung zu Lehrsatz 58.** In dieser E. kommt Sp. auf die oben erwähnte Empfänglichkeit als der zweiten Bedingung neben der äußeren Ursache für die Entstehung der Gefühle.

75. **Definitionen der Affekte.** Sp. verläßt hier seine streng geometrische Methode und wiederholt in freierer Weise noch einmal den Inhalt des dritten Teiles.

76. **Definition 2 und 3 Erklärung.** Es ist bereits oben bemerkt. daß Sp. die hier streng formulierte Definition der Fröhlichkeit und Traurigkeit nicht immer genau innegehalten hat. In III. L. 59, 53 wird auch die Macht an sich und die Vorstellung derselben als Fröhlichkeit behandelt.

77. **Definition 4 Erklärung.** Hier behandelt Sp. den Zustand der Bewunderung als bloße Wissensart, d. h. als Aufmerksamkeit; wie dies oben zu L. 52 dargelegt worden ist.

78. **Definition 6 Erklärung.** Sp. bekämpft mit Recht die Definition der Liebe, wonach sie nur in dem Streben, sich mit dem geliebten Gegenstand zu vereinigen, bestehen soll. Sp. macht mit Recht geltend, daß die Liebe zunächst Gefühl ist und das Begehren erst Folge.

79. **Definition 12, 13.** Unter Zweifel über den Ausgang einer vergangenen Sache ist zu verstehen, daß die Nachricht über diesen Ausgang noch fehlt und mit Hoffnung oder Furcht erwartet wird. Dies gilt auch für diese Ausdrücke in D. 14 bis D. 17.

80. **Definition 17.** Den Gegensatz der Freude bilden nicht die Gewissensbisse, sondern der Ärger; jene gehören zu den sittlichen Gefühlen.

81. **Definition 24.** Hier gibt Sp. unter Barmherzigkeit die

richtige Definition der Liebe überhaupt; die Barmherzigkeit ist aber nur eine Unterart der Liebe, sofern sie auf die Abhilfe des vorhandenen Elendes abzielt.

82. Definition 27 Erklärung. Die Reue gilt in den Systemen als ein Hauptbeweismittel für die Wahlfreiheit des Menschen, welche Sp. nicht anerkennt. Sp. macht sich die Beseitigung dieses Beweismittels sehr leicht, indem er den Schmerz der Reue nicht leugnet, auch nicht die Meinung der Freiheit in dem Reuigen, aber diese Meinung für einen Irrtum erklärt.

83. Definition 31 Erklärung. Die Scham gehört weit mehr zu den sittlichen Gefühlen als zu denen der Lust. Sp. stützt sie nur auf das Gefühl der Ehre; sie hat da eine Stelle; allein sie hält auch von unsittlichen Handlungen zurück, bei denen die Ehre und der Ruhm nicht in Frage kommen.

84. Definition 38. Hier wiederholt Sp. nicht nur die Definition der Grausamkeit aus E. L. 41 III., sondern steigert dies dadurch, daß die Liebe zu den grausam Behandelten nicht dem Grausamen selbst innezuwohnen braucht, sondern nur den Zuschauern.

85. Allgemeine Definition der Affekte. Man wird diese Definition weniger treffend finden als die frühere. Dies kommt daher, daß Sp. zwei durchaus verschiedene Elementar-Zustände der Seele, das Gefühl und das Begehren, unter das eine Wort Affekt zusammenfaßt; damit wird es unmöglich, von dem Affekt eine verständliche und entsprechende Definition zu geben.

86. Schluß des dritten Teiles. Wie am Eingang dieses Teils III. angedeutet worden, enthält dieser Teil nur eine Philosophie der Gefühle und Begehren der Seele, ohne alle Einmischung sittlicher und religiöser Prinzipien. Diese Affekte nimmt Sp. hier nur als natürliche Vorgänge, deren Wesen und Gesetze er zu erforschen sucht, gleichviel, ob es sich dabei um Gutes oder Böses, um Frommes oder Gottloses handelt. Eine solche freie Betrachtung der Seelenzustände ist von hoher Bedeutung für die Wissenschaft; erst damit erhielt später die Beobachtung Raum, von welcher Sp. freilich nur erst einen dürftigen Gebrauch gemacht hat.

VIERTER TEIL

Von der menschlichen Knechtschaft oder von den Kräften der Affekte

---

1. Vorrede. In diesem vierten Teil der Ethik tritt Sp. seiner eigentlichen Aufgabe näher; er wendet sich zu den Prinzipien des menschlichen Handelns und setzt dies im fünften Teil fort. Die obersten Begriffe hierbei sind für Sp. die Freiheit und die Unfreiheit. Beide hängen mit Spinozas Begriff des Handelns zusammen. Wir sind nach Sp. frei und handeln, wenn wir die alleinige und ausschließliche Ursache einer Veränderung sind, wenn diese Folge sich aus unserem Wesen allein vollständig ableitet; wir sind unfrei und leiden, wenn wir nur die partielle Ursache solcher Veränderungen sind. Da die Seele nach Sp. nur ein Denken ist und ihre seienden Zustände bei Sp. sich in ein Wissen auflösen, so ist alle Bewegung, aller Wechsel in der Seele nur ein Wechsel im Wissen, und die Seele ist deshalb nur dann handelnd und frei, wenn sie das Wesen der Dinge kennt und die Kenntnis des Endlichen und einzelnen sich nur als logische Folgerung aus ihrem Wesen ableitet; dann erkennt die Seele. Dagegen ist das auf Wahrnehmung oder Erinnerung ruhende Wissen der einzelnen Dinge oder das bildliche Vorstellen (*imaginatio*) nur ein verworrenes Wissen, bei dem die Seele partiell als wirkend auftritt, und deshalb fällt dieses Wissen in die Unfreiheit und das Leiden der Seele. Ähnliches findet auch für den Körper statt, der überall mit der Seele sich verändert, leidet und handelt.

Wichtig ist, daß Sp. in dieser Vorrede den Ausdruck „Gott oder Natur“ gebraucht; dies zeigt, daß Sp. beide als identisch gelten.

2. Definition 1, 2. Diese Definitionen stimmen in den Worten nicht mit denen der Vorrede.

3. Definition 3, 4. Die Existenz eines Einzeldinges hat nach Sp. ihre Ursache entweder in dem Wesen desselben (wie bei Gott, aus dessen Begriffe oder Wesen auch sein Dasein nach Sp. folgt) oder in der kausalen Reihe der Einzeldinge, wo eines die Ursache des andern ist (I. L. 33 E. 1).

Eine Existenz dieser zweiten Art, die also nicht aus dem Wesen des Dinges folgt, nennt Sp. hier zufällig, selbst wenn sie innerhalb der kausalen Reihe notwendig ist. Möglich nennt Sp. ein Ding, wenn seine Notwendigkeit zwar in die kausale Reihe fällt, aber der Mensch diese Notwendigkeit nicht erkennt. Die Begriffe von zufällig und möglich gelten also nur für die Zustände (*modi*) der Substanzen, sofern sie die kausale Reihe der Einzeldinge ausmachen. Das Zufällige macht Sp. damit zu einer gegenständlichen Eigenschaft, während er früher (I. L. 33 E.) es nur als einen Mangel des menschlichen Wissens behandelte. Die jetzige Definition des Zufälligen weicht von dem gewöhnlichen Sinn dieses Wortes gänzlich ab; nach ihr ist nunmehr alles in der Welt, mit Ausnahme Gottes, zufällig.

4. **Definition 5, 6.** Nicht die Gefühle, sondern die Begehren können einander so aufheben, daß eines das andere hemmt. Sp. hat diesen Unterschied nicht bemerkt. Bei D. 6 muß man festhalten, daß Sp. hier nur von dem bildlichen Vorstellen, nicht von dem Erkennen der Seele spricht. Nur für jenes soll das von Sp. Gesagte gelten.

5. **Definition 7.** Zweck ist nicht das Verlangen, sondern das Verlangte; der Zweck ist deshalb ein Besonderes, ein Ziel, auf das das Verlangen sich richtet. Deshalb kann ein Zweck auch wieder aufgegeben werden, was, wenn er das Begehren selbst wäre, unmöglich wäre. Auch hier ist Sp. zu schnell mit dem Identifizieren bei der Hand.

6. **Definition 8.** Tugend (*virtus*) ist in dem von Sp. gebrauchten lateinischen Wort zweideutig; dies bedeutet bald die bloße Mannhaftigkeit oder Kraft, bald das sittliche Handeln. Für Sp. ist diese Zweideutigkeit passend, da bei ihm das Sittliche mit der Macht oder dem aus dem Wesen des Dinges abfließenden Handeln identisch ist, wie später sich ergeben wird. Insofern es sich hier nur um Definitionen handelt, kann man gegen solche Willkür nichts einwenden.

7. **Axiom.** Dieses Axiom ist durchaus nicht selbstverständlich, sondern hätte eines Beweises bedurft; es hätte deshalb als Lehrsatz behandelt worden sollen. Der Satz ist aber auch gar nicht zu beweisen. Nur wenn man die Macht als bloße Größe behandelt, kann innerhalb des Denkens keine Größe vorgestellt werden,

über die nicht noch eine größere gedacht werden könnte. Allein aus diesem Beziehen des Denkens folgt nicht im mindesten das gleiche für das Seiende. Es kann hier sehr wohl ein Maximum bestehen, welches, obgleich endlich, dennoch an Macht von keinem Daseienden übertroffen wird. Auch hier zeigt sich die scholastische Vermischung von Denken und Sein.

8. Lehrsatz 1 Beweis, Erläuterung. Die falsche Definition des Unwahren ist früher zu L. II. 32 dargelegt worden. Wenn das Unwahre nach Sp. nur ein Mangel ist, so muß das in dem Unwahren Vorgestellte (Positive) an sich ein Wahres sein, und daraus folgt allerdings der L. 1.

9. Lehrsatz 2 Beweis. Dieser L. 2 ist ein bloßer Folgesatz der in III. D. 2 gegebenen Definitionen des Handelns und Leidens.

10. Lehrsatz 3 Beweis. Dieser L. 3 stützt sich auf das oben unter Nr. 7 behandelte Axiom.

11. Lehrsatz 4 Beweis. Dieser L. 4 folgt schon aus dem Begriff des Menschen, als eines bloßen Zustandes an den Attributen Gottes (II. D. 2 II. L. 10). Insofern das Endliche oder die Einzeldinge, zu denen der Mensch gehört, in der kausalen Reihe der Zustände enthalten sind, folgt von selbst, daß sie sich nicht von den Einwirkungen dieser freihalten können.

Mit diesem L. tritt Sp. dem Cartesius entgegen, welcher die vollkommene Herrschaft des Willens über die Affekte behauptet hatte. Auch folgt aus diesem Satz die Erbsünde im religiösen Sinne. Denn nach Sp. liegt das Sittliche im Handeln, das Unsittliche, die Sünde im Leiden, d. h. in den von außen erweckten Affekten, und diesen kann der Mensch nach diesem L. sich nicht entziehen. Nach der Lehre des Realismus (Ästhetik I. 130) hat das Unsittliche oder Böse seinen Grund in der Spaltung der Gefühle in die der Achtung und der Lust, welche Besonderung von der menschlichen Natur untrennbar ist. Das Handeln aus Lust oder aus den Affekten ist aber nicht schon als solches das Böse, sondern es wird erst böse, wenn es ein Gebot der Autorität verletzt, oder wenn das Motiv der Achtung von dem Motiv der Lust überwunden wird. Diese Schwäche der Achtungsgefühle ist keine Notwendigkeit; die menschliche Natur würde auch bestehen bleiben, wenn die Gefühle der Achtung vor solchen Autoritäten so stark wären, daß sie nie von denen der Lust überwunden würden. Deshalb ist die Erbsünde keine Notwendigkeit, und der ganze Begriff der Sünde ist ein positiver, der erst aus den Geboten der Autoritäten entspringt, und der deshalb im Stande der Unschuld oder im Paradies fehlt.

12. Lehrsatz 5 Beweis. Der L. 5 geht zu weit, die Gründe führen nur dahin, daß die Stärke der Leidenschaften durch die Macht der Menschen und die Macht der fremden Ursache gemeinsam bestimmt wird; denn selbst bei dem Leiden bleibt der Mensch partiell tätig oder wirkend (III. D. 2). Auch ist dies wohl die Meinung Spinozas; die Worte „in Vergleich mit unserer Macht" wollen dies wohl sagen.

13. Lehrsatz 6 Beweis. Dieser L. 6 ist die Folge von L. 4. Sp. spricht hier von „hartnäckig anhaften" (*pertinaciter adhaerere*). Dieses ist ein neuer Begriff, der mit dem Unterschied der Leidenschaften und Affekte im gewöhnlichen Sinne zusammenhängt; jene sind dauernde Zustände; diese gehen vorüber; jene beruhen auf einer vorherrschenden Empfänglichkeit für gewisse Ursachen der Lust, diese mehr auf der Stärke der äußeren Ursache.

14. Lehrsatz 7 Beweis, Zusatz. Dieser L. 7 spricht ein sehr wichtiges Gesetz aus, dessen Wahrheit die Beobachtung bestätigt, wenn auch die Beweise Spinozas dafür nur auf künstlichen Definitionen beruhen. In IV. L. 14 kommt Sp. noch einmal darauf zurück.

15. Lehrsatz 8 Beweis. Nachdem Sp. den Begriffen von gut und schlecht zuvor in IV. D. 1, 2 die sittliche Bedeutung genommen hat, hat dieser Lehrsatz kein Bedenken, aber auch keinen Wert, weil er nur tautologisch jene Definitionen wiederholt.

16. Lehrsatz 9 Beweis, Erläuterung, Zusatz. Der L. 9 wird an sich durch die Erfahrung bestätigt. Diese ist aber auch die alleinige Stütze seiner Wahrheit, und der Beweis, den Sp. dafür a priori versucht, ist gerade in dem Hauptpunkt unzureichend. Es fehlt der Beweis dafür, „daß die bildliche Vorstellung stärker sei, solange man sich nichts vorstellt, was die Existenz der Sache ausschließt." Der in Bezug genommene II. L. 17 sagt dies nicht.

17. Lehrsatz 10 Beweis, Erläuterung. Nach dem Vorstehenden wird man nun leicht bemerken, daß auch hier das „weniger ausschließen" in dem Beweis eine Erschleichung ist; ja es ist ein Unsinn, da es innerhalb des Widerspruchs kein Mehr oder Weniger oder keine Grade des Widerspruchs geben kann.

18. Lehrsatz 11 Beweis. Die Wirkung des Notwendigen in diesem L. 11 beruht auf der Existenz seines Gegenstandes; der angezogene L. 9 im B. fordert aber nicht bloß die Existenz, sondern die Gegenwart für die größere Stärke des Affektes.

19. Lehrsatz 12 Beweis, Zusatz. Die Unterscheidung zwischen möglichen und zufälligen Gegenständen in Beziehung auf die Affekte ist subtil und nur aus den an sich bedenklichen Definitionen dieser Bestimmungen abgeleitet; die Erfahrung bestätigt sie schon deshalb nicht, weil im gewöhnlichen Vorstellen diese feinen Unterscheidungen zwischen möglich und zufällig gar nicht gemacht werden.

20. Lehrsatz 13 Beweis. Das zu L. 12 Bemerkte gilt auch hier; diese Lehrsätze haben keine Bedeutung, weil im Leben diese Unterschiede des philosophischen Denkens nicht beachtet werden, mithin auch auf die Affekte keinen Einfluß zeigen.

21. Lehrsatz 14 Beweis. Dieser L. ist sehr dunkel. Daß das bloße Denken keinen Affekt hemmen kann, ist von Sp. in IV. L. 7 ausgeführt. Dieser Satz ist verständlich und bildet den ersten Teil von L. 14. Seine Schwierigkeit liegt nur in den Schlußworten „sofern die Kenntnis des Guten und Schlechten als Affekt aufgefaßt wird" (*consideratur*). Hierbei wird auf IV. L. 8 Bezug genommen, der nicht minder dunkel ist.

22. Lehrsatz 15 Beweis. Der Kern dieses L. 15 liegt nicht in dem Gut und Schlecht, sondern in der wahren Kenntnis desselben. Gut und schlecht sind bei Sp. nur andere Worte für Nutzen und Schaden, für Lust und Schmerz (IV. L. 8). Sp. will hier zeigen, daß das aus der wahren Kenntnis folgende und allein diesen Namen verdienende Handeln des Menschen nicht allmächtig ist, sondern von Affekten leidender Natur überwunden werden kann, und zwar, weil letztere die Macht fremder Ursachen, jenes nur die Macht des Menschen allein darstellen. Erst nun versteht man die Bedeutung der früheren L. 1, 3, 5, die in ihrer Abstraktion schwer zu fassen sind. Sie sollen, wie in der Geometrie, nur die eigentlich bedeutenden Lehrsätze vorbereiten.

23. Lehrsatz 16 Beweis. Auch dieser L. 16 dreht sich um einen Satz, den im gewöhnlichen Leben kein Mensch bezweifelt. Sp. ist zu diesen Sätzen genötigt, um darzutun, daß selbst die Erkenntnis des Wahren, des Wesens Gottes und seiner endlichen Zustände, von welcher Sp. im fünften Teil handelt, den Menschen nicht vor der Macht der Affekte völlig sicherstellt. Der Mensch ist nach Sp. als erkennend wohl frei und handelnd, allein diese Freiheit ist keine unbedingte oder allmächtige; sie kann fortwährend durch leidende Affekte unterbrochen werden, weil der Mensch ein Teil der ganzen Natur ist; deshalb ist selbst der weiseste Mensch nur Freier und Knecht zugleich. In diesem Punkte weicht Sp. von Cartesius und den Stoikern ab, welche eine unbedingte Macht der Vernunft über die Affekte behaupten, welche unbedingte Macht auch später Kant, Fichte und Hegel als Prinzip wieder festhalten.

24. Lehrsatz 17 Beweis, Erläuterung. Auch hier bewegt sich Sp. noch in demselben Gedanken. Lehrsatz 16 u. 17 sind reine Folgesätze aus L. 15 und hätten als Zusätze zu L. 15 behandelt werden sollen.

25. Lehrsatz 18 Beweis. Der L. 18 widerspricht der Erfahrung. Die Beobachtung zeigt, daß aus der Fröhlichkeit oder Lust an sich gar kein Begehren entspringt; sie ist eben die Folge des erreichten Zieles des Begehrens, womit es erlischt. Es kann dann höchstens die Sorge um die Erhaltung dieses Zieles oder der Ursache der Lust eintreten; allein ein solches Begehren nach Erhaltung der Ursache entspringt nicht aus der Lust selbst, sondern aus der Furcht, diese Ursache zu verlieren. Deshalb entspringt nie aus der Lust selbst ein Begehren, sondern es erlischt vielmehr mit ihrem Eintritt. Der Schmerz dagegen ist die Quelle des Begehrens; er ist stets mit dem Begehren nach der Beseitigung seiner Ursache verknüpft.

26. Erläuterung zu Lehrsatz 18. In dieser Erläuterung tritt Sp. dem Prinzip der Sittlichkeit näher. Es fällt bei ihm mit dem Prinzip der Selbsterhaltung, d. h. mit dem eigenen Nutzen und mit der eigenen Lust zusammen; denn Begehren, Nutzen, Fröhlichkeit sind bei Sp. identische Begriffe.

27. Lehrsatz 19 Beweis. Dieser Satz ist rein tautologisch mit früheren. Man muß nur immer festhalten, daß gut und schlecht bei Sp. keine sittlichen Begriffe sind, sondern andere Worte für den Nutzen und den Schaden, für die Lust und den Schmerz.

28. Lehrsatz 20 Beweis, Erläuterung. Hier ist das Vorstehende zu wiederholen. In der E. kommt Sp. auf den Selbstmord, welcher nach seinem Prinzip als Handlung unmöglich sein soll. Spinoza erklärt denselben aus der Übermacht fremder Ursachen, wodurch das eigene Wesen, die eigene Natur überwunden werde.

29. Lehrsatz 21 Beweis. Bei der Selbstverständlichkeit dieses L. erklärt sich seine Aufnahme nur daraus, daß Sp. infolge seiner geometrischen Methode diesen Satz zu späteren Beweisen benutzen will.

30. Lehrsatz 22 Beweis, Zusatz. Man kann einräumen, daß keine Tugend ohne das Streben, sich selbst zu erhalten, möglich ist; aber deshalb ist die Tugend noch nicht identisch mit diesem Streben, sondern dieses und das Leben ist nur die Bedingung, daß die Tugend, aber auch das Laster sich entwickeln kann. Indes steht

Sp. auf einem logisch unanfechtbaren Boden, weil er in IV. D. 8 die Tugend bereits als das Wesen des Menschen definiert hat.

31. Lehrsatz 23 Beweis. Dieser Satz enthält eine neue, dem gewöhnlichen Vorstellen ganz fremde Beschränkung des Tugendbegriffs. Nur in dem Handeln im Sinne Spinozas (III. L. 1) ist nach ihm die Tugend enthalten. Da nun alle Veränderung in der Seele nur ein Vorstellen ist, da Sp. keine seienden Zustände in der Seele anerkennt, so folgt schon aus diesem L. 23 das Grundprinzip Spinozas, wonach nur das Erkennen die Tugend enthält, d. h. die Kenntnis des Wesens der Dinge; denn nur die aus einer solchen Kenntnis hervorgehenden Vorstellungen haben kein anderes zur Mitursache; nur bei ihnen ist mithin die Seele handelnd.

32. Lehrsatz 24 Beweis. Hier tritt das egoistische Prinzip der Ethik Spinozas in voller Offenheit und Konsequenz zutage; erst in IV. L. 35 kommt die Milderung hinzu, daß, weil andere Menschen mir nützlich sind, ich auch jene zu erhalten und ihren Nutzen zu fördern habe; aber immer nur um meines eigenen Nutzens willen. Jedenfalls verdient die Offenheit, mit der Sp. hier die logischen Konsequenzen seiner Prinzipien zieht, die volle Anerkennung der Wissenschaft.

33. Lehrsatz 25 Beweis. Dieser Satz ist tautologisch, weil nach Sp. das Streben, sich zu erhalten, mit dem Wesen des Dinges, was strebt, identisch ist. Deshalb ist auch IV. L. 22 nicht ein anderer Beweis dieses Satzes; denn IV. L. 22 ruht auf denselben Definitionen.

34. Lehrsatz 26 Beweis. Mit diesem L. beginnt die bestimmtere Entwickelung von Spinozas ethischem Prinzip; das Nützliche, das Fröhlichkeit-Enthaltende gestaltet sich nun zu der Erkenntnis. Erkennen ist mithin die sittliche Pflicht des Menschen; in ihr gehen nach Sp. alle anderen Pflichten auf. Aber dieses Erkennen ist nach Sp. kein bloßes, rein im Wissen verharrendes, sonst untätiges Verhalten; vielmehr hat nach Sp. der Mensch auch körperlich zu handeln, für sich und seine Nebenmenschen und deren Existenz und Fröhlichkeit zu sorgen. Die Erkenntnis ist nur die Führerin bei diesem Handeln, welche dem Menschen hierbei den rechten Weg zeigt und zugleich die störenden Affekte und Leidenschaften hemmt und abschwächt, wenn sie auch keine unbedingte Herrschaft darüber besitzt.

Spinoza gibt hier zuerst im Beweis die Definition der Vernunft; sie ist das Wissen der zweiten und dritten Ordnung (II. L. 40 E. 2), welches den Gegensatz zum bildlichen Vorstellen ausmacht und welches allein der unsterbliche Teil der Seele ist, während das bildliche Vorstellen mit dem Tode erlischt (V. L. 31).

35. Lehrsatz 27 Beweis. Hier wird schon von der im Beweis des L. 26 erschlichenen Verallgemeinerung Gebrauch gemacht.

36. Lehrsatz 28 Beweis. Indem Gott in seinen Attributen das Wesen aller Dinge enthält, gewährt die Erkenntnis Gottes nach Sp. auch die Erkenntnis des Wesens der endlichen Dinge; die Erkenntnis derselben fließt nach Art der logischen Folgerungen aus dem Wesen Gottes, und die Dinge können deshalb ohne Erkenntnis ihres Grundes oder Gottes nicht erkannt werden; aber sie folgt, wo die Erkenntnis Gottes besteht, aus dieser von selbst. Hierauf beruht der L. 28. Es sind dies noch scholastische Ansichten. Spinoza gibt selbst zu, daß die Erkenntnis Gottes keine unmittelbare für den Menschen ist; daß sie sich erst aus der Erkenntnis der Einzeldinge zusammensetzt und bildet; sie ist also nicht die Quelle des Wissens für den Menschen, sondern das Resultat; das Letzte aber nicht das Erste.

37. Lehrsatz 29 Beweis. Dieser und die folgenden Sätze bereiten den Übergang zu dem Handeln für andere vor; Sp. bedarf dieses Überganges, weil er die Liebe zu anderen als sittliches Prinzip nicht kennt. Der L. 29 folgt richtig aus den in dem B. angezogenen Prämissen.

38. Lehrsatz 30 Beweis. Hier wird, dem Vorstehenden entgegen, die Existenz eines Nicht-Gemeinsamen behauptet und als das Entgegengesetzte bezeichnet. Dieser Begriff ist allerdings in III. L. 5 aufgestellt worden, als das, was das andere zerstört; allein wenn die Gemeinsamkeit nach IV. L. 29 in der Zugehörigkeit zu demselben Attribute besteht, und Gemeinsames einander nicht zerstören kann, so ist klar, daß es überhaupt kein Entgegengesetztes geben kann; denn die zu einem Attribut gehörenden Dinge sind gemeinsame, und die zu verschiedenen Attributen gehörenden Dinge haben keinen Einfluß aufeinander. Dieses Bedenken ist so zu lösen, daß der einzelne Gegenstand neben dem Gemeinsamen noch Besonderes hat, und daß in letzterem der Gegensatz enthalten ist.

Doch ist auch anzunehmen, daß Sp. seinen Begriff des Gemeinsamen nicht streng festgehalten hat; offenbar denkt er hier auch an ein Gemeinsames für niedere Gattungen und Arten und nicht bloß an ein Gemeinsames in den höchsten Attributen. Dann sind allerdings in demselben Attribute Gegensätze möglich, allein dann paßt wieder der B. zu L. 29 nicht.

39. Lehrsatz 31 Beweis, Zusatz. Auch in dem B. dieses L. findet sich dieselbe Verwechslung des Identischen mit dem Gemeinsamen oder Gleichen, und nur dadurch gelingt der B. Im Z. tritt Sp. der Folgerung näher, daß der Mensch für den Menschen das Nützlichste ist, und man deshalb in der Sorge für andere nur für sich selbst sorgt.

40. Lehrsatz 32 Beweis, Erläuterung. Hier wird dem Begriff des Entgegengesetzten schon ein sehr großer Umfang gegeben; Sp. nimmt hier jede einzelne Sache schon als ein Nicht-Gemeinsames; denn sonst könnte ihr Mitwirken bei den leidenden Zuständen des Menschen nicht zu dem Nicht-Gemeinsamen, also Nicht-Guten führen. Auch nimmt Sp. den Ausdruck „von Natur" hier gleich Wesen, während in L. 31 das Übereinstimmen mit der Natur in einem beschränkteren Sinne gebraucht ist. Da nun das Gemeinsame nichts anderes als das gleiche ist, so ergibt sich, daß L. 32 unwahr ist, und deshalb ist auch der B. mangelhaft.

41. Lehrsatz 33 Beweis. Hier wird die Folgerung aus L. 32 gezogen. An sich beweist L. 33 zuviel; denn wenn die fremden Ursachen immer voneinander unterschieden sein sollen, so ist kein Grund vorhanden, weshalb nicht auch die einzelnen Menschen total voneinander unterschieden sind; dann würde für die einzelnen Menschen selbst als Handelnde (nicht Leidende) kein Gemeinsames bestehen.

42. Lehrsatz 34 Beweis, Erläuterung. Man muß in diesem L. 34 das Wort „können" betonen; wollte man es als müssen verstehen, so wäre der B. unzureichend, denn er ist nur für die Traurigkeit geführt; es gibt aber auch leidende Zustände der Fröhlichkeit.

Die E. ist sophistisch. Auf diese Weise kann jede Gleichheit in Ungleichheit verwandelt werden und ebenso jede Ungleichheit in Gleichheit; denn beide Begriffe gehören zu einer Beziehungsform und sind so untrennbar wie Ursache und Wirkung. Der Schlußsatz der E. klingt sehr bedeutend; allein wenn nach IV. L. 30 das Gemeinsame nie schlecht, d. h. nie schmerzlich, sein kann, der Haß aber auf dem Schmerz oder der Traurigkeit beruht, so ist dieser Schlußsatz nur tautologisch mit L. 30 und verliert deshalb mit diesem selbst nach Nr. 38 seine Bedeutung.

43. Lehrsatz 35 Beweis, Zusatz 1, 2, Erläuterung. Dieser L. 35 bildet das Hauptfundament in der Ethik Spinozas für das Verhalten der Menschen zueinander. Es wäre unrichtig, wenn man Sp., weil er hier die Vernunft nennt, zu den Philosophen zählen wollte, welche, wie die Stoiker, wie Kant, Fichte und Hegel, die Vernunft zu dem Prinzip der Ethik und zur Quelle ihres Inhaltes erheben. Sp. läßt vielmehr das Handeln aus dem Begehren, aus dem Streben jedes Dinges, in seinem Sein sich zu erhalten, hervorgehen; die Vernunft ist nach Sp. nicht die Schöpferin dieses Inhaltes und des Wesens der Dinge; man kann aus ihr nicht das einzelne und Besondere ableiten; sie ist nicht selbst das Wesen der Dinge, sondern sie ist nur ein Zustand des Denkens als Attribut Gottes, und es steht ihr das Attribut der Ausdehnung (des Körperlichen) mit gleichem Werte und gleicher Selbständigkeit gegenüber. Nur vermöge des Parallelismus beider Attribute ist die zureichende Vorstellung oder die Erkenntnis auch die wahre Vorstellung oder die mit dem körperlichen Gegenstand übereinstimmende Vorstellung.

44. Lehrsatz 36 Beweis, Erläuterung. Indem Sp. die Erkenntnis zu dem höchsten sittlichen Ziele des einzelnen erhebt, entgeht er allerdings den Kollisionen zwischen den verschiedenen Arten der Lust und des Nutzens, aus denen die ganze Schwierigkeit der Ethik hervorgeht. Das Erkennen ist ein innerlicher Akt des einzelnen, welcher dem gleichen Akt des anderen nicht hinderlich sein kann. Allein bei der körperlichen Natur des Menschen ist es mit dem Erkennen nicht abgetan; es muß auch für die äußeren Bedingungen der Erkenntnis, für die Bedürfnisse des Lebens gesorgt werden, und hier treten sofort die Kollisionen hervor, welche oben angedeutet worden sind. Es ist also ungenügend, wenn eine Ethik sich nur auf das Erkennen als das höchste Gut beschränkt und die übrigen unvermeidlichen Gebiete des Handelns deshalb außer acht läßt.

45. Lehrsatz 37 Beweis, Erläuterung 1. Auch dieser L. 37 beschränkt sich auf das Erkennen und dreht sich in seinem Beweis nur in den bekannten formalen Definitionen. Der B. gelingt nur, weil eben das Erkennen für sich zu keinen Kollisionen führt, und, wie Sp. sagt: „Alle sich dessen erfreuen können."

In der E. geht Sp. zu andern Tugenden über; er spricht von Religion, von Frömmigkeit und Ehrbarkeit; das sind Tugenden, die nicht auf die Erkenntnis abzielen. Hier hätte Sp. wenigstens bemerken sollen, daß zwischen diesen Tugenden Kollisionen bestehen, und daß mit der bloßen Anweisung, der Vernunft zu folgen, die Wissenschaft sich nicht begnügen darf, sondern den einzelnen sittlichen Gestaltungen und Begrenzungen nähertreten muß. Allein die scholastische Philosophie haftete Sp. noch so fest an, daß er dies Leere und Formale seiner Verweisung auf die Vernunft nicht bemerkte und meinte, das Sittliche damit auch nach seinem Inhalt bestimmt zu haben.

46. Erläuterung 2 zu Lehrsatz 37. Spinoza behandelt hier die Grundlage des Staates und des Rechts. Es ist bei Sp. der Gegensatz von Moral und Recht noch nicht vorhanden; deshalb stellt er Verdienst und Sünde (*meritum et peccatum*), welches Moralbegriffe sind, mit Recht und Unrecht als gleichbedeutend in dieser E. zusammen. Trotzdem schwebt dem Sp. ein Unterschied beider vor; denn in E. 1 dieses L. handelt Sp. von der Frömmigkeit, von der Ehrbarkeit als Tugenden, die unmittelbar aus dem Gebot der Vernunft folgen und nicht erst aus dem Gebot des Staates. Dieser wichtige Punkt wird indes von Sp. nicht weiter verfolgt.

In der E. 1 handelt Sp. von dem Leben und Verhalten des Menschen, der nach der Vernunft handelt. Dieser bedarf des Staates nicht; Sp. stimmt hier mit Augustin überein; weil indes die Menschen den leidenden Affekten sich nicht ganz entziehen können, so muß nach E. 2 auch eine Einrichtung getroffen werden, welche durch Erweckung entgegengesetzter Affekte den schädlichen Affekten entgegentritt. Dies ist die Staatsverbindung; in ihr wirkt lediglich die Furcht vor der Strafe, daß die Menschen in Eintracht leben; außerhalb des Staates gibt es deshalb kein Recht und kein Unrecht, keine Sünde, kein Eigentum. Sünde und Verdienst sind nach Sp. nur äußerliche Begriffe, welche nicht die Natur der Seele ausdrücken.

In dieser Auffassung ist Wahres und Falsches so vermischt, daß beides kaum zu trennen ist.

Wenn Sp. Verdienst und Sünde für den Naturzustand in E. 2 leugnet, in E. 1 aber ein sittliches Verhalten auch ohne Staat aus der Vernunft ableitet, so ist dieser Widerspruch nur dadurch zu lösen, daß man unter Naturzustand den tatsächlichen Zustand der Menschen versteht, wo sie von den Affekten geleitet werden, während in E. 1 ein idealer Zustand behandelt wird.

Sodann läßt Sp. die Frage unbeantwortet, woher der Staat den Inhalt für seine Gesetze zu nehmen hat; ob hier alles von der Willkür der Herrschenden abhängt oder ob sie hierbei sich von der Vernunft leiten lassen sollen.

Ferner erkennt man leicht den Mangel, daß der Staat nur durch Furcht zusammengehalten werden soll. Sp. konnte nicht anders, da bei ihm die sittlichen Gefühle, also auch die Vaterlandsliebe, ganz fehlen. Die Stellung Spinozas als Jude im 17. Jahrhundert, wo sein Volk von aller Staatsgemeinschaft noch ausgeschlossen war, und mithin patriotische Gefühle sich nicht entwickeln konnten, mag dabei eingewirkt haben.

Trotzdem hat Sp. einige Wahrheiten getroffen; dahin gehört, daß ein Staat nicht Selbstzweck ist, sondern nur Mittel für das Wohl des einzelnen; ferner, daß das Recht nur ein positives, von dem Willen der Staatsmacht als Autorität abhängiges ist. Spinoza vermag jedoch nicht, den Begriff des Sittlichen zu gewinnen; er kommt nicht über die Furcht hinaus. Dennoch liegt hier der Kern der Frage, und es ist die Aufgabe der Ethik, zu zeigen, wie aus der bloßen Tatsache der Gewalt vermöge ihrer Unermeßlichkeit sich der Begriff der Sittlichkeit ihrer Gebote für den einzelnen infolge seiner Schwäche gegenüber dieser erhabenen Macht entwickelt.

47. Lehrsatz 38 Beweis. Mit L. 38 ist die Lehre von dem positiven Recht wieder verlassen; Sp. geht nun wieder zu dem Natürlichen und Sittlichen zurück, was sich auch ohne Staatsverbindung bloß aus dem Vernunftgebot entwickelt. Spinoza beginnt mit L. 38 eine Reihe näherer Bestimmungen dieser Vernunftgebote, wie sie oben, als zur Ethik gehörend, gefordert worden sind.

48. Lehrsatz 39 Beweis, Erklärung. Auch dieser L. ist die logisch richtige Folge der in dem B. erwähnten Lehrsätze. Interessant ist nur Spinozas Begriff des Todes, welcher von dem gewöhnlichen so abweicht, daß man nach Sp. auch bei lebendigem Leibe sterben kann. Der Satz ist aber, wie viele andere Spinozas, ohne praktische Bedeutung, weil die Merkmale des neuen Begriffes so unbestimmt gehalten sind (ein anderes Verhältnis von Bewegung und Ruhe der Teile des Körpers), daß damit für die Beurteilung des einzelnen Falles nicht das mindeste geboten ist. Die L. 38 und 39 gehören übrigens zu den Sätzen, welche Sp. nur als Unterlagen für spätere vorausschickt; auf ihnen beruht die spätere Unterscheidung zwischen vernünftiger Lust und unvernünftiger (Übermaß).

49. Lehrsatz 40 Beweis. Auch dieser Satz bleibt rein formal; die Hauptfrage: Welches Einzelne führt zu dem einträchtigen Leben? bleibt dabei unbeantwortet. Hier war der Ort, die einzelnen sittlichen Gestalten, wie Ehe, Familie, Staat auf diesen Zweck zu prüfen. Auch übersieht Sp., daß die Vernunft unter Umständen auch zum Kampfe treibt, insbesondere wenn einer sich von der Leidenschaft zum Angriff gegen einen anderen bestimmen läßt; mag dieser andere ein Volk oder ein einzelner sein.

50. Lehrsatz 41 Beweis. Da bei Sp. gut, nützlich, fröhlich,

Macht, Wesen fortwährend als identisch behandelt werden, folgt dieser L. von selbst, Die Lust ist damit auch das Sittliche; doch erhält dieser Satz in dem Folgenden einige Beschränkungen.

51. Lehrsatz 42 Beweis. Hier beginnen die Ableitungen aus den L. 38 und 39. Spinoza fühlte, daß nicht jede Lust gebilligt werden kann; es kommt also darauf an, einen Maßstab für die unzulässige Lust zu finden. Nachdem dieser Maßstab in L. 39 gesetzt ist, entspringt daraus der Begriff des Übermaßes, womit Sp. einen Grad der Lust bezeichnet, der nicht mehr vernunftgemäß ist, weil er die Erkenntnis, das höchste Gut, hemmt. Damit hat Sp. anerkannt, was oben verlangt worden ist. Es ist dies derselbe Begriff, den Aristoteles so bezeichnet, daß die Tugenden die Mitte zwischen zwei Lastern halten sollen. Das Folgende wird indes ergeben, das Sp. diese Grenzbestimmung nur in sehr unvollkommener Weise vollzieht.

Der B. von L. 42 ist logisch richtig; dessenungeachtet ist L. 42 unpraktisch, weil ein Merkmal des Wohlbehagens von Sp. nicht gegeben ist. Woher will man erkennen, daß bei einer Lust alle Teile des Körpers das gleiche Verhältnis innehalten?

52. Lehrsatz 43 Beweis. Auch hier ist die Definition der Wollust so, daß man kein Kennzeichen ihrer hat. Diese Definition ist überdem zweifelhaft. Wenn sie wahr wäre, müßte jeder Beischlaf unsittlich sein, denn während seiner sind die übrigen Tätigkeiten des Körpers allemal unterdrückt. Mithin beweist der Satz zuviel.

In L. 43 tritt zuerst der Satz auf, daß der Schmerz mittelbar gut ist, wenn er von einer schlechten Lust abhält. Man sieht, die Ethik Spinozas ist eine reine Lehre der Klugheit.

53. Lehrsatz 44 Beweis, Erläuterung. Es ist auffallend, daß Sp. hier das Übermaß der Liebe nur in dem Übermaß der Wollust (*titillatio*) findet. Es kann offenbar auch in der Liebe zu Kindern, zu Freunden usw. ein Übermaß eintreten; aber freilich war der Beweis dieses Übermaßes für Sp. kaum zu führen.

Auch die E. hält sich ganz im Unbestimmten. Die Hauptfrage: Wo oder wann beginnt in einer Lust das Übermaß? bleibt unbeantwortet; wer kann in dem einzelnen Fall untersuchen, ob der ganze Körper oder nur ein Teil erregt ist?

54. Lehrsatz 45 Beweis, Zusatz 1, 2, Erläuterung. Dieser L. 45 geht zu weit. Nach Sp. ist jeder Schmerz mit der Vorstellung eines Menschen als Ursache desselben Haß und deshalb schlecht. Dann ist auch alle Selbsthilfe gegen Beschädigung unrecht; denn nach Sp. geschieht die Verteidigung gegen den, der mich schlägt, schimpft, bestiehlt aus Haß, ist also „niemals gut". Man sieht, wie bedenklich dergleichen Folgerungen aus willkürlichen Definitionen sind. Auch der Krieg ist dann niemals zu rechtfertigen.

In der E. zeigt Sp. die Heiterkeit seiner Moral. Sie ist durchaus seinem Prinzip entsprechend und macht im Gegensatz zu der Moral der Evangelien und der Kirchenväter einen höchst wohltuenden Eindruck. Es spricht für die Geistesstärke Spinozas, daß er trotz des vielen Ungemachs, was er in seinem Leben zu erdulden hatte, dennoch an diesen heiteren Lebensansichten festgehalten hat.

55. Lehrsatz 46 Beweis, Erläuterung. Hier führt das egoistische Prinzip Spinozas dennoch zu demselben Gebot, wie es die christliche Moral aus ihrem entgegengesetzten Prinzip der Liebe begründet. Der L. beweist indes zuviel, denn es gibt viele Fälle der Verteidigung, wo man auf diese nur langsam wirkende Macht der Liebe nicht warten kann.

56. Lehrsatz 47 Beweis, Erläuterung. In der E. nähert sich Sp. der Lehre der Stoiker von dem Gleichmut der Seele. Da die Erkenntnis indes nur das Wesen der Dinge aufschließt, die unendliche kausale Reihe der endlichen Dinge aber von dem Menschen nie übersehen werden kann, von diesen aber seine Lust und sein Schmerz bestimmt wird, so kann alle Erkenntnis die Hoffnung und die Furcht nicht ausschließen, und es ist kein Grund vorhanden, weshalb der Mensch nicht auch die Freude der Hoffnung genießen soll. Es kann auch hier nur das Übermaß getadelt werden, aber nicht die Hoffnung an sich. Gleiches gilt für die Furcht, als Mittel zur Tätigkeit.

57. Lehrsatz 48, 49 Beweis. Diese L. folgen aus dem Satz, daß die Erkenntnis das höchste Gut ist, folglich jedes falsche Wissen schlecht ist. (In dem B. zu L. 49 enthalten alle Ausgaben von Spinozas Ethik falsche Verweise. Es muß heißen: IV. D. 28; nicht IV. D. 29 und 27.)

58. Lehrsatz 50 Beweis, Zusatz, Erläuterung. Auch hier stellt Sp. als Ideal die aus der Erkenntnis folgende Ruhe der Seele, wie die Stoiker, hin. Diese Richtung ist bei einem Philosophen, dessen Streben nur der Erkenntnis zugewandt ist, sehr natürlich; alle Gefühle und Aufregungen stören ihn in seinen Forschungen und Betrachtungen. Allein der L. 50 ist schon deshalb falsch, weil das Gefühl des Mitleides ein notwendiger, aus der Liebe folgender Affekt ist, der durch kein bloßes Denken und Wissen zu hindern ist.

59. Lehrsatz 51 Beweis, Erläuterung. Nach III. L. 59 kann jeder Affekt der Fröhlichkeit auch aus der Vernunft entstehen; deshalb geht der B. dieses L. viel weiter als der Satz selbst. Die Hauptsache bleibt auch hier die Grenze, das Übermaß; letzteres ist auch bei dem Wohlwollen wie bei der Liebe (IV. L. 44) möglich; Sp. scheint dies aber nicht anzunehmen.

60. **Lehrsatz 52 Beweis, Erläuterung.** Die Selbstzufriedenheit stellt Sp. sehr hoch. Sie ist eben jene Seelenruhe, welche schon Epikur als das Höchste hingestellt hat; sie ist die Freiheit von den Affekten.

61. **Lehrsatz 53 Beweis.** Im gewöhnlichen Sinn gehört die Niedergeschlagenheit (*humilitas*) zu dem sittlichen Gefühl der Reue; es ist das Wiedereintreten des sittlichen Gefühls in seine Macht über die Lustgefühle, nachdem vorher die Lustgefühle die Oberhand gehabt haben und den Menschen zu dem Bösen bestimmt haben.

62. **Lehrsatz 54 Beweis, Erläuterung.** Das Vorstehende ist hier zu wiederholen. In der E. erkennt Sp. den Nutzen der Niedergeschlagenheit und Reue an; er sucht in ihnen den Weg, der zu dem Leben nach der Vernunft führt, d. h. zu dem sittlichen Handeln.

63. **Lehrsatz 55, Lehrsatz 56, Beweis, Zusatz, Erläuterung.** Diese Sätze gelten nur von der Eitelkeit oder von dem Stolz, der sich auf eingebildete Vorzüge stützt.

64. **Lehrsatz 57 Beweis, Erläuterung.** Auch dieser L. 57 gilt nur von der Eitelkeit oder dem Stolz auf eingebildete Vorzüge. In der E. berührt Sp. einen wichtigen Punkt, der später (L. 68) noch bestimmter erörtert wird. Sp. deutet an, daß das Schlechte nur relativ hier gelte; dann, wenn bloß der Nutzen des Menschen betrachtet werde, aber nicht, wenn der Gang der Dinge im allgemeinen oder die allgemeine Ordnung der Natur betrachtet werde. Im letzten Fall gibt es nach Sp. nichts Schlechtes. Hieraus erklärt sich auch, weshalb die Ethik Spinozas überhaupt nicht von Pflichten spricht und keine Gebote kennt. Da bei Sp. sich alles, auch das menschliche Handeln, mit Notwendigkeit vollzieht und keine Wahlfreiheit besteht, so kann die Ethik Spinozas nur eine Beschreibung des Handelns nach Art der Naturbeschreibung innerhalb der Physik sein. Beide Wissenschaften entwickeln die in ihrem Gebiete geltenden Gesetze; beide können auch andeuten, was dem Menschen nützt und schadet; aber Gebote, Pflichten sind in der Ethik sowenig am Orte, als Pflichten der Pflanzen in der Physik.

65. **Lehrsatz 58 Beweis, Erläuterung.** Das zu L. 51 Bemerkte

ist hier zu wiederholen. In der E. wird der Ruhm wegen seiner Vergänglichkeit bekämpft. Hier fällt Sp. aus seiner strengen konsequenten Methode; es ist etwas ganz Neues, daß die Freude nicht gesucht werden soll, weil ihre Ursache vergänglich ist. Dies hätte besonders begründet werden sollen. Es ist dies ein Grund, der zwar in vielen Moralsystemen auftritt, aber der zuviel beweist; denn es gibt keine Freude und keine Macht, welche nicht der Gefahr des Unterganges ausgesetzt wäre; selbst die Erkenntnis ist nicht davon ausgenommen; Krankheiten, Stumpfsinn, hohes Alter können auch diesen Besitz schmälern und gefährden.

66. Lehrsatz 59 Beweis, Erläuterung. Nachdem Sp. im Vorstehenden die Gefühle behandelt hat, geht er nun zu dem Begehren über. Diese Trennung ist jedoch, wie Sp. selbst bemerkt, nicht durchführbar; Sp. beschränkt sich deshalb auf einzelne hierhergehörende Fragen.

67. Lehrsatz 60 Beweis, Erläuterung. Wenn man auch die theoretische Wichtigkeit dieses L. zugibt, so bleibt doch derselbe ohne Bedeutung, weil die Frage, ob ein Affekt sich nur auf einige oder auf alle Teile des Körpers bezieht, gar nicht aus der Beobachtung oder auf einem andern Wege zu beantworten ist. Der Satz gehört daher zu den vielen Sätzen der scholastischen Philosophie, welche zwar aus selbstgemachten Definitionen logisch richtig abgeleitet sind, aber zur Erkenntnis des Seienden nicht das mindeste beitragen.

68. Lehrsatz 61 Beweis. Auch für diesen L. 61 gilt das vorstehend Bemerkte. Es fragt sich: Welches Begehren entspringt aus der Vernunft? Denken, Überlegen ist bei jedem, auch dem schlechten Handeln; umgekehrt kann das bloße Denken und Erkennen nie den Willen und das Handeln erwecken. Die Vernunft mag die Wahrheit oder Erkenntnis gewähren; allein woran soll der einzelne seine Erkenntnis als wahre erkennen? Jeder meint, die Wahrheit und Erkenntnis zu besitzen.

69. Lehrsatz 62 Beweis, Erläuterung. Auch dieser L. 62 ist tautologisch. Denn die Vernunft oder das Erkennen geht nur auf das Wesen, nicht auf die zeitliche Dauer der Dinge. Indem die Vernunft deshalb die Unterschiede von vergangen, gegenwärtig und zukünftig nicht kennt, können auch diese Bestimmungen auf das von ihr ausgehende Handeln keinen Einfluß üben.

Auch hier kommt das Ideal der Weisen wieder hervor. Allein, da auch der Weise in der Zeit leben muß und deshalb die Dauer der Dinge nicht unbeachtet lassen kann, so reicht seine Weisheit oder Vernunft für sein einzelnes Handeln nicht hin, und es folgt deshalb aus diesem L., daß auch der weiseste, nur der Vernunft folgende Mensch sich dem Irrtum und den leidenden Affekten nicht entziehen kann, oder daß, wie Sp. sagt, die Kenntnis des Guten nur abstrakt ist.

70. Lehrsatz 63 Beweis, Zusatz, Erläuterung. Dieser L. hat, wie viele andere der Ethik, wenn man die Worte in ihrem gewöhnlichen Sinn nimmt, eine hohe Bedeutung. Er sagt dann, daß man das Gute und Rechte um sein Selbst willen tun müsse. Allein im Sinne Spinozas ist das Gute mit dem Nützlichen und dem Freudigen identisch, und dann ist dieser L. wertlos, weil es sich von selbst versteht, daß man das Fröhliche und Nützliche um seiner selbst willen begehrt, und nicht um eines Übels willen, was sich an die Unterlassung knüpft.

71. Lehrsatz 64 Beweis, Zusatz. Lehrsatz 64 und L. 68 sprechen den wichtigen Satz aus, daß die Begriffe von gut und schlecht nur unzureichende, d. h. unwahre Begriffe sind, und daß in der zureichenden Erkenntnis diese Begriffe nicht enthalten sind. Diese Sätze bezeichnen das System Spinozas am schärfsten; sie sind die konsequente Folge seines Prinzips, daß die Welt und Gott ein und dasselbe sind. So wie es in Gott oder in der Totalität des Wissens keine Unwahrheit gibt, und alles Falsche nach Sp. nur Folge davon ist, daß der Gegenstand vereinzelt und nicht in seiner Totalität aufgefaßt wird, so entspringt auch das Schlechte und Gute nur aus der Betrachtung eines Geschehens in seiner Vereinzelung, herausgerissen aus der Totalität der Naturordnung und nur in Beziehung auf den Nutzen des Menschen aufgefaßt. In der Totalität ist alles Geschehen eine Folge des Wesens Gottes. Die zeitlichen Vorgänge fließen nach Art der geometrischen Lehrsätze aus dem Wesen Gottes. Hier kann also nur von Notwendigkeit die Rede sein. Alles ist und alles ist notwendig, und alles folgt aus dem Wesen Gottes. Da kann von gut und schlecht keine Rede sein. Nur wenn das einzelne Geschehen bloß in Beziehung auf den Menschen betrachtet und beurteilt wird, kann der Begriff des dem Menschen nützlichen und somit auch der des Guten und Schlechten sich bilden. Deshalb sind auch die verworfensten Handlungen der Menschen, z. B. der Muttermord Neros, wie Sp. in einem seiner Briefe sagt, bei einer Auffassung des Ganzen, der Totalität des Geschehens, nicht schlecht, aber auch nicht gut, sondern nur notwendig. Alle Bedenken dagegen entspringen nur daraus, daß man gut und schlecht als kontradiktorische Gegensätze behandelt und meint, jede Handlung müsse notwendig eines von beiden sein. In der Totalität der Betrachtung ist sie vielmehr keines von beiden, sondern nur eine notwendige Folge der Naturordnung oder Gottes. Man sehe IV. L. 73 Erläuterung.

72. Lehrsatz 65 Beweis, Zusatz. Dieser L. 65 stimmt genau mit der Erfahrung, allein er vereinigt sich schwer mit L. 63.

73. Lehrsatz 66 Beweis, Zusatz, Erläuterung. Auch dieser Satz stimmt mit der Erfahrung; je weniger die Gegenwart als solche beachtet wird, desto weniger werden die Götter nach der Zeit ihres Eintretens in die Existenz abgeschätzt.

74. Lehrsatz 67 Beweis. Dieser L. 67 ist eine Besonderung von L. 63. Sp. hatte wohl hier jene religiösen Orden und Sekten im Sinne, welche das Sittliche und Gott Wohlgefällige in einer strengen Askese und Entbehrung setzten.

75. Lehrsatz 68 Beweis, Erläuterung. Der L. 68 ist bei L. 64 behandelt. In der E. erkennt Sp. an, daß die Menschen nicht frei geboren werden, d. h., daß die Erkenntnis erst erworben werden muß, und daß deshalb die Begriffe von gut und schlecht für den Menschen bei seiner mangelhaften Kenntnis unentbehrlich sind. In der E. führt Sp. im Gegensatz zu dem Geist des Alten Testaments aus, daß die von Gott den Menschen gegebenen Gebote (das Gute und das Schlechte) nur dessen Nutzen bezweckt haben und aus keiner bloßen Willkür Gottes abgeflossen sind. Es ist dies eine Umwandlung der biblischen Lehren in philosophische Gedanken, wie sie später Hegel in größerem Maßstab vollzogen hat.

76. Lehrsatz 69 Beweis, Zusatz, Erläuterung. Dieser L. spricht ausdrücklich aus, daß der freie Mensch auch die Gefahren vermeidet, also auch an das Übel und Schädliche denkt; der L. steht insofern in Widerspruch mit L. 67.

77. Lehrsatz 70 Beweis, Erläuterung. Der L. 70 wird durch die ihm beigefügte E. so ziemlich wieder aufgehoben. Sp. tritt in der E. dem wirklichen Leben näher, und da zeigen sich so viele Rücksichten und so viele Kollisionen des Nützlichen, daß keine einzelne Regel eine unbedingte Geltung in Anspruch nehmen kann, und daß das wahre Sittliche deshalb erst in den Grenzen liegt, welche den verschiedenen Regeln oder Nützlichen gegeneinander gezogen werden. Die wichtigste Frage der Ethik ist deshalb nicht die nach den Tugenden an sich, sondern nach ihrer gegenseitigen Begrenzung und nach dem Fundament, aus dem diese Begrenzung abzuleiten ist. Sp. hat diese Punkte ganz unberührt gelassen.

78. Lehrsatz 71 Beweis, Erläuterung. Auch in der E. zu diesem L. kommt Sp. auf die zahlreichen Kollisionen der einzelnen Tugenden, ohne doch auf diese Frage in ihrer Allgemeinheit einzugehen. Er würde dann bemerkt haben, wie wenig die Formel „In Leitung der Vernunft handeln" hinreicht, die Schwierigkeiten in diesen steten Kollisionen der einzelnen Tugenden zu lösen.

79. Lehrsatz 72 Beweis, Erläuterung. Diese Stelle ist die einzige, wo Sp. von der Tugend der Wahrhaftigkeit spricht. Sp. erklärt hier alles Lügen unbedingt für unsittlich; selbst um sein Leben gegen einen Mörder zu schützen, darf man nach dieser E. denselben nicht belügen.

80. Lehrsatz 73 Beweis, Erläuterung. Der L. 73 enthält eine tiefe und schöne Wahrheit, welche später Rousseau mit seiner Überschätzung des Naturzustandes verkannt hat. Der Satz ist indes in der aufgestellten Allgemeinheit nicht zu beweisen und auch unwahr. Die Gesetze eines Staates können so schlecht, so der Vernunft widersprechend gedacht werden, daß der freie Mensch dadurch in seinem Nutzen und in seinem Handeln mehr beschränkt wird, als wenn er in der Einsamkeit lebte; in solchem Fall gilt der L. nicht. Indes ist der L. nicht in dieser Übertreibung zu verstehen. Er will zweierlei sagen: 1) Ein vernünftiger Mensch, wenn er einmal in einem Staat lebt, fügt sich dessen Gesetzen, wenn sie auch den Regeln der Vernunft nicht entsprechen sollten. 2) Der Mensch ist dem Menschen so nützlich, so unentbehrlich, daß nicht leicht ein Staat gefunden werden kann, wo das gemeinsame Leben nicht dennoch dem einzelnen mehr Nutzen gewährt als wenn er ganz in Einsamkeit lebte. In diesem Sinne enthält der Lehrsatz eine große Wahrheit.

In der E. wird das Handeln des freien Mannes näher beschrieben. Unter Seelenstärke versteht Sp. das Handeln, welches durch die Erkenntnis bestimmt wird, oder das freie Handeln (III. L. 59 E.). Es bildet insofern den Gegensatz zu dem Handeln aus Affekten.

81. Anhang Satz 5. Sp. erkennt in dem Beginn des Anhangs selbst an, daß die Lehrsätze dieses IV. Teiles nicht übersichtlich geordnet sind, sondern nur nach Art der Geometrie, so daß der spätere aus den früheren bewiesen werden kann. Man vermißt deshalb die leicht faßliche und übersichtliche Ordnung des Inhaltes bei Sp. Er hat der Methode diese Übersichtlichkeit zum Opfer gebracht, ohne doch die Gewißheit und die Allgemeinheit der Beweise, wie in der Geometrie, zu erreichen.

Die S. 1–5 setzen ausdrücklich die Erkenntnis als das Ziel des sittlichen Handelns; alles erhält seinen sittlichen Wert nur nach dem Maße, als es dieses Ziel befördert oder nicht. Macht, Glück, Seelenruhe sind nach Sp. nicht etwas Besonderes neben dieser Erkenntnis, sondern mit ihr identisch oder mindestens untrennbar. Die Seligkeit besteht in dieser Seelenruhe.

82. Anhang Satz 6, 7. An sich ist es unbegreiflich, weshalb ein gemeinsames Handeln, bei dem der Mensch entweder seinen Nebenmenschen oder die Naturkräfte mitbenutzt, um einen Erfolg zu erreichen, als ein Leiden gelten und nicht zu dem Guten gehören soll. Nach Sp. ist nur das gut, was aus der Natur des einzelnen Menschen allein als seiner zureichenden Ursache folgt. Sp. hat vielleicht das gemeinsame Handeln und das bewußte, absichtliche Benutzen der Naturkräfte in seinen Begriff des Leidens nicht einschließen wollen, aber nach seinen Worten hat er es getan.

83. Anhang Satz 8, 9. Wichtig ist in S. 8 der Zusatz, nach seiner Meinung. Sp. hat bisher nur das für gut erklärt, was aus der Vernunft oder der Erkenntnis, d. h. aus der Wahrheit folgt; hier soll auch das aus der Meinung Folgende recht sein. Dieser Widerspruch ist indes nur die Folge eines nachlässigen Sprachgebrauchs. In der Totalität der Natur ist alles notwendig, und also auch dies durch die Meinung bestimmte Handeln; mit Rücksicht auf die Natur des Menschen und danach gemessen genügt aber die Meinung nicht; da ist nur das Vernünftige gut. Sp. hätte das Wort „Recht“ nicht für das Handeln aus der Meinung gebrauchen sollen.

84. Anhang Satz 10–13. Diese Sätze zeigen, daß Sp. weit entfernt ist, in seiner Ethik das Ideal eines Staates oder einer Gesellschaft darzulegen, dem die Menschheit nachzustreben habe. Sp. weiß, daß alles Handeln notwendig ist, und daß deshalb die Welt durch solche Ideale nicht geändert werden kann. Seine Ethik ist deshalb nur beschreibend; er zeigt, was dem Menschen in dem Handeln und Verhalten zueinander nützlich ist, und was schädlich; genauso wie ein Ökonom lehrt, was der Getreidepflanze für ihre Entwicklung nützt oder schadet. Sp. ist aber weit entfernt, aus dieser Erkenntnis Gebote für das menschliche Handeln abzuleiten. Sp. sucht nur die Erkenntnis zu stärken und zu erweitern; das übrige findet sich dann nach seiner Ansicht von selbst.

85. Anhang Satz. 14–17. In S. 16 wird die Furcht als ein unzuverlässiges Motiv der Rechtlichkeit dargelegt; dennoch wird die

Staatsverbindung von Sp. nur auf die Furcht gegründet. Dies ist kein Widerspruch, weil der Staat bei Sp. nur ein Notbehelf für die Unfreien ist, und der Freie des Staates nicht bedarf.

Die Schwierigkeiten bei der Armenpflege übergeht Sp.; wahrscheinlich hat er sie auch übersehen. Auch hier handelt es sich um Kollisionen verschiedener Tugenden. Jede Armenunterstützung ist gut, weil sie dem Armen das Leben, die Kraft erhält, und jede Unterstützung ist schlecht, weil sie dessen Tätigkeit und Fleiß lähmt, sobald er sicher auf die Unterstützung rechnen kann. Daher die Schwierigkeiten, mit welchen die Gesellschaften bei dieser Aufgabe zu kämpfen haben. Gegenüber denselben zeigt sich die große Dürftigkeit solcher Sätze, wie die hier in S. 17, die nur möglich sind, weil der Autor die Schwierigkeiten gar nicht bemerkt.

86. Anhang Satz 18–20. Wenn selbst die Liebe und die geschlechtliche Gemeinschaft nur aus der Freiheit der Seele hervorgehen sollen, d. h. aus der Erkenntnis und Seelenruhe, so sind damit die Affekte hierbei ausgeschlossen; die Ehe, die Begattung ist dann eine kalte widerliche Aktion des Verstandes. Aus diesem Beispiel ergibt sich, wie auch die Erkenntnis ihre Schranken gegen die Affekte hat, und wie auch hier alles auf die Grenzbestimmung zwischen den einzelnen Tugenden ankommt.

87. Anhang Satz 25. Das Lob der Tugend schließt den Tadel des Lasters nicht aus; eines ist so notwendig und nützlich als das andere; aber beide können in ein Übermaß verfallen, was sie zu einem Fehler macht.

88. Anhang Satz 29. Auch hier tritt der Weise, nur der Erkenntnis Lebende, als das Musterbild Spinozas hervor. Es ist dies die Einseitigkeit der Philosophen; was von ihnen gilt, erheben sie zur Regel für alle. Wenn alle Menschen nur nach der Erkenntnis im Sinne Spinozas streben und sonst sich auf das Notwendige (wenige) beschränken wollten, so wären die Nationen nie zum Reichtum gelangt, und doch hat erst dieser Reichtum den Ausbau der Wissenschaften und die Erkenntnis möglich gemacht. So genießen die Philosophen die Früchte des Reichtums in Gemächlichkeit und lassen dabei nicht ab, gegen denselben zu predigen.

89. Anhang Satz 32. Der hier für das Unglück und den Schmerz gebotene Trost der Unvermeidlichkeit desselben ist allerdings nicht vermögend, den Schmerz selbst aufzuheben; auch sagt Sp. dies nicht; allein er enthält doch eine Beruhigung, die namentlich alles unnütze Klagen und alle Vorwürfe gegen die Vorsehung usw. fernhält. Die Religion kann allerdings einen größeren Trost bieten, indem sie den Unglücklichen auf die Seligkeit in jener Welt verweist. Die Philosophie vermag dies nicht; es ist wesentlich, daß sie dies weiß und offen anerkennt; sie kann nur die Wahrheit bieten, und es ist ein Zeichen von Spinozas Geistesgröße, daß er schon vor so vielen Jahren dies offen ausgesprochen hat.

90. Schluß des IV. Teiles. Mit diesem IV. Teil ist die Ethik Spinozas, soweit sie nach seinem System überhaupt möglich ist, abgeschlossen und vollendet. Im V. Teil folgen nur noch einzelne psychologische und pädagogische Mittel, um das Gute sicherer zu verwirklichen und die Lehre von der in dem vernünftigen Handeln liegenden Seligkeit und Unsterblichkeit. Die eigentliche Tugendlehre ist ausschließlich in diesem IV. Teil gegeben. Das sittliche Prinzip ist danach die Erkenntnis; das Sittliche wohnt deshalb nur der Seele inne. Alles, was zur Erkenntnis fehlt, ist gut; das Gegenteil schlecht. Aus der Erkenntnis allein folgt das Handeln und die Freiheit des Menschen. Nur der in der Vernunft Handelnde, d. h. der der Erkenntnis folgende Mensch, ist frei. Zugleich enthält dieses Handeln die Verwirklichung des Wesens und der Macht des Menschen und ist deshalb auch die höchste Fröhlichkeit und das Nützlichste. So fallen alle jene Ziele, welche andere Systeme einzeln verfolgen, bei Sp. in eines zusammen, sie sind sämtlich identisch oder wenigstens untrennbar von der Erkenntnis.

Dabei stellt Sp. das Ideal eines Weisen nicht als das Ziel auf; Sp. weiß, daß kein Mensch aus seinem Wesen und aus der allgemeinen Ordnung der Natur herauskann. Deshalb verdammt Sp. nicht die leidenden Affekte und das Laster; er zeigt nur, daß jene dem Übermaß ausgesetzt sind, und beide einen geringeren Grad von Glück gewähren.

Mit der vollen, das Ganze erfassenden Erkenntnis verschwinden die Begriffe von gut und schlecht; alles ist dann nur die notwendige Folge von dem ewigen und unendlichen Wesen Gottes. Gut und Schlecht sind nur verworrene Vorstellungen, weil sie das einzelne nicht in seinem Zusammenhang mit Gott und der Welt, sondern vereinzelt und nur in Beziehung auf den Menschen auffassen.

Die Bedenken gegen dieses System sind bei den einzelnen Lehrsätzen oben dargelegt worden. Trotz dieser Bedenken muß die Großartigkeit der Grundgedanken bewundert werden; je länger man bei ihnen verweilt, desto mehr fühlt man sich von ihnen erfaßt und angezogen. Trotz des mangelhaften Ausdrucks liegen ihnen tiefe Wahrheiten zugrunde. Leider sind diese von der späteren Philosophie nicht aufgenommen und fortgebildet worden. Selbst Hegel steht in der Ethik Sp. fern. Das Sittliche ist bei Hegel wieder das Absolute, nicht das Verworrene und Mangelhafte. Dennoch liegt gerade in diesem Gedanken die Größe Spinozas. Aller Fortschritt in der Wissenschaft des Sittlichen (nicht im Sittlichen selbst) kann nur in einer Entfaltung und klaren Begründung dieses Gedankens bestehen. Ein Anfang dazu ist versucht worden.

FÜNFTER TEIL

Von der Macht des Verstandes oder der menschlichen Freiheit

---

1. Vorrede. Die Überschrift dieses und des vierten Teiles ist nicht ganz richtig. Der vierte Teil handelt zu seinem größeren Teil schon von dem durch die Vernunft bestimmten Handeln, d. h. von der Freiheit. In diesem fünften Teil werden nur einzelne Mittel untersucht, durch welche die Macht der Vernunft über die Affekte gesteigert werden kann.

Deshalb ist auch der erste Satz der Vorrede unwahr. Der Begriff der Freiheit ist bereits im vierten Teil gegeben.

Die von Sp. in dieser Vorrede gegebene Widerlegung von Cartesius' Hypothese über die Verbindung zwischen Seele und Körper mittels der Zirbeldrüse wird jetzt niemand bekämpfen; allein die Einheit, welche Sp. dafür zwischen Seele und Körper in dem Parallelismus ihrer Zustände gesetzt hat, ist nicht minder großen Bedenken unterworfen, wie früher dargelegt worden.

2. Axiom 1. Dieser Satz folgt aus III. L. 5, wo der Begriff des Entgegengesetzten gegeben worden ist. Der Satz ist nicht unbedingt wahr; zwei Kräfte, z. B. die zwei gleichen Gewichte in einer Waagschale sind einander entgegengesetzt, und der Druck oder die Ruhe der Waagschale wird nur durch das Fortbestehen beider entgegengesetzten Kräfte bedingt. Überhaupt enthält der Begriff des Druckes das Gegenteil von diesen Axiom.

3. Axiom 2. Dieses Axiom folgt weniger aus III. L. 7, als aus der Definition der Ursache I. A. 3, 4. Weil diese Definition aber falsch ist, ist es auch dieses Axiom. Nur bei der Bewegung wird in der modernen Physik dieses Axiom festgehalten; daher der Satz, daß die Summe der Bewegung oder Kraft in der Welt ebensowenig sich vermehrt oder vermindert wie der Stoff. Aber der Satz hat keine Gültigkeit für die ursächliche Verbindung zwischen Körper und Seele, welche Spinoza allerdings nicht kennt.

4. Lehrsatz 1 Beweis. Man hat bei diesem L. 1 und seinem B. Mühe, den kausalen Einfluß zwischen Körper und Seele fernzuhalten. Sp. kennt nur ein Parallel-Laufen der Zustände in beiden, was aber, wie dieser L. zeigt, hier nur noch in den Worten von der Ursächlichkeit verschieden ist. Übrigens ergeben die L. 29, 30, 31 dieses Teils V., daß L. 1 nicht bloß vom bildlichen Vorstellen (*imaginari*) zu verstehen ist, sondern auch von der Erkenntnis des Wesens der Dinge. Bisher hat Sp. diesen Parallelismus zwischen Körper und Wesen nur für das bildliche Vorstellen dargelegt und erläutert, aber nach V. L. 29–31 sind auch die ewigen Wahrheiten und die dritte Ordnung des Wissens an Körperliches gebunden und laufen mit dem Wesen des eigenen Körpers parallel; eine Hypothese, deren bestimmtere Gestaltung noch große Schwierigkeiten bietet, da das körperliche Bild von dem Wesen des Körpers (V. L. 31) ein schwer zu fassender Gedanke ist.

5. Lehrsatz 2 Beweis. Dieser L. 2 ist richtig; allein die ganze Bedeutung liegt in dem Wenn. Es fragt sich, wie soll die Seele es anfangen, von dem Gefühl die Vorstellung seiner Ursache zu trennen, z. B. von der Liebe die Vorstellung des Geliebten? Darüber bleibt Sp. die Antwort schuldig, und doch ist ohnedem der L. wertlos. Er widerspricht überdem der Notwendigkeit, mit der nach Sp. die einzelnen Vorstellungen in der Seele sich unabänderlich folgen.

Dieser L. 2 bildet das erste Mittel, wodurch nach Sp. der Verstand seine Macht über die Affekte ausübt.

6. Lehrsatz 3 Beweis, Zusatz. Dieser L. 3 bezeichnet das zweite Mittel gegen die Affekte. Der B. ist aber schwer zu verstehen. Wenn eine Vorstellung verworren ist, so ist nicht wohl abzusehen, wie eine Vorstellung von dieser Vorstellung klar und bestimmt oder zureichend sein kann. Die Vorstellung der Vorstellung ist doch nur das Wissen von ihr selbst oder das Bewußtsein derselben, und deshalb von ihr nicht unterschieden. Ist nun die Vorstellung selbst verworren, so ist es auch das Bewußte darin. Die Meinung Spinozas kann nur dann verstanden werden, wenn man den Affekt als einen seienden Zustand der Seele gelten läßt. Von einem solchen kann eine zureichende Vorstellung gebildet werden, aber nicht von einer verworrenen Vorstellung. Sp. meint wohl, daß die Erkenntnis der Natur der Affekte überhaupt, ihrer Zufälligkeit, ihrer Unsicherheit, ihrer Gefährlichkeit dazu dient, den einzelnen in der Seele auflodernden Affekt zu hemmen und ihm seine Kraft zu nehmen. Deshalb gebraucht Sp. in dem Z. das Wort bekannt. Diese Ansicht ist in vieler Beziehung wahr; obgleich nicht von so großem praktischem Gebrauch als Sp. meint. Denn solche Erkenntnis setzt schon eine Seelenruhe voraus, welche sich mit der Natur des Affektes schwer verträgt. Ist der Affekt stark, so kann diese Erkenntnis nicht Platz greifen, und ist die dazu nötige Seelenruhe gewonnen, so ist der Affekt schon gezähmt, und es bedarf der Erkenntnis seiner Natur nicht noch außerdem.

7. Lehrsatz 4 Beweis, Zusatz. Dieser L. 4 will den L. 3 erläutern. Der B. ist aber dürftig; denn nach II. Ln. 2 hinter II. L. 13 besteht das Gemeinsame der Körperaffekte nur in dem Attribut der Ausdehnung und in der Ruhe oder Bewegung. Diese beiden Bestimmungen sind aber sehr arm an Inhalt, und wenn man nur dieses von den Affekten klar erkennen kann, so ist die Eigentümlichkeit der Affekte damit lange nicht erschöpft und die Erkenntnis noch sehr unvollständig.

Der Z. ist sehr dunkel, eine Folge der Dunkelheit von L. 3, welcher nicht abzuhelfen ist, da Sp. die Affekte der Seele nicht als seiende Zustände, nicht als Gegenstände des Vorstellens behandelt, sondern als Vorstellungen selbst.

8. Erläuterung zu Lehrsatz 4. Der erste Teil dieser E. bestätigt die Erläuterung, welche unter Nr. 6 von L. 3 gegeben worden ist. Der Sinn beider von Sp. hier behandelten Hilfsmittel gegen die Affekte ist der, daß die Seele von dem Affekt zu dem Nachdenken übergehen soll. Allein in diesem Mittel wird schon seine Wirkung antizipiert; ist dies Nachdenken dem vom Affekt erfaßten Menschen möglich, so ist auch der Affekt selbst schon überwunden. Die ganze Schwierigkeit liegt in diesem Übergang, und dafür gibt Sp. kein Mittel an. Sp. hat dabei wohl nur an seine eigene Natur gedacht; er war durch seine Kränklichkeit, durch sein einsames, in das Nachdenken versunkene Leben den Affekten weniger ausgesetzt; sein Drang nach Erkenntnis als Charakterzug schützte ihn gegen die Affekte. Bei der Schwäche der in ihm auftretenden Affekte und bei der Stärke seiner Liebe zur Erkenntnis war bei ihm allerdings es ausführbar, daß jene durch diese gemäßigt und gehemmt werden konnten. Allein diese Eigentümlichkeit des Philosophen ist bei anderen Menschen selten vorhanden, deshalb sind bei diesen jene Mittel von geringem Erfolge. Deshalb ist eben das sittliche Gefühl, die Achtung so wichtig für das menschliche Handeln. In der Achtung vor den Geboten der erhabenen Autoritäten ist ein Gefühl enthalten, welches den Gefühlen der Lust oder den Affekten an Stärke nicht nachsteht, und welches deshalb weit kräftiger den Verlockungen der Sünde sich entgegenstellt als die bloße Lust aus dem

Wissen, auf welche die von Sp. vorgeschlagenen Mittel hinauslaufen, und welche bei den wenigsten Menschen in einem erheblichen Grade besteht.

Der II. Teil der E. ist zweideutig. Es scheint demnach, als wenn das Sittliche gar nicht in dem Inhalt des Handelns, sondern nur in seiner Ursache enthalten sein soll. Sp. hat dies vielleicht so gemeint; allein die angebliche Gleichheit in dem ersten, den Ehrgeiz betreffenden Fall trifft nicht den Inhalt, da jeder von beiden bei: „Nach seinem Sinne leben" ein anderes Handeln im Sinn hat. Das Sittliche und Unsittliche ist vielmehr allemal im Inhalt verschieden, sobald die betreffende Handlung in ihrer Totalität aufgefaßt und nicht bloß einzelnes herausgerissen wird.

9. Lehrsatz 5 Beweis. Der B. beruht darauf, daß die Seele bei der Vorstellung des Notwendigen, Zufälligen und Möglichen noch an anderes als an den Gegenstand selbst denkt, oder: daß der Gegenstand dann nicht als die alleinige Ursache des Affektes vorgestellt wird.

10. Lehrsatz 6 Beweis, Erläuterung. Der L. 6 ist in Wahrheit der höchste Trost, welchen die Philosophie gegen das Leiden und den Schmerz bieten kann. Es ist deshalb von Interesse zu erfahren, wie Sp. diesen Satz begründet. Da ergibt sich denn allerdings nur eine sehr mechanische Ableitung. In dem Begriff des Notwendigen ist nach Sp. die ganze unendliche Reihe der wirkenden Einzeldinge mit gesetzt, folglich zerstreut sich die Seele, wenn sie an diese vielen bei ihrem Schmerz denkt.

11. Lehrsatz 7 Beweis. Der B. beruht auf dem Sp. eigentümlichen Begriff des Gemeinsamen. Nur dieses bildet den Gegenstand des Erkennens; das Gemeinsame ist aber in allen einzelnen enthalten, also immer gegenwärtig, und deshalb kann es die aus dem bildlichen Vorstellen entspringenden Affekte überwinden, deren Gegenstände nicht immer gegenwärtig sind.

12. Lehrsatz 8 Beweis, Lehrsatz 9 Beweis. L. 8 gilt nur, wenn die einzelnen Ursachen in ihrer Wirksamkeit sich gleichstehen. Der B. von L. 9 gelingt nur, weil nach Sp. die Affekte der Seele Vorstellungen sind und zum Wissen der Seele gehören.

13. Lehrsatz 10 Beweis, Erläuterung. Wenn man den Inhalt dieses L. 10 in die gewöhnliche Sprechweise übersetzt, so sagt er, daß der besonnene Mensch vermag, nach Grundsätzen zu handeln. Dies ist gewiß richtig; denn die Besonnenheit ist eben jener Zustand, wo keine sonstigen Affekte dem Nachdenken und Überlegen hindernd in den Weg treten.

Die E. bespricht ein pädagogisches Mittel. Der Mensch soll in Zeiten der Ruhe über das rechte und nützliche Handeln nachdenken und diese Grundsätze an Beispielen des Lebens sich veranschaulichen und einprägen; dann werden solche Grundsätze sich auch in Zeiten der Aufregung wirksam zeigen. Dieses ist zwar nicht genau der Gedanke des L. 10, indes ist es ein Schutzmittel, freilich nur ein schwaches. Der weit stärkere Schutz gegen die Affekte liegt in den sittlichen Gefühlen, welche aus den Geboten der Autoritäten entstehen und den Affekten der Lust weit kräftiger entgegentreten können als jene bloßen Übungen des Gedächtnisses, von denen Sp. spricht.

14. Lehrsatz 11 Beweis. Es bleibt dunkel, was Sp. hier unter: beziehen (*referri*) versteht. Es kann das Gemeinsame im Sinne Spinozas gemeint sein (das Begriffliche) oder auch das mit dem Bild durch Beziehungen Verbundene, also seine Ursache; erst die folgenden Lehrsätze erläutern dies. Unter Bild ist hier das körperliche zu vorstehen, welches mit dem bildlichen Vorstellen korrespondiert (II. L. 17). Man trifft wohl den Gedanken Spinozas am richtigsten, wenn man z. B. sagt: Der Geldgeiz wird leichter erregt als die Leidenschaft, Bücher zu sammeln, denn das Geld bezieht sich auf mehr Dinge als die Bücher.

15. Lehrsatz 12 Beweis. Dieser L. mit seinem B. zeigt, daß unter dem Beziehen des L. 11 auch das Gemeinsame gemeint ist.

16. Lehrsatz 13 Beweis. Dieser L. zeigt, daß in dem Beziehen des L. 11 auch die, nur durch die Gesetze des Gedächtnisses in der einzelnen Seele verbundenen Vorstellungen mit gemeint sind.

17. Lehrsatz 14 Beweis. Der L. 14 klingt sehr bedeutend, weil der Leser unter Gott in der Regel den Gott seiner Religion versteht. Allein der Gott, den Sp. meint, ist tot und kalt; er ist keine Person; er hat weder Verstand noch Willen, noch Gefühl; er ist nur der Inbegriff der zeitlosen Wesen der Einzeldinge, zu einem Ganzen verbunden. Aus diesem Gesamtwesen fließen die endlichen Dinge als seine Zustände mit Notwendigkeit ab. Der Gott Spinozas gleicht mehr der Definition eines Kreises, aus der sich die Lehrsätze desselben ableiten, als dem Gott der christlichen Religion. So verstanden, sinkt dieser L. 14 zu einem bloßen Satz der Logik herab. Wenn Gott durch seine Attribute in jedem Einzeldinge enthalten ist, wenn diese als Zustände ohne ihre Substanz, d. h. ohne Gott, nicht gedacht werden können, so muß allerdings jede Betrachtung eines Endlichen zur Vorstellung Gottes führen; dies ist dann ein bloßes Denkgesetz.

18. Lehrsatz 15 Beweis, Lehrsatz 16 Beweis. Auch diese Sätze verlieren ihre hohe Bedeutung, wenn man sie im Sinne Spinozas versteht. Die Liebe in diesem Satz ist nicht die wahre Liebe, die in dem Glück des Geliebten aufgeht, sondern es ist nur die eigene Lust mit der Vorstellung ihrer Ursache. Ist Gott nur das zeitlose Wesen der Dinge, so kann die menschliche Seele als ein Zustand des Denkens Gott nur als die wissenschaftliche, das Wesen der Dinge entfaltende, ganz unpersönliche und gefühllose Wahrheit erfassen. Gott ist dann nur ein anderes Wort für Wissenschaft und Philosophie, und so verwandeln sich beide Sätze in den einen, daß der Philosoph die Philosophie am meisten liebt; ein Urteil, was Kant nicht einmal als ein synthetisches würde haben gelten lassen.

19. Lehrsatz 17 Beweis, Zusatz. Lehrsatz 17 folgt unzweifelhaft aus den früheren Definitionen Spinozas; allein da diese selbst willkürlich sind, so schwebt das ganze System in der Luft und entbehrt der Bürgschaft, daß ihm das Seiende entspricht.

20. Lehrsatz 18 Beweis, Zusatz, Erläuterung. Auch bei diesen Sätzen muß man sich hüten, dem Wort Gott religiöse Vorstellungen unterzuschieben. Aber selbst im Sinne Spinozas ist der Beweis erkünstelt, weil der Lehrsatz III. L. 59, auf dem der Beweis wesentlich ruht, erkünstelt und bedenklich ist. Man muß übrigens festhalten, daß Sp. nur von denen spricht, die Gott erkennen, d. h. zureichende Vorstellungen von ihm haben; für das bildliche Vorstellen von Gott gilt der Satz nicht; da ist ein Haß Gottes sehr wohl möglich.

21. Lehrsatz 19 Beweis. Die Liebe Gottes ist nach Sp. nur in der Erkenntnis Gottes; diese weiß eben, daß Gott keine Affekte hat, folglich kann sie auch keine Gegenliebe wollen.

21b. Lehrsatz 20 Beweis, Erläuterung. Auch hier halte man fest, daß unter der Liebe zu Gott die Freude an der Philosophie zu verstehen ist, nichts weiter. Nur weil das Wissen des einen Menschen nie durch das Wissen der anderen beschränkt werden kann, folgt der L. 20. Auch hier liegt die hohe Bedeutung des Satzes nur darin, daß unter Gott der religiöse, persönliche Gott verstanden, d. h., daß der L. 20 mißverstanden wird.

22. Erläuterung zu Lehrsatz 20. Der zweite Satz der E. bestätigt, daß es sich bei den von Gott handelnden Sätzen L. 14 bis L. 20 nur um die Erkenntnis der Wahrheit handelt, und daß diese Sätze nur als Mittel gegen die Affekte von Sp. hier geboten worden sind. In der Aufzählung dieser Mittel hat Sp. noch das wichtigste aus L. 6 übersehen, nämlich die Auffassung alles Geschehens als eines notwendigen.

23. Erläuterung zu Lehrsatz 20. Die übrigen Sätze der E. wiederholen das Lob der Erkenntnis. Sie können nur gelten, wenn die Seele selbst nichts als ein Wissen ist, und die Gefühle und das Wollen der Seele zu bloßen Vorstellungen umgewandelt werden. Ist diese Auffassung Spinozas aber unwahr, so sinkt die Erkenntnis und die aus ihr fließende Lust nur zu einer Art der Lust herab, welcher andere Arten, wie die Lust aus der Macht, aus der Ehre, aus der Schönheit, aus dem Leben usw. mit gleichem Recht gegenüberstehen, und es fehlt völlig an einem Grund, weshalb die Erkenntnis das höchste Ziel und das sittliche Prinzip für den Menschen sein soll. Selbst die Begriffe des Handelns und der Freiheit, welche Sp. nur in dem Erkennen findet, haben in ihrer richtigen Auffassung einen anderen Sinn, wie oben gezeigt worden ist. Nur die unnatürlichen Definitionen, von denen Sp. ausgeht, konnten zu dieser ausschließlichen Verherrlichung des Erkennens führen.

24. Lehrsatz 21 Beweis. Spinoza geht mit diesem Lehrsatz zu der Frage der Unsterblichkeit der Seele über. Lehrsatz 21 und sein Beweis ist logisch richtig aus den früheren Definitionen abgeleitet; ist die Seele nur die Vorstellung ihres Körpers und nichts weiter, so kann man gegen diesen L. nichts einwenden, aber es steht ihm entgegen, daß diese Prämisse selbst eine Voraussetzung ohne Beweis ist.

25. Lehrsatz 22 Beweis, Lehrsatz 23 Beweis, Erläuterung. Der Kern von L. 22 liegt in dem Wort Wesen. Dasselbe ist nach Sp. nicht ein Gemeinsames oder Begriffliches von vielen Dingen, sondern das Wesen ist so individuell wie die einzelne Sache; jenes ist nur frei von der zeitlichen Existenz der Sache; das Wesen der einzelnen Dinge steht außerhalb der Zeit, ist ewig und fällt deshalb mit dem Wesen Gottes zusammen, dessen Inhalt es bildet. In diesem Sinne ist L. 22 zu fassen, und dann wird auch L. 23 verständlich. Das Wesen der Seele, welche das zeitlose Wesen ihres Körpers spiegelt, ist vermöge seiner Zeitlosigkeit notwendig dem Vergehen entnommen, was nur in der Zeit möglich ist; es fällt deshalb in Gott.

Übrigens geht dieser Beweis weiter und beweist auch die Ewigkeit des Wesens des Körpers, der in Gottes Attribut der Ausdehnung enthalten ist und mit dem Inhalt des Attributes des Denkens parallel geht, so daß Sp. sagen kann: Beide sind eins, der Unterschied fällt nur in die Auffassung ihrer. Doch bleibt auffallend, daß Sp. diese Unsterblichkeit des Körpers nach seinem Wesen nicht ausgesprochen hat. Es hindert ihn daran seine Definition des menschlichen Körpers, welcher in seinen Elementen fortwährend wechselt; deshalb scheute sich Sp., den schwer damit zu vereinenden Begriff des Wesens des Körpers in bezug auf seine Ewigkeit weiterzuverfolgen.

Da nach Sp. die Unsterblichkeit der Seele sich nur auf ihre wahre und zureichende Vorstellung von dem Wesen der Dinge beschränkt, das bildliche Vorstellen des einzelnen aber mit dem Tode aufhört, so ist nur das Wissenschaftliche oder philosophische Wissen der Inhalt der unsterblichen Seele, und sie kann deshalb von dem Wissen Gottes, welches denselben Inhalt hat, nicht mehr unterschieden werden. Deshalb ist die Seele, als erkennende, ein Teil Gottes selbst, und umgekehrt ist die Seele die Verwirklichung des Wissens Gottes. Dieses Ineinanderfließen ist nicht abzuhalten; es wird später in L. 36 auch auf die Gefühle ausgedehnt.

26. Lehrsatz 24, 25, 26. Da das Erkennen das Wesen der einzelnen Dinge erfaßt, und das Wesen zu Gott gehört, so muß notwendig die Erkenntnis Gottes mit der Zahl der erkannten Einzeldinge zunehmen. Die intuitive Erkenntnis ist bei II. L. 40 erörtert. Spinoza scheint ihren höheren Wert in die Unmittelbarkeit und damit in die größere Stärke ihrer Gewißheit zu legen. Diese L. 24–26 zeigen, daß für Sp. die Erkenntnis oder das System der ewigen Wahrheiten mit Gott identisch ist, sofern er unter dem Attribute des Denkens aufgefaßt wird.

27. Lehrsatz 27 Beweis. Hier ist nicht die Seelenruhe des christlichen Frommen gemeint, sondern die Seelenruhe des Philosophen, der in seiner Erkenntnis und dem Glück, das sie gewährt, sich gegen jedes Unglück genügend gesichert weiß, während der Fromme diese Sicherheit aus der Allmacht und Vorsehung Gottes ableitet.

28. Lehrsatz 28 Beweis. In diesem L. liegt die Rechtfertigung der Methode und des Systems von Spinoza. Während nach dem Prinzip des Realismus das Sein und sein Inhalt nur durch Wahrnehmung erfaßt und in das Wissen übergeführt werden kann, und das Allgemeine nur erst aus dem wahrgenommenen einzelnen durch begriffliches Trennen ausgesondert und gewonnen werden kann, ist bei Sp., wie später bei Hegel, die Wahrnehmung vielmehr die Quelle des Irrtums und kein Mittel, die Wahrheit zu gewinnen. Diese entwickelt sich nur aus den Prinzipien oder aus der zureichenden Vorstellung der Attribute Gottes (V. L. 25), aus denen dann der weitere Inhalt oder das Besondere abfließt in der Art, wie die geometrischen Lehrsätze aus den Definitionen der Gestalten sich ableiten.

29. Lehrsatz 29 Beweis, Erläuterung. Die Lehrsätze 24 bis 33 stellen die Natur des philosophischen Wissens dar. Wie später entschiedener bei Hegel, beginnt auch schon bei Sp. die Erhebung der Philosophie zu einem seienden Wesen; Hegel nennt sie die Idee, welche Wissen und Sein zugleich ist; Sp. nennt sie Gott, welcher das Wesen der Dinge ist; als Cogitatio im Wissen, als Ausdehnung im Sein. Alle diese Lehrsätze beschäftigen sich mit der Natur, der dritten Art des Wissens, welche Sp. auch das philosophische Wissen nennen könnte. Dieses Wissen gibt nach L. 27 die höchste Seelenruhe; es erfüllt die Seele ganz, so daß sie nur strebt, dieses ihr Wissen auszudehnen (L. 25, 26); es ist deduktiver, nicht induktiver Natur (L. 28), es ist frei von der Zeitlichkeit; sein Inhalt ist nur das zeitlose Wesen der Dinge, deren Totalität Gott ist. Diesem ewigen Wissen entspricht ein ewiges Sein in dem Wesen des Körperlichen. Sp. ist genötigt, diesen Parallelismus zwischen Leib und Seele auch bis zu der dritten Art des Wissens auszudehnen.

30. Lehrsatz 30 Erläuterung. Das philosophische Wissen kann deshalb Gott erkennen; Gott ist trotz seiner Unendlichkeit der menschlichen Erkenntnis erreichbar. In der dritten Art des Wissens werden die Dinge in ihrer Ewigkeit, d. h. in ihrer Unendlichkeit erfaßt, und da Gott mit dem Wesen der Dinge oder der Natur identisch ist, so erkennt damit die Philosophie Gott selbst; sie ist ihr eigener Gegenstand geworden. Hegel schließt seine Phänomonologie mit dem gleichen Gedanken. Die Unendlichkeit der vielen Attribute Gottes ist hierbei kein Hindernis, weil die Attribute in Wahrheit eins sind und sich nur durch die Auffassung unterscheiden.

Der alte Streit der Philosophie über die Erkennbarkeit Gottes ist hier von Sp. bejahend entschieden. Später ist diese Erkennbarkeit von Kant und Schleiermacher wieder bestritten worden. Dieser Streit entspringt aus der Unkenntnis der Beziehungsformen. Das Unendliche kann von der menschlichen Seele nur als Verneinung der Grenze oder des Bestimmten vorgestellt werden; insoweit ist diese Vorstellung klar und von der menschlichen Seele erfaßbar; aber sie bleibt ohne Inhalt; sie ist als Verneinung nicht das Bild eines Seienden, sondern nur eine Beziehung des Denkens. Allein die Seele verlangt auch nach einem Unendlichen im Sein, es soll einen Inhalt haben, und so gerät sie in den Widerspruch; denn das Unendliche als ein Seiendes muß beschlossen, vollendet, fertig sein; aber das Unendliche kann von der menschlichen Seele nur als ein Nie-zu-Vollendendes gefaßt werden.

Man kann deshalb sagen, daß in jenem Streit beide Teile Recht haben; das Unendliche als Verneinung ist von der Seele zu fassen; das Unendliche als ein Seiendes ist der Seele unerreichbar.

Sp. hat dieses Dilemma dadurch umgangen, daß er die Unendlichkeit nur als Beseitigung des Zeitlichen auffaßt; deshalb ist ihm das zeitlose Wesen der Dinge schon das Unendliche. Man bemerkt leicht, daß diese Unendlichkeit nicht die unbedingte ist, sondern eine beschränkte, und daß Spinozas Erkenntnis des Unendlichen sich gerade auf den Inhalt richtet, welcher darin beschränkt d. h. nicht unendlich ist.

31. Lehrsatz 31 Beweis, Erläuterung. Sp. sucht hier dem Einwurf zu begegnen, daß das Unendliche von der endlichen Seele nicht erkannt werden könne. Für Sp. ist die in der dritten Art erkennende Seele selbst unendlich oder ewig.

32. Lehrsatz 32 Zusatz, Lehrsatz 33, Beweis, Erläuterung. Im L. 32 führt Sp. zuerst seinen höchsten Begriff ein, die geistige Liebe zu Gott. Wenn man indes die gewöhnlichen Vorstellungen von diesen Worten fernhält und sie im Sinne Spinozas faßt, so ist damit nur die Freude an der Philosophie bezeichnet; die Philosophie hat bei Sp. zugleich die Natur eines seienden Wesens angenommen.

Da die Seele mit ihrer dritten Art des Wissens ewig ist, d. h. außerhalb der Zeit steht, so kann sie auch keinen zeitlichen Anfang haben; wobei man indes nicht an eine unendliche Dauer, sondern nur an eine zeitlose Existenz zu denken hat.

Es bleibt dabei auffallend, daß Sp. mit solchem Eifer für die Beseitigung der Zeit auftritt, während er doch den Raum als ein Attribut Gottes behandelt, also zu den ewigen Wahrheiten rechnet. Zeit und Raum laufen aber so parallel, daß die Philosophie sie entweder beide als Schein behandeln muß, wie Kant es tut, oder daß beide als seiend und gegenständlich genommen werden müssen. Die Auffassung Spinozas kann noch als ein Rest scholastischer Philosophie angesehen werden.

33. Lehrsatz 34 Beweis, Zusatz, Erläuterung. Der L. 34 ist tautologisch. Da nur das Erkennen oder die zureichenden Vorstellungen das Ewige der Seele ausmachen, aus zureichenden Vorstellungen aber nur ein Handeln und nie ein Leiden folgt, so kann das letztere nur in dem bildlichen Vorstellen des einzelnen seinen Sitz haben.

Auch hier muß man sich hüten, mit den Worten „Leiden und Handeln" die Begriffe des gewöhnlichen Lebens zu verbinden.

Spinoza legt in dieser E. ebenso wie in der E. zu L. 23 ein Gewicht für seine Sätze darauf, daß die Menschen sich der Ewigkeit ihrer Seele bewußt seien; die Menschen sollen nach E. L. 23 diese Ewigkeit fühlen und erfahren. Indes ist dies kein Wissen, was auf eine innere oder äußere Wahrnehmung sich stützt, sondern was aus der religiösen Lehre und Erziehung in den Glauben aufgenommen worden ist; ein solcher Glaube kann keinen Halt für die Philosophie bieten und nicht als Beweis angerufen werden.

34. Lehrsatz 35 Beweis. Dieser L. 35 erhält seine volle Deutlichkeit erst durch L. 36; beide verraten gleichsam den letzten und geheimsten Gedanken Spinozas, wonach Gott erst in dem Menschen wirklich wird; ein Gedanke, den Hegel wieder aufgenommen hat.

35. Lehrsatz 36 Beweis, Zusatz. Die Einheit zwischen Gott und der menschlichen Seele, welche dieser L. ausspricht, wird von Sp. zwiefach bezeichnet: als die Einheit der Teile mit dem Ganzen, und als Darlegung (*explicatio*) Gottes durch das Wesen der Seele. Die erste Einheit ist eine Beziehungsform, welche allgemein bekannt und verständlich ist, welche aber vielfach mit der seienden Einheitsform des Aneinander verwechselt wird. Die andere Einheit, die Darlegung Gottes durch die Seele, ist schwer zu verstehen; es ist derselbe Gedanke, der im zweiten Teil der Ethik viel vorkommt und dort bereits erörtert worden ist. Dort konnte er auch als ein teilweises und deshalb mangelhaftes Vorstellen (der Seele) angesehen werden, was in der Totalität des göttlichen Vorstellens zwar enthalten ist, aber hier eben durch diese Totalität seine Ergänzung erhält und damit von dem Mangel des Falschen befreit wird. Es liegt also auch dieser Einheit die Beziehungsform des Ganzen und der Teile unter.

36. Erläuterung zu Lehrsatz 36. In dieser E. gibt Sp. noch einen Anhalt für seinen Begriff des Intuitiven oder der dritten Art des Wissens. Hier ist dieses Wissen dem deduktiven entgegengestellt, welches von dem allgemeinen ausgeht; dieses deduktive soll nur die zweite Art des Wissens bilden; das intuitive Wissen soll dagegen von den Einzeldingen ausgehen und aus ihnen ihre Abhängigkeit von Gott erkennen.

37. Lehrsatz 37 Beweis, Erläuterung. Die Liebe zu Gott oder vielmehr zur Philosophie ist nach Sp. zugleich die stärkste; nichts kann sie überwinden. – Das Axiom, was die E. erwähnt, ist das im vierten Teil unmittelbar vor L. 1 stehende.

38. Lehrsatz 38 Beweis, Erläuterung. Die Liebe zu Gott oder zur Philosophie schützt am stärksten vor den Affekten und vor der

Todesfurcht. Der B. dieses L. ist nach den Prämissen leicht; er hat aber durch die Hereinziehung der Quantität etwas Abstoßendes, und er verliert seine Kraft, sobald die Seele keine bloße Größe ist.

39. Lehrsatz 39 Beweis, Erläuterung. Nach der gewöhnlichen Ansicht ist ein geschickter Körper nicht sofort mit einer philosophischen Seele verbunden, sondern die reicheren und vielfacheren Wahrnehmungen jenes geben der Seele nur die Mittel, sich ein allgemeines oder philosophisches Wissen daraus zu bilden. Darauf führt auch nur der L. IV. 38, welcher als Beweis zitiert ist. Indes ist Sp. durch seinen Parallelismus zwischen Körper und Seele genötigt, das reichere Wissen der Seele als unmittelbar mit einem geschickten Körper gegeben zu behaupten; ein Satz, der in dieser Fassung der Erfahrung widerspricht.

Immerhin bleibt es ein Vorzug der Ethik Spinozas, daß er über die Sorge für die Seele und ihre Erkenntnis nicht die Ausbildung des Körpers zurückstellt, wenn man auch seinen Gründen in ihrer geometrischen Fassung nicht beitreten kann. Auch ist der L. zu weit gefaßt. Nur das Wahrnehmen gehört hierher; dieses bildet die Grundlage der Erkenntnis und beschafft seinen Inhalt. Für die Erkenntnis ist deshalb nur der Teil des Körpers von Wichtigkeit, der das Wahrnehmen vermittelt. Dagegen erscheinen alle anderen Geschicklichkeiten, wie Tanzen, Reiten, die Künste eines Jongleurs und Seiltänzers, ohne Einfluß auf die Erweiterung des Wissens.

40. Lehrsatz 40 Beweis, Zusatz. In II. D. 6 ist die Vollkommenheit identisch mit Realität gesetzt; ein Beweis fehlt dafür; ebenso fehlt der Beweis, daß mit der Zunahme der Realität das Handeln des Gegenstandes steigt; aus III. L. 3 E. folgt dies nicht; im Gegenteil, je mehr Seiendes ein Gegenstand enthält, um so mehr kann er mit anderen zum gemeinsamen Handeln zusammentreten; solches gemeinsame Handeln gilt aber für die einzelnen, die dabei nur partiell mitwirken, nach Sp. als ein Leiden. Der L. 40 ist deshalb ohne Beweis.

41. Erläuterung Lehrsatz 40. Diese E. ist sehr wichtig, weil hier Sp. noch einmal auf die Einheit Gottes und der menschlichen Seele zurückkommt. Danach ist das Wesen (der erkennende Teil) jeder einzelnen menschlichen Seele von Ewigkeit her in dem Attribut des Denkens Gottes enthalten (I. L. 21), aber nur als ewiger Zustand (*modus*) des Attributs. Trotz dieses Ausschlusses der Zeit läßt Sp. doch eine Seele aus der andern folgen, und die ganze unendliche Folge dieser ewigen Zustände der Seelen macht den Verstand (*intellectus*, nicht das Denken, *cogitatio*) Gottes aus.

42. Lehrsatz 41 Beweis, Erläuterung. In Teil IV. ist das vernünftige Handeln als das Sittliche dadurch hergestellt, daß es allein ein Handeln ist und die Freiheit enthält; Sp. kann deshalb mit Recht sagen, daß er seine Ethik nicht auf die Unsterblichkeit der Seele gegründet habe.

43. Lehrsatz 42 Beweis. Der L. 42 ist nur der veränderte Ausdruck desselben Gedankens, den L. 41 enthält. Da Tugend und Lust bei Sp. identisch sind, so hat der L. 42 für das System Spinozas keine große Bedeutung. Nur im gewöhnlichen Sinne der Worte aufgefaßt, erhält der L. 42 jene erhabene Bedeutung, welche ihn zu dem würdigen Schlußstein des ganzen Werkes macht. Der Lohn des sittlichen Handelns liegt in diesem selbst. Mehr sagt Sp. hier nicht; er erkennt an, daß damit nicht alle Schmerzen des Lebens gehoben und beseitigt werden können; er weiß, daß der Mensch als Teil der Natur den leidenden Affekten unterworfen bleibt; allein dies hindert Sp. nicht, die Seligkeit oder die höchste Lust in die Tugend, d. h. in das Handeln, d. h. in das Erkennen zu verlegen.

44. Erläuterung zu Lehrsatz 42. In dieser E. wird die Erkenntnis wieder offen als das höchste und als das sittliche Ziel hingestellt. Es ist merkwürdig, daß zu den Folgen des sittlichen Lebens nach Sp. auch die Unsterblichkeit gehört. Der Unwissende, der nur im bildlichen Vorstellen bleibt, kommt aus dem Leiden nie heraus, und mit seinem Tod hört sein Dasein auf; nur der Weise, welcher philosophisch erkennt, hört niemals auf zu sein. Die Unsterblichkeit der Seele wächst also mit ihrer Erkenntnis.

Mit diesen Betrachtungen schließt Sp. den V. Teil. Es ergibt sich, daß die eigentliche Ethik bereits mit dem IV. Teil abgeschlossen ist. Dieser V. Teil beschäftigt sich nur mit Zusätzen und zerfällt in drei Abschnitte. Der erste handelt von den Mitteln, durch welche das Denken die Affekte hemmen und beschränken kann; dieser Abschnitt geht bis L. 20. Der zweite Abschnitt handelt von der Unsterblichkeit der Seele und geht von L. 21 bis L. 23. Der letzte Abschnitt handelt von der dritten Art des Wissens oder von der Philosophie und von den Wirkungen derselben auf das Gefühl, Begehren und Handeln des Menschen und von der mit ihr verbundenen Seligkeit und Unsterblichkeit, von L. 21 bis zum Ende.

45. Ende der Ethik. Wenn bis hier versucht worden ist, an den einzelnen Sätzen dieses Werkes sein Verständnis durch Erklärungen und Kritik zu vermitteln, so darf doch der Leser der Ethik nicht meinen, den Inhalt des Werkes mit einmaligem Lesen sich ganz aneignen zu können. Es gehört dazu ein wiederholtes Lesen und

Überdenken und Vergleichen der einzelnen Sätze. Im allgemeinen ist dieser Weg besser als das Studieren der vielen Schriften anderer, welche über Sp. vorhanden sind. Je mehr der Leser bei dem Autor selbst bleibt, desto mehr wird er ihn allmählich verstehen lernen, und aus diesem Verständnis wird sich allmählich Liebe zu ihm und Bewunderung seiner Größe in einem Maße entwickeln, daß er Mühe haben wird, seine Selbständigkeit zu wahren und sich dem Autor nicht ganz gefangen zu geben.

Spinozas Ethik gehört trotz ihrer Mängel zu den erhabensten Werken des menschlichen Geistes, an welches noch die fernsten Zeiten mit Verehrung herantreten werden. Sie gleicht den dunklen Ölgemälden alter Meister, die nur, wenn man sie in sein Wohnzimmer nimmt und täglich mit ihnen verkehrt, allmählich ihre Klarheit, ihren Reichtum entfalten und durch ihre Großartigkeit fesseln.

Dahin gehört insonderheit die Befreiung der Philosophie von den Fesseln des religiösen Glaubens, welche Cartesius noch nicht abzuschütteln wagte; erst Sp. vollzog diese Befreiung in einem Maße und in einer Entschiedenheit, daß die Philosophen selbst noch hundert Jahre später ihm zu folgen sich kaum getrauten. Dahin gehört ferner die Reinigung des Gottesbegriffes, oder richtiger, die Beseitigung desselben und die Zurückführung Gottes auf die Substanz der Welt. Es gehört ferner dahin die Beseitigung des Begriffes der Wahlfreiheit und die von moralischen Beziehungen freie Betrachtung der Affekte als natürlicher Zustände; endlich die Begründung des Sittlichen auf das Seiende, auf die Gesetze der Selbsterhaltung und des Nutzens. Allerdings hat Sp. dabei das sittliche Gefühl der Achtung und seinen Gegensatz zur Lust verkannt; allein er hat dennoch die richtige Ahnung gehabt, daß das in der menschlichen Gemeinschaft geltende Sittliche nur ein Positives ist, was bloß auf der Macht des Gebietenden beruht, und daß das letzte Ziel aller ethischen Entwicklung sein muß, das Sittliche mit dem Nutzen und der Lust in volle Übereinstimmung zu bringen, so daß zuletzt für den vernünftigen Mann jenes Gebot der Autoritäten entbehrt werden kann und die Erkenntnis des Wahren und Nützlichen zureicht, um ihm und anderen ein seliges Leben zu bereiten.